Jürgen Möller

Endkampf an der Mulde 1945

Wappen des VII. US Corps

Verlag Rockstuhl

Impressum

Umschlaggestaltung: Harald Rockstuhl, Bad Langensalza

Titelbild:
Aufklärer der 3rd US Armored Division am 17. April 1945 in der Nähe von Dessau.
Foto: T/4 Himes 165th Signal Photo Co., National Archives, SC 203 894

Umschlagrückseite:
Kriegsgefangene der 3rd US AD bei der Durchsuchung ihrer persönlichen Sachen.
Foto: „Spearhead in the West – The Third Armored Division 1941–1945".
Library of Congress, Katalog No. 80-65-184

Bisherige Auflagen: 1. Auflage 2012 im Verlag Rockstuhl

2. Auflage 2017
ISBN 978-3-86777-334-8

Satz und Layout: Jürgen Möller

Lektorat unter Verantwortung des Autoren

Druck und Bindearbeit: Digital Print Group Oliver Schimek GmbH, Nürnberg/Mittelfranken

Gedruckt auf alterungsbeständigem Papier nach ISO 9706

Die Deutsche Nationalbibliothek verzeichnet diese Publikation in der Deutschen Nationalbibliografie. Detaillierte bibliografische Daten sind im Internet über *http://dnb.d-nb.de* abrufbar.

Inhaber: Harald Rockstuhl
Mitglied des Börsenvereins des Deutschen Buchhandels e.V.
Lange Brüdergasse 12 in D-99947 Bad Langensalza/Thüringen
Telefon: 03603 / 81 22 46 Telefax: 03603 / 81 22 47
www.verlag-rockstuhl.de

Inhaltsverzeichnis

Mein Dank gilt an dieser Stelle:

8th Armored Division Ass.
Mr. Okey Taylor (Webmaster), Vernon Miller and Charles Gordon

The Fighting 69th Infantry Division Ass. Inc.
Mr. Joseph Lipsius, Webmaster, Norcross, Georgia, U.S.A.

83rd Infantry Division, Mr. and Mrs. Barbara and Clay Mayfield

104th Infantry Division National Timberwolf Ass.
Mr. Peter Branton †

Soldier's Museum Website U.S.A., Mr. Don Wagner

Museumsverein Eilenburg e.V. – Herrn Hans Fröhlich

Heimatmuseum Aken – Herrn Bernhard Bischoff

Industrie- und Filmmuseum Wolfen – Herrn Uwe Holz

Förderverein Europa Begegnungen e.V. Torgau – Herrn Dr. habil. Uwe Niedersen

Luftbilddatenbank Dr. Carls, Würzburg-Estenfeld
Herrn Dr. Hans-Georg Carls und Wolfgang Müller

documentation office Berlin, Herrn Ulrich Koch

Manfred Bornemann, Hamburg; Winfried Czepluch †, Halle/Saale; Rolf Fröhlich, Bad Düben; Rudolf Herz; Berlin; Bernhard Hübner, Wolfen; Horst Kaczmarek, Dessau; Dr. Hans-Dietrich Nicolaisen, Büsum; Dr. Uwe Niedersen, Welsau; Harald Schlanstädt, Eisleben; Ralf Stoll, Wolfen; Andreas Tümmler, Leipzig; Heinz Wick, Camburg; Thilo Ziegler, Sangerhausen

„Es gab noch nie einen guten Krieg oder einen schlechten Frieden“

Benjamin Franklin

Vorwort

Nachdem bei meinen Forschungen zu den Operationen des VII. US Corps der 1st US Army in Mitteldeutschland die Fülle des Materials eine Aufgliederung der Dokumentation in zwei Bücher erforderlich machte, erscheint heute der 2. Teil. Trotz der erfolgten Aufteilung ergab sich aber auch dieses Mal auf Grund der Fülle an Informationen die Notwendigkeit, sich auf die wesentlichen Ereignisse zu beschränken und nicht jede regionale Begebenheit aufzugreifen, um den Rahmen der Dokumentation nicht völlig zu sprengen. Die Gründe für diese Vielfalt liegen in der besonderen regionalen Situation des zu betrachtenden Gebietes und der militärischen Lageentwicklung in diesem Abschnitt der Westfront.

Regional gesehen erfolgte der Vorstoß des VII. US Corps in einen Raum, der zum einen eines der industriellen Zentren Deutschlands ist und somit eine hohe Bevölkerungsdichte und einen hohen Bebauungsgrad aufweist, und der zum anderen mit den Flüssen Saale, Mulde und Elbe erhebliche geografische Auswirkungen auf militärische Operationen hat.

Als die amerikanischen Panzerverbände nach einem schnellen Durchstoß durch das ländliche Eichsfeld und die Goldene Aue und der Überwindung der Saale vor Halle, Dessau-Roßlau und Bitterfeld-Wolfen standen, lagen wichtige Zentren der Chemieindustrie und des Flugzeugbaus des Dritten Reiches vor ihnen.

„In der Region um Halle befand sich das größte und modernste Zentrum der deutschen Chemieindustrie... Der Ausrüstungsstand der Fabriken...stellte in Teilen den modernsten Stand der Technik dar.“[1]

Gleiches galt für die Industrieregion Bitterfeld-Wolfen, wo bereits ab 1839 mit dem Braunkohletagebau begonnen wurde. In der Region befanden sich neben mehreren Großkraftwerken eine der größten Aluminiumhütten Deutschlands und der Sitz der I.G. Farbenindustrie AG, Betriebsgemeinschaft Mitteldeutschland, zu der auch die Filmfabrik der AG für Anilin-Fabrikationen (Agfa) in Wolfen gehörte. Ihre Bedeutung lässt sich an den folgenden Aussagen erkennen: *„Bitterfeld war einer der wichtigsten Produktionsorte für Leichtmetall im gesamten Deutschen Reich.“*[2] *„Dichte und Modernität der Ausstattung machten Bitterfeld-Wolfen zu einem wichtigen Standort der Kriegswirtschaft des Deutschen Reiches.“*[3]

Lediglich in der Gauhauptstadt von Magdeburg-Anhalt, in Dessau-Roßlau, waren große Teile des dortigen Stammwerkes der Junkers Flugzeug- und Motorenwerke AG ausgelagert worden, nachdem Dessau 1944 in das Fadenkreuz der alliierten Bomber geraten war und die Berlin Anhaltische Maschinenfabrik BAMAG schwer beschädigt wurde.

Ähnlich dem Industriezentrum Schkopau-Merseburg-Leuna, war die Region trotz der großen Bedeutung für die deutsche Rüstungsindustrie bis Ende 1944 weitestgehend vor Luftangriffen verschont geblieben. Trotzdem hatte man als Reaktion auf die alliierte Bomberoffensive gegen die deutsche Treibstoffindustrie bis März 1945 große Teile des Flakschutzes für diese Werke aus der Region abgezogen.

Das führte zwar dazu, dass das VII. US Corps im Gegensatz zum südlich vorgehenden V. US Corps nicht in Kampfhandlungen mit ortsfesten Flakstellungen des mitteldeutschen Flakgürtels, der südlich von Halle begann, verwickelt wurde, dafür traf das Corps jedoch auf einen anderen Gegner, der ihnen nicht weniger zu schaffen machte.

Und damit komme ich zu den militärischen Besonderheiten, die 1945 in der Region zusammentrafen. Ohne große Mühen war es der 1st und 9th US Army gelungen, nach den Kämpfen an der Ruhr nach Osten vorzustoßen und die 11. deutsche Armee im Harz einzukesseln. Das, mit den Flüssen Elbe und Mulde, die alliierte Haltelinie vor ihnen lag, war den Armeeoberbefehlshabern zu diesem Zeitpunkt noch nicht bekannt. Noch war Berlin das große Ziel. Mit dem Erreichen dieser Linie kam es jedoch zu einer besonderen Situation, denn der Vorstoß traf genau in den Aufstellungsraum der 12. deutschen Armee, deren Aufstellung ursprünglich befohlen wurde, um einen Gegenstoß zur Öffnung des „Ruhrkessels“ zu führen. Von den Ereignissen überrannt, kam diese Armee nunmehr mit Masse bei der Verteidigung der Elbe- und Muldelinie zum Einsatz, bevor sie auf Befehl Hitlers zum Entsatz der Reichshauptstadt Berlin nach Osten schwenken musste. Nun soll dieses Buch keine weitere Geschichte der 12. Armee werden, über die es, trotz vorhandener Lücken, zahlreiche Publikationen gibt. Dabei sind als Beispiele das Buch zur 12. Armee von Günther W. Gellermann zu nennen, aber auch Peter Wittigs „Elbe-Operationen“ und das Buch von Heinz Ulrich zur Division „Scharnhorst“. Wie bereits bei der 11. Armee im Harz ist es jedoch zum Verständnis der Ereignisse erforderlich, näher auf die Entstehung und den Einsatz der 12. Armee im Gesamten einzugehen, wozu auch hier der Blick über den Angriffsstreifen des VII. US Corps hinaus erfolgt.

Besonders geholfen haben mir zum besseren Verständnis der Gesamtsituation im Angriffsstreifen des VII. US Corps die Arbeiten von Horst Kaczmarek zu Dessau, von Udo Pfleghar zu Zerbst, von Gottfried Herrmann zu Wittenberg, von Bernhard Hübner zu Bitterfeld-Wolfen und von Matthias J. Maurer zu Halle. Auch die Ergebnisse der Tagung regionaler Historiker am 30./31. Oktober 2006 in Torgau/Elbe, deren Ergebnisse Dr. Uwe Niedersen mit Unterstützung der Sächsische Landeszentrale für Politische Bildung 2008 in dem Buch „Soldaten an der Elbe“ zusammengefasst hat, und an der ich teilnehmen konnte, waren eine wichtige Quelle. Doch damit sind nur einige der verfügbaren und ausgewerteten Quellen genannt.

Trotz dieser vielfältigen Publikationen waren auch diesmal die Akten der US Army in den National Archives College Park, Maryland, U.S.A. die Hauptinformationsquelle. Und auch diesmal galt es, die Vielzahl an regional oder thematisch begrenzten Publikationen mit ihnen zu vergleichen und zu einer möglichst aussagekräftigen und detaillierten Darstellung der militärischen Operationen zusammenzufügen, ohne dabei eine Kopie der anderen Werke herzustellen. Ich hoffe, dass es erneut gelungen ist, denn es ergaben sich einige Unstimmigkeiten, die es zu klären galt.

Wie in den vorhergehenden Veröffentlichungen erhebt auch dieses Buch keinen Anspruch auf Vollständigkeit und endgültige Wahrheit. Bewusst werden auch Ereignisse angesprochen, die nicht vollständig belegt oder widersprüchlich sind, um so Reaktionen auszulösen, die hoffentlich zu einer Klärung führen. Ich hoffe, dass sich so viele melden. Sollten einige der zitierten Aussagen aus den aufgeführten Quellen von einer anderen Ursprungsquelle stammen, so möge man mir verzeihen, wenn ich nicht darauf verwiesen habe, aber nicht jede Aussage konnte zurückverfolgt werden. Für Anregungen, Ergänzungen und Korrekturen wenden sie sich bitte an:

Jürgen Möller
Aschhausenstraße 66
D-97922 Lauda-Königshofen
Tel.: 09343 - 615998
E-Mail: juemoehistory@yahoo.de

oder

Verlag Rockstuhl Bad Langensalza

* * *

1 „Kriegsende 1945 und Neuanfang in der Industrieregion Bitterfeld–Wolfen“ v. Uwe Holz, Friedersdorf in „Bitterfelder Heimatblätter XXVI“ 2005, S. 61.

2 Ebenda, S. 67.

3 Ebenda, S. 61

I. Die militärische Lageentwicklung bis Mitte April 1945

Ende März 1945 liegt das Dritte Reich in seinen letzten Zügen. Im Osten beginnen die russischen Verbände mit dem Sprung aus den eroberten Oder-Brückenköpfen Richtung Berlin. Im Westen haben die Alliierten nach der Überschreitung des Rheins mit dem Stoß ins Herz des Reiches begonnen.

Am **23. März 1945** beginnt die 21st (brit.) Army Group mit ihrem Großangriff am Niederrhein und die Truppen der 2nd Royal Army und der 9th US Army beginnen mit der Einschließung des Ruhrgebietes von Norden. Südlich des Abschnittes der 9th US Army drängen die Kräfte von Lt. Gen. Courtney H. Hodges 1st US Army der 12th US Army Group im Siegerland gegen den Südrand des Ruhrgebietes.[1]

Am **28. März 1945** fällt die Entscheidung des Oberkommandos der westalliierten Streitkräfte unter Dwight D. Eisenhower über die Fortsetzung der Gesamtoffensive westlich des Rheins. Strategisches Ziel ist es, nach der Zerschlagung des Ruhrkessels mit der 12th US Army Group unter General Omar N. Bradley im Zentrum den Hauptstoß über Kassel und Erfurt auf Leipzig und weiter nach Dresden zu führen, das Reichsgebiet in zwei Teile zu spalten und das wichtige mitteldeutsche Industriegebiet Halle-Merseburg-Leipzig zu besetzen. Das Endziel Dresden wird später korrigiert und als Haltelinie für den Vorstoß die Mulde-Linie festgelegt. Die im Norden angreifende 21st (brit.) Army Group des Field Marshal Bernhard Law Montgomery soll bis zu den norddeutschen Häfen vordringen und die 6th US Army Group unter General Jacob „Jake" Loucks Devers soll nach Süddeutschland vorstoßen und im Donautal den Kontakt zu den Russen herstellen.

Diese Entscheidung fällt gegen massiven Widerstand der Briten, die Eisenhowers Strategie in Frage stellen. Der britische Field Marshal Brooke wirft Eisenhower die „planmäßige Verzettelung" seiner Kräfte vor. Hintergrund sind die britischen Befürchtungen, dass die angloamerikanischen Verbände bei der Zerschlagung des „Ruhrkessels" zu lange gebunden seien würden. Sie plädieren für einen starken Vorstoß auf der gesamten Frontbreite und einem gezielten Angriff von Kräften Montgomery's auf Berlin. Churchill ist sich sicher, Berlin vor den Russen zu erreichen. Ungeachtet der Vereinbarungen erhofft er sich, Berlin als Faustpfand für zukünftige Verhandlungen mit Stalin einsetzen zu können.

Eisenhower hingegen ist gegen die Einnahme von Berlin. Als kühl kalkulierender Militär ist er sich des Preises für die Einnahme der Hauptstadt des Deutschen Reiches bewusst. Dabei orientiert er sich an seinem erfahrenen Heerführer Omar Bradley, den er selbst als *„größten Frontbefehlshaber, dem ich in diesem Krieg begegnet bin"* bezeichnete. Dieser hatte die möglichen Verluste mit bis zu 100 000 Mann beziffert. Bradley schreibt in seinem Buch *"A soldier's story of the Allied Campaigns from Tunis* *to the Elbe": „Ein ganz schön hoher Preis für ein Prestigeziel."* Dass seine Schätzungen durchaus berechtigt sind, zeigt sich daran, dass die Rote Armee beim Sturm auf Berlin über 100 000 Tote hinnehmen muss. Und auch, wenn Stalin den Angloamerikanern vorwirft, dass *„sich ihnen ganze Großstädte kampflos ergaben, während an der Ostfront um jede Bahnstation gerungen würde"*, so ist es falsch anzunehmen, dass die Deutschen ihre Hauptstadt kampflos aufgegeben würden. Hinzu kommt, dass sich die Russen zu diesem Zeitpunkt näher an Berlin befanden als die Westalliierten.

Eisenhower wird in seiner Entscheidung durch General Marshall als Vertreter der Combined Chiefs of Staff gestärkt. In dieser Phase schaltet sich Roosevelt in die Debatte ein und erteilt dem britischen Premier Churchill das letzte Mal eine Absage zu dessen Plänen. Roosevelt will ein gemeinsames Vorgehen mit den Russen. Churchill muss klein beigeben. Montgomery erhält den Befehl, nicht in Richtung Berlin anzugreifen. Alle weiteren Entscheidungen Eisenhowers wurden von dieser Entscheidung geprägt. Ab jetzt agiert nicht mehr der Politiker, sondern der Militär Eisenhower. Und für den ist das Ziel klar - die vollständige Zerschlagung der Wehrmacht. Dem ordnet er die militärischen Planungen unter. Ihm ist klar - der Feind muss zerschlagen werden, wo er angetroffen wird. Als Feldherr weiß er aber, dass er die Kampfmoral seiner Truppen und die Entschlossenheit seiner militärischen Führer nur aufrechterhalten kann, indem er ihnen mit dem Siegeslorbeer winkt. Und der ist nun einmal Berlin. Deshalb ist er sich mit Bradley einig, dass selbst seine Armeeoberbefehlshaber nicht erfahren dürfen, dass Berlin nicht mehr als Ziel in Frage kommt.

Bradley, dessen Armeen die Hauptaufgabe bei dieser letzten Offensive zukommt, war für diesen Auftrag nicht ohne Grund ausgewählt worden. Neben der Würdigung seiner bisherigen Leistungen sind sich Eisenhower und Marshall sicher, dass Bradley der einzig richtige und vor allem loyale Mann dafür ist. Die Amerikaner würden nicht glücklich sein, wenn man Montgomery diese Aufgabe gegeben hätte, denn der würde jede Möglichkeit, Berlin zu nehmen, mit Sicherheit nutzen und die Briten würden dann den ungewollten Ruhm einstreichen. Während hinter der Bühne die politischen Rangeleien über Macht und Nachkriegsordnung weitergehen, beginnen die Vorbereitungen zur letzten großen Offensive im Westen.

Am **29. März 1945** erreichen die Spitzen des VII. US Corps der 1st US Army den Raum Marburg und das V. Corps den Raum Limburg. Frankfurt/Main wird durch das XX. US Corps von Lt.Gen. George S. Patton's 3rd US Army genommen. Sein XII. US Corps erreicht an der Spitze der 3rd US Army das Gebiet südlich von Lauterbach/Hessen.

Die, auf breiter Front geführte, alliierte Großoffensive im Westen zerreißt die ohnehin schwache deutsche Westfront auf ihrer gesamten Breite. Nach dem Übergang der Alliierten über den Rhein bei Wesel am 23. März wird im Norden die H.Gr. H unter Gen.Obst. Johannes Blaskowitz im Zentrum aufgespalten. Durch die entstandene Lücke schiebt sich die 9th US Army auf den Nordrand des Ruhrgebietes und in Richtung Teutoburger Wald vor, während die 2nd (brit.) Army nach Norden drückt. Bei der H.Gr. B, die entlang der Rhein-Linie zwischen Düsseldorf und Koblenz steht, stößt die 1st US Army aus dem Brückenkopf bei Remagen, südlich von Bonn, mit Beginn der Großoffensive durch das Siegerland nach Nordosten vor. Wie eine gewaltige Zange umfasst die 9th und 1st US Army das Ruhrgebiet. Am 1. April 1945 treffen sich die Spitzen der 9th und 1st US Army südlich von Lippstadt, die H.Gr. B ist *„zwischen Rhein, Ruhr und Sieg"*[2] eingekesselt. Auch die Front der südlich anschließenden H.Gr. G wird an mehreren Stellen durchbrochen. General Patton's 3rd US Army stößt über Frankfurt/Main Richtung Kassel und in Richtung Thüringen. Der Stoß dehnt die entstandene Lücke zwischen der H.Gr. B und G weiter aus.

Die deutsche Westfront befindet sich damit Ende März 1945 in der Auflösung. Insbesondere die Einkesselung der H.Gr. B reißt eine riesige Lücke in die deutsche Front, durch welche die amerikanischen Verbände nunmehr fast ungehindert in den mitteldeutschen Raum hineinströmen. Dem hat das deutsche Oberkommando nur noch wenig entgegenzusetzen. Lediglich Adolf Hitler ist nachwievor der Überzeugung, dass das Halten der Front für einen Zeitraum von drei bis vier Wochen reichen wird, um die neuen Strahlenjäger zum Einsatz zu bringen und damit die Situation zu Gunsten des Reiches zu verändern.[3] Wunderwaffen und neue Armeen sollen das Deutsche Reich retten. Doch selbst der Hauptpropagandist des Deutsches Reiches, Joseph Goebbels, hatte bereits am 8. März 1945 in sein Tagebuch geschrieben: *„Den feindlichen Luftarmaden haben wir nichts Nennenswertes entgegenzusetzen."*[4]

In dieser Situation erteilt das OKW den Befehl zur Neuaufstellung der 11. PzArmee im Raum zwischen Weser und Harz und der 12. Armee im Raum Fläming-Dessau-Wittenberg-Halle-Merseburg. Der Führer selbst beauftragt den, von einem Autounfall genesenden, Gen.d.Pz.Tr. Walter Wenck, aus den letzten deutschen Reserven, Ausbildungseinheiten der Kriegsschulen, RAD-Einheiten und jungen Rekruten, den neuen Großverband, die 12. Armee, zu bilden. Den Aufmarschraum der Armee Wenck soll die 11. PzArmee sichern, die unter Führung des, bereits im Februar 1945 neu aufgestellten, Stabes der 11. Armee aus den Resten der, dem „Ruhrkessel" entkommenen, Einheiten der 5. PzArmee und 15. Armee sowie Ersatzeinheiten der W.Kr. VI Münster, IX Kassel und X Hannover aufgestellt werden soll. Der Harz als wichtiges Zentrum der V-Waffen-Produktion und als Schutzraum vieler aus Berlin ausgelagerter Dienststellen bietet als natürliches Hindernis nach Meinung des OKW ideale Voraussetzungen, um mit dem Feind unterlegenen Kräften eine neue Widerstandslinie aufzubauen. Den Hauptanteil an der neuen 11. PzArmee bilden die Reste des LXVI. AK und des LXVII. AK der 5. PzArmee der H.Gr. B.

Am **30. März 1945** erhält der Komm.Gen. des LXVII. AK, Gen.d.Inf. Otto Hitzfeld, dessen Korps von der H.Gr. B getrennt wurde, fernmündlich von GFM Model den Befehl, sich zum Stellv. Gen.Kdo. IX. Korps nach Kassel zu begeben und den Verteidigungsabschnitt Kassel–Alsfeld zu übernehmen.[5] Südlich des zukünftigen Abschnittes des LXVII. AK stehen die Reste der 7. Armee des Gen.d.Inf. Hans von Obstfelder der H.Gr. G zwischen Eisenach und Schweinfurt/Unterfranken, die vor den anstürmenden amerikanischen Verbänden auf die hessisch-thüringische Landesgrenze zurückgewichen waren. Hinter dem Abschnitt der 11. und 7. Armee schließt sich in Mitteldeutschland das Stellv. Gen.Kdo. IV. AK, W.Kr. Dresden, unter Führung des Komm.Gen. und Wehrkreisbefehlshabers, Gen.d.Inf. Hans Wolfgang Reinhard[6] an.

Mit Beginn des Monats April 1945 gewinnt der Vormarsch der Alliierten auf breiter Front weiter an Dynamik. Schon der erste Tag des Monats bringt einige wesentliche Entscheidungen, die den Verlauf der Operationen im mitteldeutschen Raum bestimmen werden.

Bis zum **Ostersonntag**, dem **1. April 1945** stößt die 2nd (brit.) Army der 21st (brit.) AGr aus dem Gebiet nördlich von Essen in der Hauptrichtung Hamburg–Wittenberge a. d. Elbe nach Nordosten. Die unterstellte 9th US Army fährt im Bereich von Lt.Gen. Raymond S. McLain's XIX. Corps mit der die 2nd US AD nach Südosten bis Lippstadt. Ihr XIII. US Corps unter dem Kommando von Maj.Gen. Alvan C. Gillem Jr. stürmt in Richtung Weser vorwärts und Maj.Gen. John B. Anderson's XVI. US Corps setzt die Räumung der Region südlich von Haltern fort.

Im Abschnitt der 12th US AGr stößt das VII. US Corps von Maj.Gen. J. Lawton Collins mit der 3rd US AD unter Brig.Gen. Doyle O. Hickey auf Paderborn und besetzt die Stadt. Hickey hatte nach dem Tod von Maj.Gen. Maurice Rose am 30. März 1945 das Kommando über die 3rd US AD übernommen. Am gleichen Tag erreicht die, aus dem Rhein-Main-Gebiet vorstoßende, 3rd US Army thüringischen Boden. Bei der H.Gr. H, deren Lage im Raum Münster immer kritischer wird, wird auf Befehl des OKW Gen.Obst.d.Fsch.Tr. Kurt Student eingesetzt, um einen Gegenangriff aus dem Raum Rheine auf Münster zu führen. Doch dieser muss schnell erkennen, dass die vorhandenen Mittel lediglich für örtliche Angriffe ausreichen. Die Kräfte unter seinem Kommando werden zur A.Gr. Student zusammengefasst.[7]

Am **Ostermontag,** dem **2. April 1945**, überträgt der OB West Kesselring Gen.d.Inf. Otto Hitzfeld auf Befehl des OKW das Kommando über das SS-PzAOK 11 bis zum Eintreffen des neuen Befehlshabers, Gen.d.Art. Walther Lucht. Gen.d.Art. Lucht war als Komm.Gen. des LXVI. AK im März zur Wiederherstellung seiner Gesundheit in die Führerreserve Potsdam versetzt worden und Anfang April noch nicht in der Lage das Kommando über die Armee zu übernehmen. Hitzfeld schreibt: *„... ich taufte sie kurzerhand 11. Armee, da von Panzern und SS kaum die Rede war."*[8] Der Befehl des OKW an Hitzfeld, der von Gen.Obst. Jodl unterschrieben ist, lautet: *„a) die große Lücke in der Durchbruchsfront Höxter/Kassel/Nordrand Thüringer Wald zu schlie-*

ßen, b) mit der Armee Model – eingeschlossen im Ruhrgebiet – durch Angriff die Verbindung herzustellen, c) die tiefe Flanke in Richtung Mühlhausen zu schützen und d) Entschluss und beabsichtigte Durchführung bald zu melden.“[9]

Kesselring unterstellt Hitzfeld hierfür neben dem LXVI. AK und LXVII. AK das Stellv. IX. AK und das Stellv. VI. AK.[10] Mit der Befehlsübergabe an Gen. Hitzfeld und dem Eintreffen des Stabes übernimmt die 11. Armee die Führung der Kampfhandlungen im mittleren Abschnitt der Westfront.

Während die Kräfte der 1st US Army bei den Kämpfen um den „Ruhrkessel“ gebunden sind, entwickelt die 3rd US Army am **Mittwoch**, dem **4. April 1945**, ihre Offensive weiter in Richtung Osten und erreicht mit seinen Angriffsspitzen Mühlhausen und den Kamm des Thüringer Waldes. Dann erhält Patton endgültig den Haltebefehl. Er soll warten, bis die 1st US Army den „Ruhrkessel“ liquidiert hat. Die Gefahr eines deutschen Gegenstoßes in die offenen Flanken der 3rd US Army ist zu groß. Insbesondere die im Harz in der Neuaufstellung befindliche 11. deutsche Armee ist für die alliierte Militärführung eine unkalkulierbare Gefahr.

Lt.Gen. Simpson
Foto: National Archives

Der Angriff der 3rd US Army endet damit genau an dem Tag, an dem die Großoffensive der 12th US AGr offiziell beginnt. Trotz aller Risiken hat sie Bradley vom 14. April auf den 4. April vorverlegt, um den, entlang der gesamten Westfront in Schwung geratenen, alliierten Vormarsch nicht zu bremsen. Am gleichen Tag wird Lt. Gen. William H. „Simps“ Simpson's 9th US Army aus der 21st (brit.) AGr herausgelöst und Bradley's 12th AGr unterstellt. Bradley verfügt jetzt über, wie Williams in „The last offensive“ schreibt, die *„größte amerikanische Streitkraft unter seinem Kommando“*. Die 12th AGr verfügt nunmehr über insgesamt vier Armeen, zwölf Corps und 48 Divisionen mit 1,3 Millionen Mann. Und Bradley lässt sie, wie er später schreibt *„größtenteils ohne Leine laufen“*. Seinen Armeen werden lediglich die Ziele vorgegeben. Die 9th US Army soll über Hannover und Magdeburg zur Elbe zwischen Dessau und Wittenberge angreifen und sich bereithalten, *„den Angriff in Richtung Berlin oder nach Nordosten fortzusetzen“*[11], die 1st US Army über Halle und Leipzig auf Dresden und die 3rd US Army soll nach dem Aufschließen der Nachbarn den Angriff über Erfurt und Weimar nach Chemnitz fortsetzen. Keiner seiner drei Feldherrn weiß, dass sie die Endziele nie erreichen würden und nie erreichen sollen.

Am Abend erteilt der OB West dem AOK 11 die Genehmigung zum schrittweisen Rückzug und hebt den Befehl zum Stoß auf den „Ruhrkessel“ auf. Hitzfeld schreibt später: *„Damit war das Schicksal der Gruppe Model besiegelt. Sie war sich selbst überlassen. Niemand würde ihr mehr zur Hilfe kommen.“*[12]

Am **Donnerstag**, dem **5. April 1945** bereitet im Abschnitt der 9th US Army das XIII. US Corps den Angriff über die Weser vor und das XIX. US Corps erreicht die Weser. Bei der 1st US Army werden das VII. und V. US Corps vom Auftrag der Zerschlagung des „Ruhrkessels“ entbunden und beginnen mit dem Angriff Richtung Osten, während Patton's 3rd US Army in Thüringen auf die Erlaubnis zur Fortsetzung ihrer Offensive wartet.

Der OB West meldet an diesem Tag über Funk, *„dass die Kräfte in der Thüringer Ebene zu schwach wären und ein Durchbruch in Richtung Halle nicht verhindert werden könnte“.*[13]

Am **Freitag**, dem **6. April 1945**, startet im Bereich der 9th US Army das XIII. US Corps den Angriff gegen die Weser und gewinnt einen Brückenkopf im Rücken des Wesergebirges. Auch das XIX. US Corps geht mit Kräften über die Weser und greift in nordöstlicher Richtung an, während andere Teile des Corps die Bereinigung des „Ruhrkessels“ fortsetzen. Im Bereich der 1st US Army erreicht das V. und VII. US Corps die Weser und Elemente des V. US Corps sichern Brückenköpfe am Ostufer.

Am selben Tag tritt die Neuregelung der Befehlsverhältnisse der Deutschen Wehrmacht im Westen durch das OKW in Kraft. Die H.Gr. H, die seit Tagen keine ständige Verbindung zum OB West hatte, scheidet aus der Unterstellung unter den OB West aus und wird unter Umbenennung in OB Nordwest dem OKW direkt unterstellt. Ihre Führung übernimmt GFM Ernst Busch. Holland wird durch Führerbefehl zur Festung erklärt. Der bisherige Oberbefehlshaber der H.Gr. H, Gen.Obst. Blaskowitz, wird zum Oberbefehlshaber Holland ernannt. Die neue Grenze zwischen der 11. Armee und dem Abschnitt des OB Nordwest verläuft von Hameln über Braunschweig bis zur Elbe bei Magdeburg.

Am **7. April 1945** beendet das XIII. US Corps der 9th US Army die Weser-Überquerung. Bei der 1st US Army erhält Maj.Gen. Collins VII. US Corps den Auftrag Brückenköpfe über die Weser zu bilden und bis zur Linie Duderstadt- Northeim-Einbeck vorzudringen. Das V. US Corps von Maj.Gen. Clearance R. Huebner führt seine Bewegung über die Weser nach Osten fort. Seine 69th US InfDiv erobert einen Brückenkopf über die Werra.

Am Abend trifft Gen. Lucht nach seiner Genesung auf dem Gefechtsstand des AOK 11 ein und übernimmt das Kommando über die 11. Armee.

Am **Sonntag,** dem **8. April 1945**, erreicht im Bereich der 9th US Army der 12th AGr das XIII. US Corps nach Norden hin den Fluss Leine und erobert Brückenköpfe südlich von Hannover. Danach geht es mit Teilen nach Süden in die Zone des XIX. US Corps, um die Weser bei Hameln zu überqueren und anschließend in die eigene

Zone zurückzukehren. Bei der 1st US Army überquert das VII. US Corps mit zwei Infanteriedivisionen die Weser mit Booten, Fähren, Fuß- und Schwimmbrücken. Im Bereich des V. US Corps beendet die 69th US InfDiv den Werra-Übergang und rückt zur Leine vor. In Thüringen hält die 3rd US Army weiter.

Für die deutschen Truppen, die sich Richtung Nordthüringen und Harz zurückziehen, wird der 8. April 1945 zum Schicksalstag. Oberst Estor schreibt:

„Während der Nacht treffen mehrere Befehle des OB West beim AOK ein.

Harz ist als „Festung" durch Geländeverstärkungen aller Art auszubauen, da vorgesehen als Versammlungsraum und Operationsbasis für die, in der Neuaufstellung befindliche, 12. Armee. Um hierzu Zeit zu gewinnen, ist der Leine-Abschnitt unter allen Umständen zu verteidigen.

Im Harz ist ein Kampfkommandant einzusetzen, der einheitlichen Ausbau sicherstellt und die dort in Massen befindlichen Versprengten einheitlich zusammenfasst.

Armee-Abschnitt wird ausgedehnt bis zu Linie Jena-Weimar-Erfurt. K.Kdt. Erfurt, Weimar und Jena werden der Armee unterstellt."[14]

Am **Montag**, dem **9. April 1945**, bezieht das XIII. US Corps der 9th US Army unter Maj.Gen. Raymond S. McLain Ausgangsstellungen für den Angriff auf Hannover. Das XIX. US Corps wird von seiner Verantwortung bei der Zerschlagung des „Ruhrkessels" durch das XVI. US Corps entbunden und bereitet sich mit den Hauptkräften darauf vor, den Angriff nach Osten wieder aufzunehmen. Seine 83rd US InfDiv besetzt an der Südflanke der 9th US Army die Städte Seesen, Einbeck und Holzminden. Das XVI. US Corps übernimmt das Kommando über alle Kräfte der 9th US Army, die im Einsatz gegen den „Ruhrkessel" stehen.

Maj.Gen. McLain
Foto: NARA

Im Abschnitt der 1st US Army beginnen die Corps auf Grundlage der Direktiven vom Vortag mit dem entscheidenden Angriff zur Elbe und Mulde. In der Zone des VII. US Corps geht die 3rd US AD durch den Infanterie-Brückenkopf über die Weser und nimmt Northeim, Nörten-Hardenberg und Bovenden. Brig.Gen. Hickey erhält den Befehl vom CG VII. US Corps, den Schwerpunkt des Angriffs auf das Blockieren der Südausgänge des Harzes zu richten und auf keinem Fall über Nordhausen hinaus anzugreifen, bis die Infanteriedivisionen nicht aufgeschlossen haben.

Die 1st US InfDiv unter dem Kommando von Maj.Gen. Clift Andrus beendet den Weser-Übergang und weitet ihren Brückenkopf ostwärts aus. Die 104th US InfDiv folgt unmittelbar hinter der 3rd US AD. Beim V. US Corps bereitet sich die 9th US AD im Versammlungsraum Dransfeld-Hann.Münden auf den Angriff nach Osten vor, während die Infanteriedivisionen weiter nach Osten vorrücken. Die 69th US

InfDiv besetzt Heiligenstadt und stellt den Kontakt zu Kräften der 6th US AD der 3rd US Army her. Südlich des V. US Corps nehmen im Bereich des XX. US Corps der 3rd US Army die Divisionen ihre Ausgangstellungen für den Großangriff zur alliierten Haltelinie ein.

Durch den Vorstoß der amerikanischen Verbände wird die lückenhafte deutsche Front weiter zurückgedrückt. Nachdem dem AOK 11 bereits am Vormittag klar wird, dass die Leine-Verteidigung zusammengebrochen ist, ohne richtig zur Geltung gekommen zu sein, befiehlt Lucht auf Befehl Kesselrings das Absetzen aller Truppen auf das Harz-Vorland.

* * *

---

1 Alle Angaben beruhen im Wesentlichen auf dem Buch "United States Army in World War II - Chronology 1941 - 1945" von Mary H. Williams, Office of Military History, Department of the Army, Washington D.C. 1960.

2 NARA, B-606, Oberst Günther Reichhelm.

3 BA-MA, ZA 1/1056, Oberst i.G. Wilutzky.

4 „Joseph Goebbels Tagebücher", S. 127.

5 BA-MA, ZA 1/660, B-309, Gen.d.Inf. Hitzfeld.

6 „Das Kriegsende im Stab eines Armeekorps" Sonderheft Dresden 2005. Mil.hist. Schriften des Arbeitskreises Sächsische Militärgeschichte e.V. Hier wird General Reinhard als letzten Komm.Gen. und Befehlshaber genannt.

7 NARA, B-414, Oberst i.G. Geyer.

8 „Ein Infanterist in zwei Weltkriegen" v. Otto Maximilian Hitzfeld Biblio Verlag, Osnabrück 1983. S. 152.

9 Ebenda. S. 147.

10 Das Stellv. VI. AK wird erst am 04.04.45 endgültig der 11. Armee unterstellt.

11 "US Army in World War II – The E.T.O. - The last offensive", Kapitel XVII "Sweep to the Elbe" v. Charles B. Mac Donald, 1993, S. 379.

12 BA-MA, ZA 1/660, B-309, Gen.d.Inf. Hitzfeld.

13 Zitat aus dem Funkspruch, entnommen dem Buch „Nordhausen im Bombervisier" v. Dr. Geiger, S. 195.

14 NARA, B-581, Oberst Estor.

II. Die Einnahme von Nordthüringen durch das VII. US Corps

Während am **Dienstag**, dem **10. April 1945**, das XIX. US Corps der 9th US Army, dessen XIII. US Corps Hannover besetzt und dessen XVI. US Corps die Vernichtung des „Ruhrkessels" fortsetzt, den Befehl erhält, den Angriff in Richtung Elbe aufzunehmen, beginnt für die 1st US Army die entscheidende Phase im Kampf um Nordthüringen.

Im Bereich des VII. US Corps der 1st US Army stößt die 3rd US AD in vier Stoßkeilen in Richtung Nordhausen vor und steht am Abend entlang des Harzrandes von südöstlich Osterode bis südwestlich Nordhausen. Hinter ihr folgen die Infanteristen der 104th US InfDiv. In der Nacht zum 11. April erhält die 104th US InfDiv den Befehl, am nächsten Tag hinter den Panzern bis hart östlich Nordhausen vorzurücken. Außerdem soll sie bis zum Eintreffen der 9th US InfDiv, die zwischen der 1st US InfDiv und der 104th US InfDiv für die Räumung des Harzes eingeführt werden soll, die linke Flanke des Corps entlang des Südharzes sichern und die Südharztäler blockieren. Die 1st US InfDiv folgt, verstärkt durch die 4th CavGp, den Panzern im nördlichen Angriffsstreifen des VII. US Corps. Die Corps-Grenze zwischen dem VII. US Corps und dem V. US Corps verläuft von nördlich Göttingen, südlich an Duderstadt vorbei, durch Bleicherode nach Sundhausen, südlich von Nordhausen, und weiter entlang der Helme nach Osten.

Das V. US Corps erreicht die Linie westlich von Sondershausen bis Ebeleben, nordöstlich von Mühlhausen. Damit haben die Verbände der 1st US Army an der linken Flanke der 3rd US Army aufgeschlossen, die jetzt endlich die Erlaubnis zur Fortsetzung des Angriffs nach Osten erhält. Südlich des V. US Corps beginnt das XX. US Corps mit seinen Infanteriedivisionen mit der Einnahme der Ausgangsstellungen für den Großangriff am kommenden Tag.

Im Bereich des OB Nordwest wird bei der A.Gr. Student der H.Gr. H nördlich des Harzes Gen.Obst. Kurt Student von Gen.d.Inf. Blumentritt abgelöst. Die Armeegruppe wird in A.Gr. Blumentritt umbenannt. Gen.Obst. Student übernimmt auf eigenen Wunsch die bisher von Blumentritt geführte 1. FschA.[1]

Im Harz trifft an diesem Tag auf dem Gefechtstand des AOK 11 der Befehl des OB West ein, dass sich die 12. Armee auf dem Transport in den Harz befindet, um von dort aus den Feind nach Westen zurückzuwerfen. Oberst Estor schreibt: *„11. Armee hält ‚Festung Harz' als Aufmarschgebiet und Operationsbasis für 12. Armee."*[2] Trotz der Tatsache, dass das AOK keine Verbindung zu den Nachbararmeen hat, der Harz bereits im Norden umgangen ist, die Lücke zur 7. Armee immer größer wird, keinerlei Vorbereitungen für die Verteidigung des Harzes getroffen sind, Vorräte vollständig fehlen und die Truppe nur noch über geringe Gefechtskraft verfügt, beginnt die

11. Armee mit der Umsetzung des Befehls. Die Truppen sollen *„hinhaltend kämpfend von Widerstandslinie zu Widerstandslinie bis zum schwer zugänglichen Mittelharz ausweichen"* und dabei *„Truppe und Bewohner"* schonen.[3]

In der Nacht zum 11. April trifft mit dem Vorkommando des Stabes des AOK 12 und Teilen der InfDiv „Potsdam" der erste Teil der, am Anfang der Aufstellung befindlichen, 12. Armee in Blankenburg im Harz ein.[4] Die InfDiv „Potsdam" war unter dem Kommando des Kommandeurs der Infanterieschule Döberitz, Oberst d.R. Erich Lorenz[5], als 85. InfDiv aus dem Divisionsstab, der Na.Abt. und dem Vers.Rgt. der 85. InfDiv, Teilen des Volks.Art.Korps 412, der Pz.Jg.Kp. 185, der 3. (Fla)Kp. 185, den Resten der InfRgt'er 1053, 1054 und 1064 und Angehörigen von Offiziersnachwuchslehrgängen verschiedener Schulen aufgestellt worden, und wurde daher auch als „Fahnenjunker-Division" bezeichnet. Lorenz hatte aus ihnen die Gren.Rgt'er 1053, 1054 und 1064 mit je zwei Bataillonen, ein Art.Rgt., eine Pz.Jg.Abt., ein Füs.Btl., ein Pi.Btl., eine Na.Abt., ein Vers.Rgt. und ein Felders.Btl. gebildet, die ebenso wie die Division in „Potsdam" umbenannt wurden, die GrenRgt'er erhielten die Bezeichnung Gren.Rgt. „Potsdam 1", „Potsdam 2" und „Potsdam 3".

Als erste aufgestellte Division der 12. Armee war sie ursprünglich dafür vorgesehen, den Raum zwischen Harz und Saale zu sichern, doch aus Mangel an verfügbaren Kräften erhielt sie den Auftrag, das geplante Aufmarschgebiet der 12. Armee im Raum Blankenburg zu sichern. Aber nur einige Verbände erreichen den Harz. Über den genauen Verbleib der Verbände und Einheiten der Division liegen leider nur wenige bestätigte Informationen vor. So wurde das I. Bataillon des Gren.Rgt. „Potsdam 3" unter Hptm. Hans-Joachim Henne, das am 8. April mit Eisenbahntransport in Richtung Harz in Marsch gesetzt wurde, gemeinsam mit Teilen des Regimentsstabes unter dem Kdr. Gren.Rgt. „Potsdam 3", Maj. Hans-Gunnar Schwieger, bei Barby ausgeladen und in die Elbe-Verteidigung der InfDiv „Scharnhorst" eingegliedert.[6] Nur das II. Bataillon des Gren.Rgt. „Potsdam 3" unter Hptm. Fest erreicht den Harz. Ähnlich geht es Teilen des Gren.Rgt. „Potsdam 2" und dem Pi.Btl. „Potsdam". Sie werden noch auf dem Transport in die InfDiv „Hutten" eingegliedert.[7] Nur der Regimentsstab unter Oberst Fritz Grassau und mindestens eines seiner Bataillone trifft am 12. April im Harz ein. Auch das Gren.Rgt. „Potsdam 1" scheint sein Ziel nur mit Teilen erreicht zu haben.[8] Außerdem trifft zwischen dem 9. und 12. April das Füs.Btl. „Potsdam", Teile des Art.Rgt. „Potsdam" und des Vers.Rgt. sowie die Divisions-Kampfschule ein. Die Division bezieht Stellungen im Raum Wernigerode-Blankenburg-Thale-Quedlinburg.[9]

Die 7. Armee wechselt von der Unterstellung unter die H.Gr. G unter die direkte Befehlsgewalt des OB West, GFM Kesselring, dem bereits die 11. Armee für den Kampf in Mitteldeutschland unterstellt ist.

Am **Mittwoch**, dem **11. April 1945** beginnt auf breiter Front der Großangriff der 12th AGr in das industrielle Herz Mitteldeutschlands und zur alliierten Haltelinie entlang der Elbe und Mulde. Im Bereich der 9th US Army bewegt sich die 5th US AD des XIII. US Corps in Richtung der Elbe bei Tangermünde.

Stadteingangsschild mit Durchschüssen
Foto: National Archives

Südlich davon startet das XIX. US Corps den Angriff zur Elbe mit der 2nd US AD im Zentrum, der 30th US InfDiv, der die 125th CavRcnSq der 113th CavGp unterstellt wird, an der Linken und der 83rd US InfDiv mit der 113th CavRcnSq an der Rechten. Das CCB von Brig.Gen. Sidney R. Hinds 2nd US AD fährt mit zwei Kolonnen im Eilmarsch zur Elbe bei Magdeburg. Seine rechte Kolonne startet in Liebenburg/Groß Döhren und erreicht über Osterwieck, Dardesheim, Klein-Oschersleben, Etgersleben, Altenweddingen, Stemmern und Welsleben Schönebeck an der Elbe, wo sie in Kämpfe verwickelt wird und sich nach Salzelmen zurückzieht.[10] Die linke Kolonne verlässt am Morgen Schladen, südlich von Braunschweig, und fährt über Homburg, Hessen, Dedeleben, Pabstdorf, Aderstedt, Schlanstedt und Wulferstedt nach Oschersleben, wo die Kolonne auf Widerstand trifft, der zügig bekämpft wird. Dann geht es weiter über Wanzleben nach Ottersleben und Beneckendorf, wo die Kolonne für die Nacht hält. Aufklärungskräfte des 82nd Armd Rcn Bn dringen an der Nordflanke des Angriffs am späten Nachmittag in die südlichen Randbezirke von Magdeburg ein.

Magdeburg wird durch ein buntes Gemisch aus Wehrmacht, RAD und Volkssturm, das dem K.Kdt. Magdeburg, Gen.Lt. Raegener untersteht und einem Polizei-Rgt. unter SS-Brigadeführer Boleck verteidigt. Als K.Kdt. des unmittelbaren Stadtgebietes fungiert Maj. Werner Pluskat.[11]

Am Flugplatz Magdeburg-Süd kommt es zu einem Feuergefecht, bei dem ein Aufklärungsfahrzeug zerstört wird. Nachdem sich die Aufklärer zurückgezogen haben, nimmt Artillerie den Flugplatz unter Beschuss, wobei 25 Flugzeuge zerstört werden. Während des CCA im Raum Wolfenbüttel-Salzgitter aufgehalten wird, erreicht das CCR von Salzgitter-Gebhartshagen kommend Söllingen, südwestlich von Schöningen.

Die 83rd US InfDiv unter Maj.Gen. Robert C. Magon besetzt Bad Harzburg und Halberstadt. Die unterstellte 113th CavGp, die mit dem 3./331 und dem 25th FA Bn die TF Biddle bildet, nimmt Wernigerode. Die 113th CavGp hatte zuvor ihre 125th CavRcnSq an die 30th US InfDiv zur Sicherung der Nordflanke der 2nd US AD abgeben, der Tp. A, 113th CavRcnSq befindet sich in der CorpsRes und der Tp. C, 113th CavRcnSq war dem 330th InfRgt der 83rd US InfDiv unterstellt worden.

Südlich der Trennungslinie der 9th und 1st US Army für den Harz-Kampf, die von nördlich Clausthal-Zellerfeld über den Brocken und Quedlinburg bis Dessau verläuft, nimmt im Abschnitt der 1st US Army am Morgen das V. und VII. US Corps den Angriff wieder auf. Während der Großteil der Verbände von Brig.Gen. Hickey's 3rd US AD des VII. US Corps Nordhausen angreifen, führen andere Teile der Division und die RCT der 104th US InfDiv die Säuberung des Südharzes fort. Bis zum Abend hat die 3rd US AD kampflos Nordhausen und die unzerstörte, unterirdische Produktionsanlage der geheimen Raketenfabrik der Mittelwerk GmbH im Kohnstein besetzt. In der Nordhäuser Boelcke-Kaserne stoßen sie auf die Überlebenden des KZ Mittelbau-Dora. Das, dort Vorgefundene, erschüttert die amerikanischen Soldaten zu tiefst und führt in den nachfolgenden Tagen immer wieder zu Übergriffen auf deutsche Soldaten. Insbesondere Angehörige der SS oder Angehörige von Formationen, die ähnliche Uniformen tragen, erleben die Rache der Sieger.

Anbetracht der Tatsache, dass die 3rd US AD als Speerspitze des VII. US Corps für die Fortsetzung der Angriffsoperationen benötigt wird, wird der nachfolgenden 104th US InfDiv zeitweise die Verantwortung für das Nordhausen übertragen. Die 104th US InfDiv sperrt zu diesem Zeitpunkt mit dem RCT 413 die Zugänge zum Harz und bereitet sich darauf vor, dass die eintreffende 9th US InfDiv den Abschnitt nördlich der Division übernimmt. Außerdem erhält sie den Befehl, bereit zu sein, der 3rd US AD, die bis zur Linie Sangerhausen vorrücken soll, ab 11.00 Uhr (B) mit dem RCT 415 und ab 14.00 Uhr (B) mit dem RCT 414 zu folgen.

Als das RCT 47 der 9th US InfDiv unter Col. Peter E. Ward als erstes Regiment eintrifft und sich westlich von Nordhausen versammelt, wird es dem VII. US Corps unterstellt und zeitweise der 3rd US AD zugeteilt. Das 3./47 geht zum CCR.

Für die 1st US InfDiv des VII. US Corps beginnt an diesem Tag der eigentliche Kampf um den Harz. Gemeinsam mit der unterstellten 4th CavGp startet sie den Angriff zur Einnahme von Clausthal-Zellerfeld und Osterode und zum Erreichen der äußersten Linie Timmenrode - Allrode im Harz. Das RCT 18 und 26 erhalten den Auftrag, den Vormarsch der Cavalry nach Osten zu unterstützen und den Kontakt zur 104th US InfDiv an der Rechten und der 83rd US InfDiv an der Linken zu halten.

Im Abschnitt des V. US Corps setzen an diesem Tag die Panzerkolonnen der 9th US AD zum Stoß zur Saale zwischen Merseburg und Weißenfels an. Hinter den Panzern folgen die 2nd US InfDiv auf der Linken und die 69th US InfDiv auf der Rechten.

Am Abend stehen die Panzer auf der Linie Ringleben-Sachsenburg-Rothenberg-Hardisleben.

Südlich der Trennungslinie der 1st US Army zur 3rd US Army erreicht das XX. US Corps die Saale zwischen Bad Kösen und Camburg und errichtet Brückenköpfe am Ostufer der Saale.

Für die 7. und 11. deutsche Armee verschlechtert sich die Lage weiter. Die, im Raum zwischen Erfurt - Weimar und Weißensee - Rastenberg stehenden, Kräfte des Pz.Vbd. Feller der 7. Armee werden beim Vorstoß der amerikanischen Panzer zersprengt und Teile weichen nach Norden in den Bereich der 11. Armee aus. Im Tagesverlauf wird sowohl für die 7. Armee, als auch für die 11. deutsche Armee, deutlich, dass es nicht möglich ist, eine geschlossene Frontlinie aufzubauen. Die Front der 11. Armee, für die der Zeitpunkt der Einschließung immer absehbarer wird, wird im Tagesverlauf weiter eingedrückt. Am Nachmittag verlegt der Gefechtsstand des AOK 11 nach Braunlage. Dort erhält Lucht den Befehl des OB West, neben der Harz-Verteidigung den Abschnitt an der Elbe von Burg bis Riesa zu übernehmen. Nach fernmündlichem Protest wird der Befehl kurz darauf aber wieder zurückgenommen.[12]

In Süßenborn bei Weimar übernimmt das frisch eingetroffene Gen.Kdo. XC. AK unter Gen.d.Inf. Erich Petersen[13] das Kommando über die Reste der Korps.Gr. Uckermann der 7. Armee. Die, im Raum Erfurt-Weimar kämpfenden, Kräfte erhalten gegen Mittag den Rückzugsbefehl und weichen hinter die Saale aus. Nach der Eingliederung der, im Abschnitt befindlichen, Truppen der Saale-Verteidigung unter dem „Befehlshaber Thüringen Ost", Gen.Obst. a.D. Hoth, übernimmt das XC. AK die Verantwortung für den Abschnitt Weißenfels-Naumburg-Camburg-Jena. Dem Generalkommando gelingt es jedoch in den folgenden Tagen nicht, Einfluss auf die Lageentwicklung zu gewinnen. Eine wirkliche Führung über die deutschen Truppen, welche am Abend des 11. April an der Saale stehen, gibt es, außer im Abschnitt der Flak, nicht.

Am Morgen des **Donnerstags**, des **12. April 1945**, erreicht im Abschnitt des XIII. US Corps der 9th US Army die 5th US AD die Elbe bei Wittenberge, Werben und Tangermünde, kann aber keine intakten Brücken erobern.

Im Bereich des XIX. US Corps erreicht das CCB der 2nd US InfDiv nach der Besetzung von Schönebeck am Morgen die Straßenbogenbrücke über die Elbe, die vor ihren Augen gesprengt wird. Während das CCB mit den Vorbereitungen beginnt, die Elbe an drei Stellen, im Bereich der Gierfähre bei Westerhüsen, nördlich von Schönebeck, am Anleger bei Frohse und südlich der gesprengten Elbbrücke, mit Infanterie zu überqueren und einen Brückenkopf im Raum Randau zu bilden, fahren die anderen Combat Commands der Division mit hohem Tempo in Richtung Magdeburg und blockieren die Ausfallstraßen. Das CCA erreicht mit seiner linken Kolonne, der

TF A, über Schöppenstedt, Helmstedt, Nordgermersleben am Abend Ammensleben, nördlich von Magdeburg, die rechte Kolonne der TF B über Hötensleben und Ovelgünne die Unterführung der RAB 2 bei Bornstedt, wo sie durch deutsche Flak nördlich von Magdeburg unter Beschuss genommen werden. In Olvenstedt halten sie für die Nacht. Das CCR geht von Ohrsleben über Wackersleben, Ausleben, Seehausen nach Groß Rodensleben, wo eine Sperrstellung bezogen wird. Die Aufklärer des 82nd Armd Rcn Bn sperren die Südausgänge von Magdeburg.[14]

Sgt. Bill McClure, Fotograf der 168th Signal Photo Company bei der 2nd US AD, bringt am 12. April 1945 in Dedeleben einen Wegweiser für die Truppen nach Berlin an
Foto: National Archives, SC 411831

Als erster Verband des CCB soll das 1./41 unter Lt.Col. John W. Finnel die Elbe bei Westerhüsen überqueren. Das Bataillon, das am Vorabend mit einem Platoon Panzer und zwei Platoon Infanterie Langenweddingen besetzt hatte, hatte am Morgen den Befehl erhalten nach Großottersleben zu fahren und dort das 1./67 abzulösen.

Das 1./67 säubert seit dem Morgen, von Beneckenbeck aus über Wolfsfelde und Salbke vorgehend, das Westufer der Elbe. Als sich das 1./41 in Großottersleben versammelt hat, erhält es den Befehl, die Umgebung mit den Panzern zu säubern und sich darauf vorzubereiten, mit der Infanterie die Elbe zu überqueren. Während kleinere Battle Teams aus Panzer- und Aufklärungskräften noch damit beschäftigt sind, eine Batterie 8,8cm Flak bei Dodendorf zu bekämpfen und Sülldorf, Osterweddingen und Sohlen besetzen, trifft um 16.30 Uhr (B) der Befehl zum Übersetzen ein.

Das 3./41 unter Lt.Col. Arthur J. Anderson, das gemeinsam mit dem 2./67 Schönebeck gesäubert hat, soll ihrem Angriff folgen. Am Abend beginnt das 1st und 3rd Bn, 41st AIR und das unterstellte 3./119 der 30th US InfDiv mit dem Übergang über die Elbe bei Westerhüsen, nachdem es durch anhaltende Kämpfe nicht möglich ist, die Übergangsstelle bei Frohse zu erkunden und die Säuberung von Schönebeck noch nicht abgeschlossen ist. Das 1./41 setzt um 21.30 Uhr (B) unter dem Schutz der Panzer und Panzerjäger, die am Westufer aufgefahren sind, bei Westerhüsen mit zwei Kompanien in Pionierbooten und 2 ½to DUKW Amphibienfahrzeugen[15] über den Fluss. Ihnen folgt um 22.30 Uhr (B) das 3./41 und bis 23.00 Uhr (B) ist ein Großteil der zwei Bataillone übergesetzt, ohne auf Widerstand zu treffen. Nachdem die Panzerinfanteristen mit dem 1./41 an der Linken und dem 3./41 an der Rechten eine Verteidigungslinie am Ostufer errichtet haben, beginnen die Pioniere des 17th Armd Engr Bn im Licht von zwei Suchscheinwerfern mit dem Bau einer Brücke.[16]

Die 83rd US InfDiv, deren RCT 330 den Nordrand des Harzes abriegelt, strebt mit dem RCT 329 und 331 zur Elbe. Das RCT 329 erhält um 12.40 Uhr (B) die Meldung eines Artillerieluftbeobachters des 322nd FA Bn, das die Eisenbahnbrücke über die Elbe nördlich von Barby intakt ist, und rückt auf Barby vor. Das 3./329 erreicht an der Nordflanke des Angriffs von Gröningen kommend über Gnadau und Pömmelte um 13.50 Uhr (B) Barby und wird in schwere Kämpfe mit deutscher Infanterie des I./InfRgt „Potsdam 3" unter Führung von Hptm. Henne, das in die Verteidigung der InfDiv „Scharnhorst" eingegliedert wurde, verwickelt.[17] Das 2./329, das über Atzendorf, Eickendorf, Großmühlingen, Kleinmühlingen, Tornitz und Wespen die Elbe erreicht, schwenkt nach Norden auf Barby, um das 3./329 zu unterstützen. Es wird sofort nach dem Eintreffen ebenfalls in heftige Kämpfe verwickelt. Trotz des Verlustes mehrerer Panzer und Panzerjäger gelingt es nicht, den Widerstand zu überwinden. Um 20.50 Uhr (B) erfolgt die Sprengung der Brücke.[18] Dabei wird eine Spanne total zerstört und zwei weitere beschädigt. Daraufhin befiehlt Col. Crabill die Einstellung der weiteren Angriffe für die Nacht. Seine Truppen sind durch die ständigen Märsche und Gefechte der letzten Tage so ausgelaugt, so dass sie eine Pause brauchen. Am nächsten Tag soll der Angriff mit Artillerie- und Luftunterstützung fortgesetzt werden. In der Nacht beginnt das das 1./329, das dem 3./329 gefolgt ist, in Wespen und Großmühlingen mit der Vorbereitung für die Flussüberquerung am nächsten Tag. In der Zwischenzeit nimmt die amerikanische Artillerie Barby unter Beschuss, was zu erheblichen Schäden in der Stadt führt.

Das RCT 331 rückt an der Südflanke der Division ohne sein 3./331 auf Breitenhagen an der Elbe vor und kommt nur langsam voran. Das 2./331 verlässt um 05.30 Uhr (B) Langenstein und nimmt auf der Nordroute um 07.00 Uhr (B) gegen leichten Widerstand Ditfurt, nördlich von Quedlinburg, wo 900 Briten und 70 Amerikanern befreit werden. Dann geht es auf zwei Wegen über Hedersleben, Hausneindorf, Schadeleben und Königsaue[19] und über Gatersleben, Nachterstedt, Frose nach Winningen. Drei Kilometer vor dem letzten Ort trifft die Spitze auf einen deutschen Eisenbahntransport und der vorderste Panzer zerstört die Lok mit drei Schuss. Hinter Hecklingen fällt der Kolonne ein weiterer Zug mit Mannschaftswagen in die Hände und 250 Mann und sechs Offiziere ergeben sich. In Leopoldshall, südöstlich von Staßfurt, werden 2000 alliierte Kriegsgefangene, hauptsächlich Polen und Franzosen, befreit. Die KZ-Häftlinge des Außenkommandos Leopoldshall des KZ Buchenwald, die für die Junkers Flugzeug- und Motorenwerke gearbeitet haben, wurden bereits am 12. April mit Lastwagen nach Schönebeck gebracht, von wo aus sie mit anderen Häftlingen weiter Richtung Schwerin getrieben wurden. Sie werden erst am 3. Mai befreit.[20] Über Hohendorf, wo es zu einem Feuergefecht mit flüchtenden deutschen Truppen kommt, erreicht das Bataillon Nienburg, das gegen starken Widerstand um 17.30 Uhr (B) genommen wird. Am Westrand der Stadt hatte sich eine Gruppe deutscher Soldaten eingegraben, die wahrscheinlich zum II./Gren.Rgt. „Potsdam 2" unter Hptm. Pichl gehörten, das bei der Bahnverlegung in Calbe gestoppt und ausgeladen wurde, um auf Grund der Feindbedrohung zu Fuß in den Harz zu marschieren. Hinweise dafür ergeben sich aus einem Zeitzeugenbericht eines ROB-Unteroffiziers dieses Verbandes, dessen Einheit nach der Entladung in Calbe zwischen Üllnitz und Brumby in ein Gefecht mit amerikanischen Aufklärungskräften verwickelt wurde. Die Masse des II./Gren.Rgt. „Potsdam 2" befindet sich zu diesem Zeitpunkt auf dem Rückzug über die Saale nach Köthen.[21]

Das 2./331 bezieht mit der Co. E und F in Nienburg Sicherung für die Nacht und die Co. G geht nach Neugattersleben. Der Co.CP der Co. G geht in das mittelalterliche Schloss Neugattersleben der Familie von Alvensleben.

Südlich von Neugattersleben finden die Infanteristen den Flugplatz Bernburg-Strenzfeld an der Straße Neugattersleben-Bernburg. Mit dem Bau des Fliegerhorstes war bereits 1935 begonnen worden und 1937 war neben dem Flugplatz das Werk Bernburg der Junkers Flugzeug- und Motorenwerke entstanden. Als erster fliegender Verband war 1936 die I./JG 232 auf dem Flugplatz stationiert, aus der im April 1937 die I./JG 137 hervor ging. Gemeinsam mit der II./JG 137 Zerbst und einem neuaufgestellten Geschwaderstab bildete sie im November 1938 das JG 231 Bernburg. Im Mai 1939 entstand in Bernburg aus dem Geschwaderstab der Stab des JG 3 und die I./ZG 2. Am 1. Mai wird sowohl der Stab, als auch alle drei Gruppen des ZG 2 in Bernburg genannt. Das ZG 2 verließ kurz vor Kriegsbeginn den Fliegerhorst und kehrte Ende September nach dem Polenfeldzug noch einmal kurz nach Bernburg zurück. Damit endete die Verwendung des Flugplatzes als Einsatzhafen für die Luftwaffe. Der Flugplatz wird Werksflugplatz für die Junkers Flugzeug- und Motorenwerke.[22] Als die Infanteristen den Flugplatz besetzen, finden sie mehrere „Mistel-Gespanne" vor, die seit Januar 1945 im Werk hergestellt wurden.[23]

Das 1./331, das auf der Südroute von Langenstein aus vorrückt, kommt gegen starken Widerstand nur langsam voran und erreicht über Börnecke und Westerhausen am Abend weit hinter dem 2./331 Ditfurt, wo es für die Nacht hält.

Brig.Gen. Hickey,
CG 3rd US AD
Foto: NARA

Südlich der 9th US Army beginnt im Abschnitt des VII. US Corps der 1st US Army die 3rd US AD und 104th US InfDiv am Morgen mit der Besetzung der, außerhalb der Harzberge liegenden, Ortschaften der Grafschaft Hohenstein und der Dörfer östlich von Nordhausen und dem weiteren Vorstoß nach Osten. Dabei muss die Tiefe des Angriffs für diesen Tag auf die Linie Sangerhausen begrenzt werden, denn mit dem Erreichen von Nordhausen hat der Vorrat an Schmieröl für die Panzer eine kritische Grenze erreicht. Der schnelle Vorstoß hatte die Versorgungslinien der Division und des Corps so überdehnt, dass der Nachschub kaum noch nachkommt. Um den Angriff überhaupt fortzusetzen müssen die Panzer auf leichteres Öl zurückgreifen, was jedoch den Einsatzradius auf 30 Meilen verringert. Trotzdem fallen alleine fünf Panzer des CCB durch Motorschaden aus.[24]

Aus dem Raum Nordhausen stoßen die Verbände der 3rd US AD in vier Marschsäulen nach Osten in den Landkreis Sangerhausen. Auf der Linken, nördlich der R 80, marschiert das CCR, mit zwei Verbänden parallel vorgehend, und auf der Rechten, südlich der Reichsstraße, das CCB mit zwei Verbänden. Das 83rd Armd Rcn Bn folgt dem CCB und das CCA bildet die Div.Res.

Für den Vormarsch gliedern sich die 3rd US AD wie folgt:

CCA CO Col. Leander L. Doan
HQ u. HQ Det. CCA
32nd Armd Rgt (- 3rd Bn)
Svc Co. 32nd Armd Rgt
1./36th AIR
1./18th InfRgt der 1st US InfDiv
Co. A, 703rd TD Bn
Co. A, 23rd AEB
Co. A, 46th Armd Med Bn
Co. A, 3rd Armd Maint Bn
TF Boles, auch **TF X** CO Lt.Col. John K. Boles Jr.
Cmd Gp 32nd Armd Rgt
2./32nd Armd Rgt
1./36th AIR

3rd Plat. Co. A, 23rd AEB
3rd Plat. Co. A, 703rd TD Bn
TF Kane, auch **TF Y** CO Lt.Col. Matthew W. Kane
1./32nd Armd Rgt
1./18th InfRgt
1st Plat. Co. A, 23rd AEB
1st Plat. Co. A, 703rd TD Bn

CCB CO Brig.Gen. Truman Everett Boudinot
HQ u. HQ Det. CCB
33rd Armd Rgt (-3rd Bn)
Svc Co. 33rd Armd Rgt
2./36th AIR
2./414th InfRgt der 104th US InfDiv
Co. B, 703rd TD Bn
Co. B, 23rd AEB
Co. B, 45th Armd Med Bn
Co. B, 3rd Armd Main Bn
391st AFA Group mit 1 Btry 486th AAA AW Bn
TF Welborn CO Col. John C. Welborn
1./33rd Armd Rgt
2./36th AIR
3rd Plat. Co. B, 703rd TD Bn
Plat. Co. B, 23rd AEB
TF Lovelady CO Col. William B. Lovelady
2./33rd Armd Rgt
2./414th InfRgt
2nd Plat. Co. B, 703rd TD Bn
Plat. Co. B, 23rd AEB
67th AFA Bn

CCR CO Col. Robert L. Howze Jr.
HQ u. HQ Det. CCR
36th AIR (- 1st u. 2nd Bn)
Svc Co. 36th AIR
3./32nd Armd Rgt
3./33rd Armd Rgt
3./47th InfRgt der 9th US InfDiv
Co. C, 703rd TD Bn
Co. C, 23rd AEB
Co. C, 45th Armd Med Bn
Co. B, 3rd Armd Main Bn

83rd AFA Bn
54th AFA Bn
991st FA Bn
TF Hogan CO Col. Samuel Hogan
3./33rd Armd Rgt
3./47th InfRgt
3rd Plat. Co. C, 23rd AEB
3rd Plat. Co. C, 703rd TD Bn
TF Richardson CO Lt.Col. Walter B. Richardson
3./32nd Armd Rgt
3./36th AIR
1st Plat. Co. C, 23rd AEB
2nd Plat. Co. C, 703rd TD Bn

Die TF Richardson erreicht auf der Nordroute des CCR über Gonna, nördlich von Sangerhausen, die Orte Obersdorf und Pölsfeld und hält bis zum nächsten Tag. Auf der Südroute des CCR geht die TF Hogan über Roßla nach Wallhausen, wo sie gegen Mittag auf Kräfte der TF Welborn des CCB trifft. Mit einem nördlichen Schwenk erreicht sie Sangerhausen, das zu diesem Zeitpunkt bereits gegenüber der TF Welborn kapituliert hat. Ohne Halt rückt sie, gefolgt vom CP CCR, über Riestedt und Emseloh vor und erreicht Blankenheim, wo der Vormarsch auf Grund von starkem Widerstand durch deutsche 8,8cm Flak zum Halten kommt. Die TF Hogan bezieht in Blankenheim Verteidigungsstellungen, ohne weitere Versuche zu unternehmen, östlich des Ortes vorzudringen.

Die TF Welborn des CCB der 3rd US AD rückt über Berga, Kelbra und Roßla vor und besetzt kampflos Sangerhausen. Einheiten der TF Welborn fahren zur Sicherung von Sangerhausen nach Beyernaumburg und weiter nach Liedersdorf, wo sie Stellungen beziehen. Dann haben die Kräfte der TF Welborn ihr Tagesziel erreicht. Die begleitenden Panzerjäger des 3rd Plat. Co. B, 703rd TD Bn halten in Holdenstedt.

Die TF Lovelady rückt mit direkter Unterstützung durch das 67th AFA Bn auf der Südroute des CCB über Kelbra, Tilleda, Riethnordhausen südlich an Sangerhausen vorbei auf Oberröblingen und Allstedt vor. Das 67th AFA Bn unter Lt.Col. Edward S. Berry unterstützt seit dem 9. April als Teil der 391st AFA GP von Col. Frederic G. Brown's DivArty den Vormarsch des CCB. Diese Gruppierungen (GP) werden unter wechselndem Kommando, der Lage angepasst, aus den Bataillonen der DivArty und der unterstellten Bataillone der CorpsArty gebildet, um den Angriff der Division flexibel zu begleiten. Die Infanteristen des unterstellten 2./414 von Lt.Col. Edward T. Rager[25] säubern die Orte. Ihre Co. E nimmt mit den Vorauskräften der TF Lovelady Wolferstedt.

Das CCA, das sich nach der Ablösung durch die Infanterie in Osterode und Herzberg bei Günzerode in der DivRes versammelt hat, folgt dem Angriff in zwei Kolonnen über Berga und Kelbra. Am Abend erreicht es mit der TF Kane Sangerhausen und übernimmt die Sicherung der Stadt. Die TF Boles erreicht Wettelrode.

Die TF Yeomans, 83rd Armd Rcn Bn, rückt unter Führung von Lt.Col. Prentice E. Yeomans selbstständig operierend entlang der Südflanke der 3rd US AD vor und erreicht Allstedt, Niederröblingen und Oberröblingen, wo sie sich versammelt. Dort trifft am Abend auch die Co. A unter Capt. McPike ein, die während des Tages den Vormarsch des CCR begleitet hatte.

Der Div.CP erreicht, gefolgt vom Bn.CP des 703rd TD Bn, gegen 14.45 Uhr (B) Sangerhausen und hält dort bis zum nächsten Morgen. Mit einer Tagesleistung von 35 Kilometern hat die 3rd US AD die Linie Pölsfeld-Blankenheim-Holdenstedt und somit die Ostgrenze des Kreises Sangerhausen erreicht. In der Nacht zum Freitag zieht die 3rd US AD starke Kräfte im Raum Sangerhausen zusammen, um am Morgen in gestraffter Formation auf vier Routen über Eisleben und Gerbstedt zur Saale vorzustoßen.

Maj.Gen. Allen
Foto: NARA

Die 104th US InfDiv, welche den Befehl zur Vorbereitung der Offensive auf Halle erhalten hat, übernimmt als vorrangige Aufgabe an diesem Tag die Sicherung von Nordhausen und die Evakuierung der befreiten kranken KZ-Häftlinge. Die zweite Aufgabe der 104th US InfDiv besteht in der Abriegelung der Südharzausgänge und in der Fortsetzung des Angriffs hinter den Panzern. Hierfür betreibt das RCT 414, das ohne sein 2nd Bn aus der Unterstellung unter die 3rd US AD zurückkehrt ist, Straßensperren am Harzrand Das RCT 415 besetzt hinter den Panzern der 3rd US AD die eingenommenen Ortschaften und Städte in der Goldenen Aue. Das RCT 413 unter Col. William Summers, das nicht an der Offensive teilnimmt, steht nordwestlich von Nordhausen im Kampf. Die TF Laundon, 104th Rcn Tp unter dem Kommando von Capt. Arthur S. Laundon, hält von Herzberg aus die Verbindung zwischen Bad Lauterberg und der 1st US InfDiv bei Osterode aufrecht. Die Co. A des 87th Cml Mort Bn unter Lt.Col. James H. Batte unterstützt das RCT 413 und die Co. B, 87th Cml Mort Bn das RCT 415.

In der Nacht erhält der CG der 104th US InfDiv auf dem Div.CP in Duderstadt die letzten Befehle für die Offensive auf Halle, bevor er zur Weiterführung der Operationen nach Nordhausen verlegt. Doch noch liegt der Schwerpunkt der Division auf der Sicherung der Nordflanke des Corps im Harz. Das RCT 413, die TF Laundon und das RCT 414 haben sich hierfür auf eine Umgruppierung vorzubereiten. Das

555th AAA (AW) Bn unter Lt.Col. Sayward H. Farnum erhält den Auftrag, das Außenlager Roßla des KZ „Mittelbau-Dora" sowie das Krankenhaus und eine Anzahl von Warenlagern in Sangerhausen zu sichern. In dem Außenlager, das sich auf dem Gelände einer Zuckerfabrik befindet, hatte man im August 1944 Teile der Produktion von A-4-Aggregaten aus „Mittelbau" ausgelagert. Die Häftlinge waren unmittelbar nach den Bombenangriffen auf Nordhausen am 4. und 5. April zu Fuß und per Bahn in Richtung Bergen-Belsen evakuiert worden.[26]

Für den Angriff auf Halle plant Maj.Gen. Terry de la Mesa Allen die Bildung einer gepanzerten Task Force unter der Führung von Col. Gerald C. Kelleher, dem CO des 414th InfRgt. Zur Bildung der Task Force werden Kelleher neben seinem 414th InfRgt (ohne 2./414), das 750th Tk Bn (ohne Co. B) unter Lt.Col. John A. White, die Co. A, 817th TD Bn unter Capt. Howard M. Vogel, die Co. B, 329th Engr Bn unter Capt. Edward Knight, das 386th FA Bn, das 802nd FA Bn, die Btry B und ein Plat. Btry D, 555th AAA (AW) Bn, der 104th Rcn Tp und die Co. B, 87th Cml Mort Bn unterstellt. Zur Motorisierung soll die Task Force zusätzlich mit 18 Lastwagen der 385th QM Co. ausgestattet werden. Die artilleristische Unterstützung soll das 386th und 802nd FA Bn übernehmen. Als Zeitpunkt für den Abschluss der Vorbereitungen wird der 14. April, 08.00 Uhr (B), befohlen. Geplanter Angriffsbeginn ist der 14. April, 12.00 Uhr (B). Dem Angriff der TF Kelleher soll das RCT 413 an der Linken und das RCT 415 an der Rechten folgen.

Die 1st US InfDiv setzt mit der unterstellte 4th CavGp den Auftrag fort, weiter durch den Harz zur Linie Timmenrode-Allrode fortzurücken und dann unter Umgehung feindlicher Widerstandsnester aggressiv bis maximal zur Linie westlich Quedlinburg – westlich Mägdesprung aufzuklären.

Die 9th US InfDiv trifft unter Führung des CG Maj.Gen. Louis A. Graig mit dem vorgeschobenen Div.CP am Abend in Nordhausen ein. Das RCT 39 unter Col. Van H. Bond erhält den Auftrag, sich am kommenden Tag auf die Verlegung in den neuen Abschnitt vorzubereiten. Das 1. und 2./47, das noch der 3rd US AD unterstellt ist, versammelt sich. Das 3./47 bleibt beim CCR. In Nordhausen trifft der CP des VII. US Corps ein.

Rechts vom Abschnitt des VII. US Corps setzen südlich des Kyffhäusergebirges, im Bereich des V. US Corps, die Einheiten des CCB der 9th US AD den Angriff zur Saale zwischen Schkopau und Merseburg fort.

Die TF Karsteter, 19th Tk Bn, an der Spitze des CCB rückt südlich an Querfurt vorbei auf Merseburg vor. Am Abend wird das Bataillon nördlich von Schotterey durch schweres Abwehrfeuer der Flakgeschütze des XXXXVIII. PzK der 12. Armee gestoppt. Die Panzer sind nichtsahnend vor die Feuerstellungen der 21. Flak.Brig. des Oberst Gustav Nordmeyer geraten, dessen Stab sich in Bad Lauchstädt befindet. Obwohl dem Alliierten Oberkommando die Stärke der deutschen Flakabwehr in diesem Gebiet bekannt war, hatte niemand die Männer der 9th US AD von der Gefahr unterrichtet. Noch während der Stab des 19th Tk Bn bei Schotterey Pläne macht, um Bad Lauchstädt anzugreifen, erteilt der CG 9th US AD den Befehl zum Rückzug und Sammeln im Raum Schafstädt. Von dort aus soll im Schutz der Nacht der Angriff des CCB Richtung Südosten aufgenommen werden, um einen Brückenkopf über die Saale, nördlich von Weißenfels, zu erobern. Die 9th US AD braucht unbedingt die Übergangsstellen über die Saale. Das CCA stößt im Zentrum der 9th US AD zur Saale bei Weißenfels vor, wo es ebenfalls auf starken Widerstand deutscher Flakstellungen trifft. Hier erreicht das CCA der Befehl des CG 9th US AD zur südlichen Umgehung von Weißenfels über die Saalebrücke nördlich von Naumburg am nächsten Tag. Am Südflügel der 9th US AD erreicht das CCR über Naumburg den Ort Obernessa, östlich der Reichsautobahn 9, und stellt den Kontakt zur 6th US AD des XX. US Corps der 3rd US Army her. In der Nacht rückt es weiter Richtung Weiße Elster bei Zeitz vor. Maj.Gen. Robertson's 2nd US InfDiv folgt den Panzern des CCB der 9th US AD an der Nordflanke des V. US Corps und erreicht mit seinem Nordflügel Obhausen-Petri. Die 69th US InfDiv folgt der 9th US AD im südlichen Korpsabschnitt.

Mit dem Vorstoß der amerikanischen Truppen zur Elbe und Saale hat die Lage für die deutschen Truppen im mitteldeutschen Raum dramatische Ausmaße erreicht. Während das LXVII. AK südlich des Harzes endgültig in zwei Hälften gespalten wird und die Restkräfte der 11. Armee in den Harzes abgedrängt werden, fliehen die Reste der im Raum Erfurt-Weimar zersprengten 7. Armee vor den nachdrückenden amerikanischen Panzerverbänden nach Osten. Somit ist die Trennung der 11. und 7. Armee endgültig vollzogen, die Einkesselung des Harzes steht bevor. Jetzt bildet die Elbe und Mulde die letzte Verteidigungslinie gegen den Vormarsch der Westalliierten.

Walter Wenck, hier als Gen.Maj. 1943
Foto: Bundesarchiv, Bild 101I-237-1051-15A / Schneider/ Kunath / CC-BY-SA

Hier befindet sich jetzt die H.K.L. von Hitlers letztem Aufgebot, der 12. Armee unter Gen.d.Pz.Tr. Walter Wenck, die sich in der Aufstellung befindet. Doch diese Aufstellung kommt auf Grund von fehlendem Treibstoff und Transportraum sowie Mangel an Waffen und Munition nur mühsam voran. Hans-Jürgen Wegener beschreibt in seinem Beitrag im Buch „Soldaten an der Elbe" der Sächsischen Landeszentrale für Volksbildung die Situation der Armee Wenck so: *„Fabrikneue Karabiner, Sturm- und Maschinengewehre standen... zur Verfügung. Es mangelte nicht an Granatwerfern und Infanteriegeschützen. Engpässe waren Transportraum und Transportmittel... Die Versorgung hat bis zum Ende weitgehend geklappt. Knapp waren stets Panzer- und Spezialmunition, Betriebsstoff und motorisierter Transportraum."*[27]

Die Stäbe der Korps, die aus stark angeschlagenen Stäben der Ostfront formiert werden sollen, befinden sich zum Großteil noch in der Zuführung und verfügen kaum über Nachrichtenmittel. Nicht anders sieht es mit den Divisionen der 12. Armee aus.

Ähnlich der bereits beschriebenen InfDiv „Potsdam" war am 29. März 1945 die Aufstellung der InfDiv „Ulrich von Hutten" aus dem Stab und der Na.Abt. der 18. VolksGrenDiv sowie Resten der 56. und 180. InfDiv in der Lutherstadt Wittenberg befohlen worden. Hierfür werden Angehörige der Führer-Nachwuchs-Schulen des WK IV, der St/St.Kp. Pz.Jg.Abt. Hannover, die Jgd.Pz.Kp der H.U.S. Krampnitz[28] und die Pz.Jg.Abt. 3 herangezogen. Die Pz.Jgd.Abt. 3[29] verfügt über eine Aufkl.Kp. mit schw. Panzerspähwagen, zwei Pz.Kp. mit je 15 PzKpfw und eine Schtz.Kp auf SPW.[30] Später werden weitere Verbände eingegliedert, wie z.B. das Gren.Ers.Btl. 102 aus Chemnitz.[31] Auch die K.Gr. Hptm Aulhorn aus Wittenberg mit zwei Inf.Kp. und einem Pz.Abw.Zg. soll der InfDiv „Hutten" unterstellt gewesen sein.[32] Aus ihnen erfolgt unter Führung von Gen.Lt. Blaurock die Bildung der folgenden Verbänden und Einheiten:

Gren.Rgt. 1, Maj. Wesemann
Gren.Rgt. 2, Maj. Siebert
Gren.Rgt. 3, Maj. Hobra
Art.Rgt., Maj. Gärtner
Füs.Btl., Hptm. Matschke
Pi.Btl., Oblt. Drossel
Pz.Jg.Abt., Hptm. Schneider

Als eine der letzten Einheiten erfolgt die Aufstellung eines Pz.Jgd.Vbd. unter Führung von Hptm. Wehner. Der Verband besteht aus drei Kompanien zu je sechs Kommandos mit jeweils 13 Fahnenjunkern, ausgerüstet mit Sturmgewehren, Panzerfäusten und Fahrrädern. Der Verband bildet die „Geheimwaffe" für die Panzerbekämpfung und soll das Fehlen von Panzern und Pak kompensieren. [33]

Gerhard Engel als Obstlt. im Juni 1944
Foto: Bundesarchiv, Bild 146-1985-015-03 / Hoffmann, Heinrich / CC-BY-SA

Die Division erhält am 8. April 1945 den Namen „Ulrich von Hutten", der ab dann als Zusatz von den Einheiten und Verbänden geführt wird.[34] Am 10. April erfolgt die Zuweisung von zehn Jagdpanzern38 und einem Bergewagen für die Jgd.Pz.Kp. und einen Tag später die Zuführung von 28 Infanteriegeschützen 7,5cm mit Schiff von Magdeburg. Als Gen.Lt. Gerhard Engel nach Abschluss der Aufstellung am 13. April die Division übernimmt, verfügt sie über eine Gesamtstärke von 5000 Mann mit 1200 Mann je Gren.Rgt.[35]

Bereits in der Nacht vom 14./15. April 1945 verlegt die Division zur Mulde und kommt im Mulde-Abschnitt von Dessau bis Bitterfeld zum Einsatz.[36] Ihre H.K.L. verläuft von südlich der Autobahnbrücke der RAB 9 über die Mulde zwischen Kleutsch und Möst über Schierau, Priorau, Marke, Raguhn, Bobbau[37], Siebenhausen, Reuden und Thalheim bis Sandersdorf und Zscherndorf. Östlich der Mulde gehen die Versorgungseinheiten und die Reserve nach Kleckewitz, Altjeßnitz, Roßdorf und Muldenstein.[38]

Eine weitere Division ist die InfDiv „Scharnhorst", die ab dem 30. März 1945 im Raum Dessau-Roßlau aus dem Divisionsstab und den Versorgungsteilen der 340. InfDiv und Resten der 167. InfDiv sowie 80% Fahnenjunkern und Uffz./Offz.Anwärtern unter dem Kommando des ehemaligen Wehrmachtsadjutanten Hitlers, Oberst i.G. Borgmann, aufgestellt wird. Nachdem Borgmann in der Nacht vom 5./6. April bei einem Tieffliegerangriff fällt, übernimmt Gen.Lt. Heinrich Götz die Division.[39] Zur Aufstellung werden die Führer-Nachwuchs-Schulen W.Kr. XI, das Pi.Btl. der Pi.Schule Dessau-Roßlau mit dem OB/ROB-Lehrgang des Pi.Btl. 2 Stettin, der Stab/St.Kp., einer Pz.Jg.Abt. aus Magdeburg, Teile des Na.Lehr.Rgt. Halle, die Kartenstelle des W.Kr. Böhmen-Mähren und der Stab/IV. Abt. Volks.Art.Korps. 412 herangezogen. Sie bilden:

Gren.Rgt. „Scharnhorst 1", Maj. Mathias Langmaier
Gren.Rgt. „Scharnhorst 2", Maj. Hans-Joachim Mahlow
Gren.Rgt. „Scharnhorst 3", Obstlt. Fließbach, ab dem 5. April Obstlt. Gerhard Pick
Art.Rgt. „Scharnhorst", Maj. Felix Moschner
Füs.Btl „Scharnhorst", Hptm. Alfred Deckert
Pi.Btl. „Scharnhorst", Hptm. d.R. Edwin Ewald
Pz.Jg.Abt. „Scharnhorst", Hptm. Gerhard Barte

Hinzu kommen der Pz.Jgd.Vbd. unter, Hptm. Langenohl[40], die Na.Abt. unter Hptm. Winsenburg, eine Pz.Kp. und eine Jgd.Pz.Kp.

Die Aufstellung des Gren.Rgt. „Scharnhorst 1" erfolgt in Zerbst mit dem I. Btl. aus Offz.Anwärtern, Marineangehörigen und 60 Gebirgsjägern unter Hptm. Karl Rieger in der Nachrichtenkaserne der H.U.S. d. Na.Tr. und dem II. Btl. aus ROB und Uffz.Anwärtern des W.Kr. XI. unter Hptm. Peter Rettich ab dem 5. April in Privatquartieren.[41]

Das Gren.Rgt. „Scharnhorst 2" wird in der Pionierkaserne Roßlau u.a. aus hochdekorierten Luftwaffenangehörigen und 40 Offz.Anwärtern der Marineschule Heiligenhafen gebildet. Die Aufstellung des Gren.Rgt. „Scharnhorst 3" erfolgt in der Pi.Schule Roßlau und in Groß- und Klein-Kühnau und Alten. Am 4. April geht das Gren.Rgt. „Scharnhorst 3" in die Dessauer Encke-Kaserne und später mit Teilen in die Hindenburg-Kaserne. Der HVP unter Regimentsarzt Dr. Niels Krack wird im LS-Bunker in der Halleschen Straße in Dessau eingerichtet.[42] Das Art.Rgt wird mit drei Abteilungen aufgestellt. Seine III. schwere Abteilung unter Hptm. Rudolf Witzel geht am 8. April nach Raguhn und wird auf bespannten Pferdezug umgerüstet, nur die 1. Bttr verfügt über vier Schlepper. Insgesamt hat die Abteilung acht 15cm Feldhaubitzen. Über die Stärke und Ausrüstung der anderen beiden Abteilungen ist nichts bekannt.

Das fahrradbewegliche Füs.Btl. wird in Köthen aufgestellt und verfügt über 12 Infanteriegeschütze. Das Pi.Btl. sollte ursprünglich das Pi.Btl. der InfDiv „Potsdam" bilden, geht aber zur „Scharnhorst". Die Pz.Jg.Abt., die in Dessau-Roßlau aufgestellt wird, erhält drei Vierlings-Flak auf SFL und 20 Flieger-MG vom Fliegerhorst Oranienbaum. Die Pz.Kp. verfügt über keine Panzer, die Jgd.Pz.Kp. ist mit sieben Jagdpanzern „Hetzer" ausgestattet. Der Pz.Jgd.Vbd. wird am 3. April an der Kriegsschule Potsdam aus Fahnenjunkern der Schule III für Fahnenjunker der Infanterie mit drei Kompanien zu je zehn Kommandos gebildet. Jedes Kommando besteht aus 15 Mann. Hinzu kommt eine schwere Kp. mit Granatwerfern, ein Zug mit schweren und zwei mit leichten und mittleren.[43]

Die Division, die am 12. April alarmiert wird, bezieht eine H.K.L. von Westerhüsen/Schönebeck an der Elbe bis zur Mulde bei Törten und Kleutsch und weiter entlang der RAB 9 bis zum Rand der Mosigkauer Heide, westlich der Heide weiter bis westlich Köthen, dann nach Aken und danach auf das Ostufer der Elbe bei Zerbst bis Gommern.[44] Während das Gren.Rgt. „Scharnhorst 1" an der Elbe im Abschnitt westlich von Zerbst zum Einsatz kommt und sein I. Btl. mit acht Sturmgeschützen aus Burg[45] nach Gommern fährt, um den Brückenkopf Westerhüsen zurückzudrücken,[46] geht das Gren.Rgt. „Scharnhorst 2" mit dem Art.Rgt. und dem Füs.Btl. in den Abschnitt Köthen-Aken-Dessau. Dort kommen sie gemeinsam mit dem Gren.Rgt. „Scharnhorst 3", das zuerst bei Dessau in der Reserve bleibt und dann 13. April in das Saale-Elbe-Dreieck vorrückt, gegen die 3rd US AD zum Einsatz. Ihr Auftrag ist der zeitlich begrenzte Vorstoß nach Westen und Nordwesten zur Entlastung der Elbefront.[47]

Weitere Divisionen für die 12. Armee entstehen durch die Aufstellung von RAD-Divisionen. Am 30. März 1945 war der Befehl zur Aufstellung der 35. und letzten Welle mit drei RAD-Divisionen aus Angehörigen des RAD ergangen. Im KR-Fernschreiben des OKW/WFSt/Org I vom 30. März.1945 aus dem Führerhauptquartier heißt es. *„Der Führer hat befohlen: 1.) Durch ObdE sind 3 InfDiv – Personal in der Masse aus dem Reichsarbeitsdienst – aufzustellen. Gliederung und Stärke: InfDiv 45 mit gekürzter Artillerie-Ausstattung und ohne Feldersatz-Bataillon. 2.) Die Aufstellung der ersten beiden Divisionen ist sofort durchzuführen. Zusammentritt des Personals bis 10.4.45. Aufstellung der 3. Div.... sobald als möglich."*[48]

Als erste entsteht so auf dem TrÜbPl Munsterlager die InfDiv „Schlageter", auch RAD-Div. Nr. 1 bzw. InfDiv z.b.V. 1, die als einzige nicht für die 12. Armee vorgesehen ist und nach ihrer Aufstellung nach Ludwigslust verlegt, wo sie bei der 3. PzA zum Einsatz kommt. Die InfDiv „Friedrich Ludwig Jahn", auch RAD-Div. Nr. 2 bzw. InfDiv z.b.V. 2 wird auf dem auf TrÜbPl Jüterbog aufgestellt und erhält am 9. April 1945 ihren Namen. Kampfbereitschaft wird für den 15. April befohlen.[49] Die Aufstellung der InfDiv „Theodor Körner", auch RAD-Div. Nr. 3 bzw. InfDiv z.b.V. 3 erfolgt auf dem TrÜbPl Döberitz, wo sie am 12. April ihren Namen erhält. Auch für sie ist die Kampfbereitschaft für den 15. April befohlen.[50]

Als eine der letzten Divisionen der 12. Armee entsteht am 20. April 1945 durch die Umbenennung der K.Gr. „Burg" der StGesch.Schule Burg die InfDiv „Ferdinand von Schill". Die Kampfgruppe wird nach der Alarmierung am 10. April durch das W.Kr. XI Hannover in Burg bei Magdeburg aus den Resten der Schule unter Obstlt. Alfred Müller[51] und der Stu.Art.Lehr.Brig. 111[52] unter Hptm. Hans Joachim Wagner gebildet und kommt unter Obstlt. Müller am Ostufer der Elbe zwischen RAB-Brücke Magdeburg und dem Brückenkopf bei Rogätz zum Einsatz.

Ansichtskarte der Neuen Kaserne in Burg Sammlung Möller

Wie bereits bei der Aufstellung der letzten Panzerverbände des Ersatzheeres kommt es auch hier zu Vermischungen, die es im Nachhinein schwer machen, eine genaue Zuordnung verschiedener Einheiten zu den entstehenden Verbänden nachzuvollziehen. So wird im Zusammenhang mit der Aufstellung der K.Gr. „Burg" auch die StGesch.Ers.u.Ausb.Abt. 700 unter Hptm. Wende genannt, die im Januar 1945 auf dem TrÜbPl Altengrabow aufgestellt wurde und zur K.Gr. stößt, nachdem alle nicht kampffähigen Teile in Richtung Österreich in Marsch gesetzt wurden. Über welche Ausstattung die Abteilung verfügte, ist nicht bekannt. Die StGesch.Ers.u.Ausb.Abt. 700 und die Stu.Art.Lehr.Brig. 111 bilden somit den Grundstock der K.Gr. „Burg".

Unklar ist jedoch die Zuordnung der Pz.Jg.Abt. 18, die in verschiedenen Werken in einem Atemzug mit der StGesch.Schule Burg und der späteren StGesch.Brig „Schill“ genannt wird. Die Pz.Jg.Abt. 18 der 18. PzGrenDiv wurde im Februar 1945 nach Burg zur Auffrischung verlegt, wo sie zur Aufstellung der Pz.Jg.Abt. „Schlesien“ der neu aufzustellenden PzDiv „Schlesien“ herangezogen wurde. Danach wurde anscheinend der Stamm der Abteilung zur Aufstellung einer neuen Pz.Jg.Abt. 18 verwendet, denn auf Befehl des Gen.Insp.d.Pz.Tr. werden der 1. Bttr. der Abteilung am 11. April 1945 zehn StGesch IV zugewiesen. Am 13. April 1945 notiert der Gen.Insp.d.Pz.Tr., das die Pz.Jg.Abt. 18 mit unterstellter Pz.Kp. dem OB Nordwest unterstellt wurde und in der Nacht vom 12./13. April zur K.Gr. Stendal in Tangermünde verlegt hat.[53] Somit wurde sie eindeutig nicht in die K.Gr. „Burg“ der StGesch.Schule eingegliedert und kann erst im Zug der Umgliederung der K.Gr. „Burg“ zur InfDiv „Schill“ in die StGesch.Abt. „Schill“ unter Maj. Nebel, der am 18. April Maj. Dr. Vaerst abgelöst hat, eingegliedert worden sein.

Maj. Müller hatte sich alle Truppen im Abschnitt eingegliedert und diese zirka 8000 bis 10 000 Mann wie eine InfDiv 45 gegliedert. Damit verfügt die K.Gr. zuletzt über zwei Gren.Rgt. zu je zwei bis drei Bataillonen, ein Füs.Btl. und eine StGesch.Brig. mit drei Bttr. und St.Bttr., eine Na.Einheit und Pioniere. Die Umbenennung in InfDiv und die Namensgebung erfolgt erst am 20. April durch die 12. Armee und ist mit der rückwirkenden Beförderung von Müller zum Obstlt. verbunden.[54]

Weitere zwei StGesch.Brig. kommen im Bestand der 12. Armee zum Einsatz. Das ist zum einen H.Stu.Art.Brig. 1170[55], die Anfang April 1945 unter Hptm. Ernst Frank in Burg aus den Resten der StGesch.Brig. 322 und 278 aufgestellt und mit StGesch 7,5cm auf PzKpfw III-Fahrgestellen, dem StGesch 40, ausgerüstet wurde. Am 11. April übernimmt Hptm. Herrmann Böhme den Verband. Der zweite Verband ist die H.StGesch.Brig. 243[56] unter Hptm. Heinz Rübig, die mit Befehl vom 19. Februar 1945 ab März in der Jäger-Kaserne in Potsdam mit Personal der StGesch.Schule Burg aufgestellt wurde und mit Sturmgeschütz 40 und der Sturmhaubitze 42 ausgerüstet ist. Beide Brigaden werden der 12. Armee für den Einsatz gegen die Elbe-Brückenköpfe unterstellt.

Aus dem gleichen Grund erfolgt die Verlegung der Flak.Abt. 1./444 (E), die zum Schutz der Junkers Flugzeug- und Motorenwerke AG von Stettin nach Dessau gekommen war, am 10. April nach Güterglück. Auch sie soll mit ihrem Feuer den Kampf gegen den Brückenkopf bei Barby unterstützen.[57]

Weitere Verbände der 12. Armee sind die 1. Panzervernichtungsbrigade Hitlerjugend, das Freikorps Adolf Hitler und der Sperrverband Schemmel. Der Verband, der erstmals am 19. April unter dieser Bezeichnung zum Einsatz kommt, besteht aus Angehörigen der Fahnenjunker-Schule für Pioniere I West unter Führung von Maj. Schemmel, und hat ab dem 13. April seinen Gefechtsstand in Roßdorf. Sein Auftrag ist die Vorbereitung der Sprengung der Elbbrücken im Abschnitt Wittenberg-Torgau und der Einsatz von Sperrgruppen.[58]

Als am 12. April 1945 die ersten amerikanischen Verbände die H.K.L. der 12. Armee an der Elbe und Saale erreichen, steht von den vorgesehenen vier Gen.Kdos. nur eines zur Verfügung.

Entlang der Saale-Linie von Halle über Merseburg bis nördlich von Weißenfels, formiert sich zu diesem Zeitpunkt das XXXXVIII. PzK der 12. Armee unter Gen.d.Pz.Tr. Maximilian Reichsfreiherr v. Edelsheim. Dessen Stab, der am Abend des 10. April von Görlitz kommend das Kommando über den Kampfraum übernimmt, soll von Graditz aus, vier Kilometer südostwärts von Torgau, das Kommando über den Abschnitt zwischen Halle und Riesa übernehmen. Seine Hauptfeuerkraft stellen die mehr als 1000 Flakgeschütze aller Kaliber der 14. Flak.Div. Leipzig des Gen.Maj. Adolf Gerlach und der 21. Flak.Brig. Bad Lauchstädt dar, die entlang der Saale-Linie von Halle über Merseburg bis nördlich von Weißenfels stehen. Sie bilden den, bei den alliierten Bomberpiloten als „Flakhölle" bezeichneten, berüchtigten Flakgürtel des mitteldeutschen Industriezentrums. Dieser Gürtel zieht sich mit dem Zentrum Leipzig von Bitterfeld über Halle–Schkopau- Merseburg-Leuna- Weißenfels-Zeitz bis Borna. Das Zentrum der Verteidigung bildet die Eisenbahnstrecke Halle - Weißenfels. Im Gegensatz zu den Flakstellungen im Raum Dessau-Roßlau und Bitterfeld-Wolfen sind die Stellungen des Flak.Rgt. 33 (o) Halle-Leuna der 21. Flak.Brig unter Oberst Anton Rottmann bis auf Ausnahmen noch immer besetzt.

Weiterhin unterstehen dem XXXXVIII. PzK der K.Kdt. Halle, Gen.Lt. Anton Rathke[59], und der K.Kdt. Leipzig, Oberst Hans v. Poncet, der erst kurz zuvor Gen.Maj. v. Ziegesar abgelöst hat. Die Trennungslinie zwischen den Abschnitten der Kampfkommandanten bildet die verlängerte Linie Querfurt-Eilenburg-Torgau. Auf Grund fehlender Verstärkungsmöglichkeiten und der Tatsache, dass die amerikanischen Truppen bereits unmittelbar vor deren Stellungen stehen, bildet der Abschnitt der Flak und der beiden Kampfkommandanten lediglich die „Vorgeschobene Verteidigungsstellung" der Korps.

Als H.K.L. des XXXXVIII. PzK erfolgt der Ausbau der Stellungen an der Mulde und Elbe. Hierzu wird der Kampfabschnitt Mulde dem Korpsartilleriekommandeur Oberst Köhler unterstellt und der Kampfabschnitt Elbe dem Höheren Pionierkommandeur Torgau, Gen.Maj. Hermann. Der Kampfabschnitt Mulde mit dem Gefechtsstand in Schildau verfügt über die Truppen des Standortes Delitzsch mit einer Art.Ers.Abt. ohne Geschütze und Ersatztruppen der Standorte Düben, Eilenburg, Grimma und Schildau. Diese Truppen haben am Ostufer der Mulde mit dem Ausbau der Verteidigung begonnen und verfügen bei Eilenburg über einen Brückenkopf am Westufer. Der Kampfabschnitt Elbe mit Gefechtsstand in Torgau verfügt über Ersatztruppen in Torgau und Riesa. Seine Truppen beginnen jetzt mit dem Ausbau der Verteidigung nach Westen. Als Reserve verfügt das Korps über je eine Kampfgruppe in Bataillonsstärke in Torgau, Riesa, Schildau sowie ein Pi.Btl. in Oschatz. Zusätzlich erfolgt die Aufstellung eines Regimentsführungsstabes in Torgau. Die Reit- und Fahrschule IV Oschatz wird eingegliedert. Die Standorte Grimma, Oschatz und Wurzen werden außerdem angewiesen, sich auf eine Verteidigung nach Süden hin einzurichten. Die rückwärtige Grenze des Korpsraumes bildet die Schwarze Elster, deren Orte ebenfalls zum Korps gehören.

Hauptaufgabe dieser völlig irreführend als Panzerkorps bezeichneten Gruppierung ist es, durch die starke Verteidigung des Südabschnittes des Korps, die linke Flanke der 12. Armee unter allen Umständen zu schützen. Die Bezeichnung dürfte wohl lediglich propagandistischen Zwecken dienen, denn über Panzertruppen verfügt dieses Korps nicht.[60] In den Unterlagen der Historical Division der US Army vom 12. Juli 1946 beschreibt v. Edelsheim den Auftrag seines Korps folgendermaßen: *„Der Befehl lautete, den Sektor durch das Halten von Halle und Leipzig zu verteidigen. Die Sektoren an Mulde und Elbe waren für die westwärts gerichtete Verteidigung vorzubereiten. Von großer Bedeutung war der Schutz des Südflügels sowie der Südflanke der 12. Armee, die sich im Gebiet Dessau sammelte. Nach der Beendigung dieser Sammlung sollte die Armee so bald wie möglich mit dem Angriff in Richtung Westen beginnen.“* [61]

Als zweiter Korpsstab übernimmt ab dem 15. April das XX. AK, dem die Na.Abt. des Na.Lehr.Rgt. Halle zugeteilt wird, nördlich angrenzend an das XXXXVIII. PzK die Führung der InfDiv „Hutten“ und „Scharnhorst“. Am 23./24. April verfügt das Korps über die InfDiv „Körner“, „Hutten“, „Schill“ und „Scharnhorst“.[62]

Das XXXIX. PzK, das am 10. April aus der Front herausgelöst wurde und der 12. Armee zugeführt werden sollte, wird am 12. April dem OKW direkt unterstellt.[63] Es soll den alliierten Vormarsch Auftrag durch Halten der Linie Gifhorn-Braunschweig-Harz bremsen, doch es wird bei den Kämpfen größtenteils zerschlagen. Erst am 21. April wird es der 12. Armee im Raum Lauenburg unterstellt.[64] Ähnlich geht es dem XXXXI. PzK, bei dem sich der Korpsstab am 15. April im Waldlager Hohenferchesa bei Brandenburg versammelt. Es wird bis zum 21. April der H.Gr. Weichsel unterstellt. Erst am 22. April geht das Korps zum AOK 12.[65]

Die Kräfte des K.Kdt. Magdeburg, Gen.Lt. Raegener, die im Abschnitt des AOK Blumentritt liegen und dem Festungsbereich Ost und dem OKW direkt unterstehen, werden am 13. April auf Antrag des AOK 12 durch den WFSt der 12. Armee unterstellt.[66] Ab jetzt übernimmt das AOK 12 mit Gefechtstand in der Pi.Schule in Dessau-Roßlau die Kampfführung im mitteldeutschen Raum entlang der Elbe-Saale-Linie von Magdeburg über Barby und Halle bis nördlich Weißenfels. In Roßlau treffen auch die Teile des Stabes ein, die vom OKW zuerst nach Blankenburg/Harz beorderten wurden.[67] Sie übernehmen die Kampfführung. Angelehnt an den Armee-

Gefechtsstand richtet der Gauleiters Rudolf Jordan seinen Gefechtsstand in Roßlau ein.

Die, südlich der 11. Armee kämpfende, 7. Armee zieht sich auf die Weiße Elster-Linie zurück. Das XC. AK der 7. Armee, bei dem sich die letzten Kräfte in der Nacht zum 12. April über die Saale zurückgezogen haben, wird im Tagesverlauf durch den amerikanischen Angriff zur Weißen Elster zurückgedrückt, ohne das es gelingt, eine Frontlinie aufzubauen. Mit ihnen weichen auch die Kräfte der Saaleverteidigung aus. Die Armeegrenze zwischen der 7. und 12. Armee verläuft von nördlich Weißenfels bis Zwenkau. Im Rücken der beiden Armeen nähert sich von Osten her die Front der, aus Schlesien zurückweichenden, 4. PzArmee unter dem Oberbefehl von Gen. Fritz-Herbert Gräser der H.Gr. Mitte. Der OB West kann sich an diesem Tag mit seinem Befehlszug noch kurz vor Eintreffen der amerikanischen Truppen von Jena nach Hirschau/Oberpfalz absetzen.

An diesem Tag erfährt die Welt, dass der amerikanische Präsident Franklin Delano Roosevelt verstorben ist. Während die amerikanische Generalität und die Alliierten bestürzt auf diese Nachricht reagieren, löst sie bei Hitler und seiner Gefolgschaft Euphorie aus. Doch die Hoffnung, dass der Tod Roosevelt die westlichen Alliierten im weiteren Vorgehen bremsen und dem deutschen Oberkommando somit eine Atempause für die Stabilisierung der Westfront entstehen würde, erfüllt sich nicht.

* * *

---

1 NARA, B-414, Oberst i.G. Geyer.

2 NARA, B-581, Oberst Estor. Siehe Anmerkungen zur „Festung Harz".

3 Ebenda. Dennoch waren die Talsperren zur Zerstörung vorgesehen und vereinzelt kam es zu Trichtersprengungen, um Straßen unpassierbar zu machen.

4 NARA, B-581, Oberst Estor.

5 Gellermann nennt Lorenz. Andere Quellen nennen Oberst Scholz, Gen.Lt. Dittmann bzw. SS-Brigadeführer Gustav Adolf v. Wulffen. Lorenz war aber nachweislich der Kommandeur der Division im Harz. Auch der Intelligence Activities Report der 1st US InfDiv vom 1. Mai 1945 nennt Lorenz als Kommandeur.

6 „Elbe-Operationen – Die Kämpfe um die amerikanischen Brückenköpfe im April 1945" v. Peter Wittig. Sonderheft Dresden 2004, Militärhistorische Schriften des Arbeitskreises Sächsische Militärgeschichte. Wittig vermutet, dass Schwieger bei dem Transport war und als K.Kdt. in Barby fungierte.

7 Saft nennt in seinem Buch „Krieg in der Heimat" das Gren.Rgt. 2 unter Oberst Grassau als Teil des LXVII. AK im Raum Hasselfelde – Allrode. Gellermann schreibt, dass das Regi-

ment der InfDiv „Hutten" unterstellt wurde. Es wurden aber nur Teile des Gren.Rgt. 2 der Div. „Hutten" unterstellt

8 Unter den Gefallenen auf dem Friedhof Hüttenrode befinden sich Angehörige des Gren.Rgt. 1053, dem späteren Gren.Rgt. „Potsdam 1".

9 „Die Armee Wenck..." v. Günther Gellermann, 3. Auflage 1997, S. 40/41.

10 „Elbe Operation" v. Lt. Housek auf www.History.army.mil/documents/elbe-fm.htm. Siehe auch „Elbe-Operationen" v. P. Wittig, S. 18.

11 „Soldaten an der Elbe", Hrsg. Uwe Niedersen, Sächsische Landeszentral f. Pol. Bildung, 2008, Beitrag „Kampfhandlungen in und um Magdeburg im April 1945" v. Helmut Menzel und Günter Adlung, S. 294ff. Siehe auch „Elbe-Operationen" v. P. Wittig, S. 18/19 und „Die Infanterie-Division Scharnhorst" v. Heinz Ulrich, 2008, S. 18. Sie nennen als K.Kdt. Magdeburg Maj. Pluskat. Pluskat ist identisch mit jenem Artilleriemajor, der als Erster die alliierte Landungsflotte in der Normandie sichtete und dessen Name durch den Film „Der längste Tag" bekannt wurde. Bei den Dreharbeiten war Pluskat Consultant. Pluskat befand sich am 23. April bei Gen.Lt. Dittmann, als sich dieser der 30th US InfDiv ergab.

12 NARA, B-251, Oberst Estor.

13 Petersen war Luftwaffenoffizier und hatte als Komm.Gen. des IV. Lw.Feld.K. den Dienstgrad eines Gen.d.Flieger. Ende 1944 wurde das Korps vom Heer übernommen und erhielt die Bezeichnung XC. AK. In der Literatur und im Internet wird immer wieder „LXXXX. AK" geschrieben und geäußert, dass Petersen den Luftwaffendienstgrad behalten hat. In Petersens Ausarbeitung über die Aktivitäten seines Korps, die unmittelbar nach Kriegsende im Auftrag des amerikanischen Historical Division erstellte, schreibt Petersen aber XC. AK und unterschrieb diese mit Gen.d.Inf.

14 „Elbe-Operationen" v. P. Wittig, S. 25ff.

15 1942 entwickeltes Fahrzeug mit Rad- und Schraubenantrieb für Landungsoperationen.

16 „Elbe Operation" v. Lt. Housek auf www.History.army.mil/documents/elbe-fm.htm.

17 Ebenda. Siehe auch „Elbe-Operationen" v. P. Wittig, S. 20ff. Wittig nennt den 11. April als Tag der Entladung, andere Quellen sprechen vom 8. April.

18 Wittig gibt auf S. 36 „kurz vor 20.00 Uhr" als Zeitpunkt der Sprengung an.

19 In den 1960iger Jahren dem Braunkohleabbau zum Opfer gefallen.

20 „Evakuierungstransporte des KZ Buchenwald und seiner Außenkommandos" v. Christine Schäfer, Buchenwaldhefte Nr. 16, S. 42.

21 „Elbe-Operationen" v. P. Wittig, S. 43.

22 „Die Junkers Flugzeug- und Motorenwerke AG Bernburg" auf www.bbglive.de. Quelle: Zeittafel zur Geschichte des Fliegerhorstes Bernburg und der Junkers Flugzeug- und Motorenwerke AG, Flugzeugbau, Zweigwerk Bernburg 1935–1945" v. Dipl.Hist. Hanjo Todte. Todte hat in seiner Aufstellung jedoch das JG 231 vergessen. Informationen zu den Verbänden der Luftwaffe mit Quellenangaben auf www.lexikon-der-wehrmacht.de.

23 Informationen zu den „Mistel-Gespannen" auf Spiegel online „Historische Luftbilder – Fotoschüsse im Tiefstflug" mit Foto eines „Mistel-Gespannes" auf dem Flugplatz Bernburg. Siehe auch „Der Kampf um den Harz 1945".

24 Interview Brig.Gen. Boudinot.

25 Wird später von Maj. John A. Melhap abgelöst, aber der Zeitpunkt ist unbekannt.

[26] „Konzentrationslager Mittelbau-Dora 1943–1945" v. Jens-Christian Wagner, Göttingen 2007. Vgl. Schröter, S. 29.

[27] „Soldaten an der Elbe", S. 29/30.

[28] Die Pz.Tr.Schule II Krampnitz hatte mit Masse 1944 nach Bergen verlegt.

[29] Gem. dem IPW Report 3rd US AD v. 18.04.45 war die Pz.Jg.Abt. 3 von der Ostfront gekommen und hatte über Prag Wittenberg erreicht. Die 1. u. 2. Kp. verfügte über 10 Jagdpanzer „Hetzer" und die 3. Kp. über Halbkettenfahrzeuge mit 2cm Flak. Es handelt sich wahrscheinlich über die Pz.Jg.Abt. der 2. PzGrenDiv, die im April 1945 auf dem TrÜbPl Milowitz aufgestellt wurde und hierfür am 7. April 1945 die Zuweisung von 21 Jagdpanzern 38 „Hetzer" und einem Bergewagen 38 durch das Heereszeugamt erhielt. Die Unterstellung unter die InfDiv „Hutten" war nicht eindeutig und die Abteilung behielt ihre alte Nummerierung.

[30] „Dokumente zur Panzerlage der faschistischen Wehrmacht im April 1945" v. Heinz Sperling u. Werner Stang in Militärgeschichte 2./72, S. 186ff. Dokument des Gen.Insp.d.Pz.Tr. über die Zuweisung von Panzern an die Panzerverbände.

[31] IPW Report 3rd US AD v. 16.04.45. Stärke des Btl. 500 Mann.

[32] „Die Armee Wenck…" v. G. Gellermann, S. 39-40.

[33] Ebenda, S. 39/40. Gem. IPW Report 3rd US AD v. 15.04.45. hieß der Verband „Sturm-Abt.", bestand aus drei Sturm-Kp. mit je drei Sturmzügen und eine schwere Kp. mit Granatwerfern und sMG sowie vier Infanteriehaubitzen.

[34] Den meisten Angehörigen der Division war dies nicht geläufig. Gleiches gilt auch für die Div. „Scharnhorst" und „Potsdam". Bei der Gefangennahme erfolgte in der Regel die Angabe des Namens des Kommandeurs oder nur der Nummer.

[35] „Die Armee Wenck…" v. G. S. 39/40.

[36] Ebenda.

[37] OT von Bitterfeld.

[38] „Die Dessauer Chronik – Der Vorstoß der 3. US-Panzerdivision ‚Spearhead' von der Saale zur Mulde im April 1945 und die Einnahme der Stadt Dessau" v. Horst Kaczmarek, 2. Auflage 2006, S. 8.

[39] „Brückenkopf Zerbst" v. Udo Pfleghar, 2. Ausgabe 2007, S. 55.

[40] In einigen Unterlagen wird der Name Langenol genannt. Der ehemalige Fhj.Uffz. Horst Fege nennt in seinen „Erinnerungen an das Kriegsende 1945" auf home.arcor.de/kriegsgefangene Hptm. Langenohl als Kdr. des Pz.Jgd.Vbd. Im Report des IPW Team 32 v. 16.04.45 wird ebenfalls Langenohl geschrieben.

[41] „Die Infanterie-Division Scharnhorst" v. H. Ulrich, S. 12. Gellermann nennt das Regiment in Roßlau.

[42] „Die Armee Wenck…" v. G. Gellermann, S. 40-42.

[43] Kaczmarek berichtet auf S. 9 seines Buches, dass bei der „Scharnhorst" eine K.Gr. Hptm. Langenohl mit drei Kompanien und insgesamt 500 Mann zum Einsatz kam. Es ist davon auszugehen, dass es sich hierbei um den Pz.Jgd.Vbd. handelte. Im IPW Report der 3rd US AD v. 16.04.45 werden je Kp. sechs JagdKdos genannt. Siehe Anmerkung 38.

[44] „Die Infanterie-Division Scharnhorst" v. H. Ulrich, S. 11.

[45] „Brückenkopf Zerbst" v. U. Pfleghar, S. 89.

[46] „Elbe-Operationen" v. P. Wittig, S. 56/57.

[47] Ebenda, S. 52. Sowohl bei der Schilderung von Wittig, als auch Kaczmarek, die sich auf Gellermann beziehen, kommt es zu einer Verwechselung. Gellermann hat in seinem Buch „Die Armee Wenck…", 3. Ausgabe 1997 auf S. 59/60 und Skizze S. 130 das Gren.Rgt. „Scharnhorst 1" ins Saale-Elbe-Dreieck und das Gren.Rgt. „Scharnhorst 2" zum Brückenkopf Schönebeck geschickt, was jedoch genau umgekehrt erfolgte. Das belegen auch die Zeitzeugenberichte im Buch „Die Infanterie-Division Scharnhorst" und die Gefangenenmeldungen der 3rd US AD.

[48] Handakte Maj. Oxenius, OKW/WFSt/Org aus Bestand der MGFA Dokumentenzentrale.

[49] „Die Armee Wenck – Hitlers letzte Hoffnung" v. Günther W. Gellermann, 4. Auflage 2007, S. 33-37.

[50] Ebenda, S. 37-39.

[51] Müller wurde am 01.04.45 zum Obstlt. befördert.

[52] „Die Armee Wenck… v. G. Gellermann, 4. Auflage 2007, S. 42. Gellermann schreibt StGesch.Lehr.Brig. III, Tessin schreiben Stu.Art.Lehr.Brig. 111.

[53] „Dokumente zur Panzerlage der faschistischen Wehrmacht im April 1945" v. Heinz Sperling u. Werner Stang in Militärgeschichte 2./72, S. 186ff. Dokument des Gen.Insp.d.Pz.Tr. über die Zuweisung von Panzern an die Panzerverbände.

[54] „Die Armee Wenck…" v. G. Gellermann, 4. Auflage 2007, S. 42-45.

[55] Gem. Tessin. Andere Autoren schreiben fälschlicherweise StGesch.Brig. 1170.

[56] Zur StGesch.Brig. 243 gibt es mehrere Angaben im Bezug auf die Bezeichnung. Tessin nennt die StGesch.Brig. 243 bzw. die H.Stu.Art.Brig. 243. Wittig spricht in „Elbe-Operationen" von der StGesch.Abt. 234, die es jedoch nicht gab. Die richtige Bezeichnung lautet jedoch H.Stu.Art.Brig.

[57] „Elbe-Operationen" v. P. Wittig, S. 13.

[58] „Die Armee Wenck…" v. G. Gellermann, 3. Auflage 1997, S. 44.

[59] Im AAR der 104th US InfDiv wird Gen.Maj. Fritz De Witt als K.Kdt. von Halle genannt, was so nicht zutrifft. Es gibt keine Informationen zu De Witt. Rathke wird in vielen Unterlagen auch Radtke geschrieben, die korrekte Schreibweise ist aber Rathke. Rathke wurde am 12.01.1888 geboren und starb in russischer Kriegsgefangenschaft.

[60] „Die Armee Wenck…" v. G. Gellermann.

[61] NARA, B-219, Gen.d.Pz.Tr. Maximilian Reichsfreiherr v. Edelsheim.

[62] „Die Armee Wenck…" v. G. Gellermann, 3. Auflage 1997, S. 30/31.

[63] FS Fl.Verb.Offz. beim AOK 9, DR.B.Nr. 549/45 Geheim, an Lfl.Kdo. 6 Ia v. 10.04.45, 24.00 Uhr, Sammlung Eiermann, Sinsheim.

[64] „Die Armee Wenck…" v. G. Gellermann, 3. Auflage 1997, S. 32.

[65] Ebenda, S. 31.

[66] KTB/OKW v. 13. April 1945.

[67] NARA, B-606, Oberst Reichhelm. Betreffs Magdeburg siehe auch „Das Ende im Westen 1945" v. Werner Haupt. Die Unterstellung trat am 13. April in Kraft.

III. Die Eroberung der Saale-Brückenköpfe

Kriegstagebuch des OKW/WFSt vom 13. April 1945: *Im Harzraum kam der Gegner bis Hettstedt und südlich desselben bis Schafstädt in die Gegend von Merseburg. Der Harz ist nun also von drei Seiten eingeklammert; er wird durch die 11. Armee verteidigt.... Nördlich des Harzes drehte der Feind gegen Blankenburg ein und kam in Richtung Dessau voran... Bei der 11. Armee feindlicher Druck, aber keine wesentlichen Veränderungen. Die Lage im Raum Nordhausen ist unklar. Südlich des Harzes hat sich die Lage verschärft....*

Geheime Tagesberichte der Deutschen Wehrmachtsführung vom 13. April 1945: 11. Armee: *Panzerunterstützte Feindkräfte drangen von NW und SW in den Raum Halle vor. Bad Lauchstädt ging verloren; bei Delitz sind Kämpfe im Gange. Über Mücheln drang der Feind nach NO bis zum SW-Rand Merseburg vor.*

[Anmerkung des Autors: Die geheimen Tagesberichte des WFSt sind die tägliche Zusammenfassung aller, beim OKW eintreffenden, Meldungen zur Frontlage, die jedoch insbesondere in den letzten Kriegstagen kaum noch ein objektives Bild der Ereignisse darstellen. Trotz eines immer noch funktionierenden Meldesystems auf höherer Führungsebene der Wehrmacht beruhten die Meldungen, insbesondere von den Frontabschnitten, in denen keine geschlossene militärische Führung existierte, häufig auf Hörensagen oder waren längst zeitlich überholt. In einigen Fällen erfolgte die Informationsgewinnung durch direkte Telefonate mit Parteidienststellen und Privatpersonen in den bedrohten Gebieten. Dadurch kam es immer wieder zu Falschmeldungen. Da die Geheimen Tagesberichte jedoch zum einen die Lageeinschätzung der Obersten Wehrmachtsführung dokumentieren und zum anderen als Grundlage für militärische Entscheidungen verwendet wurden, sollen sie im Weiterem zitiert werden. Gleiches gilt für das Kriegstagebuch. Die auszugsweise Widergabe der offiziellen Meldungen des OKW in Presse und Rundfunk soll einen Einblick in die Wahrnehmung der Geschehnisse durch die Bevölkerung geben, deren einzige Informationsquelle Zeitungen und Rundfunk waren Bei diesen Meldungen kommt neben der zeitlich versetzten Wiedergabe von Informationen noch die propagandistische Note hinzu, die das Bild verzerren. Sie dürfen daher nicht als Grundlage für objektive Betrachtungen herangezogen werden.]

Am **Freitag**, dem **13. April 1945**, säubert im Abschnitt des XIII. US Corps der 9th US Army die 5th US AD entlang der Elbe und räumt Tangermünde. Seine Infanteriedivisionen streben ostwärts Richtung Elbe. Die 8th US AD, die der Armee direkt unterstellt ist, verlegt nach der Säuberung des Ruhrkessels nach Osten und erreicht den Raum Braunschweig – Wolfenbüttel.

Im Bereich des XIX. US Corps setzt das CCB der 2nd US AD in der Nacht den Übergang über die Elbe bei Westerhüsen fort. Das 3./119 unter Lt.Col. Carlton E. Stewart, das dem CCB unterstellt wurde und den Rücken des CCB gesichert hat, wird nach Westerhüsen in Marsch gesetzt und beginnt um 04.00 Uhr (B) mit dem Übersetzen. Bei Tageslicht hat das Bataillon Stellungen im Zentrum der Verteidigungslinie bezogen. In der Zwischenzeit macht eine Patrouille des 1./41, die die Brücke bei Pechau aufklären soll, ohne Widerstand sechs Gefangene, als sie einen Sicherungsposten im Kreuzforst überrascht. Versuche, am Morgen zur Brücke vorzudringen, scheitern am Gelände. Die Pionierbrücke, die in der Nacht vereinzelt unter deutschem Artilleriebeschuss lag, liegt ab dem Morgen unter schwerem direkten und indirektem Beschuss von den Höhen gegenüber dem Brückenkopf und aus Richtung des Ostufers der Elbe bei Magdeburg, wobei fünf Pontons zerstört werden, die für den Brückenbau bereitliegen. Der Bau der Brücke geht trotz Einnebelung nur langsam voran. Um 09.30 Uhr (B) erhalten die Bataillone den Befehl zur Fortsetzung des Angriffs. Das 1./41 soll Pechau besetzen und das 3./41 Randau. Es gelingt dem 1./41 die Brücke über die Alte Elbe bei Pechau nach einem kurzen Gefecht zu sichern und 30 Gefangene zu machen, sechs Deutsche werden getötet. Die Co. A verliert zwei Mann. Nachdem die Artillerie die Umgebung um Pechau unter Beschuss genommen hat, überqueren die Panzerinfanteristen den Fluss und bilden einen kleinen Brückenkopf. Eine Gruppe von 40 Deutschen, die in der Annahme, dass ihre Kameraden an der Brücke im Kampf stehen, zu Brücke eilen, werden unter Beschuss genommen und ergeben sich nach Verlusten. Das 3./41 beginnt den Angriff auf Randau mit zwei 15-Mann-Gefechtsaufklärungspatrouillen. Um 12.00 Uhr (B) ist Randau gesichert, wo sich 250 Deutsche ohne Widerstand ergeben. Dann beziehen sie Sicherungsstellungen entlang der Alten Elbe. In der Zwischenzeit führt deutsches Artilleriefeuer auf der Brückenbaustelle erneut zu schweren Schäden und beschädigt mehrere Elemente. Auch eines der zwei Bugsierboote der Pioniere und eine Flakstellung neben der Brücke werden zerstört. Bis 14.00 Uhr (B) ist die Masse des Brückenbaumaterials vernichtet. In diesem Moment erhält Lt.Col. Louis W. Correll, der DivEngr, den Befehl vom CO CCB, Col. Hinds, dass der Brückenbau eingestellt wird.

Dann überschlagen sich die Meldungen. Fast gleichzeitig trifft die Meldung ein, das Col. Paul A. Disney, CO 67th AIR und Kommandeur der Truppen im Brückenkopf, verwundet wurde und Lt.Col. Finnel das Kommando übernehmen soll. Minuten später meldet Finnel, dass der Brückenkopf bei Pechau von fünf Panzern und Infanterie angegriffen wird. Auch an anderen Stellen greifen Panzer die Stellungen des 1./41 an. Daraufhin befiehlt Finnel den Rückzug hinter den Damm. Auch das 3./41 erhält den Befehl, sich hinter den Damm zurückzuziehen. Dabei stellen sie fest, dass in der Zwischenzeit auch nördlich von Randau sechs bis sieben deutsche Panzer operieren.

Auf Befehl von Wenck hatte der Abschnittskommandant Magdeburg, Gen.Lt. Raegener, der K.Gr. Burg unter Maj. Müller befohlen, seine StGesch.Brig., die mit ihrem rechten Flügel bei Magdeburg steht, zur Unterstützung des Angriffs des Gren.Rgt. „Scharnhorst 1" abzustellen.[1]

Nach einer Besprechung zwischen dem CG 2nd US AD, Maj.Gen. White, und dem CG XIX. US Corps wird entschieden, den Brückenkopf aufzugeben und einen neuen Brückenkopf bei Grünewalde zu errichten. Um 21.00 Uhr (B) beginnt das CCB der 2nd US AD mit dem 3./119 voraus, gefolgt vom 3./41, mit dem Vormarsch entlang des Ostufer der Elbe nach Süden. Das CCA und CCR blockiert weiter Magdeburg.[2]

Bei der 83rd US InfDiv wird das RCT 329 bei Barby in der Nacht zum Ziel eines Bombenangriffs von sechs deutschen Flugzeugen, die die Brücke und die Stadt angreifen. Doch zum geplanten Angriff am Morgen kommt es nicht. Die Aufklärung meldet, dass die deutschen Truppen in der Nacht die Stadt geräumt und sich auf das östliche Ufer zurückgezogen haben.

40mm Bofors Flakgeschütz der 83rd US InfDiv unterstützt am 13. April 1945 den Flussübergang bei Barby. Das Geschütz hat bereits 11 Abschüsse auf seinem Konto. Foto: Pfc. Robert Gerick, 168th Signal Photo Co., National Archives SC 360985

Mitten in den Vorbereitungen zur Besetzung der Stadt meldet das 2./329 um 09.15 Uhr (B), das der Bürgermeister die Stadt übergibt. Um 10.20 Uhr (B) rückt das 2nd Bn kampflos in die Stadt ein und um 13.30 Uhr (B) überquert das 1./329 im Bereich der Fähre im Schutz eines künstlichen Nebelvorhanges in Sturmbooten die Elbe. Fähren des 308th Engr C Bn bringen die ersten Panzer des 736th Tk Bn und Panzerjäger des 643rd TD Bn über den Fluss. Die AT Co. 329 folgt unmittelbar danach zum Schutz gegen deutsche Panzerangriffe. Das 2./329 folgt und um 15.55 Uhr (B) steht das 1./329 in Walternienburg, wo es angehalten wird, um auf Artillerieunterstützung zu warten. In der Zwischenzeit beginnt das unterstützende 295th Engr Bn und die 992nd Bridge Company mit dem Bau einer Pionierbrücke.

Auch das RCT 331 erreicht ohne sein 3./331 die Elbe. Das 2./331 nimmt gegen 10.00 Uhr (B) von Nienburg aus gegen Widerstand Calbe und erreicht ebenfalls Barby. Dort erhält es den Befehl, mit der Co. G nach Walternienburg zu gehen und mit der Co. E und F die Wälder südwestlich davon zu säubern. Doch als die Co. G um 19.00 Uhr (B) Walternienburg erreicht, beginnt einer von vier deutschen Gegenangriffen, die zwischen 18.30 und 24.00 Uhr (B) vom II./Gren.Rgt. „Scharnhorst 1" mit Unterstützung der H.Stu.Art.Brig. 1170 gegen den gesamten Brückenkopf Barby geführt werden.

Das Bataillon war nach Walternienburg in Marsch gesetzt worden, um den Brückenkopf Barby zu zerschlagen. Die Brigade, die dem Regiment zur Unterstützung zugeteilt worden war, war über Gommern nach Güterglück gefahren und greift jetzt mit sieben Sturmgeschützen gemeinsam mit dem II. Btl. rechts der Straße nach Walternienburg an.[3] Der Angriff trifft Walternienburg aus Richtung Güterglück entlang der sogenannten „Kanonenbahn", von Kämeritz und frontal.[4] Bei den schweren Gefechten gelingt es den Infanteristen der Co. G, 2./331 einen deutschen Panzer keine hundert Meter vor dem Bn.CP mit einer Bazooka zu zerstören. Mit Hilfe von drei Artilleriebataillonen gelingt es, die Gegenangriffe abzuwehren und die deutschen Truppen aus Flötz zu drücken. Insgesamt werden bei den Kämpfen zwei Sherman-Panzer und zwei Sturmgeschütze zerstört.[5]

Das 1./331, das in der Nacht von Ditfurt kommend Hedersleben erreicht, fährt am Nachmittag über Schadeleben, Cochstedt, Neu-Börnecke, Löderburg und Förderstedt nach Brumby, westlich von Calbe. Um Mitternacht erhält die Co. B den Befehl, zur Verstärkung des 2./331 in den Brückenkopf nach Walternienburg zu gehen. Die Co. A und der Bn.CP halten in Calbe zur Sicherung der Südflanke des Angriffs. Als der Regtl.CP des RCT 331 am Abend von Staßfurt kommend in Calbe eintrifft, melden die Bataillone 17 Gefallene, 22 Verwundete und 904 Gefangene, wobei die meisten Gefangenen auf das Konto des 3./331 im Harz gehen.

Während die 9th US Army bereits an der Elbe im Kampf steht, beginnt bei der 1st US Army an diesem Tag die entscheidende Phase vor dem Erreichen der Muldelinie. Im Bereich des VII. US Corps stößt die 3rd US AD mit dem CCR an der Linken und dem CCB an der Rechten, gefolgt vom CCA, aus dem Raum Sangerhausen nach Nordosten, um als Tagesziel Brückenköpfe über die Saale zu sichern. Endziel für das CCB ist die Lutherstadt Wittenberg und für das CCR Coswig, wo sie Brückenköpfe über die Elbe sichern sollen, während das CCA die Stadt Dessau an der Mulde besetzen soll.

Um 04.00 Uhr (B) beginnen im Nordabschnitt die Kolonnen des CCR mit dem Vormarsch. Die TF Richardson rückt nach Überwindung des deutschen Widerstandes bei Annarode über Siebigerode nach Klostermansfeld vor. Dort hat die Bevölkerung aus Angst vor Tieffliegern und Beschuss in den Kellern und LS-Räumen Schutz gesucht, nachdem die Meldung eingetroffen war: *„An den bewaldeten Ausläufern des Harzes, aus Richtung Riestedt/Blankenburg steht der Ami."* Zuvor hatten amerikanische Tiefflieger einen Militärtransport, der mit 2cm Vierlings-Flak zu seinem Schutz bestückt war, auf dem Bahnhofsgelände angegriffen, dabei jedoch nur die Maschinenwerkstatt getroffen. Viel gefährlicher ist jedoch die Tatsache, dass in der Stadt keine weißen Fahnen zu sehen sind, als die Amerikaner Klostermansfeld erreichen. Doch zum Glück sind die Panzersperren aus, mit Steinen gefüllten, Leiterwagen auf der Straße nach Siebigerode und Leimbach und die ausgehobenen Schützenlöcher nicht besetzt. Das Lager der RAD, wo wenige Tage zuvor noch Flakangehörige untergebracht waren, ist verlassen. So fällt kein Schuss, als die Panzerinfanteristen im Schutz der Panzer gegen 12.00 Uhr über die Siebigeröder Straße vorsichtig nach allen Seiten sichernd in die Stadt einrücken. In der Oemler Straße ergibt sich ihnen eine deutsche Sanitätskolonne mit Verwundeten. Während die Spitze der TF Richardson den Vormarsch fortsetzt, durchsuchen Panzerinfanteristen die Stadt. Dabei stoßen sie in der ehemaligen katholischen Schule auf Kriegsgefangene, deren Bewacher sich abgesetzt haben. Erst später finden sie das Kriegsgefangenenlager „Zirkelschacht" zwischen Klostermansfeld-Vitzthumschacht und Polleben. Die befreiten Engländer und Russen waren im Vitzthumschacht der Schacht- und Hüttenwerke der Mansfeld AG zur Arbeit gezwungen worden.[6]

In der Zwischenzeit hat die Spitze der TF Richardson Siersleben erreicht, das zuvor von der TF Hogan passiert wurde. Dann greifen sie um 13.20 Uhr (B) Gerbstedt an. Der dortige Widerstand wird bis 14.10 Uhr (B) beseitigt. In der Stadt werden zwei deutsche Lazarette gesichert. Eine deutsche Kolonne mit Pferdefuhrwerken wird entdeckt, die vor den vorrückenden Panzerspitzen zu entkommen versucht und von den Panzerinfanteristen des 3./36 unter Beschuss genommen. Im Raum Gerbstedt befreit die Task Force zirka 1000 allliierte Gefangene. Um 15.55 Uhr (B) nähern sich die Panzer der TF Richardson über Belleben der Saale bei Alsleben. Dort geraten sie unter Beschuss. In der Stadt haben sich deutsche Truppen mit einigen 2cm und 8,8cm Flak verschanzt. Sie gehören zum Füs.Btl. der InfDiv „Scharnhorst", das unmittelbar nach der Aufstellung die Sicherung des Saale-Abschnittes zwischen Alsleben und Bernburg übernommen hatte. Sein Auftrag ist das Halten der Verbindung zur InfDiv „Potsdam" im Harz.[7] Um 16.30 Uhr (B) sprengen die Verteidiger den zweiten Bogen der Saale-Brücke der R 6 auf der Stadtseite.[8] Luftunterstützung wird angefordert. Die anfliegenden Jagdbomber geraten unter Beschuss der deutschen Flakgeschütze und um 17.15 Uhr (B) meldet die TF Richardson, dass ein getroffener P-47 Jagdbomber nördlich Gerbstedt abgestürzt ist und von eigenen Kräften bewacht werden muss.

Von der 3rd US AD erbeutetes 8,8cm Flakgeschütz (o.) und 2cm Flakgeschütz (u.).
Fotos: Sgt. Schreck, 3rd US AD. Courtesy Soldiers Museum, Don Wagner

Um 17.30 Uhr (B) dringt Panzerinfanterie unter starkem Beschuss in Alsleben ein. Strenznaundorf wird gegen 17.00 Uhr (B) von der südlichen Kolonne der Task Force mit Unterstützung der Panzerjäger des 2nd Plat. Co. C, 703rd TD Bn gesichert, die ihrem CO der Co. C, 703rd TD Bn, Capt. Donald W. Seibert, melden können, dass sie eine Halbkettenzugmaschine mit Tieflader, zwei Führungsfahrzeuge und zwei weitere Fahrzeuge zerstört haben.

Noch während die Kämpfe in Alsleben andauern, erreichen zwei Füs.Kp. des Füs.Btl. „Scharnhorst“ von Süden kommend den Raum Alsleben, nachdem sie die Saale über die Eisenbahnbrücke bei Nelben überquert haben. Es gelingt ihnen einen kleinen Brückenkopf am Westufer der Saale zu sichern.[9]

Auf Grund des anhaltenden Widerstandes erhält die Task Force um 20.55 Uhr (B) den Befehl, sich so schnell wie möglich von Alsleben zurückzuziehen und sich in Strenznaundorf und Sandersleben-Belleben zu versammeln. Am nächsten Tag soll die TF Richardson nach der TF Hogan den Fluss über eine Pionierbrücke bei dem kleinen Ort Brucke zwischen Zickeritz und Rothenburg überqueren. Inzwischen haben Teile der Task Force kampflos Hettstedt besetzt. Dort hatten Bomben am 11. April den Bereich um den Marktplatz getroffen und 51 Personen getötet. 30 Gebäude wurden zerstört und 117 beschädigt.[10]

Die TF Hogan rollt ab 04.00 Uhr (B) südlich von Annarode nach Nordosten und erreicht die Bahnlinie südwestlich von Ahlsdorf, die die Ausgangslinie für den Angriff bildet. Um 08.50 Uhr (B) geht es weiter über Hergisdorf nach Helbra, wo die Kolonne um 11.45 Uhr (B) gemeldet wird. Dort kommt es durch Beschuss zu Schäden an der Villa des Geschäftshauses Römmert und um die Stephanskirche herum, was zu Verlusten unter der Bevölkerung führt.[11] Bei Augsdorf befreit die Task Force eine größere Anzahl an Russen, Polen und Engländern sowie 16 Amerikaner. Über Siersleben, Heiligenthal und Friedeburgerhütte erreicht sie um 14.30 Uhr (B) die Saale östlich von Nelben, wo die Brücke vor ihren Augen gesprengt wird. Die nördlich davon liegende zweigleisige Eisenbahnbrücke ist beschädigt und mit entgleisen Waggons und einer Lokomotive blockiert. Es entwickelt sich ein Gefecht zwischen den unterstellten Infanteristen des 3./47 und den deutschen Sicherungen, bei dem ein Panzer zerstört wird. Während die Feuergefechte anhalten, überquert eine Patrouille um 16.30 Uhr (B) die Saale. Nachdem der Widerstand im Abschnitt Nelben nicht nachlässt und Luftbeobachter melden, dass auch die Brücke im Abschnitt des CCB zerstört ist, beginnen die Planungen für den Bau von zwei Pionierbrücken bei Brucke und Friedeburg. Zwei Kompanien Infanterie gehen nach Friedeburg in den Abschnitt des CCB und überqueren in der Nacht die Saale über die gerade errichtete Pionierbrücke. Von dort rücken sie in der Nacht nach Norden auf die Georgsburg am Ostufer der Saale zwischen Nelben und Könnern vor. Die Hauptkolonne wartet inzwischen in einem Biwak bei Nelben darauf, dass die Pioniere der Co. C, 23rd

Pioniere der 3rd US AD errichten am 13. April eine Schwimmbrücke über die Saale
Foto: T/4 Himes 165th Signal Photo Co., National Archives, SC 384911

Armd Engr Bn die Pionierbrücke zwischen Zickeritz/Brucke und Rothenburg fertigstellen, deren Bau um 21.20 Uhr (B) beginnt.

Die TF Richardson befreit während des Vormarsches 13 amerikanische Fallschirmjäger und zwei Soldaten, die seit dem D-Day in deutscher Kriegsgefangenschaft waren. Der CP des CCR folgt über Helbra, Siersleben, Augsdorf, Helmsdorf, Heiligenthal, Zabenstedt und Friedeburgerhütte und erreicht um 17.16 Uhr (B) Zellewitz, wo er entfaltet. Teile der rückwärtigen Kolonne, die von Blankenheim aus nach Osten fahren, erreichen um 15.00 Uhr (B) das besetzte Wimmelburg und schwenken nach Norden. Über die Diebeskammer erreichen sie Helbra, wo sie sich der Hauptkolonne anschließen.[12]

Das CCB nimmt parallel zum CCR den Angriff um 07.00 Uhr (B) auf. Die TF Welborn beginnt westlich von Sangerhausen, bei Beyernaumburg, den Vormarsch und rückt über Bornstedt nach Schmalzerode, Wimmelburg nach Eisleben vor, das zur „offenen Stadt" erklärt wurde und kampflos kapituliert. Um 15.15 Uhr (B) erreichen die Spitzen der TF Welborn die zerstörte Saale-Brücke zwischen Brucke und Rothenburg. Panzerinfanteristen des 2./36 unter Lt.Col. Thomas J. Moran setzen mit Sturmbooten der Pioniere über den Fluss und bilden einen Brückenkopf. Von dort aus rückt eine Kompanie auf Rothenburg vor, während die anderen beiden Kompanien am Westufer der Saale zwischen Brucke und Friedeburg auf den Brückenschlag der Pioniere des 23rd Armd Engr Bn unter Lt.Col. Lawrence G. Forester warten, die mit dem Bau eine Treadway Bridge bei Friedeburg beginnen.

Die TF Lovelady setzt mit dem unterstellten 2./414 und den Panzern der Co. D, 2./33 mit Unterstützung des 67th AFA Bn um 07.00 Uhr (B) den Angriff südlich von Eisleben fort und erreicht über Mittelhausen und Rothenschirmbach um 08.30 Uhr (B) den Ort Helfta südöstlich von Eisleben. Bis 10.10 Uhr (B) wird der Ort gesäubert und die Kolonne fährt nach Unterrißdorf. Dabei gerät sie unter starkes Kreuzfeuer deutscher 8,8cm Geschütze, wobei die Führungskolonne zwei Panzer verliert. Während die begleitende Panzerartillerie eine der zwei Feuerstellungen zerstört, umfährt ein Platoon leichter Panzer die Feuerstellung von zwei der Geschütze bei Unterrißdorf. Dann wird der Ort in einem kombinierten Angriff der Panzer und Infanterie genommen Insgesamt werden vier 8,8cm Flak der 8./s.Flak.Abt. 540 zerstört. 40 Mann der Flak.Abt. und Angehörige der Sw.Abt. 328, 367 und 510 gehen in Gefangenschaft. Die Flaksoldaten waren gemeinsam mit vier weiteren Geschützen, die bei Bornstedt zum Einsatz kommen, aus dem Raum Halle-Leipzig hierher verlegt worden, um die Panzerverbände aufzuhalten. Die Angehörigen der Sw.Abt. hatte man zu Panzerjagdkommandos mit je fünf Mann mit Panzerfäusten eingeteilt und entlang der Straße Eisleben-Halle am Süßen See in Stellung gebracht.[13] Mit vier Stunden Verzögerung geht es über Hedersleben und Beesenstedt weiter und ohne weiteren Widerstand erreicht die Task Force Zörnitz, wo sich 50 Mann der Pferde.Trsp.Kolonne 521 mit Pferdegespannen kampflos ergeben.[14] Gegen 17.00 Uhr (B) steht die Panzerspitze vor der gesprengten Saalebrücke zwischen Zaschwitz und Wettin, wo sie auf starken Widerstand trifft. Die Artillerie kennzeichnet die deutschen Stellungen mit rotem Rauch für die Jagdbomber. Während eine Aufklärungspatrouille zur Saalebrücke nördlich von Salzmünde ausgesandt wird, zieht sich die Task Force nach Beesenstedt zurück, wo sie ein Biwak für die Nacht bezieht. Dieser Rückzug erfolgt so schnell, dass die führende Batterie des 67th AFA Bn kurze Zeit die vorderste Stellung der TF Lovelady bildet. Um 19.56 Uhr (B) erreicht die Patrouille Salzmünde und findet die Brücke ebenfalls zerstört vor. Im Sammelraum bei Beesenstedt erhält daraufhin Lt.Col. Lovelady den Befehl, sich darauf vorzubereiten, der TF Welborn am nächsten Morgen über die Pionierbrücke bei Friedeburg zu folgen. Die begleitenden Panzerjäger des 2nd Plat. Co. B, 703rd TD Bn melden als Tagesergebnis die Zerstörung einer deutschen 12,8cm Pak, die Bekämpfung von mehreren Widerstandsnestern und die Gefangennahme von 20 Deutschen.

Das CCA, das den Kolonnen in der Reserve folgt, erreicht mit der TF Kane Friedeburgerhütte und mit der TF Boles Sandersleben und Belleben. Dort wird die TF

Boles gegen 19.00 Uhr (B) durch Teile des CCR aufgehalten, die die Straßen blockieren. Der CP des CCA geht nach Gerbstedt, wo er gegen 20.00 Uhr (B) eintrifft.

Die TF Yeomans, 83rd Armd Rcn Bn, die dem CCB folgt, hält für die Nacht im Raum Oberrißdorf-Hedersleben-Schwitterdorf. In der Nacht vom 13. zum 14. April errichten Col. Foster's Pioniere bei Zickeritz/Brucke und Friedeburg zwei Schwimmbrücken über die Saale. Der Bn.CP von Lt.Col. Wilbur E. Showalter's 703rd TD Bn verlegt nach Freist.

Die 104th US InfDiv setzt während des Tages die Blockade entlang des Südrandes des Harzes fort und bereitet sich vor, mit der neugebildeten TF Kelleher, 414th InfRgt als Speerspitze, in Richtung Halle anzugreifen. Doch noch zwingt die unklare Situation an der Sperrlinie entlang des Gebirges zwischen Scharzfeld und Ilfeld die Division weiter starke Sicherungen mit dem RCT 413 zu betreiben.

Die TF Kelleher hat sich zum Morgen mit dem 1./414 unter Führung von Col. Robert Clark II in der Umgebung von Buchholz, Herrmannsacker und Neustadt und dem 3./414 unter Lt.Col. Leon J. de P. Rouge in der Umgebung von Rottleberode im Thyratal, Uftrungen und nördlich davon im Haseltal versammelt und Col. Kelleher weist um 11.00 Uhr (B) auf seinem CP in Nordhausen seine Kommandeure für den kommenden Angriff ein. Dann nutzen Kelleher‘s Einheiten den Tag, um sich auf den bevorstehenden Angriff vorzubereiten.

Die TF Laundon, 104th Rcn Tp, die, verstärkt durch einen Plat. Co. C, 750th Tk Bn, den Sturmgeschütz-und Granatwerfer-Plat. des 750th Tk Bn und den 1st Plat. Co. A, 817th TD Bn, die linke hintere Flanke des RCT 413 sichert und stößt im Tagesverlauf zur TF Kelleher.

Das RCT 415, das den Panzern der 3rd US AD folgt, säubert den Raum hinter den Panzern von umgangenem Widerstand. Das 1./415 von Lt.Col. Fred E. Needham erreicht nach einem schnellen Vormarsch mit den Panzern des 1st Plat. Co. A, 750th Tk Bn und Panzerjägern des 3rd Plat. Co. C, 817th TD Bn um 11.45 Uhr (B) Großosterhausen, südlich von Eisleben. Vorauskräfte stehen bei Rothenschirmbach an der R 180 Eisleben-Querfurt. Die Panzerjäger halten in Einsdorf. Das 2./415 unter Lt.Col. John R. Deare J., das am frühen Morgen Wallhausen erreicht hat, steht um 16.00 Uhr (B) an der Nordflanke der Division bei Wettelrode–Obersdorf, nördlich von Sangerhausen. Der unterstellte 2nd Plat. Co. A, 750th Tk Bn hält in Riestedt und die Panzerjäger des 2nd Plat. Co. C, 817th TD Bn in Wettelrode. Das 3./415 unter Lt.Col. Caspar Clough Jr., das um 02.15 Uhr (B) in der Nacht Oberröblingen erreicht hat, fährt um 15.00 Uhr (B) mit den Panzern des 3rd Plat. Co. A, 750th Tk Bn und Panzerjägern des 1st Plat. Co. C, 817th TD Bn in den Raum Nienstedt–Sotterhausen, wo es gegen 17.30 Uhr (B) ankommt. Die Co. B, 87th Cml Mort Bn, die weiter das RCT 415 unterstützt, folgt über Oberröblingen nach Osterhausen. Der Regtl.CP eröffnet in Nienstedt.

In der Nacht um 03.30 Uhr (B) erhält die Division die aktuellen Befehle. Der Angriff der TF Kelleher soll am 14. April, 12.00 Uhr (B) von der Ausgangslinie an der R 180 zwischen Südausgang Eisleben und Farnstädt auf zwei Routen mit der TF Rouge des verstärkten 3./414 unter Lt.Col. Leon J. D. Rouge im Norden und der TF Clark des verstärkten 1./414 unter Lt.Col. Robert R. Clark II im Süden beginnen. Das RCT 415 soll ohne sein 2./415, das einen Sperrstellung nach Nordwesten einnehmen soll, geschlossen der TF Kelleher folgen und den umgangenen Widerstand beseitigen.

Während der Angriff der 3rd US AD und der 104th US InfDiv nach Osten rollt, setzen die anderen Verbände des VII. US Corps die Zerschlagung der deutschen Truppen im Harz fort. Die 1st US InfDiv unter Maj.Gen. Clift Andrus beginnt mit der unterstellten 4th CavGp die systematische Räumung der Harzwälder. Auch die 9th US InfDiv, die um 12.00 Uhr (B) in die Unterstellung unter das VII. US Corps geht, beginnt mit dem Angriff im Harz. Die Trennungslinie zur 104th US InfDiv bildet die Linie einschließlich Osterode–Herrmannsacker–Rottleberode-Hainrode - ausschließlich Großleinungen - einschließlich Blankenheim - ausschließlich Wolferode - einschließlich Unterrißdorf, Salzmünde - ausschließlich einer Linie entlang der Saale bis Lettin - einschließlich Niemberg bis ausschließlich Kitzendorf.

Im Abschnitt des V. US Corps, das mit seinen Spitzen weit vor dem VII. US Corps operiert, stößt die 9th US AD weiter nach Osten vor. Während des CCR den, in der Nacht begonnenen Angriff aus dem Raum westlich von Zeitz zur Sicherung von Flussübergängen über die Weiße Elster fortsetzt, beginnt das CCA westlich von Weißenfels mit der Umgehung der Stadt über die Saale bei Naumburg und erreicht die Weiße Elster nördlich von Zeitz im Abschnitt Tellschütz-Pegau. An der Nordflanke der Division und des Corps tritt das CCB kurz vor Tagesanbruch aus dem Raum Schafstädt zum Angriff nach Süden an und trifft nordwestlich von Braunsbedra–Roßbach auf starkes feindliches Sperrfeuer. Auch der Versuch, weiter nach Osten, zur Saale vorzudringen, scheitert unter starkem Beschuss. Zu diesem Zeitpunkt erhält der CO des CCB, Col. Johnson, vom Divisionsstab den Befehl, auf der erreichten Linie zu halten und am nächsten Tag über eine, von den Pionieren in der Stadt Weißenfels zu errichtende, Brücke in einen neuen Versammlungsbereich östlich der Stadt zu verlegen.

Hinter dem CCB vorrückend erreichen die Verbände der 2nd US InfDiv an diesem Tag die Linie Bad Lauchstädt–Mücheln.[15] Auch die Verbände der 69th US InfDiv setzen im Rücken der 9th US AD den Vormarsch nach Osten fort.

Kriegstagebuch des OKW/WFSt vom 14. April 1945: *Die 1. amerikanische Armee operiert jetzt nur südlich des Harzes... Bis Leipzig stieß die 69. Division vor; die Armeegrenze verläuft also südlich Leipzig... An der Saale verfügt die 12. Armee nur über schwache Kräfte. Der Gegner dringt nach Südosten gegen Halle vor...*

Geheime Tagesberichte der Wehrmachtsführung vom 14. April 1945:
OB West, AOK 12:

Im Vorstoß nach Norden drang der Feind bis hart südlich Dessau vor; 14 Panzer wurden abgeschossen. Im Angriff nach Westen drang der Gegner in den Nordwest-Teil von Halle ein; Kämpfe sind noch im Gange. Mit im Nordteil von Merseburg eingedrungenen Feind sind Kämpfe im Gange. 9 feindliche Panzer wurden vernichtet.

Mit dem **Sonnabend**, dem **14. April 1945**, vollzieht sich endgültig eine räumliche Teilung der Operationen des VII. US Corps. Während die 3rd US AD, verstärkt durch die Infanteristen der 104th US InfDiv, den Angriff zur Einnahme von Halle und der mitteldeutschen Industrieregion Dessau–Bitterfeld-Wolfen und zum Erreichen der Haltelinie an der Mulde fortsetzt, steht die Masse der infanteristischen Kräfte des Corps im Harz im Kampf.

Bei der 9th US Army wird im Bereich des XIII. US Corps der Angriff der 5th US AD über die Elbe auf Befehl der alliierten Oberkommandos gestoppt und die Division säubert ihren Sektor entlang des Flusses. Die vorderen Elemente der zwei Infanteriedivisionen überholen die Panzerkräfte und erreichen die Elbe nördlich von Tangermünde.

Das südlich davon operierende XIX. US Corps setzt mit dem CCB der 2nd US AD in der Nacht den Angriff auf Grünewalde am Ostufer der Elbe fort und um 04.00 Uhr (B) ist der größte Teil der Stadt gegen leichten Widerstand vom 3./119 gesichert. Sicherungen graben sich südlich von Elbenau ein. Das 3./41 folgt und geht in einen zeitweiligen Versammlungsraum. Das 1./41 erreicht als Rückensicherung hinter dem 3./41 Grünewalde. Patrouillen der Co. H, 3./41, die nach Elbenau gehen, weil sie dort Teile des 3./119 vermuten, treffen auf deutsche Truppen. Als sie mit Verstärkung um 05.15 Uhr (B) zurückkehren, geraden sie in einen Gegenangriff von drei deutschen Panzern mit aufgesessener Infanterie und weiterer Infanterie, die den Panzern folgt und ziehen sich zurück.

Dann trifft der deutsche Gegenangriff des I./Gren.Rgt. „Scharnhorst 1“, das von der H.Stu.Art.Brig. 243 mit acht Sturmgeschütze unterstützt wird, den frisch besetzten Brückenkopf bei Grünewalde auf breiter Front. Das Bataillon, das den Befehl bekommen hatte, die amerikanischen Truppen, die sich aus dem Brückenkopf Westerhüsen nach Süden auf Grünewalde zurückziehen, anzugreifen, hatte sich mit den Verteidigern von Schönebeck unter Obstlt. Ringelband, die sich ans Ostufer der Elbe zurückgezogen hatten, vereinigt, und greift von Gommern–Plötzky aus in Richtung Elbenau–Grünewalde an.[16] Die Co. I, 3./119 meldet deutsche Panzer[17] an ihrer Rechten und die Co. L, 3./119 einen Gegenangriff von sechs Panzern, zwei 2cm Flak auf SFL und einem Bataillon Infanterie aus östlicher und nordöstlicher Richtung. Als der Befehl zum Rückzug kommt, ist es bereits zu spät. Der Gegenangriff überrennt die Verteidigung, schneidet die Co. L ab und zersprengt die Co. I. Teile ergeben sich.

Jetzt tauchen auch die ersten deutschen Panzer vor den Linien des 3./41 westlich von Elbenau auf. Drei PzKpfw V greifen die Stellungen der Co. I, 3./41 an und zwingen die Panzerinfanteristen zum Rückzug. Der Kontakt zwischen Lt.Col. Anderson und den Kompanien bricht zusammen. Die Artillerie verliert ihre Wirkung, da die feindlichen Kräfte zu nah an den eigenen Truppen sind. Schließlich wird auch die Co. G aus ihren Stellungen gedrückt und flieht.

Sowohl Lt.Col. Stewart, als auch Lt.Col. Anderson befehlen den Rückzug für ihre Truppen, die außer einigen Bazookas über keine Panzerabwehrwaffen verfügen. Lt.Col. Anderson, dessen CP durch deutsche Truppen angegriffen wird, die entlang des Ostufers der Elbe nach Südosten vorrücken, überquert den Fluss mit einem DUKW um Col. Hinds die Lage zu melden, doch er trifft ihn nicht an. Kurz darauf begibt sich Col. Hinds in den Brückenkopf und befiehlt Lt.Col. Finnel, dem Brückenkopf-Kommandanten, die Evakuierung des Brückenkopfes. Bis die Fährverbindung steht, sollen sich die beiden Bataillone bis an die Außenränder von Grünewalde zurückziehen.

Doch noch kämpfen die Pioniere des unterstellten 82nd Engr Bn einen verzweifelten Kampf um die Fertigstellung der Fähre. Nach dem Abbruch des Brückenbaus bei Westerhüsen hatten sie um 06.40 Uhr (B) mit dem Bau einer Fährübersetzstelle zwischen Frohse und Grünewalde begonnen. Auch diesmal liegt die Baustelle unter schwerem deutschem Artilleriebeschuss und gegen 12.00 Uhr (B) wird das Führungskabel durch einen Treffer zerstört. Es gelingt nicht, die Fähre zu führen und der CO der Co. D, 17th Armd Engr Bn, Capt. Youngblood befiehlt deren Evakuierung.

Nachdem klar ist, das es unmöglich ist, den Brückenkopf mit Panzern und Panzerjägern zu verstärken und die Infanterie alleine den Gegner nicht aufhalten kann, befiehlt der CG 2nd US AD auf dem CP des CCB um 14.00 Uhr (B) die Räumung des Brückenkopfes. Das CCB soll den Fluss an anderer Stelle erneut überqueren und die Deckung der linken Flanke der 83rd US InfDiv übernehmen. Unter dem Schutz des Feuers der Panzer und Panzerjäger, die am Westufer der Elbe aufgefahren sind, beginnt mit Hilfe von DUKW die Evakuierung des 3./119, gefolgt vom 1. und 3./41 und bis 16.00 Uhr (B) ist die Masse an das westliche Ufer übergesetzt.

Zu diesem Zeitpunkt befinden sich noch immer Reste der Co. L, 3./119 eingekreist in einigen Kellern in Elbenau. Einem vorgeschobenen Beobachter der Artillerie, der sich bei ihnen befindet, gelingt es Funkkontakt zu einem Artilleriebeobachtungsflugzeug herzustellen. Daraufhin schießt die Artillerie um 15.45 Uhr (B) einen Rauchvorhang auf Elbenau, in dessen Schutz zirka 55 Eingeschlossenen um 16.00 Uhr (B) einen Ausbruchsversuch starten. Bei ihrer Flucht fallen mehrere im Kugelhagel.

Herbeigerufene Jagdbomber zerstören einen deutschen Panzer. Nachdem sie Grünewalde umgangen haben, setzen sie mit wartenden Pionierbooten über die Elbe. Einigen der Eingeschlossenen gelingt später schwimmend die Flucht. Damit endet der Versuch der 2nd US AD, einen Brückenkopf am Ostufer der Elbe zu errichten.[18]

Bei der 83rd US InfDiv setzen sich die Kämpfe im Brückenkopf bei Barby in der Nacht fort. Mehrere deutsche Gegenangriffe des II./Gren.Rgt. „Scharnhorst 1" der InfDiv „Scharnhorst" mit sieben Sturmgeschützen der H.Stu.Art.Brig. 1170 gegen den Brückenkopf werden mit Unterstützung der Artillerie abgewehrt.[19] Zwei Sturmgeschütze werden zerstört. Zur Verstärkung setzt das 3./329 über den Fluss und greift ebenfalls in die Kämpfe ein. Um 05.00 Uhr (B) ist die Pionierbrücke fertig und man beginnt mit dem Übersetzen der Panzer. Doch bereits um 08.45 Uhr (B) wird die Brücke wieder für Panzer gesperrt, nachdem einer der Panzer die Brücke beschädigt hat. Keine Stunde später ist sie repariert, und leichte Panzer des 736th Tk Bn rollen über den Fluss. Um 09.40 Uhr (B) erhält der Oberbürgermeister von Zerbst, Hellmuth Abendroth, ein telefonisches Ultimatum übermittelt, bei dem mit einem Luftangriff gedroht wird. Am Nachmittag soll der Angriff auf die Stadt beginnen. Doch Abendroth teilt dem Anrufer mit, dass er keinerlei Entscheidungsgewalt hätte und einzig der K.Kdt. von Zerbst, Oberst Koensgen, darüber zu entscheiden habe.[20]

In der Zwischenzeit entlastet das CCA der 2nd US AD die 83rd US InfDiv im Raum südlich von Magdeburg und das CCR wird der 83rd US InfDiv unterstellt, um dem CCB zur Hilfe zu kommen. Um 12.00 Uhr (B) erreicht die Kolonne die Brücke in Barby und überquert den Fluss.

Jetzt treffen auch weitere Teile des RCT 331 an der Elbe ein. Das 1./331 verlässt seine Versammlungsräume bei Brumby und Calbe und erreicht die Elbe in Barby. Ab dort müssen die Infanteristen den Marsch nach Walternienburg zu Fuß fortsetzen, da zu diesem Zeitpunkt der Ort unter dem deutschem Beschuss liegt. Als sie südlich und nördlich des Ortes ihren neuen Versammlungsraum beziehen wollen, treffen sie auf Widerstand. Südlich des Ortes treffen sie auf sechs deutsche Sturmgeschütze und Infanterie und Artillerieunterstützung wird angefordert. Drei Sturmgeschütze werden zerstört, die anderen ziehen sich zurück. Dann bezieht das Bataillon Verteidigungsstellung von Walternienburg bis Kämeritz.

Das 2./331, das mit der unterstellten Co. B, 1./331 bereits in der Nacht in Walternienburg eingetroffen war, verlässt den Abschnitt des RCT 329 und rückt nach Süden an. Die unterstellte Co. B, 1./331 besetzt am Vormittag Tochheim und anschließend Badetz. Dort erhält die Kompanie den Befehl, den deutschen Widerstandsknoten Kämeritz anzugreifen. In der Zwischenzeit folgt das 2./331 und die Co. G, 2./331 erreicht Stellungen einen Kilometer nordöstlich von Tochheim und die Co. E übernimmt die Sicherung von Badetz. Nach zwei Salven Artillerie beginnt um 18.45 Uhr (B) der Angriff auf Kämeritz, doch der Artilleriebeschuss hat nur wenig Wirkung hinterlassen. Als die Infanteristen in Begleitung einer Section Panzer den Ort erreichen, treffen sie auf starken Widerstand. Dabei wird ein Panzer durch Panzerfaustfeuer zerstört. Nach schweren Verlusten zieht sich die Co. B zurück und bezieht südwestlich des Ortes Verteidigungsstellung.

Nachdem um 14.20 Uhr (B) die Division Meldungen über den Gegenangriff im Abschnitt der 2nd US AD erhält, wird der geplante Angriff auf Zerbst auf den nächsten Tag verschoben. Unabhängig davon wird ein deutscher Parlamentär nach Zerbst entsandt, der dem K.Kdt. ein erneutes Ultimatum überbringen soll, doch auch der wird ohne Antwort zurückgeschickt. Um 18.40 Uhr erfolgt der Luftangriff. Udo Pfleghar schreibt in seinem Buch „Brückenkopf Zerbst“: *„Eine Staffel von zwölf US-Jabos hatte den ersten Angriff des Krieges auf Zerbst geflogen.“* Um 19.10 Uhr (B) wird befohlen, Verteidigung zu beziehen. Sieben Artilleriebataillone gehen in Feuerstellung, um einen deutschen Gegenangriff über die Elbe abzuwehren.

Das unterstellte CCR unter Lt.Col. Russel W. Jenna, das gegen 12.00 Uhr (B) Walternienburg erreicht hat, geht nach Flötz und beginnt um 15.30 Uhr (B) in Gödnitz mit drei Battle Teams aus je einer Panzer- und Infanteriekompanie mit dem Vorrücken zur befohlenen Linie Dornburg–Prödel–Leitzkau und erreicht um 18.30 Uhr (B) Prödel gegen leichten Widerstand. Um 20.00 Uhr (B) werden die Kräfte wegen der Gefahr eines deutschen Gegenangriffs zurück nach Flötz befohlen. Eine Kompanie des 2./119 wird zur Verstärkung nach Kämeritz befohlen, das noch immer von deutschen Truppen gehalten wird und bezieht Sicherungsstellung vor dem Ort.[21]

Als letzte Einheit des RCT 331 der 83rd US InfDiv verlegt das 3./331, das bisher der TF Biddle, 113th CavGp, unterstellt war, von Benzingerode am Harz nach Calbe und am späten Abend überquert das Bataillon die Elbe in Barby, wo es in die Regtl.Res. geht. Die TF Biddle wird nach ihrer Ablösung durch Kräfte der 8th US AD aufgelöst und die 113th CavGp verlegt zur Saale, um die Südflanke des Corps zu verteidigen.

Brig.Gen. Devine, CG 8th US AD Foto: NARA

Die 8th US AD, die unter der direkten Kontrolle der 9th US Army steht und mit dem CCA in Wolfenbüttel und dem CCR in Vechelde/Denstorf, westlich von Braunschweig, in der Versammlung liegt, hatte hierfür das CCB nach Halberstadt entsandt, wo es dem XIX. US Corps unterstellt wird und die TF Biddle bei der Abschirmung der hinteren, rechten Flanke des Corps ablöst. Ab jetzt führt nur noch das RCT 330 der 83rd US InfDiv den Kampf zur Räumung des Harzes von Norden.

Im Bereich der 1st US Army beginnt am Morgen die 3rd US AD des VII. US Corps mit der Überquerung der Saale und fährt dann schnell nach Nordosten zum Zusammenfluss der Flüsse Elbe und Mulde bei Dessau.

Im Abschnitt des CCR verzögert sich der Bau der Pionierbrücke zwischen Zickeritz/Brucke und Rothenburg auf Grund von fehlenden Brückenbaumaterial und Booten bis 10.35 Uhr (B). Um 10.50 Uhr (B) überquert endlich das erste Fahrzeug der TF Hogan, die als erste übersetzt, den Fluss, dann folgen die Hauptkräfte in Begleitung einer Artilleriebatterie. Nachdem sie sich östlich der Saale versammelt hat, greift sie um 12.20 Uhr (B) gegen leichten Widerstand Könnern an, wo sie am Ostrand durch Infanteriefeuer aufgehalten wird. Bis 14.35 Uhr (B) ist Könnern gesichert und die Task Force rückt über Ilbersdorf und Gerlebogk auf Köthen vor. In Dohndorf befreien sie 225 russische Kriegsgefangene. Als die linke Battle Group aus der Co. G, 3./33 unter Capt. Hoyt und den Infanteristen der Co. K, 3./47 in Begleitung der Panzerjäger sich über Klein- und Großwülknitz dem Stadtrand von Köthen nähern, treffen die Panzer auf eingegrabene Infanterie, die sie mit Panzerfäusten und Maschinengewehren unter Beschuss nimmt.

Jetzt droht der Stadt, die bereits am 20. Juli 1944 von alliierten Bomben getroffen wurde, wobei es zu Zerstörungen an den Bahnanlagen und dem Schloss kam, erneutes Unheil. Trotz der großen Anzahl an Verwundeten im Reservelazarett Köthen, haben sich deutsche Truppen vor der Stadt eingegraben.[22]

Nachdem das Ln.Lehr.u.Versuchs.Rgt. der Ln.Schule Halle/Saale, das nach seiner Aufstellung als Ln.Lehr.u.Versuchs.Abt. 1935 in Halle im Oktober 1937 nach Köthen gekommen war, Anfang April 1945 die Stadt mit seinem Fachpersonal zum infanteristischen Einsatz bei der Saale-Verteidigung verlassen hatte, hatte das Marsch.Btl. 71 und ein Bataillon Volksturm ohne großen Kampfwert Stellungen vor der Stadt bezogen, die an mehreren Stellen durch Minenfelder gesichert ist. Sie werden durch die 13. Kp. des II./Gren.Rgt. „Scharnhorst 2", die kurz zuvor eingetroffen ist, verstärkt. Insbesondere die Angehörigen des II./Gren.Rgt. „Scharnhorst 2", das auf dem Marsch zur Saale-Linie angehalten worden war, um die vorrückenden Amerikaner aufzuhalten, leisten erbitterten Widerstand.[23] Das Bataillon hatte am 12. April mit dem Regiment Mosigkau verlassen und am Vortag im Raum Könnern–Köthen Verteidigungsstellungen bezogen. Links hat das Bataillon losen Anschluss an das Gren.Rgt. „Scharnhorst 3".[24]

Maj. T. M. Brown, der als Stellvertreter von Col. Lovelady das 3./33 führt, gibt in einem Interview an, dass *„es das erste Mal seit Paderborn war, dass man auf so fanatischen Widerstand getroffen ist"*. Obwohl die bisherigen Befehle von den Panzerkolonnen forderten, Widerstandsnester zu umgehen und deren Bekämpfung den nachfolgenden Infanteriedivisionen zu überlassen, um so schneller das Endziel zu erreichen, erteilt der CO des CCR, Col. Howze, der TF Hogan den Befehl, die Stadt einzunehmen und zu säubern. Das soll der nachfolgenden TF Richardson Zeit geben, wieder aufzuschließen.

Während die linke Battle Group über die Wülknitzer Straße in die Stadt eindringt, besetzt die rechte Battle Group aus der Co. H, 3./33 und der Co. L, 3./47 östlich von Wülknitz den Flugplatz Köthen, auf dem sie eine Anzahl an zerstörten Flugzeugen vorfinden. Tiefflieger hatten kurz zuvor den Platz angegriffen.

Der Flugplatz war zwischen 1936 und 1938 entstanden und wurde in der Anfangsphase durch das Ln.Lehr.u.Versuchs.Rgt. Köthen genutzt. Am 18. November 1939 erfolgte auf dem Platz die Aufstellung der selbstständigen Kampfgruppe 100 der Luftwaffe aus der bisherigen Ln.Abt. 100 und die Ausrüstung mit He 111 Bombern. Aus ihr ging später das KG 100 „Wiking" hervor. Erst 1944 sollten gemäß Jürgen Zapf „Flugplätze der Luftwaffe 1934–1945", Bd. 4 Sachsen-Anhalt in Köthen erneut Einsatzverbände auf dem Flugplatz stationiert gewesen sein. So soll die I./NJG 11 mit Teilen von Köthen zu Jagdeinsätzen gestartet sein.[25] September 1944 wird dann die Auflösung der Fernaufklärer-Staffel 6.(F)123 genannt. Im November 1944 erfolgte die Stationierung der Schleppgruppe 1 mit vier Schleppmaschinen für den schweren Lastensegler DFS 230. Die hierfür gebildete Lastensegler-Flugzeugführer-Kp. verlässt im März 1945 den Platz. Ebenfalls im November nennt Zapf die Anwesenheit der 5./NJG 11, die im März 1945 in der 7./NJG 11 in Oldenburg aufgeht. Nur kurz ist der Aufenthalt der 11./Ergänzungs-JG 1 aus Mörtitz im Februar 1945. Zuletzt hatte die III./JG 27, die am 10. April Halberstadt verlassen hatte, Stopp in Köthen gemacht, bevor sie unter Zurücklassung mehrerer Maschinen nach Großenhain weiterflog.[26] Es ging ihnen wie einigen der Ausbildungsflugzeuge des Ln.Lehr.u.Versuchs.Rgt., die nach Dänemark sollten - es fehlt der Flugtreibstoff und so wurden sie am Boden zerstört. [27] Der Flugplatz konnte schon geraume Zeit zuvor nicht mehr als Startplatz genutzt werden, da er gemäß dem Bericht des OQu./Qu. 1/III der Luftflotte 6 seit Anfang April über keine Bestände an Flugtreibstoff mehr verfügte.[28]

Ein Engineer Platoon, der mit der Erkundung des Flugplatzes beginnt, wird durch eingegrabene deutsche Infanterie unter Beschuss genommen und am Boden festgenagelt. Doch der sofortige Einsatz der Panzer bringt das Feuer zum Verstummen. Flankensicherungen fahren in der Zwischenzeit in einem südlichen Schwenk zur Pilsenhöhe zwischen Edderitz und Baasdorf, der, mit 111,2 Meter Höhe höchsten Erhebung im Kreis Köthen, wo sich zwei Richtfunktürme der Reichsluftverteidigung befinden.[29]

In Köthen treffen die Battle Groups auf mehrere verteidigte Straßensperren. Immer wieder greifen Panzerfausttrupps die vorrückenden Panzer-Infanterie-Teams an. Am späten Nachmittag gelingt es, den Güterbahnhof und den Südrand der Stadt zu sichern.

Fotoaufnahmen vom Flugplatz Köthen vom 20. April 1945. Oben Flugfeld, unten ein einsatzbereites Jagdflugzeug FW 190 und ein ausgebrannter Lastensegler DFS 230.
Fotos: T/4 Heinz, National Archives, SC 135579/135580

Bis 20.30 Uhr (B) ist der Südwest-, Ost- und Nordostteil der Stadt gesäubert und Spitzen erreichen das Stadtzentrum, wo die Panzerjäger des 3rd Plat. Co. C, 703rd TD Bn eine Straßensperre errichten.[30]

Hinter der TF Hogan beginnt die TF Richardson mit der Überquerung der Saale. Beim Vorrücken zur Übergangstelle wird die Kolonne und der nachfolgende CP des CCR durch deutsche Jäger angegriffen. Zu Hilfe kommende P-51 Jagdbomber drängen die Jäger ab und schießen eine FW 190 ab. Nach der Flussüberquerung versammelt sich die TF Richardson, die von einer Artilleriebatterie begleitet wird, in Garsena. Von dort beginnt sie um 12.20 Uhr (B) parallel zu TF Hogan mit dem Angriff und erreicht um 14.10 Uhr (B) Könnern. Hier schwenkt sie nach Norden über Bebitz und Trebitz auf die geplante Route zurück. Immer wieder kommt die Kolonne zum Stillstand, um Widerstand durch eingegrabene Infanterie, Panzerfaust- und MG-Feuer zu bekämpfen. In Leau leistet eine Gruppe des Pz.Jgd.Vbd. Langenohl der InfDiv „Scharnhorst" unter Lt. Dinter kurzen Widerstand und trifft ein bis zwei Panzer mit der Panzerfaust. Der Verband hatte von Potsdam kommend, am 8. April Buro bei Dessau erreicht und war am 11. April in Köthen angekommen, wo er am nächsten Tag Verteidigung nach Norden bezogen hatte. Am 13. April ging der Verband nach Kleinpaschleben und Panzerjagdkommandos hatten in den umliegenden Orten Stellung bezogen.[31] Die einzelnen Gefechte ziehen sich bis 16.10 Uhr (B) hin. Um 16.40 Uhr (B) erreicht die TF Richardson Preußlitz. Auch dieser Ort wird von einem Panzerjagdkommando des Pz.Jgd.Vbd. Langenohl unter Lt. Giese etwa zwei Stunden lang verteidigt, dann rollen die Panzer durch die unverschlossene Panzersperre am Ortseingang und besetzen den Ort.[32] 15 Mann gehen in Gefangenschaft. Die Reste des Panzerjagdkommandos fliehen.[33]

Vor Biendorf hält eingegrabene Infanterie die Kolonne erneut auf. Trotz des Einsatzes der schweren Waffen stoppt der Vormarsch der Task Force. Um 18.25 Uhr (B) melden Aufklärer zwischen der Bahnlinie und der Straße Biendorf–Frenz eingegrabene deutsche Truppen und neun Pferdefuhrwerke, die sich aus Frenz Richtung Norden absetzen. Kurz darauf treffen Meldungen ein, dass es sich bei den deutschen Truppen um SS handeln soll. Doch es ist keine SS, es sind die jungen Grenadiere der 2. Kp/Gren.Rgt. „Scharnhorst 2".[34] Um 20.30 Uhr (B) erhält Lt.Col. Richardson den Befehl des CCR, sich einzugraben und den Angriff am nächsten Tag fortzusetzen. Maj. Gordon F. Thomas übernimmt auf Befehl von Richardson das 3./36, wo während der Kämpfe des Tages der bisherige CO, Maj. Chaney, gefallen ist. Um 23.40 Uhr (B) meldet das CCR der Division, das die TF Hogan mit den Hauptkräften in Biendorf hält und eine Battle Group in Frenz im Feuergefecht mit deutschen Truppen steht.

Der CP des CCR, der als letztes mit dem zugeteilten 83rd AFA Bn ohne die zwei Batterien um 14.30 Uhr (B) die Saale überquert hat und der TF Hogan folgt, hält gegen 16.00 Uhr (B) auf einem Feld südlich von Löbnitz. In den Wäldern nördlich von Wörbzig machen Versorgungseinheiten des CCR 66 Gefangene und zwei Verbindungsoffizieren ergeben sich 22 Deutsche in Löbnitz. Dann fährt der CP weiter in die Umgebung von Biendorf. Auf dem Weg dorthin nehmen die begleitenden Panzerjäger des 1st Plat. Co. C, 703rd TD Bn eine erkannte Gruppe deutscher Infanterie mit drei Schuss unter Feuer, woraufhin die Kolonne unter direkten Beschuss eines deutschen 8,8cm Geschützes gerät.[35] Dessen Granaten richten jedoch nur geringen Schaden an und verwunden einen Soldaten der Panzerjäger. Das deutsche Geschütz wird kurz darauf durch andere Panzerjäger des 2nd Plat. Co. C, 703rd TD Bn der TF Richardson, die bei Biendorf eine Straßensperre errichtet haben, mit vier Schuss zerstört. Bei Dunkelheit bezieht der CP des CCR kurzzeitig Quartier in Biendorf, bevor er um 21.00 Uhr (B) Köthen erreicht. Als er in die Stadt fährt, gerät er unter deutschen Beschuss, wobei zwei Mann getötet und vier verwundet werden.

Die TF Welborn überquert um 07.00 Uhr (B) als erste Kampfgruppe der 3rd US AD an der Spitze des CCB die Saale über die fertiggestellte Pionierbrücke bei Friedeburg und schwenkt in Dößel nach Norden. In Garsena versammelt sie sich, bevor der Vormarsch auf ihrer ursprünglichen Route beginnt. Die TF Lovelady, die um 06.35 Uhr (B) den Sammelraum bei Beesenstedt verlassen hat, folgt um 08.35 Uhr (B). Um 09.15 Uhr (B) beginnen beide Task Forces parallel aus der Versammlung östlich der Saale heraus den Angriff nach Osten.

Von Garsena aus kommt die TF Welborn gegen vereinzelten, unorganisierten Widerstand gut voran. Zwischen Gröbzig und Pfaffendorf wird leichter Widerstand zügig überwunden.[36] Die Kolonne der 4. Bttr./II. Abt./Art.Rgt. „Potsdam" die unterwegs gesichtet wird, wird zusammengeschossen.[37] Die Batterie hatte zuvor mit ihren vier 10,5cm Geschütze die Feuerstellung bei Leau geräumt, wo sie gemeinsam mit der 5. und 6. Bttr. die Amerikaner während des Saaleübergangs unter Beschuss genommen hatte.[38] Bei Lingenau werden sie am frühen Nachmittag von sechs deutschen Jagdflugzeugen Me 109 und FW 190 angegriffen, die jedoch keinen Schaden anrichten. Der Flugabwehr gelingt es ein deutsches Jagdflugzeug abzuschießen.[39] Die Panzerjäger des unterstellten 3rd Plat. Co. B, 703rd TD Bn gehen in der Nähe von Lingenau in Stellung und zerstören einen Beobachtungsturm. Cpl. Langervelt wird durch Infanteriebeschuss verwundet.

Vom Lingenau aus geht der Vormarsch nach Nordosten durch die Mosigkauer Heide zur R 184, wo die Kolonne nach Süden zur RAB 9 schwenkt. Dann geht es entlang der Autobahn wieder nach Nordosten. Als die führende Panzerkompanie des 1./33 von Lt.Col. Elwyn W. Blanchard mit einem aufgesessenen Plat. Panzerinfanteristen der Co. D, 2./36 am Nachmittag die Unterführung der Eisenbahnlinie Wolfen – Dessau unter der RAB 9 südwestlich von Törten, erreicht, wird der führende Panzer durch eine Panzerfaust getroffen und die Kolonne kommt zum Halten. Während sich die Panzer der Co. I. 3./33 unter Capt. Cooper und der Co. F, 2./33 unter Capt. West feuernd auf sichere Distanz zurückziehen und anhalten, sitzen die nachfolgenden Platoons der Co. D, 2./36 von ihren Halftracks ab und gehen rechts der Autobahn in Stellung. Dann schickt Welborn den Rest des 2./36, das gerade erst von Maj. Ronald J. Peshek übernommen wurde, nach vorne. Unter Feuerschutz der leichten Panzer rückt die Co. E, 2./36 links der Autobahn vor, während die Co. F die deutschen Stellungen von rechts angreift. Deutsche Kriegsgefangene geben an, dass die Task Force auf deutsche Truppen in Bataillonsstärke getroffen ist.[40] Mit Unterstützung der Co. F gelingt es, im Schutz der Autobahn die deutschen Truppen südöstlich davon aus ihren Stellungen zu drücken, während der Angriff nördlich der Autobahn nur langsam voran kommt. Eine kleine Battle Group der Co. A, 1./33 unter Capt. Pullen mit aufgesessener Infanterie, die nach Norden schwenkt, fährt entlang der R 184 durch den Haideburger Forst und trifft auf starkes Panzerfaust- und Artilleriefeuer. Südwestlich von Törten bleibt sie liegen und igelt sich, praktisch eingekreist von deutschen Truppen, in der Nacht ein. Patrouillen des 2./36 tasten sich im Verlauf der Nacht in Richtung der Mulde vor und stoßen auf Widerstand.

Britische Kriegsgefangene nach ihrer Befreiung durch die 3rd US AD aus einem Lager in der Nähe von Tornau am 14. April 1945
Foto: T/4 Roberts, 165th Signal Photo Co., National Archives, SC 206233

Noch während sich die Hauptkräfte der TF Lovelady nach der Überquerung der Saale mit den Infanteristen des 2./414 versammeln, beginnt eine Battle Group parallel zur TF Welborn mit dem Angriff. Über Dobis stoßen diese Kräfte als Vorhut der Task Force südwärts zur ursprünglichen Vormarschstrecke Wettin-Nauendorf. Gegen 10.00 Uhr (B) werden die Infanteristen an der R 6 bei Nauendorf durch Abwehrfeuer aufgehalten. Hier leisten deutsche Truppen, zu denen auch Angehörige der Ausb.Abt. des Art.Rgt. „Potsdam“ gehören, mit Unterstützung von zwei bis vier 8,8cm Geschützen Widerstand.[41] Vier Panzer und ein Halftrack werden zerstört.[42] Daraufhin beziehen die 105mm Selbstfahrhaubitzen M 7 Priest des 67th AFA Bn bei Neutz Feuerstellungen und nehmen, über Funk geleitet von einigen leichten Panzern, die die Stellung umfahren haben, die deutschen Stellungen unter Beschuss. Lt.Col. Lovelady's Taktik bestand darin, in solchen Fällen seine leichten, beweglichen Panzer in Zugstärke einzusetzen, um die Widerstandsherde in einem großen Bogen zu umfahren und dann überraschend aus der Flanke anzugreifen. Nach zwei Stunden ist gegen mittags der Widerstand überwunden und 50 deutsche Soldaten ergeben sich. Ein Großteil, der Gefangenen gehört zum Eisb.Bau.Btl. 2.[43] Über Merbitz erreicht die Kolonne Kaltenmark, wo sie erneut auf Gewehr- und Panzerfaustfeuer trifft. Der Widerstand wird nach Norden umgangen. Auch bei Werderthau und Ostrau wird die Kolonne erneut beschossen. Diesmal unterstützt eine Batterie des 67th AFA Bn den Angriff. Entlang der Straße Werben–Stumsdorf setzt sich der Widerstand bis zum Ortsrand von Zörbig fort. Dabei werden in der Nähe der Eisenbahnlinie eine Anzahl deutscher Soldaten getötet oder gefangengenommen. Frau Gerlinde Barthel berichtet am 12. April 2010 in der Mitteldeutschen Zeitung: *„Dann gab es da noch einige Pimpfe und Hitlerjungen sowie 18-jährige, die dachten, sie müssten Zörbig verteidigen. Sie hatten sich in der Radegaster Straße hinter den Bahnschienen verbarrikadiert. Sie bekamen ein Ultimatum, dass, wenn sie sich nicht ergeben, das gesamte Viertel hinter den Schienen dem Erdboden gleich gemacht würde. Sie waren fast noch Kinder – haben sich verstreut, einige sind in Richtung Bitterfeld gegangen. Auf Höhe der Kreuzung Sandersdorf haben sich mehrere zusammengeschlossen, fast alle sind gefallen.“*

Um 16.40 Uhr (B) greifen amerikanische Jagdbomber Zörbig an, bevor die Infanteristen der Co. E und G vorrücken. Eingegrabene Verteidiger vor dem Ort werden bekämpft und gegen 21.30 Uhr (B) ist der Ort genommen. Das Bataillon bezieht ein Biwak nordöstlich des Ortes. Noch während die Infanteristen den Ort sichern, erhält Lt.Col. Lovelady den Befehl der Division, weiter nach Norden anzugreifen und rückt auf Löberitz vor. Zwei Batterien des 67th AFA Bn beziehen zur Unterstützung des weiteren Angriffs Feuerstellung westlich von Zörbig, während eine Batterie und die Luftbeobachter der Air Oberserver Sect. bei Stumsdorf, westlich von Zörbig, halten und mit Unterstützung von drei leichten Panzern der Task Force Straßensicherungen aufstellen. In Fortsetzung des Angriffs erreichen die Spitzen der TF Lovelady Salzfurthkapelle. An diesem Tag melden die begleitenden Panzerjäger des 2nd Plat.

Co. B, 703rd TD Bn die Zerstörung einer Mannschaftsunterkunft und eines deutsches Funkfahrzeuges. Die TF Yeomans folgt der TF Lovelady und erreicht über Ostrau Stumsdorf.

Das CCA, das hinter der Saale in den Nordabschnitt der Division schwenken soll, überquert die Saale hinter den Kolonnen des CCR und CCB. Die TF Boles (TF X) geht im Abschnitt der CCR über die Pionierbrücke zwischen Brucke und Rothenburg und fährt nach Trebitz, nördlich von Könnern, um der TF Richardson am kommenden Tag zu folgen. Die TF Kane (TFY) überquert den Fluss im Abschnitt des CCB hinter der TF Yeomans über die Pionierbrücke bei Friedeburg und schwenkt nach Nordosten Richtung Köthen. Am Abend steht das CCA im Abschnitt Frenz-Gerlebogk-Gröbzig hinter dem CCR. Der CP des CCA fährt gegen 13.00 Uhr (B) zur Saale und erreicht bis 20.00 Uhr (B) den Versammlungsraum. In einer teilweise zerstörten Stellung der Reichsluftverteidigung bei Gröbzig entdecken die Panzersoldaten eine größere Menge an Radargerät und transportable Flakscheinwerfer. In der Stadt stoßen sie auf ein Lager mit zirka 22 000 Litern Alkohol.

Der Div.CP folgt den Angriffsspitzen gegen 12.30 Uhr (B) zur Saale und überquert gegen 13.00 Uhr (B) mit den CP der selbstständigen Bataillone den Fluss. Auf der der Marschroute der TF Welborn erreicht die Kolonne gegen 17.30 Uhr (B) Lingenau. Dort übernimmt der 1st Plat. Co. B, 703rd TD Bn, der den Bn.CP des 703rd TD Bn begleitet, die Sicherung des Div.CP. Der CO der Co. B, 703rd TD Bn, Capt. Henry F. Gosch, wird in Anerkennung seiner Leistungen bei den Kämpfen dieses Tages der Bronze Star verliehen.

Bei der nachfolgenden 104th US InfDiv beginnt die schrittweise Übernahme der Sicherungsabschnitte am südlichen Harzrand durch die 1st und 9th US InfDiv. Während das RCT 413 weiter die Harzzugänge blockiert und am späten Nachmittag den Kontakt zur 1st US InfDiv herstellt, beginnt die TF Kelleher, RCT 414 der 104th US InfDiv, gefolgt vom RCT 415, planmäßig den Angriff auf Halle.

Die alte Handels- und Universitätsstadt Halle war bis Ende März 1945 trotz der angrenzenden mitteldeutschen Industriezentren und der Bedeutung als Verkehrsknotenpunkt kaum vom Bombenkrieg betroffen. Der erste große Angriff erfolgte am 27. Februar 1945. 314 „Liberator“-Bomber griffen die Stadt an und warfen 724 Tonnen Bomben ab. 312 Opfer dieses Angriffes fanden auf dem Südfriedhof und dem Gertraudenfriedhof ihre letzte Ruhestätte.[44] Am Ostersonnabend, dem 31. März 1945, erfolgte dann der größte Luftangriff auf die Stadt. Nachdem um 04.00 Uhr Bomberverbände der Royal Air Force die Stadt, die voll von Flüchtlingen aus den Ostgebieten ist, angegriffen hatten, erfolgte am Vormittag ein zweiter Angriff. Zwischen 08.55 und 10.30 Uhr warfen 369 B-17 Bomber der 1st Bomber Division der 8th USAAF, deren Ziel die Bahnanlagen in der Stadt sind, zirka 1000 Tonnen Bomben über der Stadt ab. 796 Tote und 369 Schwerverletzte waren das Resultat dieses Angriffs. Ein weiterer Angriff von 183 B-24 Bombern am 6. April 1945 forderte dann noch einmal 106 Tote. Insgesamt wurden 3600 Gebäude zerstört oder beschädigt. Die zentrale Trauerfeier für die Opfer der letzten beiden Luftangriffe am 8. April 1945 im Hof der Moritzburg hatte der NSDAP-Kreisleiters Carl Julius Dohmgoergen noch zum Beschwören des Opferwillens der Bevölkerung genutzt.[45] Jetzt schwebt die Stadt erneut in großer Gefahr. Die Gefallenen der Bombenangriffe werden nicht die letzten Opfer bleiben, denn Halle ist als „fester Platz“ Teil der Verteidigungslinie der 12. Armee und soll um jeden Preis gehalten werden.

Obwohl weder der K.Kdt. Halle, Gen.Lt Anton Rathke, der dem XXXXVIII. PzK untersteht, noch der Gauleiter von Halle-Merseburg und Reichsverteidigungskommissar für den W.Kr. IV, SS-Ogruf. Joachim Albrecht Eggeling vom Sinn einer Verteidigung wirklich überzeugt sind, ist die Stadt zur Verteidigung vorbereitet. Der Versuch Eggelings, am 12. April durch eine persönliche Vorsprache bei Martin Bormann, dem Leiter der Partei-Kanzlei der NSDAP in Berlin, die Verteidigung im letzten Moment zu verhindern, war gescheitert. Bormann hatte ihn unter Androhung der Todesstrafe und der *„Ausrottung seiner in Mecklenburg lebenden Familie“* darauf hingewiesen, dass *„jede Stadt wie eine Festung zu verteidigen“* sei.[46] So ist es nicht verwunderlich, dass angesichts solcher Drohungen auch die Versuche angesehener Bürger der Stadt Halle, unter ihnen der Oberbürgermeister und SS-Standartenführer Prof. Dr. Dr. Weidemann, Rathke von einer Verteidigung der Stadt abzuhalten, zum Scheitern verurteilt sind.[47]

Gauleiter Eggeling, 1936
Foto: Bundesarchiv, Bild 119-1993-01A / unbekannt / CC-BY-SA

Zur Verteidigung stehen Rathke die Reste der Garnisonstruppen, Versprengte aller Waffengattungen der Wehrmacht und des Reichsarbeitsdienstes sowie die Polizeieinheiten der Stadt und der örtliche Volkssturm zur Verfügung. Der Kampfwert dieser Verteidiger ist nur gering.

Von der Garnison Halle ist zu diesem Zeitpunkt nicht mehr viel übrig geblieben. Die Unterkünfte der H.Na.S. und der Ln.Schule Halle haben sich geleert. 1935 hatte die gemeinsame H.u.Ln.Schule in der neugebauten General-Maercker-Kaserne Einzug gehalten, die 1936 in eine selbstständige H.Na.S. und eine Ln.Schule der Luftwaffe getrennt wurde. Zu den wenigen Verbliebenen im April 1945 gehört das Stammpersonal der beiden Schulen und der Flak-Waffentechnische Schule (WTS) der Luftwaffe Halle/Saale unter Führung des Inspizienten der Flak-WTS Gen.Maj. Mattner mit dem Offizierslehrgang der Höheren Flak-WTS unter Maj. Selchow und die Flak-WTS I mit den Lehrstäben A und B unter Oberst Dönitz.[48] Das Na.Lehr.Rgt. der

Nachrichtenschule Halle, General-Maerckers-Platz
Ansichtskarte Sammlung Möller

H.Na.S. Halle/Saale war zur 11. Armee nach Nordthüringen in Marsch gesetzt und die letzten Lehrgangsteilnehmer der Ln.Schule zum Fronteinsatz abkommandiert worden.[49]

Auch die letzten Mannschaften der Lehranstalt für Heeres-Hunde- u. Brieftauben Halle waren ihnen gefolgt. Von der Dolmetscher.Ausb.Abt. Halle waren auf Befehl des OKH vom 23. März 1945 nur noch 50% in der Stadt verblieben. Diese Reste bilden gemeinsam mit den Angehörigen der verschiedensten Wehrmachtsbehörden, wie dem Wehrbezirkskommando, dem Wehrmeldeamt und der Transport-Kdtr. Halle sowie den eingesammelten Versprengten aus der Frontleitstelle 23 Halle/Saale die Verteidigung der Stadt. Hilfe kann Rathke nur von den Flakbatterien der s.Flak.Abt. 433, Flak.UGr. Schkopau-West des Flak.Rgt. 33 der 21. Flak.Brig. erwarten, deren Stellungen südwestlich der Stadt liegen. Doch sie unterstehen nicht seinem Kommando. Dem K.Kdt. zur Seite steht Gen.Maj. De Witt, der Standortälteste von Halle[50] und ein jungen Generalstabsoffizier als „Sonderbeauftragter" des OB West.[51]

Gegen dieses Konglomerat von Truppen richtet sich der gepanzerte Stoß der TF Kelleher. Während die Geschütze des 386th und 802nd FA Bn zur Feuerunterstützung in Stellung gehen, versammelt sich die Task Force am Vormittag westlich der Ausgangslinie, die die R 180 zwischen Südausgang Eisleben und Farnstädt bildet, und um 12.00 Uhr (B) beginnt planmäßig der Angriff.

Mit dem 3rd Plat. 104th Rcn Tp, der Co. A, 750th Tk Bn und dem 1st Plat. Co. A, 817th TD Bn voraus, rückt die TF Rouge, 3./414 auf der Nordroute vor und ohne großen Widerstand erreichen die Aufklärer um 17.00 Uhr (B) Dölau, westlich von Halle. Beim weiteren Vorrücken auf ihr Ziel, die Brücke über die Saale östlich von Kröllwitz, treffen sie vor dem Ort auf deutsche Truppen und werden in ein Gefecht verwickelt. In der Zwischenzeit treffen die Hauptkräfte der TF Kelleher ein und die Co. I. 3./414 und der begleitende 3rd Plat. Co. A, 817th TD Bn greifen in die Kämpfe ein. Dabei zerstört die 1st Sect. der Panzerjäger zwei MG-Nester. Nach einem kurzen, aber heftigen Gefecht meldet die TF Rouge 70 Gefangene und die Panzerjäger des 3rd Plat. Co. A, 817th TD Bn 27 getötete Deutsche und 35 Gefangene. Aber ihr Ziel erreichen sie nicht, die Brücke wurde einige Stunden zuvor bereits gesprengt. Um 20.30 Uhr (B) geht die Co. I, 3./414 von Capt. Denmon T. Sconyers mit den Panzerjägern nach Lettin, wo sie auf Gewehr- und MG-Feuer treffen. Deutsche Truppen, die durch die amerikanischen Linien gesickert sind, eröffnen das Feuer, werden aber abgewehrt. Kurz darauf trifft die Meldung ein, dass das RCT 415 den Abschnitt übernehmen soll und der Vormarsch der TF Rouge wird bei Lettin und Dölau eingestellt.

Die TF Clark, 1./414, die von den Panzern der Co. C und D, 750th Tk Bn verstärkt wird, rückt auf der parallelen Südroute auf Halle vor und trifft auf begrenztes Abwehrfeuer deutscher Flakbatterien. Aufklärungskräfte, die sich auf Sichtweite der Saale nähern, melden alle Brücken als zerstört. Anbetracht dieser Situation hält die TF Clark bei Zscherben. Auf dem Regtl.CP in Teutschenthal nutzt Col. Kelleher die Nacht, um den Schwenk seiner Task Forces nach Norden zu planen, falls die Division die Genehmigung erhält, die Saale im Abschnitt der 3rd US AD zu überqueren, um dann Halle von Norden her anzugreifen.

Das verstärkte RCT 415 säubert in der Zwischenzeit mit seinen Bataillonen den Abschnitt hinter der TF Kelleher und sichert die Flanken. Das 2./415 setzt die Sicherung der Nordflanke der Division bei Obersdorf und Wettelrode fort und säubert fünf Orte in der Umgebung. Etwa 100 Deutsche ergeben sich. Allein eine Patrouille von Capt. Charles W. Caroll's Co. F, 2./415, die mit den Panzerjägern des 2nd Plat. Co. C, 817th TD Bn in Wettelrode Straßensperren betreibt, macht 72 Gefangene. Denn Panzerjägern, die die Patrouille mit zwei M-20 Halftracks begleiten, werden 38 Gefangene zuerkannt. Eine Kompanie wird zur Sicherung nach Riestedt entsandt. Das 3./415, das im Zentrum des RCT 415 den Raum Helfta säubert, setzt um 12.30 Uhr (B) Kräfte in Begleitung der Panzerjäger des 1st Plat. Co. C, 817th TD Bn zur Ablösung der TF Rouge, 3./414 der TF Kelleher bei Dölau und Lettin in Marsch, die gegen 18.30 Uhr (B) Bennstedt erreichen.

Aufklärer der 104th Rcn Tp, 104th US InfDiv und Infanteristen des 3./414 in Begleitung der Panzer des 750th Tk Bn beim Vormarsch über Dölau und Kröllwitz auf Halle
Fotos: T/4 Myers, 165th Signal Photo Co., National Archives, LOT 11141

Panzer des 750th Tk Bn rollen in Begleitung der Infanteristen des 3./414 in Kröllwitz zur zerstörten Saalebrücke
Fotos: T/4 Myers, 165th Signal Photo Co., National Archives, LOT 11141

Infanteristen des 1./414 in Begleitung von Panzern und Panzerjägern beim Vormarsch über Langenbogen–Bennstedt–Zscherben auf Halle
Filmausschnitte: 165th Signal Photo Co., National Archives

Zscherben
Saalkreis

Halle (Saale)

Das 1./415 säubert den Südteil der Divisionszone und erreicht um 18.45 Uhr (B) Teutschenthal, wohin auch der Div.CP geht. Um 23.00 Uhr (B) stellt das Bataillon in der Nähe von Zscherben den Kontakt zur TF Clark der TF Kelleher, RCT 414, her und sendet eine Kompanie zur Ablösung der Task Force in den Ort. Die Co. B, 87th Cml Mort Bn geht nach Schraplau. Der unterstellte Platoon des 104th Rcn Tp geht mit dem 3rd Plat. Co. C, 817th TD Bn in den Bereich des heutigen Stadtbezirkes Halle-West.

Das RCT 415 stößt bei der Säuberung von Röblingen am See auf ein Lazarett mit 271 deutschen Soldaten. In nahegelegenen Wansleben ergeben sich dreizehn Deutsche einem gemeinsamen Funktrupp der HQ Co. 415 und des 929th FA Bn unter Capt. Smith, der als Verbindung zwischen der TF Rouge und Clark der TF Kelleher fungiert. Nachdem der Ort gesichert ist, trifft auch der Regtl.CP und der Co.CP der Co. C, 817th TD Bn von Capt. Rondal L. Burton ein und bezieht Quartier.

Bei der Säuberung der Umgebung entdecken die Infanteristen südöstlich des Ortes das Außenlager Wansleben des KZ Buchenwald mit dem Decknamen „Wilhelm" bzw. „Biber II". Im „Georgischacht" des dortigen Kalibergwerkes waren zeitweise mehr als 2000 Häftlinge für die Produktion von Flugzeugteilen, Teilen für die V-1 und V-2 und zur Munitionsherstellung eingesetzt. Von denen finden die Infanteristen aber nur noch etwa 300 kranke und marschunfähige Häftlinge und Leichen vor. Die Masse war am 11. April unter Führung des Lagerkommandanten SS-Stuscha Hermann Helbig Richtung Dessau evakuiert worden. Die Marschkolonne wird am Tag der Besetzung des Lagers bei Köthen befreit.[52] Dabei geraten 28 Mann der Wachmannschaft in Gefangenschaft.[53] Wie viele Häftlinge den Marsch nicht überstanden haben, ist unbekannt. In den Stollen findet erst viel später die Rote Armee eine große Anzahl an Kunstgegenständen, die zwischen Oktober 1943 und Frühjahr 1945 dorthin verbracht wurden, darunter 500 Kisten aus dem Bibliotheks- und Archivbestand der Deutschen Akademie der Naturforscher Leopoldina Halle.[54]

In der Nacht erhält die Division den Befehl des Corps, die Saale mit der TF Kelleher über die Pionierbrücken im Abschnitt der 3rd US AD zu überqueren und aus einem Versammlungsraum unmittelbar östlich der Saale um 08.00 Uhr (B) von der Ausgangslinie Nauendorf–Mücheln südostwärts auf Halle anzugreifen. Dem RCT 415 kommt die Aufgabe zu, solange den Abschnitt Obersdorf–Wettelrode–Riestedt zu halten, bis das RCT 413 zur Ablösung eintrifft. Außerdem soll es weiter die hintere Divisionszone säubern und mit einem Minimum an Kräften das Westufer der Saale sichern sowie die TF Kelleher mit Feuer unterstützen. In der Nacht vom 15. zum 16. April soll das RCT 415 dann bereit sein, ebenfalls die Saale zu überqueren.

Im Abschnitt des V. US Corps beginnt das CCB der 9th US AD befehlsgemäß aus dem Raum westlich von Weißenfels mit der Verlegung nach Osten, während das CCA und CCR an diesem Tag bereits die Weiße Elster überquert hat. Im Rücken der

Panzerverbände folgen die Infanteristen der 69th und 2nd US InfDiv und säubern die umgangenen Feindstellungen. Dabei setzt die 2nd US InfDiv im nördlichen Angriffsstreifen des V. US Corps die Besetzung des mitteldeutschen Industriezentrums Schkopau-Merseburg–Leuna fort. Das 23rd InfRgt der 2nd US InfDiv besetzt die verlassene Flakstellung der 3./226 der Flak.UGr. Schkopau-Nordwest bei Dörstewitz, deren schwere 12,8cm Geschütze den Vormarsch am Vortag aufgehalten haben, sichert das Buna-Werk und die Stadt Schkopau. Das 3./23 rückt auf Holleben vor und steht am Abend im Kampf mit der Besatzung der Flakstellung Delitz am Berge der Flak.UGr. Schkopau-Nordwest. Während das 1./23 bis zum Abend die Hälfte von Merseburg besetzt und das 9th InfRgt Flakstellungen im Raum südwestlich von Merseburg bekämpf, erhält das 38th InfRgt den Befehl wegen des hartnäckigen Widerstandes im Raum westlich von Merseburg-Leuna die Saale in Weißenfels zu überqueren und einen Versammlungsraum nördlich der Stadt, zu beziehen. Die 38th CavRcnSq der 102nd CavGp setzt den Sicherungsauftrag an der Nordflanke des Corps im Raum Großgräfendorf–Bad Lauchstädt fort.

Der Einbruch der amerikanischen Truppen von Süden her in den Ostharz Richtung Harzgerode–Ballenstedt und der gleichzeitige Vorstoß Richtung Stiege–Güntersberge zwingt Gen. Hitzfeld auf seinem Korpsgefechtsstand in Friedrichsbrunn die letzten Kräfte das LXVII. AK umzugruppieren und die Verteidigung nach Osten zu drehen. Auf Grund dieser Lageentwicklung befiehlt das AOK 11 dem Korps, die Befehlsführung über den Ostabschnitt der Harzfront zu übernehmen und unterstellt dem Korps die InfDiv. „Potsdam“.[55]

Auf ihrem Vormarsch befreien die amerikanischen Truppen tausende von Zwangsarbeitern, KZ-Häftlingen und Kriegsgefangenen, die ihre Befreier stürmisch begrüßen. Aber sie stellen die vorrückenden Truppen auch vor große Probleme. Das Kriegstagebuch des CCB der 3rd US AD berichtet an diesem Tag: *„Während der Tagesoperationen wurden mehrere Arbeitslager überrannt und tausende dieser Zwangsarbeiter in ihren gestreiften Anzügen strömten nach Westen unseren Kolonnen entgegen. Sie waren schrecklich anzusehen. Viele von ihnen waren zu schwach, um zu laufen und wurden von ihren Freunden gestützt. Ihre enthusiastischen Willkommensgrüße waren herzlich, aber taktisch ungünstig – sie behinderten unseren Vormarsch, denn sie blockierten die Straßen entlang der Vormarschachse. Es dauerte geraume Zeit, bis wir das Problem unter Kontrolle hatten. Letztendlich wurden Sammelpunkte eingerichtet, wo in kürzester Zeit 5000 Personen gezählt wurden. Ein besonderes Problem zeigte sich immer dann, wenn deutsche Gefangene an diesen Punkten vorbei marschieren mussten. An verschiedenen Orten wurden deren amerikanische Wachen einfach überrannt und die deutschen Gefangenen wurden ergriffen und regelrecht in Stücke gerissen.“*[56]

Kriegstagebuch des OKW/WFSt vom 15. April 1945: *Bei der H.Gr. B erhebliche Verschärfung der Lage... Ebenso verschärft sich die Lage bei der 11. Armee im Harz, der von Westen und Süden angegriffen wurde... Jedoch festigt sich dort die Lage. Es besteht* *keine Verbindung mehr nach Osten. Bei der 12. Armee an der Elbe hat sich die Lage gefestigt... Über Bitterfeld stieß der Gegner gegen Dessau vor. 4 Bataillone „Scharnhorst" werden hier eingesetzt.*

Geheime Tagesberichte der Wehrmachtsführung vom 15. April 1945:
OB West, AOK 12: *Von Südwesten schob sich der Gegner näher an den Raum Dessau heran. Aus Radegast nach Nordosten drang der Feind bis hart westlich Raguhn, wo er abgewiesen wurde, und aus Zörbig bis nordwestlich Bitterfeld vor. Eigene Gegenangriffe aus dem Raum Jeßnitz nach Nordwesten, Westen und Südwesten sind im Gange.*
AOK 12, XXXXVIII. PzK: *Von Norden drang der Gegner in Halle ein und stieß bis zum Dom vor; in der Stadt wird gekämpft. Ammendorf ging verloren. Im Vorstoß auf Leipzig erreichte der Feind den W-Rand Schkeuditz, den SW-Rand Markranstädt und drängte die eigenen Sicherungen aus dem Raum Großkorbetha bis hart W Lützen zurück.*

Am **Sonntag,** dem **15. April 1945**, präzisiert der Oberkommandierende der Alliierten Streitkräfte, General Eisenhower, auf Grundlage der Lageentwicklung die Aufträge seiner Army Groups. Während die 1st und 9th US Army weiter entlang der alliierten Haltelinie an der Elbe und Mulde aufschließen und Verteidigungsstellungen einnehmen sollen, um auf die Russen zu warten, soll die 3rd US Army nach Süden schwenken und mit einem Stoß zur Donau vorrücken. Der Versuch des CG der 9th US Army, General Simpson, die Genehmigung für die Fortsetzung des Angriffs über Potsdam nach Berlin zu erhalten, scheitert an Eisenhowers kategorischem „Nein". Mary Williams schreibt in ihrem Buch „U.S. Army in World War II": *Die amerikanische Armee, insbesondere die 9th, hätte die Offensive 50 Kilometer weiter bis Berlin fortsetzen können. Die Entscheidung des Supreme Alliied Commands, und nichts anderes, hielt die Amerikaner an der Elbe und Mulde auf.* " [57]

Sgt. Bill McClure, Fotograf der 168th Signal Photo Company hatte noch am 10. April voller Zuversicht die Filmklappe mit dem Titel „Road to Berlin" in die Kamera gehalten
Foto: National Archives

Während das XIII. US Corps im Nordabschnitt der 9th US Army weiter seinen Abschnitt entlang der Elbe säubert und zusätzliche Elemente der Infanterie aufschließen, beendet das XIX. US Corps die Räumung seines Abschnittes westlich der Elbe. Die 8th US AD, die dem Corps unterstellt wird, verbleibt mit den Hauptkräften im Raum Braunschweig–Wolfenbüttel, während das CCB im Raum nördlich von Halberstadt steht. Die 2nd US AD behauptet ohne ihr CCR ihre Verteidigungsstellungen im Raum Magdeburg und das CCB hält das Westufer der Elbe von Westerhüsen bis Schönebeck.

Die 83rd US InfDiv erweitert den Elbe-Brückenkopf östlich von Barby. Das 3./329 geht durch das 2./329 und greift um 09.30 Uhr (B) gemeinsam mit dem 1./329 im Zentrum, dem unterstellten CCR, 2nd US AD an der Linken und dem RCT 331 an der Rechten aus dem Brückenkopf bei Barby in Richtung Zerbst an. Ein deutscher Gegenangriff der H.Stu.Art.Brig. 1170 mit aufgesessener Begleitinfanterie in Richtung der Elbe bei Ronney wird durch Artilleriefeuer abgeschlagen und die Sturmgeschütze ziehen sich unter hohen Verlusten bei der Begleitinfanterie zum Güterbahnhof Schora zurück.[58] Das 3./329 rückt nach Nordosten vor und dringt am Mittag gegen starken Widerstand in Güterglück ein. Dabei fällt ihnen ein deutscher Bataillonskommandeur in die Hände. Um 15.45 Uhr (B) ist das CCR in Gehrden, das kampflos besetzt wird und Teile halten in Gödnitz. Auf Grund des starken Widerstandes wird der Angriff auf Zerbst auf den nächsten Tag verschoben. Am Abend hat sich das 1./329 durch das Waldgebiet östlich von Walternienburg gekämpft und die Siedlung Nutha erreicht. Nach den Kämpfen meldet das RCT 329 insgesamt 253 Gefangene, von denen die meisten zum II./Rgt. „Scharnhorst 1" gehören, das aufgerieben wird. Hptm. Rettich gelingt mit Mühe die Flucht. Auch Gefangene der InfDiv „Potsdam" werden gemeldet.[59]

Beim RCT 331 greift das 2./331 um 10.30 Uhr (B) Kämeritz an, das von Offiziersanwärtern hartnäckig verteidigt wird, die bereits am Vorabend der Angriff der unterstellten Co. B, 1./331 zum Erliegen gebracht hatten. Gemeinsam mit der Co. C, 1./331 rückt die Co. F mit Panzer- und Panzerjägerunterstützung vor und bis 14.20 Uhr (B) ist der Ort besetzt. Dann säubert die Co. C den Bereich westlich von Kämeritz und übernimmt die Sicherung des Ortes. Die Co. G nimmt Hohenlepte, während die Co. E von Badetz aus einen Kilometer nach Südosten vordringt. Das 1./331 verlässt um 14.10 Uhr (B) ohne die Co. C Walternienburg und löst die Co. E, 2./331 in Badetz ab. Die Co. B wird von der Co. A abgelöst, die mit einem Platoon Badetz sichert und geht nach Tochheim Dort kehrt die Co. B unter die Kontrolle des Bataillons zurück und beginnt mit der Säuberung der Wälder südlich des Ortes. Das 3./331 verbleibt in der Regtl.Res. und erhält um 11.00 Uhr (B) den Befehl, eine Kompanie nach Tochheim zu entsenden, um dort die Zugänge zu einer im Bau befindlichen Pionierbrücke zwischen Breitenhagen und Tochheim zu sichern.

Nachdem sich die Führung des XIX. US Corps entschlossen hatte, vier Kilometer südlich von Barby eine weitere Pionierbrücke zu errichten, hatte das 320th InfRgt der 35th US InfDiv, das dem Corps seit dem 13. April direkt unterstellt ist, den Auftrag erhalten, die Saale mit 17 Sturmbooten und über die teilweise zerstörte Eisenbahnbrücke bei Calbe-Grizehne zu überqueren und den Abschnitt zwischen dem Zusammenfluss von Saale und Elbe zu sichern. Daraufhin hatte das 2./320 seinen Versammlungsraum bei Förderstedt verlassen und war zum Eisenbahnkreuz nordöstlich von Calbe gefahren. Von dort erfolgt jetzt der Vormarsch in Kompaniekolonne zur beschädigten Eisenbahnbrücke. Unter Feuerschutz überquert die erste Kompanie innerhalb von 15 Minuten die Brücke und überwindet die deutsche Verteidigung entlang des Dammes am Südufer.

Den Saale-Abschnitt zwischen Calbe und Klein-Rosenburg verteidigen hauptsächlich die kampfunerfahrenen Grenadiere des I./Gren.Rgt. „Scharnhorst 2" unter Hptm. Hoppe. Dessen Bataillon hatte am Vortag über Lödderitz und Gut Bobbe – Dornbock kommend die Linie Zuchau–Gut Kolno–Patzetz–Groß-Rosenburg erreicht und die dünne Sicherungslinie des Ln.Ausb.u.Versuchs.Rgt. Köthen unter Oberst Wurm verstärkt. Dessen drei Kompanien, die die gesamte Saalelinie von Beesenlaublingen bis zur Saalemündung sichern sollten, verfügen lediglich über Handfeuerwaffen.[60] So hatte Hoppe die vier 7,5cm Infanteriegeschütze seiner 4. Kp. bei Zuchau in Stellung gehen lassen. Die, ihm unterstellte, 1. Kp/Pi.Btl. „Scharnhorst" sichert im infanteristischen Einsatz bei Patzetz, dem Vorwerk Kolno und bei Groß-Rosenburg. Den linken Nachbarn bildet das II./Gren.Rgt. „Potsdam 2".[61]

Hinter dem Damm kommt der Angriff des 2./320 gut voran und Trabitz wird kampflos gesichert. Eine kompaniestarke K.Gr. unter Oblt. Kern, deren Auftrag ursprünglich darin bestand, den Saaleübergang in diesen Abschnitt zu verhindern, hatte sich kurz zuvor nach Patzetz abgesetzt. Dabei war es zum Zusammentreffen zwischen den sich zurückziehenden Deutschen und amerikanischen Aufklärungskräften gekommen, wobei zwei Amerikaner und 16 deutsche Soldaten getötet wurden.[62] Gottesgnaden wird nach einem kurzen Gefecht um 21.00 Uhr (B) gesichert. In der Zwischenzeit besetzt eine andere Kompanie des 2./320 den Ort Schwarz.

Das 3./320, das in der Nacht einen Versammlungsraum bei Üllnitz erreicht hatte, verlegt am Morgen nach Tornitz, um von dort aus parallel zum 2./320 die Saale an der Fähre bei Groß-Rosenburg mit Sturmbooten zu überqueren. Sofort danach sollen an dieser Stelle Pioniere mit dem Bau einer Pontonbrücke beginnen. In der Zwischenzeit sollen die Infanteristen Groß- und Klein-Rosenburg sichern, während die begleitende 113th CavRcnSq die Wälder westlich von Klein-Rosenburg unter Beschuss nehmen soll, um einen Gegenangriff aus diesem Bereich zu verhindern. Doch die Pläne gehen nicht ganz auf. In Groß-Rosenburg trifft die Co. K, 3./320 auf starken Widerstand, der bis zum Einbruch der Dunkelheit anhält. Erst mit Hilfe der Co. I, die von Werkleitz folgt, gelingt es den Ort zu nehmen. Die Verteidiger ziehen sich nach Steckby zurück.[63] In der Zwischenzeit sichert die Co. L Klein-Rosenburg. Erst um 22.00 Uhr (B) können die zugeteilten Pioniere der 83rd US InfDiv mit dem Bau der Pontonbrücke beginnen, der sich dann auch noch auf Grund technischer Probleme bis zum nächsten Morgen hinzieht. Das 1./320 verbleibt während des Tages westlich der Saale in Glöthe in der Reserve.[64]

Beim VII. US Corps setzt die 3rd US AD den Vormarsch in ihrem Abschnitt mit dem Hauptziel der Einnahme von Dessau und der Industrieregion Bitterfeld-Wolfen fort. Dabei erwartet man auf Grund vorliegender Berichte insbesondere in Dessau eine starke deutsche Truppenkonzentration. *„Im Hinblick auf die Stärke der deutschen Truppen, hauptsächlich im Raum Dessau, war es notwendig, den Auftrag in mehrere Abschnitte zu teilen, um so ausreichend Kräfte zur Verfügung zu haben, das jede notwendige Operation erfolgreich durchgeführt werden konnte"*, schreibt am 15. April 1945 der After Action Report der 3rd US AD. 1st Lt. Fred L. Hadsel schreibt über einem Interview mit Gen. Hickey: *„Bei dem Angriff auf Dessau wünschte General Hickey, dass ‚nicht ein Junge ausgesandt wird, um den Job eines Mannes zu erledigen'. Deshalb plante er den Angriff mit vier Task Force: Der TF Hogan von Westen mit zwei Kolonnen, der TF Boles von Südwesten mit zwei Kolonnen und der TF Welborn mit einer Kolonne mit begrenztem Ziel von Südosten. Zusätzlich wurde eine verlässliche Basis für die Artillerie geschaffen, indem Teile der CorpsArty für die Operation herangezogen wurde."*

Wegweiser „14 km Dessau", „Raguhn" und „Autobahn München–Berlin"
Foto: "Spearhead in the West – The Third Armored Division 1941-1945"
Library of Congress, Katalog No. 80-65-184

An der Nordflanke des Angriffs der 3rd US AD erreicht die TF Richardson des CCR um 04.15 Uhr (B) von Biendorf aus Frenz und trifft auf starkes Infanteriefeuer. Um 07.10 Uhr (B) meldet Richardson, dass die Co. K in den Ortskern vorgedrungen ist und Pioniere zur Beseitigung einer Straßensperre einsetzt, um die Panzer nachzuziehen. Bis 08.25 Uhr (B) ist Frenz genommen. Die Nachhuten des II./Gren.Rgt. „Potsdam 2" unter Hptm. Püschel ziehen sich auf Großpaschleben zurück, wo sich die verbliebenen Kräfte des Bataillons eingegraben haben. Das Bataillon, das auf dem Weg in den Harz bei Calbe ausgeladen worden war, hatte sich vor dem amerikanischen Angriff von Brumby über die Saale in Calbe zurückgezogen und hastig Stellungen bei Frenz bezogen. Dort hatte es sich seit dem Vortag Kämpfe mit den amerikanischen Truppen geliefert. In der Nacht hatte Püschel die Infanteriegeschütze von Frenz nach Großpaschleben bringen lassen, wo sie jetzt die Grenadiere unterstützen.[65] Püschel verfügt zu diesem Zeitpunkt nur noch über seinen Stab, Teile der 6. Kp., einen Zug der 7. Kp., 30 Mann der 8. Kp. und den 2. Zug der 14. Kp.

Diese nehmen gegen 07.40 Uhr (B) die Vorhut der Task Force, die Co. L, 3./32, aus den Flanken unter Beschuss nimmt. Daraufhin legt die amerikanische Artillerie schweres Feuer auf den Ort. Dann greifen Panzerinfanteristen in Begleitung von etwa 14 Panzern den Ort an. Ein Großteil der jungen Grenadiere flieht in Panik in Richtung der umliegenden Dörfer. Der Bataillonsstab verlässt fluchtartig den Gefechtsstand im Schloss und setzt sich nach Maxdorf ab. Um 11.10 Uhr (B) meldet das 3./36 dass zwei ihrer Panzerinfanteristen in Frenz getötet wurden und einer auf der Straße westlich des Ortes. Um 11.30 Uhr (B) meldet das CCR, das die Hauptkräfte der TF Richardson die Route 1 verlassen haben, um Großpaschleben südlich zu umgehen und dann wieder nach Nordosten auf die ursprüngliche Route zurückzukehren. Um 12.34 Uhr (B) erhält die Task Force den Befehl, den Vormarsch nach Osten zu stoppen, bis die TF Hogan Köthen genommen hat und die Vormarschstrecke frei ist. Das Resultat der Kämpfe um Großpaschleben sind vier zerstörte, amerikanische Panzer, eine unbekannte Anzahl gefallener und verwundeter Amerikaner sowie 26 gefallene deutsche Soldaten, von denen 20 im Alter von 17 bis 18 Jahren sind. , Das II./Gren.Rgt. „Potsdam 2" ist nach diesen Kämpfen zerschlagen. Kriegsgefangene berichten, dass das Bataillon nur noch aus 40 Mann bestand und teils in Zivil die Elbe bei Aken überquert hat. Die überlebenden Angehörigen des Bataillons kommen danach in der InfDiv „Scharnhorst" und „Hutten" zum Einsatz.[66]

Die TF Hogan, die seit dem Vortag in Köthen steht, hat in der Nacht die Einnahme der Stadt mit zwei Battle Groups fortgesetzt. Eine Battle Group aus Panzern der Co. G, 3./33 und Infanteristen der Co. K, 3./47 trifft an der Rechten des Angriffs gegen 01.00 Uhr (B) auf eine Straßensperre und ruft die Pioniere zur Hilfe. Panzerfaustfeuer schlägt ihnen entgegen und führt zu Verlusten. Trotz dreimaliger Versuche gelingt es ihm nicht, den Widerstand zu überwinden. Nur mit Hilfe von zwei gepanzerten

Sanitäts-Halftracks können die Verwundeten in Sicherheit gebracht werden. Um 03.20 Uhr (B) meldet das 3./33, dass die Co. G, 3./33 noch immer an der Sperre aufgehalten wird. In der Zwischenzeit rückt die zweite Battle Group mit der Co. H, 3./33 und der Co. L, 3./47 zügig vor. Um 04.10 Uhr (B) geht der Befehl an das 3./33: *„Halten was ihr habt – versucht den Männern eine Pause zu gönnen – die Artillerie lässt die Hölle los auf dieses Ende der Stadt – Angriff um 06.00 Uhr (B).“*

Um 05.50 Uhr (B) meldet Hogan an die Division, dass die linke Battle Group die Stadtmitte erreicht hat, während die rechte Battle Group noch immer nicht an der Sperre voran kommt. Etwa 45 Minen müssen geräumt werden. Um 08.00 Uhr (B) erreichen die Infanteristen die Hauptkreuzung im Zentrum der Stadt. Aber der Widerstand lässt nicht nach und die Haus-zu-Haus-Kämpfe ziehen sich über den ganzen Tag hin. Panzer und Pioniere werden eingesetzt, um Sperren zu beseitigen. Gegen 12.00 Uhr (B) trifft die linke Flanke der Task Force unmittelbar hinter der Hauptkreuzung auf eine größere Gruppe Volkssturm, die sich in den Häusern verschanzt hat. Mit Unterstützung der Panzer werden sie aus ihren Stellungen geschossen. Während die Stadt weiter von Nachhuten des Gren.Rgt. „Scharnhorst 2“ verteidigt wird, löst sich die 13. Kp./Gren.Rgt. „Scharnhorst 2“ in der Stadt vom Feind und zieht sich befehlsgemäß nach Norden, auf Wulften und Drosa zurück.[67]

Um 13.00 Uhr (B) wird auf Befehl der Division der Auftrag des CCR geändert. Die TF Hogan soll nach der Säuberung des Süd- und Südostteiles von Köthen schnellstmöglich in den Nordwestteil der Stadt vorstoßen, um den Kontakt mit der TF Richardson herzustellen. Danach soll die Task Force die Sicherung von Köthen und Frenz übernehmen. Die TF Richardson soll sich daraufhin zurückziehen und Verteidigungsstellungen nach Norden an der Kreuzung zwischen Plömnitz und Biendorf und der Kreuzung der R 71 nördlich von Bebitz einnehmen. Von Bebitz aus soll die Task Force dann mit einer Battle Group nordwärts nach Bernburg vorfühlen, um die Lage an der Nordflanke der Division und des Corps zu erkunden und, wenn möglich, die Stadt besetzen, falls sie nicht stark verteidigt wird.

Nach der Beseitigung des Widerstandes bei Großpaschleben dringen die Spitzen der TF Richardson um 15.15 Uhr (B) in den Westteil von Köthen ein und besetzen das Reservelazarett mit 500 gehfähigen Kranken. Insgesamt fallen den amerikanischen Truppen in Köthen 1894 Verwundete und 284 Ärzte und Pflegepersonal in die Hände.[68] Um 16.15 Uhr (B) geht die Meldung an die Division, dass um 16.06 Uhr (B) der Kontakt zwischen dem 3./32 der TF Richardson und einer Battle Group aus der Co. C, 1./33 unter Capt. Resterer und der Co. I, 3./47 der TF Hogan hergestellt wurde und die Straße von Großpaschleben nach Köthen gesichert ist. Dann geht die TF Richardson befehlsgemäß nach Westen und erreicht die Straßenkreuzung bei Bebitz ohne Widerstand. Von dort rückt die Battle Group nach Norden vor und gerät gegen 18.35 Uhr (B) in Unterpeißen unter Beschuss deutscher Scharfschützen. Vorsichtig säubern die Infanteristen bis 19.40 Uhr (B) Haus für Haus. Eine Kolonne

Pferdefuhrwerke, bei der es sich wahrscheinlich um den Tross des Füs.Btl. „Scharnhorst" handelt, wird unter Beschuss genommen, als sie versucht, zu fliehen.[69]

Auf Grund des Widerstandes und der beginnenden Nacht befiehlt Col. Howze um 20.45 Uhr (B) der TF Richardson die Einstellung des Vormarsches, um am nächsten Morgen um 06.00 Uhr (B) den Angriff fortzusetzen. Beim Durchkämmen einiger, kleiner Ortschaften ergeben sich in Bereich Beesedau–Beesenlaublingen Versprengte des Füs.Btl. „Scharnhorst" und des Ln.Lehr.u.Versuchs.Rgt. Köthen.[70]

Während die TF Richardson bereits Köthen wieder verlässt, setzt die TF Hogan die Säuberung des Nordostteils der Stadt fort und trifft im Bereich der Bahnanlagen gegen 17.40 Uhr (B) auf leichten Widerstand. Um 18.15 Uhr (B) erteilt die Division den Befehl, Patrouillen auszusenden, um den Kontakt zum CCA herzustellen. Eine Patrouille soll nach Osten, nach Lausigk, gehen und von dort nach Süden, wo sie bei Quellendorf den Kontakt zur TF Orr herstellen soll. Eine zweite Patrouille soll nach Süden fahren und die TF Boles bei Großbadegast kontaktieren. Nach Meldungen der Aufklärung des CCA soll sich am Westrand des Ortes ein Werk zur Produktion von Benzin befinden, das zur Zerstörung vorbereitet ist und gesichert werden sollte. Während die zweite Patrouille aus Panzern der Co. H, 3./33 ihren Auftrag erfüllen kann und um 20.45 Uhr (B) den Kontakt herstellt, trifft die erste Patrouille um 19.20 Uhr (B) am Ostrand von Köthen, an der Bahnüberquerung, auf eine verteidigte Straßensperre und wird bis spät in die Nacht aufgehalten. Das 83rd AFA Bn, das seit dem 12. April den Vormarsch des CCR unterstützt hat, geht unter die Kontrolle der DivArty zurück.

Das CCA, das in den letzten Tagen in der Reserve der Division den Kolonnen des CCR und CCB gefolgt war, schließt auf und beginnt an diesem Tag im Zentrum des Divisionsangriffsstreifens mit dem frontalen Vorrücken auf Dessau. Um 10.20 Uhr (B) erhält die TF Boles den Befehl, nach Prosigk zu gehen und die TF Kane nach Arensdorf, um von dort aus Meilendorf und Körnitz von deutschen Truppen zu säubern, die immer wieder Versorgungsfahrzeuge der Division angreifen. Um 11.00 Uhr (B) geht die TF Boles durch die Linien der TF Richardson hindurch nach Süden und um 12.00 Uhr (B) sichern die Panzerinfanteristen des 1./36 Prosigk. In Meilendorf wird eine Battle Group der TF Boles in Kämpfe verwickelt. Da sie vermuten, dass es sich um eine Einheit der Waffen-SS handelt, die den Ort verteidigt, gehen sie mit besonderer Härte gegen die wenigen Verteidiger vor, wobei es zu schweren Gebäudeschäden im Ort kommt.[71]

In der Zwischenzeit haben die Hauptkräfte der TF Kane ohne Widerstand Arensdorf erreicht. Um 12.15 Uhr (B) erhält die Task Force den Befehl, über Reupzig und Storkau nach Quellendorf zu gehen und den Ort zu sichern. Vor Reupzig treffen die Vorauskräfte auf Infanterie- und Panzerfaustfeuer. Nach einem kurzen Gefecht wird mit Unterstützung der Panzerjäger des 1st Plat. Co. A, 703rd TD Bn der Widerstand überwunden. Dann geht es weiter, wobei es immer wieder zu Schießereien kommt. Dabei wird zwischen Reupzig und Storkau Lt.Col. Mathew W. Kane verwundet. Lt.Col. Boles übernimmt die Führung der bisherigen TF Kane und Lt.Col. Orr die TF Boles. Somit wird aus der TF Kane die TF Boles (TF Y) und aus der TF Boles die TF Orr (TF X).

Bis 13.54 Uhr (B) wird der Widerstand in Meilendorf durch die neue TF Orr (TF X) überwunden und bis 15.57 Uhr (B) ist Körnitz durch eine Patrouille kampflos besetzt. Anschließend sichert die TF Orr Frassdorf. 13 Mann der 14. Kp./Gren.Rgt. „Scharnhorst 2“ gehen in Frassdorf in Gefangenschaft.[72] In Fernsdorf übernimmt der 2nd Plat. Co. A, 703rd TD Bn, der den Co.CP der Co. A begleitet, ab 16.00 Uhr (B) die Sicherung des Ortes. Die neu TF Boles (TF Y) erreicht mit den Hauptkräften von Storkau aus Quellendorf, wo die Vorauskräfte auf starken Widerstand von Angehörigen des Gren.Rgt. „Scharnhorst 3“ und den Resten der Ausb.Abt. des Art.Rgt. „Potsdam“ in Stärke von 30 Mann getroffen sind. Die Task Force wird in Haus-zu-Haus-Kämpfe verwickelt.[73] Um 19.00 Uhr (B) ist der Ort besetzt und die Task Force bezieht Sicherung für die Nacht.[74]

Nahe Quellendorf gerät ein Kabelbautrupp der Fernmelder des CCA in einen Hinterhalt und zwei Mann werden getötet, die anderen werden verwundet. Das gleiche trifft Maj. William J. „Bill“ Derner, den Verbindungsoffizier der Division zum Maint Bn und Capt. Bob Grindatti vom Maint Bn bei einer Fahrt zu den DivTrains in Sangerhausen. Als sie mit ihren zwei Jeeps durch Hinsdorf in Richtung Quellendorf fahren, treffen sie auf eine Gruppe eigener Pioniere, die gerade eine Straßensperre räumen. Auf die Frage, ob die Straße nach Quellendorf sicher sei, erhalten sie die Antwort, dass der Kompaniechef der Pioniere gerade erst die Straße benutzt hätte und keine Gefahr besteht. Doch Quellendorf ist noch nicht von amerikanischen Truppen besetzt. Als die kleine Kolonne mit Grindatti voraus den Ort erreicht, fallen Schüsse und Grindatti wird mehrmals im Bauch getroffen. Die anderen Insassen der Jeeps springen in Deckung. Schnell ist klar, dass sie eingekreist sind und keine Chance haben. So befiehl Maj. Derner den begleitenden Soldaten, sich zu ergeben. Der schwer verletzte Grindatti wird ins Dorf gebracht, wo er von einem deutschen Sanitätsoffizier versorgt wird. Als sich dann am Nachmittag die TF Boles Quellendorf nähert, setzen sich die Deutschen mit ihren Gefangenen ab. Zurück bleibt Grindatti, der nach seiner Befreiung sofort in ein amerikanisches Lazarett gebracht wird. Maj. Derner und der Kompaniechef der Pioniere, der ebenfalls in Gefangenschaft geraten war, kommen in ein Gefangenenlager für alliierte Kriegsgefangene in Alt-Grabow, wo sie am 3. Mai 1945 von britischen Truppen befreit werden.[75]

Die TF Welborn des CCB, die mit der unterstützenden Artillerie des 391st AFA Bn unter Lt.Col. Georg G. Garton das Gebiet jenseits der zerstörten Mulde-Autobahnbrücke bei Törten während der Nacht unter Beschuss gehalten hatte, stoppt um 04.45 Uhr (B) den Beschuss. Dann nähert sich eine Aufklärungspatrouille unter deutschem Beschuss vom jenseitigen Ufer der Brücke und findet diese gesprengt vor. Durch die Sprengung hat sich Fahrbahn zwischen den beiden buckelartigen Brückenrampen zur Seite geneigt, so dass die Brücke für Fahrzeuge unpassierbar ist. Daraufhin entschließt sich Lt.Col. Welborn seine Panzerinfanteristen über die Trümmer der Brücke an das jenseitige Ufer zu schicken und einen Brückenkopf zu bilden. Doch bevor die Panzerinfanteristen zur Brücke vorrücken, fährt eine Kompanie Panzer in Feuerstellung, um den Panzerinfanteristen Feuerschutz zu geben. Als der deutsche Artilleriebeschuss aus Richtung Mildensee, wo die 4./II. Art.Abt. „von Trotha" des Art.Rgt. „Scharnhorst"[76] mit ihren 15cm Haubitzen steht, und Waldersee, Törten und dem Dessauer Schillerpark, wo 8,8cm Flak und 12,2cm Geschütze sowjetischer Bauart des Art.Rgt. „Scharnhorst" stehen[77], aus unerklärlichen Gründen kurzzeitig aufhört, beginnt der Angriff mit der Co. E, 2./36 rechts der Autobahn und der Co. F, 2./36 an der Linken.[78] Während die Co. F 700 Meter vor dem Fluss durch starken Widerstand aufgehalten wird, erreicht die Co. E fast ungehindert die Brücke. Erst am Nachmittag liegt wieder Artilleriebeschuss auf dem Bereich südöstlich der Autobahn. Am späten Abend beginnt die Co. E dann im Schutz der seitlich gekippten Brückenfahrbahn mit dem Übersetzen über den Fluss.

Aufnahme von der zerstörten Autobahnbrücke vom 17. April 1945
Foto: T/4 Himes, 165th Signal Photo Co., National Archives; SC 324023

Zügig bilden die Panzerinfanteristen einen Brückenkopf indem sie in dem, an die Mulde angrenzendem, Waldstück links der Autobahn im Schutz einer kleinen Anhöhe, 100 Meter vom Fluss entfernt, Stellung beziehen. Die Co. F, 2./36 übernimmt die Sicherung der Brücke am Westufer. *„Während der Kämpfe gegen den Brückenkopf an der Autobahnbrücke über die Mulde bei Kleutsch fanden mindestens 39 deutsche Soldaten den Tod, die meisten nicht älter als 17-18 Jahre. Auf den Friedhöfen in Mildensee, Waldersee und Kleutsch haben sie ihre letzte Ruhe gefunden.“*[79]

Mit der Autobahnbrücke hat die Task Force die Nahtstelle zwischen der InfDiv „Scharnhorst“ und „Hutten“ erreicht. Die InfDiv „Hutten“, deren Auftrag nach dem schnellen Vorstoß der Amerikaner die Einnahme einer H.K.L. entlang der RAB Dessau–Leipzig ist, hat zu diesem Zeitpunkt gerade erst mit dem Aufmarsch begonnen. Das Gren.Rgt. „Hutten 2“, das am Morgen mit seinen beiden Bataillonen Raguhn passiert hat, soll Stellungen entlang der RAB von Thalheim bis Törten beziehen mit dem II. Btl. an der Rechten und dem I. Btl an der Linken, während das Gren.Rgt. „Hutten 1“ Stellungen hinter dem Gren.Rgt. „Hutten 2“, westlich von Raguhn, einnehmen soll. Eine Pi.Kp. des Pi.Btl. „Hutten“ südlich der Brücke hält Anschluss an das Gren.Rgt. „Scharnhorst 3“ und das Füs.Btl. „Hutten“ steht bei Möst. Das Gren.Rgt. „Hutten 3“ beginnt erst am nächsten Tag mit der Verlegung in den Abschnitt Bitterfeld. Der Divisionsgefechtsstand bezieht in Raguhn in einer Fabrik in der Nähe der Kirche Quartier. [80]

Die TF Lovelady beginnt mit dem unterstellten 2./414 um 06.00 Uhr (B) den Vormarsch und trifft südlich von Thurland auf Widerstand. Eingegrabene deutsche Truppen halten entlang der Straße Salzfurthkapelle–Raguhn die vorausgehende Co. G, 2./414 unter 1st Lt. Robert G. Sommerville auf.[81] Noch während der Kämpfe greifen frisch eingetroffene Panzerfausttrupps der 14. Kp. des im Aufmarsch befindlichen Gren.Rgt. „Hutten 2“ in die Kämpfe ein und verstärken die Verteidiger.[82] Daraufhin gehen zwei Batterien des 67th AFA Bn auf der Reichsautobahn bei Salzfurthkapelle in Feuerstellungen und eröffnen das direkte Feuer auf die deutschen Stellungen. Dann setzen die Infanteristen den Angriff fort, wobei es immer wieder zu Nahkämpfen mit den deutschen Verteidigern kommt. Mit Unterstützung der leichten Panzer, die auch hier flankierend zum Einsatz kommen, wird dieser Widerstand überwunden. Dann entwickeln sich die Kämpfe zwischen der Eisenbahnlinie Wolfen–Dessau und der Halleschen Brücke (heute Brücke des Friedens), der sogenannten Neustadt, wo sich die 1. Kp./Gren.Rgt. „Hutten 2“ verteidigt.[83]

Nach der Verstärkung durch die Co. E erreicht das 2./414 gegen 18.00 Uhr (B) die Überquerung der Eisenbahnlinie über die Hallesche Straße in der Nähe des Bahnhofes, wo eine stark verteidigte Straßensperre zu Behinderungen führt. Bei den Kämpfen erleiden die deutschen Verteidiger große Verluste. Der Kriegsgefangenenreport meldet an diesem Tag 49 Gefangene der 14. Kp. und einen Offizier und 44 Mann der 1. Kp./Gren.Rgt. „Hutten 2“.[84] Als die Infanteristen endlich die Hallesche Brücke über die Mulde erreichen, deren Flusslauf sich südlich von Raguhn teilt und nördlich der Stadt wieder zusammenfließt, so dass das Stadtzentrum auf einer Insel liegt, wird die Brücke durch Pioniere gesprengt.[85] Noch während die Task Force den Abschnitt westlich der Stadt säubert, trifft der Befehl ein, eine Battle Group nach Thurland und Kleinleipzig zu entsenden, um die Orte und die Wälder nördlich davon säubern und den Kontakt zur TF Welborn herzustellen. Für diesen Auftrag wird die Co. B, 1./33 von Capt. Morrison mit der aufgesessenen Co. F, 2./414 unter Capt. Frank R. Bowman entsandt, die in beiden Orten auf deutsche Truppen treffen. Nach heftigen Kämpfen, bei denen 80 Deutsche getötet, 250 gefangengenommen und eine Selbstfahrlafette zerstört werden, ist Thurland gegen 20.00 Uhr (B) gesichert. Zwischen dem Forsthaus „Vor der Heide" nahe der RAB 9 und dem Torhaus „Heidekrug" an der R 184 treffen sie beim weiteren Vorgehen erneut auf starken Widerstand und ziehen sich für die Nacht zurück.[86]

Bei den Kämpfen um Thurland wird Pfc. Cardeans von Lt. Creek's vorgeschobenen Beobachtertrupp des 67th AFA Bn verwundet, als sie das Feuer der Artillerie leiten. Ab 20.00 Uhr (B) übernimmt das 54th AFA Bn, das bisher das CCR unterstützt hat, unter dem Kommando von Lt.Col. Mont Hubbard die Artillerieunterstützung der TF Lovelady. Das 67th AFA Bn, das bereits um 15.40 Uhr (B) den Befehl erhalten hat, die Feuerunterstützung für das CCA zu übernehmen, verlegt in der Nacht nach Hinsdorf.

In Hinsdorf war es kurz nach der Besetzung zu einem Vorfall gekommen, der typisch für diese Phase des Krieges ist. Lediglich zwei amerikanische Soldaten, Lt. Herbert Gontard und T/Sgt Robert Cresswell, sehen sich dort mehr als 1000 befreiten DP's - Zwangsarbeitern und KZ-Häftlingen - gegenüber, die die Häuser und Läden nach Essbarem durchsuchen. Um zu vermeiden, dass es zu Ausschreitungen kommt, zwingen sie zwei Bäckereien, das Brot an die Hungernden zu verteilen. Bei dem Versuch, weitere Lebensmittel in einem Nachbarort aufzutreiben, wird Lt. Gontard verwundet und gefangengenommen. Erst nach Kriegsende kommt er frei. Das Problem der DP's. die die Marschstraßen verstopfen und auf der Suche nach Nahrung die Ortschaften plündern, beschäftigt die Kampftruppen seit ihrem Einmarsch nach Deutschland, aber um so weiter sie nach Osten vordringen, um so größer wird deren Strom, der sich mit den deutschen Kriegsgefangenenkolonnen vermischt und oft zu schweren Vorfällen führt. Nicht selten lassen die Befreiten ihre Wut und ihren Hass an ihren vermeintlichen Peinigern aus und häufig trifft es dabei auch Unschuldige. Der Krieg kehrt die schlimmsten Eigenschaften des Menschen hervor und Hass tut dies noch steigern.

Die TF Lovelady bezieht für die Nacht Sicherungsstellungen im Westteil von Raguhn und in Thurland. Eine Gruppe deutscher Selbstfahrlafetten, die sich in der Nacht aus Richtung Wolfen nähert, wird durch die Panzer der Co. D, 2./33 von

Capt. Alford unter Beschuss genommen. Dabei sollen mehrere Selbstfahrlafetten zerstört worden sein.

An der rechten Grenze der Division erreicht die TF Yeomans den Raum Rödigkau – Zörbig und sendet Patrouillen nach Osten und Südosten in die Umgebung von Wolfen–Greppin–Thalheim aus. Als eine der Patrouillen am Nachmittag mit zwei Panzern Thalheim erreicht, trifft sie auf einen fahrradbeweglichen Panzerjagdtrupp der InfDiv „Hutten", der gerade von Wolfen kommend den Ort erreicht hat. Hastig feuern die jungen Panzerjäger zwei Panzerfäuste ab, die die Panzer treffen. Doch einer von ihnen feuert zurück und eine Panzergranate durchschlägt ein Haus. Unter Zurücklassung ihrer Fahrräder fliehen die Panzerjäger nach Wolfen.[87]

Eine andere Patrouille aus zwei Panzerspähwagen erreicht die verlassene Flakkaserne am Rand von Wolfen, die bereits von Zwangsarbeitern aus dem benachbarten Arbeitslager geplündert wurde.[88]

Luftaufnahme der USAAF von der Flakkaserne Wolfen vom 22. März 1945
Foto: Luftbilddatenbank Dr. Carls, 7-080B-1945-03-22-3050

Die Kaserne an der Straße Wolfen–Reuden (Heinrich-Böll-Str./Reudener Str.) war als Barackenlager für die schwere Flak-Stamm.Bttr. Bitterfeld des Höheren Kommandeurs der Flakartillerie im Luftkreis 3 entstanden, die am 9. April 1937 von Wurzen kommend, Einzug hielt und den Grundstock der späteren Flakeinheiten bildete. In den darauffolgenden Jahren war dann der Ausbau zur Kaserne erfolgt. Am 26. August 1939 ging aus der I./Flak.Rgt. 33 Halle und der Flak-Stamm-Bttr. Bitterfeld die Res.Flak.Abt. 334 (v) hervor.[89] Mit Kriegsbeginn entstand dann eine erste Stellung für leichte 2cm Flakgeschütze und eine Stellung für zwei schwere Batterien mit je vier 8,8 und 10,5cm Flakgeschützen zwischen Wolfen-Reuden und Thalheim am Feldweg nach Reuden, gleich beim Sportplatz am Ortsausgang.

Luftaufnahme der Flakstellung Thalheim - rechter Bildrand - vom 22. März 1945
Foto: Luftbilddatenbank Dr. Carls, 7-080B-1945-03-22-4049

Weitere Stellungen folgten *„entlang des Zaunes der Filmfabrik und der heutigen Damaschkestraße"* und *„in südlicher Richtung hinter der Siedlung Wolfen-Süd, entlang der Kohlebahn in Richtung Sandersdorf"*.[90] Mit Beginn des Ausbaus der Reichsluftverteidigung erfolgte 1941 die Unterstellung unter das neugebildete Flak.Rgt. 300 (v), Flak.Gr. Elster-Halle, ab 1942 Flak.Gr. Leipzig, der 2. Flak.Div. Die 2. Flak.Div. wurde mit der Verlegung des Stabes nach Russland im Januar 1942 durch die 14. Flak.Div. Leipzig abgelöst. Im Juni 1944 erfolgte dann die Umgliederung des Flak.Rgt. 300 (v) in das Flak.Rgt. 90 (o) Leipzig. Ab September 1944 bezog der Stab der s.Hei.Flak.Abt. 43/IV, Flak.UGr. Bitterfeld des Flak.Rgt. 90 Quartier in der Kaserne und übernahm die Führung der Flakeinheiten im Raum Bitterfeld-Wolfen.[91] Der Flak.UGr. Bitterfeld unterstanden die s.Hei.Flak. 226/IV, 227/IV, 255/IV, 256/IV und die Flak.Trsp.Bttr. 7/IV.[92] Ihre Stellungen befanden sich, außer bei Thalheim und Sandersdorf, in Ramsin am westlichen Ortsausgang Richtung Heideloh, auf der linken Seite am Klöpziger Weg, in der Goitzsche bei Niemegk und Pouch und an der Fichtenberg-Siedlung.[93]

Im April 1945 sind jedoch die meisten Stellungen und die Kaserne verlassen. Die s.Hei.Flak. 227/IV und 255/IV waren Ende 1944/Anfang 1945 an den Mittelrhein verlegt worden. Die leichte Flak hatte ihre Stellungen geräumt und war zum Erdkampf an die Ost- und Westfront abkommandiert worden. Einige der ortsfesten 8,8cm Geschütze hatte man auf Behelfslafetten mobil gemacht, um mit ihnen die vorrückenden Panzerkolonnen der Alliierten zu stoppen. Über den Zeitpunkt des Abzuges des Stabes und dessen weitere Verwendung liegen keine Angaben vor. So finden die Aufklärer in der verlassenen Kaserne nur noch eine größere Anzahl an Fahrzeugen und Transporteinrichtungen der Organisation Todt, die 1943 mit einem Stab und einer Instandsetzungseinheit in der Kaserne einquartiert worden war, vor.[94]

Der Wolfener Bürger Emil Merten, der sich in die Flakkaserne begibt, um mit den Amerikanern zu reden, wird von ihnen aufgefordert, als Parlamentär dem Bürgermeister Beyer mitzuteilen, dass die Stadt zerstört werden würde, wenn man nicht kapituliert.[95] Die Aufklärer wissen nicht, dass sich zu diesem Zeitpunkt keine deutschen Truppen in der Stadt befinden. Doch es ist nicht der Auftrag der Aufklärer, die Stadt zu besetzen und so unternehmen sie nichts, als keine Reaktion von Seiten der Stadt erfolgt.[96] Mertens hatte bei seiner Rückkehr Beyer nicht angetroffen und hatte sich nach Jeßnitz begeben, wo dieser sich aufhalten sollte. Doch auch hier war es nicht zum Kontakt gekommen, denn Beyer hatte sich zu diesem Zeitpunkt bereits abgesetzt. Stattdessen hatte man Merten bei der Polizei festgehalten.[97]

Als die Aufklärer von der Flakkaserne aus entlang der Reudener Straße Richtung Wolfen aufklären, trifft eine Panzerfaust, abgeschossen von einem Hitlerjungen, der wahrscheinlich zu einer Gruppe von 20 bis 30 Volkssturmangehörigen gehört, die der Ortsgruppenleiter der NSDAP und Kommandeur des Wolfener Volkssturms, Maj. Dr. Hans Saenger und dessen Adjutant Hptm. Dr. Saffert zur Panzerjagd zur Reudener Straße entsandt hatte, einen begleitenden Sanitäts-Jeep und tötet den Fahrer.[98] *„Die Amerikaner schossen darauf das Haus des Meister Kluge in der Reudener Str. in Brand und zogen sich zur Flakkaserne zurück.“*[99] Meister Georg Kluge wird gefangengenommen, als er vor seinem Haus zwei liegengelassene Panzerfäuste wegräumen will. Zusammen mit dem Volkssturmmann Karl Haßmann wird Kluge noch am gleichen Tag an der Autobahn bei Rödgen erschossen.[100]

Nachdem die Aufklärer auch bei Reuden und Sandersdorf Feindkontakt mit dem Gren.Rgt. „Hutten 3“ melden und die Orte durchsucht sind, erhalten die Patrouillen den Rückzugsbefehl der Division.[101]

Mit dem Vorstoß der Südflanke der 3rd US AD zur Linie Raguhn–Thalheim–Zörbig haben die amerikanischen Truppen die Industrieregion Bitterfeld-Wolfen erreicht. Trotz ihrer Bedeutung für die Kriegswirtschaft des Dritten Reiches war auch diese Region bis zu diesem Zeitpunkt weitestgehend von den unmittelbaren Kriegseinwirkungen verschont geblieben. Lediglich am 16. Januar 1945 hatte ein schwerer Luftangriff auf das Bitterfeld-Wolfener Industriegebiet zu Schäden und Verlusten unter der Zivilbevölkerung geführt. *„Kurz nach 12 Uhr Angriff auf die Bitterfeld-Wolfener Werke der I.G. Kraftwerk Thalheim erhebliche Schäden, 31 Tote, 20 Verletzte. In der Filmfabrik lediglich Glasschäden, zum Werk führende Kohlenbahn schwer getroffen, keine Schäden im Ort Wolfen, Arbeitslager Marie (Bitterfeld) besonders schwer getroffen; 156 Tote. Bahnhof angegriffen. Dorf Zschepkau 2/3 zerstört.“*[102]

Als sich jetzt die amerikanischen Angriffsspitzen nähern, haben die Bewohner aus Angst vor weiteren Luftangriffen und Beschuss Schutz in den Luftschutzeinrichtungen gesucht, die seit 1940 überall in der Industrieregion errichtet worden waren.[103] Doch diese reichen kaum aus, um neben der einheimischen Bevölkerung die zahllosen Bombenflüchtlinge aus den zerstörten westdeutschen Industriegebieten und die Flüchtlinge, die vor der vorrückenden Roten Armee aus den Ostgebieten des Reiches nach Mitteldeutschland geflohen waren, aufzunehmen. Ganz zu schweigen von den unzähligen Zwangsarbeitern und Häftlingen, deren einziger Schutz oft nur aus Splitterschutzgräben in der Nähe der Unterkünfte und Arbeitsstätten besteht.

Am Abend steht die 3rd US AD entlang einer Frontlinie von 26 Meilen von Bernburg bis zum Brückenkopf über die Mulde bei Törten und 14 Meilen von dort nach Süden bis Zörbig.[104] Die Division meldet an diesem Tag 1900 Kriegsgefangene.

Die 104th US InfDiv setzt am Morgen ihren zweigeteilten Auftrag fort. Während das RCT 413 die Harzzugänge blockiert und Straßensperren am südlichen Harzrand betreibt, setzt die TF Kelleher und das RCT 415 den Angriff auf Halle fort. Ab dem Nachmittag beginnt die Ablösung des RCT 413 durch die 4th CavGp. Nur das 2./413 von Lt.Col. Samuel W. Koster, das der eintreffenden 9th US InfDiv unterstellt wird, verbleibt vorerst im Harz, um die Ausbruchsversuche deutscher Gruppen abzuwehren. Dann fährt das RCT ohne das 2./413 nach Osten, um das 1./415 am Westufer der Saale bei Halle abzulösen. Bis Mitternacht befindet sich das 1./413 unter Führung von Lt.Col. Charles Fernald auf dem Marsch zwischen Schlettau und Lettin und das 3./413 unter Lt.Col. George E. O’Connor bei Nietleben, wohin der Regtl.CP verlegt.

Die TF Kelleher, 414th InfRgt, die die Saalebrücken westlich von Halle zerstört vorgefunden hat, fährt befehlsgemäß nach Norden, um den Fluss im Abschnitt der 3rd US AD über die Brücke bei Friedeburg zu überqueren.

Trotz der Bemühung des Chemikers Prof. Dr. Dr. Lieser aus Halle war es nicht gelungen Gen.Lt. Rathke von der Sprengung der Brücken abzubringen. Mit dem Verweis auf mögliche Repressalien gegen seine Familie hatte er jegliche Art von Zugeständnissen im Zusammenhang mit der Verteidigung der Stadt abgelehnt. *„Am Sonnabend, dem 14. April, ließ Rathke gegen Mittag die Mehrzahl der Saalebrücken in die Luft sprengen, darunter die erst 1928 errichtete Giebichensteinbrücke. Insgesamt fielen 10 der für den Verkehr unentbehrlichen Bauwerke der Vernichtung anheim.“*[105]

Die Co. I, 3./414, die mit den unterstützenden Panzerjägern des 3rd Plat. Co. A, 817th TD Bn bereits am Vorabend bei Lettin stand, fährt als erste los und die Panzerjäger bekämpfen zwei 2cm Flak, die am Ostufer der Saale das Feuer eröffnen. Um 06.00 Uhr (B) erreichen sie den befohlenen Sammelraum bei Neutz–Lettewitz, wo kurz darauf auch die anderen Teile eintreffen. Um 08.00 Uhr (B) beginnt die TF Rouge, 3./414 den Angriff nach Südosten. Voraus gehen die Aufklärer des 104th Rcn Tp in Begleitung der Panzerjäger des 1st Plat. Co. A, 817th TD Bn. Ihr Auftrag ist es, wichtige Kreuzungen und Straßengabelungen, insbesondere die Straßengabelung der R 6 Halle–Könnern/Trothaer Straße und der Köthener Straße in Trotha, zu sichern. Gegen den Widerstand *„fanatischer Verteidiger“*[106] rücken sie auf Halle vor.

Bei der TF Clark, 1./414, die dem Angriff der TF Rouge, 3./414 geschlossen folgen soll, kommt es in der Nacht bei Zscherben zu einem Vorfall, als deutsche 8,8cm Flak das Feuer auf die Vorhut der Kolonne eröffnen. Die Aufklärer des 1st Plat. 104th Rcn Tp und die Panzerjäger des 3rd Plat. Co. C, 817th TD Bn erwidern sofort das Feuer. Bei dem Gefecht wird Lt. Whelan von den Panzerjägern durch einen Granatsplitter verwundet, als er den Feuerkampf auf dem Führungspanzer sitzend leitet. In Zscherben vereinigt sich die Vorhut mit den Hauptkräften der Task Force und um 04.00 Uhr (B) fährt die Kolonne nach Friedeburg, was sie die Saale überquert. Von dort geht es südwärts nach Halle.

Während die Vorhuten der TF Rouge an der Rechten und die TF Clark an der Linken den Nordrand von Halle erreichen, erfolgt gegen 09.00 Uhr (B) der Abwurf von mehr als 100 000 Flugblätter über dem Stadtgebiet, in denen die Verteidiger zur Kapitulation aufgefordert werden. Aber der Widerstand verstärkt sich weiter, als die Vorhuten gegen 11.50 Uhr (B) in die nördlichen Außenbezirke eindringen. Unter Ausnutzung der vorbereiteten Straßensperren leisten die Deutschen mit Panzerfäusten und einzelnen Flakgeschützen hartnäckigen Widerstand. Ein Sherman Panzer der Co. A und einer der Co. C werden durch Panzerfaustfeuer getroffen.[107] Immer wieder zwingen Scharfschützen die Infanteristen zu Haus-zu-Haus-Kämpfen.

Ein Infanterist der Co. I, 3./414 bringt einen verwundeten deutschen Hauptmann zum Verbandsplatz
Foto: T/4 Myers, 165th Signal Photo Co., National Archives, SC 325612

Im Bereich der Trothaer Straße 112 trifft die TF Rouge auf eine verteidigte Straßensperre.[108] Während die 2nd Sect. 1st Plat. Co. A, 817th TD Bn mit dem 2nd Plat. 104th Rcn Tp. den Kampf aufnimmt und zwei MG-Nester ausschaltet, 12 Gefangene macht und acht tötet, umgeht die 1st Sect. mit den Aufklärern des 3rd Plat. 104th Rcn Tp den Widerstandsherd und sichert die Kreuzung der Trothaer Straße mit der heutigen Geschwister-Scholl-Straße. Nach zwei Stunden ist der Kampf beendet. *„Schon nach drei Blocks in der Stadt stießen Aufklärungseinheiten von Rouge auf eine grimmig verteidigte Straßensperre."* berichtet der Kriegsberichterstatter Al Newman in einem Artikel der Newsweek vom 30. April 1945.[109] Die Infanteristen des 3./414 säubern in der inzwischen Trotha von Widerstandsnestern. *„Die ‚Sherman'-Panzer fuhren vor allem, um sich auf einer Seite zu schützen, auf den Bürgersteigen vorwärts und walzten dabei Laternenmasten, Richtungsschilder und Bäume um.*"[110] In der Seebener Straße wird der öffentliche Luftschutzbunker durchsucht.[111]

Zu hartnäckigem Widerstand kommt es auch im Bereich des Zoologischen Gartens, des Bürgerparks (auch Reichartsgarten) und im Bereich der Burg Giebichenstein.[112] An der Ecke Reilstraße/Richard-Wagner-Straße wird ein MG-Nest im Kurzwarengeschäft Oppermann durch Granatbeschuss der Panzer und Panzerjäger ausgeschaltet. Eine Gruppe Infanterie, die sich in Begleitung eines Panzers dem Landesmuseum für Vorgeschichte in der Richard-Wagner-Straße nähert, wird von einer zehn Mann starken Gruppe deutscher Soldaten beschossen, die das Gebäude verteidigt. Der Panzer zieht sich zur Ecke Brunnenstraße/Richard-Wagner-Straße zurück. Zivilisten, die sich auf einem Balkon zeigen, werden von ihm unter Beschuss genommen. Als sich ein Stoßtrupp erneut dem Museum nähert, haben sich die deutschen Soldaten abgesetzt.[113] Dann kommt der Vormarsch zum Stoppen. Bei den Kämpfen in

Trotha und Halle werden durch die Panzerjäger des 1st Plat. Co. A, 817th TD Bn zwei MG-Nester und vier Widerstandsherde bekämpft und vier Mann gefangengenommen.

Versuche von Col. Kelleher am Nachmittag mit Hilfe eines Dolmetschers über eine deutsche Nachrichtenleitung den K.Kdt. zur Kapitulation zu bewegen, scheitern. Bis Mitternacht haben die Infanteristen ein Achtel der Stadt bis zur Linie Giebichenstein[114] - Paracelsusstraße besetzt. Der Regtl.CP und der Bn.CP des 750th Tk Bn gehen nach Trotha. 800 Deutsche haben sich ihnen ergeben. Die Flakartilleristen der Btry. B, 555th AAA (AW) Bn, die der TF Kelleher unterstellt wurden und mit ihren Geschützen immer wieder in die Bodenkämpfe eingreifen, verzeichnen alleine 95 Gefangene.

Durchhalteparolen an einer Häuserwand in einem Vorort von Halle
Filmausschnitt: 165th Signal Photo Co., National Archives

Das RCT 415, das mit seinen Operationen den Angriff der TF Kelleher absichert, trifft nach eigenen Angaben an diesem Tag auf den stärksten Widerstand *„seit dem Versuch des Ausbruchs der Deutschen aus dem Ruhrkessel bei Medebach“*.[115] Das 1./415 nimmt gegen Flak- und Panzerfaustfeuer die Orte Zscherben, Angersdorf, Schlettau[116] und Halle-Passendorf. Bei Passendorf erobern die Infanteristen eine Flakstellung der 21. Flak.Brig. Dabei fallen ihnen die acht 8,8cm Geschütze der s.Hei.Flak.Bttr. 242/IV in die Hände. Die Batterie, die bis Juli 1944 in Lettin lag, hatte bis Dezember 1944 mit der s.Hei.Flak.Bttr. 236/IV eine Doppelbatterie gebildet, bevor diese nach Markkleeberg bei Leipzig verlegt wurde.[117] Östlich von Nietleben, am Südrand der Dölauer Heide, besetzen die Infanteristen den, seit 1936 von der Ln.Schule Halle genutzten, Fliegerhorst Halle-Nietleben. Der Flugplatz ist verlassen, die letzten Angehörigen der Fliegerhorst-Kdtr. 40/III des Flughafenbereichs-Kdo. 7/III hatte man in die Stadtverteidigung eingegliedert.

Das 3./415 säubert im Tagesverlauf Lieskau, Lettin und Schiepzig. Dann überquert die Co. I, 3./415 unter Capt. William W. Barnes die Saale bei Brachwitz mit Sturmbooten der Co. A, 329th Engr Bn unter Capt. David Price und sichert unter MG-Beschuss einen Brückenkopf für das Bataillon. Dann bauen die Pioniere einen Fußsteg. Die Panzerjäger des 1st Plat. Co. C, 817th TD Bn, die die Infanteristen bei der Säuberung im Raum Kröllwitz–Lettin unterstützt haben, fahren nach Norden, überqueren die Saale bei Friedeburg und fahren südwärts nach Brachwitz, wo sie sich den Infanteristen erneut anschließen. Am Abend stehen die Hauptkräfte des 3./415 nordwestlich von Halle, während die Co. L, 3./415 von Capt. Francis J. Hallahan östlich von Kröllwitz das Westufer der Saale sichert. Um 19.00 Uhr (B) wird die Co. K, 3./415 unter Capt. Raymond D. Collins in heftige Kämpfe mit einer Gruppe deutscher Soldaten verwickelt, die zurückgeschlagen werden.[118] Das 2./415, dessen Co. F mit den Panzerjägern des 2nd Plat. Co. C, 817th TD Bn Straßensperren bei Wettelrode betreibt, verlegt ab 14.00 Uhr (B) nach Gimritz. Der Regtl.CP geht nach Dölau, wohin auch der CP der Co. B, 817th TD Bn unter Capt. John J. McPhilippis geht. Dort werden an diesem Tag 778 Gefangene gemeldet. Der CP Co. B, 87th Cml Mort Bn folgt von Schraplau über Dölau nach Nietleben. Die zwei Platoons gehen nach Passendorf. Bei der Verlegung machen sie im Bereich des Flugplatzes 18 Gefangene. Zum Ende des Tages melden das 929th und 957th FA Bn, die mit ihrem Feuer den Angriff unterstützt haben, den Verschuss von 377 Granaten auf vermutete deutsche Stellungen. Die MG Sect. geht nach Teutschenthal.

In der Nacht treffen die Befehle für den kommenden Tag ein, die zu wesentlichen Umgruppierungen für die Fortsetzung des Angriffs führen. Diese legen fest, dass alle Versuche, die Saale im Süden von Halle zu überqueren, einzustellen sind. Während das 1./413 des RCT 413 das Westufer halten soll, soll das 3./413 die Saale nördlich der Stadt überqueren und durch den Abschnitt des RCT 414 gehen, um sein Ziel nordöstlich von Halle zu erreichen. Mit dem 2./413, das aus der kurzzeitigen Unterstellung unter die 9th US InfDiv zur Division zurückkehrt, rückt das RCT 413 somit ins Zentrum der Division für den Angriff nach Osten. Das RCT 415 erhält drei Ziele und bildet die Nordflanke der Division und die TF Kelleher setzt den Angriff durch Halle nach Süden fort, um dann nach einem Schwenk an der Südflanke der Division nach Osten vorzurücken.

Südlich des VII. US Corps beginnen die Divisionen des V. US Corps mit der Umsetzung des am Vortag erhaltenen Befehls zur Einnahme von Leipzig. Hierzu sollen

Teile der Panzer die Stadt in einer südlichen Flankenbewegung umgehen und östlich und nördlich alle Zugänge zur Stadt blockieren, während die anderen Teile zur Muldelinie vorstoßen. Hinter den Panzerspitzen der 9th US AD kommen die Infanteriedivisionen des Corps mit der Bekämpfung feindlicher Gruppierungen in ihrer Zone langsam in Richtung Leipzig voran. Die 69th US InfDiv setzt die Säuberung ihres Abschnittes fort und bewegt sich mit dem Ziel vorwärts, schnell mit Teilen die südlichen und südöstlichen Außenbezirke von Leipzig zu erreichen und Positionen für den Angriff in die Stadt hinein zu beziehen.

Die 2nd US InfDiv kommt bei der Säuberung des Industriezentrums Schkopau–Merseburg–Leuna weiter voran und beginnt mit dem Vorstoß seines 38th InfRgt aus dem Raum Weißenfels nach Nordosten in den Rücken der deutschen Kräfte östlich der Saale. Das RCT 23 setzt den Angriff an der Nordflanke der Division fort. Die Co. L, 3./23 nimmt um 02.00 Uhr (B) nach kurzem, aber heftigen Widerstand die Flakstellung Delitz und wird abgelöst. Die Soldaten des 1./23 besetzen am Morgen das Stadtgebiet von Merseburg vollständig. Am Nachmittag setzt es den Angriff zum Mittelkanal südlich Neumark fort und überquert ihn, ohne auf Widerstand zu stoßen, am späten Abend südlich von Meuschau. Bis Mitternacht hat das 3./23 den Ort Trebnitz genommen. Im Abschnitt des 2./23 sichern die Infanteristen im Tagesverlauf die Brücken bei Korbetha und überqueren am späten Abend den Fluss. Kollenbey wird ohne Widerstand genommen. Um Mitternacht stehen die Infanteristen in Lössen. Das 3./23 überquert um 21.30 Uhr (B) mit Sturmbooten den Mittelkanal im Bereich der Eisenbahnbrücke bei Rüssen. Die 38th CavRcnSq löst das RCT 23 im Raum Schkopau ab und sichert die eroberten Flakstellungen und zerstört die intakten Geschütze. In der Nähe der Saale geraten die Kavalleristen des Tp. A und der unterstellten Co. A, 2nd Ranger Bn unter Beschuss deutscher Flakgeschütze östlich der Saale. Der Tp. B trifft an der äußersten Nordflanke des Corps in Sichtweite der Stadt Halle auf Abwehrfeuer eingegrabener deutscher Truppen am Ostufer der Saale.

Eine Kampfgruppe des Kampfabschnitts Mulde unter Oberst Köhler des XXXXVIII. AK der 12. Armee stellt an diesem Tag südlich von Grimma erstmals Kontakt mit der aus Westen zurückgehenden Div. z.b.V. 464 des XC. AK der 7. Armee her, deren Kräfte auf die Mulde ausweichen.[119] Das AOK 11 meldet die endgültige Einschließung der deutschen Truppen im Harz.

* * *

---

[1] „Die Infanterie-Division Scharnhorst" v. H. Ulrich. Gem. S. 21 erfolgte der Angriff des I./Gren.Rgt. „Scharnhorst 1" auf den Brückenkopf Grünewalde erst am 14. April obwohl Ulrich auf S. 20 schreibt, dass am 13. April das Bataillon bereits bei Westerhüsen zum Ein-

satz kam. Beim Angriff auf Westerhüsen hat es sich wahrscheinlich aber nur um die StGesch.Brig. der K.Gr. Burg gehandelt.

[2] „Elbe Operation" v. Lt. Housek.

[3] „Elbe-Operationen" v. P. Wittig, S. 57ff.

[4] „Brückenkopf Zerbst" v. U. Pfleghar, S. 87.

[5] Ebenda, S. 87.

[6] Zeitzeugenberichte v. Heinz Wick, Camburg, 1945 in Klostermansfeld.

[7] „Die Armee Wenck..." v. Gellermann, 3. Auflage 1997, S. 61.

[8] Die amerikanischen Unterlagen geben 16.30 Uhr (B) als Zeitpunkt der Sprengung an. In der Unterlage von MR Dipl.Ing. Friedrich Standfuß, TU Dresden „Die Saalebrücke in Alsleben – Dokumentation der Baugeschichte", S. 48 wird die Nacht vom 13./14.04.45 angeben.

[9] „Die Armee Wenck..." v. G. Gellermann, 3. Auflage 1997, S. 61. Die zeitliche Abfolge dieser Ereignisse ist unklar, da sich die Frage stellt, wieso man sich hinter die Saale zurückdrängen lässt und die Brücke sprengt und zur gleichen Zeit aus einer anderen Richtung angreift, um diesen Brückenkopf wieder zu erobern.

[10] Bericht v. Friedel Hohnbaum-Hornschuch in der MZ v. 13.05.2005. Siehe auch Wikipedia-Eintrag Hettstedt. Vgl. Verein Mansfelder Berg- und Hüttenleute e.V. Mitteilung 74, 2/2005, Bericht „Ende des Krieges und Neuanfang 1945", S. 4.

[11] Bericht Heinz Wick in der MZ v. 13.05.2005.

[12] Ebenda. Das Teile der Kolonne von Blankenheim über Wimmelburg fuhren, belegt der Bericht von Cooper, der zur rückwärtigen Kolonne gehörte. Er schrieb: „...die nächste Stadt, in die wir kamen...", wobei er Polleben mit Wimmelburg verwechselte.

[13] IPW Report 3rd US AD v. 13.04.45.

[14] Ebenda.

[15] Eine nähere Betrachtung des Einsatzes der 2nd US InfDiv im Abschnitt Schkopau-Merseburg-Leuna erfolgt in der Dokumentation „Die amerikanische Besetzung des mitteldeutschen Chemiezentrums Schkopau-Merseburg-Leuna durch das V. US Corps im April 1945".

[16] „Brückenkopf Zerbst" v. U. Pfleghar, S. 89. Siehe auch „Die Infanterie-Division Scharnhorst" v. H. Ulrich, S. 20ff.

[17] In den meisten Fällen, bei denen in den Elbbrückenköpfen von Panzern gesprochen wurde, handelt es sich um Sturmgeschütze, da die H.Stu.Art.Brig'en und die StGesch.Schule mit diesen ausgerüstet waren. Dennoch ist davon auszugehen, dass auch vereinzelt Panzer zum Einsatz kamen und nicht wie Gellermann schreibt, dass keine Panzer bei der 12. Armee gab. Gleichzeitig nennt er jedoch bei der Pz.Jg.Abt. 3 der Div. „Hutten" zwei Kompanien mit je 15 Panzern

[18] „Elbe Operation" v. Lt. Housek.

[19] „Das Ende im Westen 1945" v. W. Haupt.

[20] Vgl. auch „Brückenkopf Zerbst" v. U. Pfleghar, S. 91.

[21] „Elbe Operation" v. Lt. Housek.

[22] Beitrag von Günther Hoppe in der Chronik von Köthen, 1997, S. 145/146.

[23] Vgl. „Die Infanterie-Division Scharnhorst" v. H. Ulrich, S. 52/53. Siehe auch „Dessauer Chronik..." v. H. Kaczmarek, S. 11. Im IPW Report der 3rd US AD v. 14.04.45 heißt es, dass das Bataillon um 16.00 Uhr in Köthen eingetroffen ist.

[24] „Die Armee Wenck…" v. G. Gellermann, 3. Auflage 1997, S. 59. Siehe auch. „Die Infanterie-Division Scharnhorst" v. H. Ulrich, 2008, S. 56.

[25] „Flugplätze der Luftwaffe 1934–1945", Bd. 4 Sachsen-Anhalt, v. Jürgen Zapf, VDM, S. 176. Im Tessin und anderen Quellen zur Luftwaffe finden sich keine Hinweise darauf.

[26] Ebenda, S. 176. Zapf nennt als Datum des Verlassens von Köthen durch die III./JG 27 den 15. April 1945, meint damit aber den Zeitpunkt des Eintreffens in Großenhain. Sonst würde es bedeuten, dass die Flugzeuge direkt vor den Augen der Amerikaner den Platz verlassen hätten.

[27] IPW Report 3rd US AD v. 14.04.45.

[28] Sammlung Eiermann, Sinsheim.

[29] Angaben zu den Funkmasten gem. Dr. Horst Wolter auf www.gemeinde.edderitz.de, Stand Juli 2012. Siehe auch Günther Hoppe in der Chronik von Köthen, 1997, S. 145/146 zum amerikanischen Vorstoß auf Köthen.

[30] Vgl. „Dessauer Chronik…" v. H. Kaczmarek, S. 10.

[31] „Erinnerungen an das Kriegsende 1945" v. Dr. H. Fege.

[32] Ebenda. Fege flieht über Rothenburg/Saale und gerät am 20. April 1945 in Drobitz in Kriegsgefangenschaft.

[33] IPW Report 3rd US AD v. 15.04.45.

[34] „Die Division Scharnhorst" v. H. Ulrich, S. 57. Siehe auch „Dessauer Chronik…" v. H. Kaczmarek, S. 11. Möglicherweise handelt es sich bei den gemeldeten SS-Leuten auch um Teile der Wachmannschaft des KZ-AL Leau.

[35] Wahrscheinlich handelt es sich um ein Geschütz des Art.Rgt. „Potsdam".

[36] „Dessauer Chronik…" v. H. Kaczmarek, S. 10.

[37] IPW Report 3rd US AD v. 16.04.45 meldet den Verlust der Geschütze bei Gröbzig.

[38] IPW Report 3rd US AD v. 15.04.45 beinhaltet Stärke und Gliederung des Art.Rgt.

[39] Dabei handelt es sich wahrscheinlich um die gleichen Flugzeuge, die die TF Richardson angegriffen haben und auch der Abschuss ist identisch.

[40] Um welches Bataillon es sich gehandelt hat ist unklar. Es müsste sich um ein Bataillon des Gren.Rgt. „Scharnhorst 3" handeln, aber es gibt keine Gefangenenmeldungen von Angehörigen dieses Bataillons.

[41] Gem. AAR CCB 3rd US AD und IPW Report 3rd US AD v. 16.04.45. Die Ausb.Bttr. verfügte über keine Geschütze.

[42] „Dessauer Chronik…" v. H. Kaczmarek, S. 10.

[43] IPW Report 3rd US AD v. 14.04.45. Möglicherweise handelt es sich auch um das Eisb.Pi.Ers.Btl. 2.

[44] „Übergabe oder Vernichtung" v. Ernst Ludwig Bock, fliegenkopf verlag Halle, 1993, S. 7.

[45] Ebenda, S. 7/8. Vgl. auch „Soldaten an der Elbe", Beitrag M. Maurer, S. 54 und „USAAF Chronology".

[46] „Die Bewahrung Halles vor der totalen Vernichtung im April 1945" v. Prof. Dr. Erwin Könnemann auf www.halle.de v. Febr. 2011.

[47] „Soldaten an der Elbe", Beitrag M. Maurer, S. 55.

[48] „Flak" v. Horst Adalbert Koch, Podzun-Verlag, Bad Nauheim, 2. Auflage 1965, S. 646ff.

[49] Gem. Tessin. Vgl. auch www.scheer-halle.de.

[50] "Timberwolf Track – History of the 104th Infantry Division", S. 339 wird Gen.Maj. De Witt als "military commander of the city of Halle" bezeichnet. Dies ist nicht gleichzusetzen mit einem „K.Kdt.".

[51] „Die Bewahrung Halles vor der totalen Vernichtung im April 1945" Prof. Dr. E. Könnemann. Könnemann nennt einen „Vertreter der H.Gr. Rundstedt". Rundstedt war jedoch OB West, bevor er von Kesselring abgelöst wurde und die 12. Armee, zu der der K.Kdt. Halle gehörte, unterstand dem OB West.

[52] „Der Spiegel" Ausgabe 38/2005 „Das vergessene Geheimnis" S. 46-50 und 19/2006 „Geheimes KZ im Untergrund" S. 70/71. Vgl. „Evakuierungstransporte des KZ Buchenwald und seiner Außenkommandos" v. Ch. Schäfer, Buchenwaldhefte Nr. 16, S. 50/51.

[53] IPW Report 3rd US AD v. 14.04.45 meldet 28 Gefangene des SS-KZ Wansleben im Abschnitt des CCB.

[54] „Der Spiegel" Ausgabe 38/2005 „Das vergessene Geheimnis" S. 46-50 und 19/2006 „Geheimes KZ im Untergrund" S. 70/71. Vgl. „Evakuierungstransporte des KZ Buchenwald und seiner Außenkommandos" v. Ch. Schäfer, Buchenwaldhefte Nr. 16, S. 50/51.

[55] NARA, B-581, Oberst Estor.

[56] Übersetzung aus dem Englischen von J. Möller.

[57] "U.S. Army in World War II" v. Mary William's, S. 406.

[58] „Die Infanterie-Division Scharnhorst" v. H. Ulrich, 2008, S. 40/41.

[59] „Die Armee Wenck..." v. G. Gellermann, 3. Auflage 1997, S. 56.

[60] „Die Dessauer Chronik ..." v. H. Kaczmarek, S. 7.

[61] „Die Infanterie-Division Scharnhorst" v. H. Ulrich, 2008, S. 55.

[62] Ebenda, S. 55.

[63] Ebenda, S. 53.

[64] „Elbe Operation" v. Lt. Housek.

[65] „Die Dessauer Chronik ..." v. H. Kaczmarek, S. 12/13.

[66] Ebenda, S. 12/13. Angaben zur Stärke aus IPW Report 3rd US AD v. 17./18.04.45.

[67] „Die Infanterie-Division Scharnhorst" v. H. Ulrich, S. 53 u. 61.

[68] „Die Dessauer Chronik ..." v. H. Kaczmarek, S. 13.

[69] „Die Armee Wenck..." v. G. Gellermann, S. 61.

[70] „Die Infanterie-Division Scharnhorst" v. H. Ulrich, S. 54. Ulrich schreibt irrtümlicherweise Ln.Versorgungs.Rgt. 6 Köthen.

[71] „Die Dessauer Chronik ..." v. H. Kaczmarek, S. 15.

[72] „Die Dessauer Chronik ..." v. H. Kaczmarek, S. 15. Siehe auch IPW Report 3rd US AD v. 15.04.45.

[73] IPW Report der 3rd US AD v. 16.04.45.

[74] Interview mit Lt.Col. Kane. Kane spricht davon, dass Kräfte bereits um 09.00 Uhr (B) Quellendorf erreicht haben, was aber im Widerspruch zu den anderen Angaben steht.

[75] "Spearhead in the west", S. 151 und "Death Traps", S. 277/278.

[76] Kaczmarek schreibt auf S. 14 „11. Bttr./IV. Abt./Art.Rgt.", wobei es sich um einen Abschreibfehler handeln muss. Das Art.Rgt. der „Scharnhorst" hatte nach Befragungen von Kriegsgefangenen zwei Abteilungen, je Abt. eine Stabsbatterie und drei Batterien mit drei Geschützen. 11 war wahrscheinlich die II und IV. stand für 4. Bttr.

[77] In Befragungen wurde als Ausrüstung der II./Art.Abt. erst „7,5cm Haubitzen auf russ. Fahrgestell, französischer Aufbau und deutsche Räder" angegeben. Die I. soll schwere Geschütze gehabt haben. Im IPW Report v. 18.04.45 wird diese Aussagen dann korrigiert und die Ausrüstung der II. Abt. mit 15cm Geschützen genannt.

[78] „Die Infanterie-Division Scharnhorst" v. H. Ulrich, S. 60/61. Vgl. auch „Die Dessauer Chronik ..." v. H. Kaczmarek, S. 14.

[79] Zitat Ebenda, S. 61.

[80] „Die Armee Wenck..." v. G. Gellermann, 3. Auflage 1997, S. 71. Vgl. IPW Report 3rd US AD v. 15./16.04.45.

[81] IPW Report 3rd US AD v. 15.04.45 meldet beim CCB u.a. die Gefangennahme von 40 Mann des Lds.Schtz.Btl. 400.

[82] Der IPW Report 3rd US AD v. 15.04.45 meldet 145 Mann mit Panzerfäusten der 14. Kp./Rgt. 2 bei Raguhn. In vorherigen Meldungen wurde die 14. Kp. der Div. „Scharnhorst" als Geschützkompanie bezeichnet und die 13. Kp. als Sturm- oder Panzerjägerkompanie. Bei der Div. „Hutten" ist es umgekehrt. Vgl. hierzu IPW Report 3rd US AD v. 22.04.45.

[83] „Die Dessauer Chronik ..." v. H. Kaczmarek, S. 14.

[84] IPW Report 3rd US AD v. 15.04.45. Kaczmarek nennt eine Kp. des „Rgt. „Hutten 1". Da Gellermann in seiner Skizze auf S. 131 westlich von Raguhn das Rgt. „Hutten 1" angibt, ging Kaczmarek wahrscheinlich davon aus, dass die Kompanie auch von Regiment sein muss. Das Rgt. „Hutten 1" ist zu diesem Zeitpunkt noch nicht westlich der Mulde. Die Amerikaner melden nur Gefangene des Rgt. „Hutten 2".

[85] Die Mulde teilt sich südlich von Raguhn in die Mulde und die Libehnaer Mulde und fließt nördlich der Stadt wieder zusammen. In die Libehnaer Mulde fließt von Süden aus Richtung Jeßnitz kommend das Spittelwasser, das bei Jeßnitz mit der Fuhne zusammenfließt.

[86] „Die Dessauer Chronik ..." v. H. Kaczmarek„ S. 14/15.

[87] „71 Tage im Jahr 1945" v. Bernhard Hübner, 2010, S. 44. Bericht von Ludwig Ganghofer.

[88] Ebenda, S. 44, Hinweis zu Plünderungen.

[89] „Flak" v. H.-A. Koch. Koch schreibt Flak-Stamm.Kp. Bitterfeld.

[90] „71 Tage im Jahr 1945" v. B. Hübner, S. 57ff.

[91] Die Angaben bei Georg Tessin „Verbände und Truppen der deutschen Wehrmacht und Waffen-SS im Zweiten Weltkrieg 1939–1945", Biblio Verlag, Osnabrück, 1996 sind widersprüchlich. Hier werden die Flakeinheiten im Bd. 16 „Standorte" anstatt in Wolfen in Bitterfeld genannt und die s.Hei.Flak.Abt. 47/IV ab Juli 1943 erwähnt. In der Übersicht „Flakeinsatz im Reich 1943/44" wird die s.Hei.Flak.Abt. 47/IV jedoch erst ab 1944 beim Flak.Rgt. 90 genannt, nicht vorher.

[92] Gem. Tessin.

[93] Bitterfelder Heimatblätter XXVI. Beitrag v. Uwe Holz, S. 73.

[94] „71 Tage im Jahr 1945" v. B. Hübner, S. 57.

[95] „Bitterfelder Heimatblätter XXVI", 2005, Beitrag v. Uwe Holz, S. 62/63. Auch Hübner schildert diesen Vorgang in „71 Tage im Jahr 1945" v. Bernhard Hübner, 2010, S. 72 u. 75ff. Beide beziehen sich auf eine „Denkschrift der Vorgänge in der Ordnungspolizei Wolfen" und den Bericht von Dr. Freckmann, die beide nach 1945 entstanden ist. Auf amerikanischer Seite finden sich keine Hinweise auf eine solche Mission.

[96] In „Bombenhagel auf das Industriegebiet“ v. Manfred Gill am 20.07.09 auf www.mz-web.de äußert Gill, dass das Anhalten in der Kaserne aus *„nicht ganz geklärten Gründen“* erfolgte. Der Grund bestand einzig und alleine daran, dass Wolfen an der Südflanke der 3rd US AD lag und die Aufklärer lediglich einen Überwachungs- und Sicherungsauftrag hatten.

[97] „71 Tage im Jahr 1945“ v. B. Hübner, S. 72/73 u. S. 75ff.

[98] Ebenda, S. 73. Saenger war einer von zwei Ortsgruppenleitern. Der zweite hieß Neu.

[99] Ebenda, Zitat S. 73.

[100] Ebenda, S. 83. Der Zeitzeuge Dulkys spricht von einem „Volkssturmführer“. Auf S. 68 nennt Hübner Haßmann als zweites Erschießungsopfer, so dass es sich bei dem Volkssturmführer um ihn gehandelt haben muss. Haßmanns Funktion ist leider nicht bekannt.

[101] Nicht eindeutig klar ist, ob die kleine Gruppe aus der Flakkaserne ebenfalls abzog und dort blieb. Ein Bleiben ist jedoch unwahrscheinlich.

[102] „Bitterfelder Heimatblätter XXVI“, 2005, Beitrag v. U. Holz, S. 62. Siehe auch „Bombenhagel auf das Industriegebiet“ v. M. Gill. *„Das Kraftwerk Thalheim war eines der modernsten Braunkohlekraftwerke Europas.“* schreibt B. Hübner in „71 Tage im Jahr 1945“.

[103] Mit diesen beschäftigt sich ausführlich die Dokumentation von B. Hübner.

[104] Interview Brig.Gen. Hickey.

[105] „Übergabe oder Untergang“ v. E. L. Bock, Zitat S. 15/16. Prof. Dr. E. Könnemann spricht in seinem Beitrag „Die Bewahrung Halles vor der totalen Vernichtung im April 1945“ von neun Brücken. Auf www.händelstadt-halle.de wird die Hafenbahnbrücke, Genzmerbrücke, Siebenbogenbrücke, Gimritzer Gutsbrücke, Peißnitzbrücke, Schwanenbrücke und Giebichensteinbrücke genannt.

[106] AAR 104th US InfDiv April 1945, S. 21.

[107] „Soldaten an der Elbe“, Beitrag M. Maurer, S. 56/57. Maurer schreibt von 5 abgeschossenen Panzern. Woher die Angabe kommt, ist unklar.

[108] „Übergabe oder Untergang“ v. E. L. Bock, S. 19.

[109] Vgl. „Soldaten an der Elbe“, Beitrag M. Maurer, S. 58. Maurer schreibt einen ähnlichen Vorgang in der Reilstraße. Da die Trothaer Straße unmittelbar hinter der angegebenen Straßensperre beim Haus 112 in die Reilstraße übergeht, ist davon auszugehen, dass es sich um ein und denselben Vorfall handelt.

[110] „Übergabe oder Untergang“ v. E. L. Bock, Zitat S. 19.

[111] Ebenda, S. 19.

[112] Vgl. „Soldaten an der Elbe“, Beitrag M. Maurer, S. 56/57.

[113] „Übergabe oder Untergang“ v. E. L. Bock, S. 22.

[114] Heute Ortsteil von Halle

[115] „Übergabe oder Untergang“ v. E. L. Bock, S. 21.

[116] Angersdorf entstand 1936 durch Zusammenlegung von Angersdorf und Schlettau. Angersdorf ist heute ein Ortsteil von Teutschenthal.

[117] Gem. „Gruppenfeuer und Salventakt“ v. Nicolaisen.

[118] Gemäß der Koordinatenangabe im AAR des VII. US Corps fand dieses Gefecht in der Nähe des Bahnhofs Halle-Dessauer Brücke statt. Hier liegt vermutlich aber ein Schreibfehler vor.

[119] NARA, B-219; Gen.d.Pz.Tr. Maximilian Reichsfreiherr v. Edelsheim.

IV. Die Besetzung von Halle und der Industrieregion Dessau–Bitterfeld–Wolfen

Kriegstagebuch des OKW/WFSt vom 16. April 1945
Der Feind stieß gegen Halle vor, wo er bis zum Dom gelangte. Südlich Halle hat er seinen Kopf erweitert...

Geheime Tagesberichte der Wehrmachtsführung vom 16. April 1945:
AOK 11: *Alsleben erneut feindbesetzt. Panzerfeind drang in den Raum Staßfurt vor.* ***OB West, AOK 12, Div. v. Hutten:*** *Von Südwesten und Westen hielt der feindliche Druck gegen Dessau an... Unter Nachführung starker Verstärkungen griff der Feind Bitterfeld von Westen an, wurde jedoch abgewiesen.* ***AOK 12, XXXXVIII. PzK:*** *Landsberg ging verloren. In Halle sind in der Stadt schwere Kämpfe im Gange. Von W und O zog der Gegner Verstärkungen an den äußeren Verteidigungsring von Leipzig heran. Ein Angriff auf die Stadt ist bisher nicht erfolgt.*

Erdlageunterrichtung Lw.Kdo. West I H Stand 08.00 Uhr – FS Nr. 244/45 „Geheim“ an Lfl.Kdo. 6: *AOK 11: Feind führt seinem Brückenkopf südöstlich Magdeburg laufend Verstärkung zu aus Raum Bernburg. Feindstoß bis Köthen. Im Nordteil Halle Kämpfe.*

Am **Montag,** dem **16. April 1945**, entlastet im Bereich des XIII. US Corps der 9th US Army die Infanterie die 5th US AD entlang der Elbe. Die 5th US AD bekommt den Auftrag, den hinteren Bereich von Nachzüglern zu räumen. Der Abschnitt des Corps erweitert sich entlang der Elbe südwärts. Im Bereich des XIX. US Corps hält die 2nd US AD ihre Verteidigungsstellungen nördlich von Magdeburg und rechts der Elbe und bereitet sich gemeinsam mit der Infanterie auf den Angriff auf Magdeburg vor. Zur Unterstützung des Angriffs auf Magdeburg verlegt das CCA der 8th US AD, das dem Corps direkt unterstellt wird, von Braunschweig nach Seehausen, während des CCR die Sicherung von Braunschweig übernimmt.

Die 83rd US InfDiv behauptet trotz starker Gegenangriffe den Brückenkopf bei Barby. Um 06.00 Uhr (B) greifen deutsche Truppen mit Artillerie- und Panzerunterstützung auf der gesamten Frontbreite den Brückenkopf an. Im Abschnitt des unterstellten CCR, 2nd US AD wird Moritz, das von Pionieren des CCR besetzt ist, von einer Gruppe von zirka 12 Sturmgeschützen und dem I./Rgt. „Scharnhorst 1“ angegriffen.[1] Das Bataillon war nach der Zerschlagung des Brückenkopfes bei Grünewalde zur Hilfe gerufen worden und hatte in der Nacht den Güterbahnhof Schora erreicht. Jetzt greift es südlich der Bahnlinie vorgehend an.[2] Vor diesem Angriff räumen die Pioniere ihre Stellungen fluchtartig. Nur mit Mühe gelingt es den Infanteristen des unterstellten 2./119 mit einem Gegenangriff aus Richtung Gehrden die deutschen Truppen zurückzudrücken. Dabei wird eines der Sturmgeschütze durch einen

Bazooka-Treffer zerstört. Nach dem Ende der Kämpfe meldet das 2./119 150 Gefangene, mehr als hundert Gefallene und sieben zerstörte Sturmgeschütze.[3] Das CCR wird gezwungen, seine Hauptkräfte von Gehrden nach Güterglück zurückzunehmen, wohin der deutsche Hauptangriff zielt. Doch die deutschen Truppen stoßen nach. In Güterglück kommt es zu schweren Kämpfen, bei denen es dem Sturmgeschütz von Oblt. Kaunert gelingt, fünf Sherman Panzer abzuschießen, bevor sein Geschütz getroffen wird und er und zwei Mann der Besatzung getötet werden. Güterglück wird zeitweise von den deutschen Truppen besetzt.[4]

Das 1./329 wird in Nutha von zwei Kompanien der K.Gr. Maretzky, die aus Bausoldaten und Uffz.Schülern der H.U.S der Na.Tr. aus Zerbst besteht[5], und zehn Panzern und Sturmgeschützen aus Richtung Zerbst–Tochheim angegriffen.[6] Es gelingt drei Sturmgeschütze zu zerstören. An anderer Stelle wird von drei deutschen Panzern und einem Sturmgeschütz berichtet. Ein „großer Panzer“ wird achtmal getroffen, aber es gelingt nicht, ihn auszuschalten.[7] Um 09.25 Uhr (B) wird dem RCT 329 ein Bataillon der 35th US InfDiv zum Schutz der Nordflanke unterstellt.

Um 10.00 Uhr (B) erhält das Regiment die Nachricht, dass der Luftangriff auf Zerbst erfolgt und der Angriff auf die Stadt am Vormittag beginnen soll. Tatsächlich greifen zwischen 10.00 und 11.00 Uhr (B) 178 Bomber B-26 „Marauder“ und A-26 „Invader“ der 99th Bomb Wing unter dem Kommando von Gen. Herbert B. Thatcher des 9th Bomber Command unter dem Schutz von P-51 „Mustang“ Jagdflugzeugen Zerbst an. Das Abwehrfeuers der Flakstellungen bei Lindau und Luso, südöstlich von Zerbst, kann nur wenig ausrichten. Die Stadt, die bisher von Bombenangriffen verschont geblieben war, wird schwer zerstört.[8] *„573 Bürger kamen bei dem Luftangriff ums Leben... Große Teile historischer Bauten wurden zerstört.“*[9]

Doch trotz des Luftangriffs wird der Angriff des RCT 329 auf Zerbst erneut verschoben, denn der CG 83rd US InfDiv befürchtet einen weiteren deutschen Gegenangriff an seiner Nordflanke. Auch wenn Col. Crabill nach Berichten deutscher Kriegsgefangener überzeugt ist, dass Zerbst mit „einem Bataillon Infanterie und einem Platoon Panzer“ erobert werden kann, lehnt Maj.Gen. Macon den Angriff ab. Noch während man darüber diskutiert, erreicht alle Einheiten und Verbände entlang der Westfront der Haltebefehl des Alliierten Oberkommandos SHAEP, der festlegt, dass der Vormarsch entlang des Flusslaufs der Elbe und Mulde anzuhalten ist, um dort auf die Ankunft der Roten Armee zu warten. Damit haben sich alle weitergehenden Angriffspläne erledigt.

Um 18.00 Uhr (B) erfolgt die Unterstellung des 1./330 unter das RCT 329, das das Bataillon der 35th US InfDiv wieder ablösen und die Nordflanke sichern soll. Das 1./330 war am Nachmittag am Harzrand aus dem RCT 330 herausgelöst und in Ilsenburg/Harz auf Transportraum der Division verladen worden. Als gegen 22.50 Uhr (B) Gerüchte die Runde machen, dass die Deutschen versuchen wollen, die

Elbe nördlich von Barby mit 500 Mann zu überqueren, um dann Barby von Norden und Westen anzugreifen und die Brücke zu zerstören, befiehlt Macon die sofortige Einnahme von Verteidigungsstellungen. Die Co. E und F, 2./329 beziehen Verteidigungsstellungen hinter dem CCR und die Co. G, 2./329 geht über die Elbe zurück und übernimmt die Sicherung der Stadt. Dort werden alle verfügbaren Truppen am Westufer bei Barby in die Verteidigung der Stadt und der Pionierbrücken eingebunden.

Beim RCT 331 beginnt das 1./331 um 07.30 Uhr (B) von Badetz aus mit dem Angriff Richtung Eichholz, Leps, Kermen, Bias, Steckby und Steutz, doch bereits kurz nach Angriffsbeginn treffen die Spitzen in den Wäldern südlich von Badetz auf Widerstand. Der Vormarsch kommt zum erliegen und das Bataillon erhält den Auftrag, die Wälder des Forstes Steckby zu säubern und Verteidigungsstellungen bei Badetz zu beziehen.

Pioniere bringen das Schild „Truman-Brücke, Tor über die Elbe nach Berlin, Dank der 83rd Thunderbolt Division", an
Foto: National Archives

Das 2./331 wird am Morgen an der Trennungslinie zum RCT 329 im Bereich der Co. G bei Hohenlepte von dem deutschen Gegenangriff getroffen. Mit Hilfe von Artillerie- und Granatwerferfeuer und der Unterstützung einiger Panzerjäger gelingt es, den Angriff der deutschen Truppen, die mit Schützenpanzern und Sturmgeschützen aus Richtung Niederlepte vorrücken, abzuwehren. Fünf Sturmgeschütze werden zerstört, 40 Deutsche fallen und 70 werden gefangengenommen. Die Co. G verliert lediglich einen Mann. Insgesamt verzeichnet das RCT 331 an diesem Tag sieben Gefallene und 18 Verwundete. Das 3./331 sichert die neu benannte „Truman Bridge" bei Barby und hält die Reservestellung des Regimentes. Am Vormittag hatten der CG der 9th US Army, Gen. Simpson gemeinsam mit dem CG XIX. US Corps, Gen. McLain und dem CG 83rd US InfDiv, Gen. Macon die Brücke auf diesen Namen getauft. Die Co. K, die nach Kämeritz entsandt wird, kehrt bereits kurz darauf wieder zum Bataillon zurück. Der abgebrochene Angriff des 1./331 macht ihre Präsenz in diesem Abschnitt nicht mehr erforderlich.

Während die Truppen im Brückenkopf ihre Verteidigungsstellungen mit Minen, Signalkörpern und Baumsperren sichern, wird der Flussübergang bei Barby wieder von der deutschen Luftwaffe angegriffen, ohne größeren Schaden zu nehmen.

Die Situation im Bereich des 320th InfRgt, das an den Saaleübergängen im Saale-Elbe-Dreieck steht, spitzt sich am Morgen kurzzeitig zu. Beim 2./320 greifen zwei Kompanien des I./Gren.Rgt. „Scharnhorst 2" unter dem Bataillonskommandeur Hptm. Hoppe und die 1./Pi.Btl. „Scharnhorst", die sich nach den Kämpfen am Vortag aus Zuchau, Patzetz und Lödderitz zurückgezogen hatten, in Stärke von 150 Mann die Linien der Co. G an. Dabei ein wird Platoon infiltriert und 14 Mann fast ohne Widerstand gefangengenommen.[10] Die Reste ziehen sich entlang der Straße Patzetz–Trabitz zurück. In diesem Moment erfolgt ein weiterer deutscher Gegenangriff aus Richtung Südwesten auf Trabitz, der jedoch mit Artillerieunterstützung zerschlagen wird.

Nachdem die Situation geklärt ist, wird am Nachmittag die Co. G von Trabitz nach Groß-Rosenburg entsandt, um dort die Pionierbrücke zu sichern. Die Co. F, die den Ort Schwarz am Morgen gesichert hat, zieht sich auf Befehl nach Gottesgnaden zurück, nachdem klar ist, dass deutsche Truppen einige Dämme um die Stadt besetzt haben und an dieser Stelle kein weiteres Vorankommen möglich ist. Von Schwarz aus marschiert sie in Richtung Trabitz und hält nördlich der Bahnbrücke für die Nacht. Parallel zum Angriff auf die Co. G wird auch Groß-Rosenburg von zirka 150 Deutschen aus mehreren Richtungen angegriffen, die versuchen, den Ort vom Brückenübergang zu isolieren. Dort werden die Pioniere zum Rückzug gezwungen, nachdem sie unter direkten Beschuss genommen werden. Eine Gruppe von 50 deutschen Infanteristen, die zwischen dem Ort und der Saale auf dem Fahrdamm in Richtung Brücke vorrückt, wird durch die Männer der Co. L unter Feuer genommen und aufgerieben. Nach drei Stunden ist der deutsche Angriff auf Groß-Rosenburg abgewiesen. Bei den Kämpfen um Groß-Rosenburg fallen 31 deutsche Soldaten, unter ihnen Hptm. Hans Hoppe.[11]

Südlich von Groß-Rosenburg nehmen die Kanonen der Cn Co. des Regiments, geleitet von Capt. Homer W. Kurtz, deutsche Truppen an einer Scheune mit zirka 100 Schuss HE Munition unter Beschuss, als diese ihnen Zeichen geben. Ein Zivilist, der daraufhin unter dem Schutz der weißen Flagge zu ihnen gesandt wird, berichtet, dass sich dort Amerikaner des gefangengenommenen Platoon der Co. G befinden, die von den Deutschen als Schutzschild verwendet werden. Kurze Zeit später überbringt einer der gefangenen Amerikaner den Vorschlag des deutschen Kommandeurs, man würde die Gefangenen freilassen, wenn man ihnen den Rückzug nach Breitenhagen gewähren würde. Zum Schutz der Gefangenen willigt Capt. Kurtz ein und die Deutschen ziehen unter Zurücklassung der Gefangenen ab. Um 19.00 Uhr (B) sichert die Co. I und L mit zwei Plat. leichter Panzer Breitenhagen. Das 1./320 geht in einen Versammlungsraum bei Tornitz, um sich auf die Übernahme der rechten Flanke des 3./320 vorzubereiten und damit die Lücke zwischen dem 3rd und 2nd Bn zu schließen. Kurz vor Mitternacht erreicht es die Elbe zwischen Breitenhagen und Lödderitz.[12]

Im Harz gewinnt an der Westflanke des VII. US Corps die 1st und 9th US InfDiv bei sonnigem Frühlingswetter an Boden. Auch der Angriff der 3rd US AD und der 104th UIS InfDiv entwickelt sich. Bei der 3rd US AD meldet die TF Richardson des CCR um 06.45 Uhr (B), dass ihre Battle Group, die am Vortag vor Unterpeißen aufgehalten wurde, den Vorstoß auf Bernburg fortsetzt. Ohne auf Widerstand zu treffen, besetzen sie Unterpeißen, wo am Kirchturm die weiße Fahne weht. Von Zivilisten und Kriegsgefangenen hören sie, dass die deutschen Truppen in Stärke von zirka 100 bis 150 Mann mit drei Pakgeschützen in der Nacht den Ort verlassen haben und nach Norden, Richtung Bernburg, ausgewichen sind. Die letzten Teile des Füs.Btl. „Scharnhorst“, das seit dem Vortag von der Division abgeschnitten ist, haben sich auf die Sicherungslinie des Bataillons am Ostufer der Saale zwischen Alsleben und Bernburg zurückgezogen.[13] Ohne auf Widerstand zu treffen, nähert sich die Task Force um 08.53 Uhr (B) Bernburg, wo gegen 09.10 Uhr (B) die Vorauskräfte am Südrand der Stadt unter Infanteriefeuer geraten.

Bernburg wird von einer K.Gr. unter Oberst Hollunder verteidigt, die aus zirka 500 Fallschirmjägern und 150 Mann der Fsch.StGesch.Brig. 111 ohne Geschütze besteht.[14] Die Brigade war als Fsch.StGesch.Brig. 11 nach ihrer Aufstellung Anfang 1944 und Einsätzen in Italien und Südfrankreich aufgerieben worden und nach der Neuaufstellung im Dezember 1944 im Rahmen der Ardennenoffensive bei der 5. FschJgDiv. eingesetzt worden. Nach schweren Verlusten und einer erneuten Auffrischung im Januar 1945 erfolgte dann der Einsatz an der Ostfront. Von dort kam sie im März wieder zur 5. FschJgDiv. nach Niederbreisig bei Bonn. Nach der Umbenennung in Fsch.StGesch.Brig. 111 erfolgt jetzt ihr letzter Einsatz.[15]

Außerdem liegen vor der Stadt in Baalberge die Reste der 1. Kp/Pz.Jgd.Kdo. 185 der InfDiv „Potsdam".[16] Die Verteidiger werden von den Resten der Garnison Bernburg unterstützt, die nur noch aus dem Stamm des Gren.Ers.Btl. 497 in der Neuen Infanterie-Kaserne an der Ilberstedter Chaussee bestehen. Bernburg, das über eine alte Tradition als Garnisonsstadt verfügt, war im Oktober 1935 Standort des II./InfRgt 33 geworden, das zuerst in der Franz-Kaserne Einzug hielt und im Dezember 1936 in die Neue Infanterie-Kaserne umzog. Nachdem es mit Kriegsbeginn die Stadt verlassen hatte, war nur noch das Inf.Ers.Btl. 497 der Div.Nr. 471 in der Stadt verblieben. Nach der Aufteilung in ein Res.Inf.Btl. und ein Inf.Ers.Btl. erfolgte im November 1942 die Umbenennung in Gren.Ers.Btl. 497. Während des Res.Inf.Btl. unmittelbar nach der Aufteilung nach Westen verlegte, war das Gren.Ers.Btl. erst kurz vor Eintreffen der Amerikaner im Rahmen der „Aktion Leuthen" als Gren.Ausb.Btl. 471 mit dem Gren.Ers.Rgt. 561 der Div.Nr. 471 in Magdeburg mobilgemacht und nach Osten in Marsch gesetzt worden.[17]

Angesichts des angetroffenen Widerstandes teilt sich die Panzerkolonne der TF Richardson am Abzweig Kustrenaer Landstraße und am Zepziger Weg. Richardson sendet eine Battle Group an der Linken nach Nordwesten, um die Stadt mit einer Flankenbewegung zu umgehen, während die Hauptkolonne die Stadt von Süden entlang der R 71 angreift. Um 10.20 Uhr (B) meldet die linke Kolonne Panzerabwehrfeuer, während die rechte Kolonne auf Gewehr- und Panzerfaustfeuer trifft. Kriegsgefangene berichten, dass zirka 200 Mann die Stadt verteidigen. Obwohl die sechs Lazarette der Stadt mit 1848 Verwundeten belegt sind, die von 319 Ärzten und medizinischem Personal betreut werden, denkt Oberst Hollunder nicht an eine kampflose Übergabe.[18]

Um 11.50 Uhr (B) meldet Lt.Col. Richardson an den CO CCR, dass die Einnahme von Bernburg *„im Haus-zu-Haus-Kampf und unter Scharfschützenfeuer wohl die meiste Zeit des Tages in Anspruch nehmen wird. Einige der Scharfschützen seien Zivilisten"*. Um 12.45 Uhr (B) meldet das 3./32, das zwei Zivilisten mit Panzerfäusten auf die Truppen geschossen hätten. Nachdem um 15.30 Uhr (B) die Hälfte der Stadt besetzt ist, erreichen die Männer nach heftigen Haus-zu-Haus-Kämpfen gegen 19.30 Uhr (B) die Saale und finden die Straßenbrücke zerstört vor. Die letzten Verteidiger haben sich hinter dem Fluss in unbekannter Richtung abgesetzt.[19] In der Stadt befreien die Panzerinfanteristen des 3./36 eine große Anzahl an Kriegsgefangenen, unter ihnen neun amerikanische Soldaten, einen Polen und drei Kanadier. Die Amerikaner waren am 15. April von deutschen Fallschirmjägern an einer Straßensperre bei Ilberstedt gefangengenommen worden. Sie berichten, dass zwei weitere dabei getötet wurden und in Ilberstedt Fallschirmjäger in Stärke von zirka 200 Mann liegen. Der Pole hatte mehrere Wochen im Dienst des 750th Tk Bn gestanden und die Kanadier stammten von der 2nd South African Div. der Royal Army. Um 22.30 Uhr (B) steht fest, dass auch die Eisenbahnbrücke zerstört ist. In der Nacht beziehen die Truppen Sicherungsstellungen. Erst in den Jahren nach dem Kriegsende wird man erfahren, das in der Landesheil- und Pflegeanstalt Bernburg in der Zeit zwischen dem 21. November 1940 und März 1943 Zehntausende Opfer des Euthanasie-Programmes zur „Vernichtung unwerten Lebens“ der Nazis geworden waren.[20]

Mit der Einnahme von Bernburg ist die Saale-Verteidigung des Füs.Btl. „Scharnhorst“ endgültig zusammengebrochen und das Bataillon zieht sich in die einzige offen gebliebene Richtung, in den Harz, zurück. Es erreicht später über Ballenstedt den Raum Thale, wo es sich der InfDiv „Potsdam“ anschließt und nach Kämpfen in der Einkesselung auflöst.[21]

Köthen, wo deutsche Truppen in der Nacht in den Nordostteil der Stadt eingesickert waren, wird um 06.45 Uhr (B) nach 36 Stunden endgültig von Teilen der TF Hogan gesäubert. Noch am Morgen war es zu Häuserkämpfen mit Resten des Gren.Rgt. „Scharnhorst 2“ gekommen.[22] Auf dem Friedhof Köthen finden nach Abschluss der Kämpfe 34 Gefallene vom 14. April und zehn Gefallene vom 15. April ihre letzte Ruhestätte.[23] Ein Großteil der Köthener Garnison geht in amerikanische Gefangenschaft. Die 3rd US AD meldet im Abschnitt des CCA 18 Angehörige des Luftwaffen-Bodenpersonals und sechs Mann der Flugplatzwache Köthen und am kommenden Tag 126 Gefangene der Fliegerhorst-Kp. Köthen und 30 Mann der italienischen Polizei Köthen.[24]

Nachdem es in der Nacht zum Kontakt mit der TF Boles des CCA bei Großbadegast gekommen war, entsendet die TF Hogan um 06.45 Uhr (B) eine Battle Group Richtung Merzien, um auch in Storkau den Kontakt zum CCA herzustellen. Kurz nach Marschbeginn trifft diese gegen 07.45 Uhr (B) auf Gewehrfeuer und um 09.45 Uhr (B) am Westrand von Klepzig auf eine verteidigte Straßensperre. Der Ort wird von Grenadieren des Gren.Rgt. „Scharnhorst 3“ mit Unterstützung einer Pak verteidigt. Unter Zurücklassung von Kräften, die die Zerschlagung der deutschen Truppen in Klepzig fortsetzen und dann weiter auf Merzien vorrücken sollen, zieht sich die Battle Group zurück. Gegen 13.15 Uhr (B) schwenkt sie nach Südosten und rückt über Großbadegast, Reupzig und Hohsdorf von Osten Merzien vor. In Hohsdorf kommt ihnen der Gutsinspektor Zimmermann mit seiner Frau und einer weißen Fahne entgegen. Um 18.30 Uhr (B) meldet die TF Hogan, dass die Battle Group jetzt von zwei Seiten in Merzien eindringt. Obwohl auf dem Kirchturm die weiße Fahne weht, die Schmiedemeister Otto Fricke herausgehangen hat, kommt es zu schweren Gefechten im Ort.[25] Am Eckbusch geling es den Verteidigern einen Spähpanzer abzuschießen, als dieser versucht, den Ort zu umfahren. Dennoch gelingt es trotz des Einsatzes von schweren Panzerfäusten, auch „Ofenrohr“ genannt, nicht, die Panzer abzuwehren. Kurz darauf ist Merzien gegen starken Widerstand der 14. Kp./Gren.Rgt. „Scharnhorst 2“ vollständig besetzt.[26] Die Kämpfe um Merzien kosten sechs deutschen Soldaten das Leben.[27]

Bei Merzien spielt sich wahrscheinlich jene Episode ab, die später der Angehöriger der 3rd US AD Lt. Belton Y. Cooper in seinem Buch „Death Traps – The Survival of an American Armored Division in World War II“ beschreibt: *„Direkt östlich von Köthen hielt ich am Gefechtsstand der Task Force an, als ein Melder auf einem Motorrad kam. Er kam gerade von einer Kolonne von der anderen Seite des nächsten Dorfes. Er berichtete aufgeregt, dass aus dem Dorf, welches weiße Fahnen herausgehangen und kapituliert hatte, auf ihn geschossen wurde. Der Kommandeur der Task Force hatte daraufhin den Kommandeur der leichten Panzerkompanie zu sich gerufen und ihm befohlen einen Zug Panzer dorthin zu senden, um den Ort zurückzuerobern. Der Zugführer hatte neue M 24 Panzer mit der 75mm Kanone und nahm noch einen Zug Panzerinfanteristen mit. Sie fuhren mit den Panzern bis 500 Meter südlich des Ortes. Obwohl einige weiße Fahnen aus den oberen Fenstern der Bauernhäuser hingen, eröffnete die Truppe sofort das Feuer. Deutsche Soldaten rannten aus den Häusern und feuerten einige Panzerfäuste ab, aber sie waren aus Schussweite. Dann feuerte der Zug eine Salve Phosporgranaten in das Dorf. Einige Häuser und angrenzende Heuhaufen fingen Feuer und Zivilisten, Männer, Frauen und Kinder rannten schreiend, gemeinsam mit einigen deutschen Soldaten, mit erhobenen Händen aus dem Dorf. Das beendete den Widerstand an dieser Stelle und ich glaube, es hat sich in den anderen Dörfern herumgesprochen.“*[28]

Dann fährt die Battle Group weiter in Richtung Quellendorf. An der Kreuzung nördlich von Storkau wird sie aus Richtung Lausigk–Scheuder durch deutsche Artillerie unter Beschuss genommen. Ein Spähpanzer, der in Richtung Lausigk geschickt wird, wird beschossen und fährt sich vor dem Ort fest. Die Besatzung setzt sich zu Fuß nach Friedrichdorf ab. Daraufhin greift die Battle Group mit Panzern und Panzerinfanterie Lausigk an. Vor dem Ort kommt der Angriff kurzzeitig zum stoppen, den Minen behindern das Vorrücken. Pioniere der 3. Kp./Pi.Btl. „Scharnhorst“ hatten am 14. April die Straßen nach Hohsdorf, Storkau und Naundorf mit sogenannten T-Minen[29] gesichert. Südlich von Lausigk liegen beiderseits der Straße zwei Minenfelder bis zum Ortsrand. *„7 Reihen-7 Yard Abstand, T-Minen, die schmale Seite des Minenfeldes zur Straße hin, die Reihe mit Holzstöcken gekennzeichnet“*[30] Nach deutschen Angaben sollen *„von sieben Panzern (...) vier vor dem Dorf liegen“*-geblieben sein. Noch während der Ort unter dem Beschuss der Panzer liegt, setzt sich eine, in Lausigk liegende, Kompanie des II./Gren.Rgt. „Scharnhorst 2“ mit Fahrrädern nach Scheuder und Libbesdorf ab. Während die Soldaten fliehen, laufen drei Ortsbewohner den Amerikanern mit einer weißen Fahne entgegen. Diese stellen daraufhin das Feuer ein. Im Ort ergeben sich ihnen 20 junge deutsche Soldaten, die sich dem Rückzug nicht angeschlossen haben. Um 22.30 Uhr (B) ist Lausigk besetzt, wo noch immer Ställe und Scheunen nach dem Beschuss durch die Panzer brennen.[31] Teile der Battle Group sichern südlich von Lausigk den Ort Storkau. Bei diesem Vormarsch stellen sie den Kontakt zur TF Boles des CCA an der Rechten her und machen eine große Anzahl an Kriegsgefangenen, die sie aber aus Sicherheitsgründen erst am nächsten Tag zur Kriegsgefangenensammelstelle bringen können. Damit enden die Operationen der TF Hogan an diesem Tag. Am Abend wird das 991st FA

Bn von Maj. William E. Ward, das bisher das CCR direkt unterstützt hat, dem CCA unterstellt.

Im Zentrum der 3rd US AD nimmt die TF Boles (TF Y) um 07.00 Uhr (B) mit Feuerunterstützung durch das 67th AFA Bn den Angriff in zwei Kolonnen auf, um Libbesdorf, Kochstedt und Mosigkau zu besetzen und damit die Ausgangsstellung für den Angriff auf Dessau einzunehmen.

Dabei treffen sie nach der Überwindung der Nachhuten des Gren.Rgt. „Scharnhorst 2“ auf die H.K.L. des Gren.Rgt. „Scharnhorst 3“, dessen Bataillone einen schwachen Sicherungsschleier von westlich Aken über den Westrand von Reppichau weiter entlang des Südrandes von Rosefeld und entlang der Straße südlich von Kochstedt bis zur RAB einen Kilometer südlich von Törten gelegt haben, der rechts an das Gren.Rgt. „Scharnhorst 1“ und links an die InfDiv „Hutten“ angelehnt ist.

Um 09.45 Uhr (B) erreicht die rechte Battle Group unter Lt.Col. Lanard mit dem 1./18 gegen starken Widerstand Kochstedt und stößt auf ein Minenfeld. *„150 T-Minen waren von der 3. Kompanie des Pionierbataillons der Division Scharnhorst auf den Zufahrtsstraßen und am Waldrand bis in einer Tiefe von 50 Metern verlegt worden.“* In Kochstedt leisten Angehörige der 1. Kp/Gren.Rgt. „Scharnhorst 3“ gemeinsam mit Panzerjägern des 1. Zuges der 14. Kp. hartnäckigen Widerstand. Nachdem das Minenfeld geräumt ist, wird der Ort unter Beschuss durch schwere Waffen und Panzerfäuste bis zum Abend durch die Panzer/Infanterie Teams besetzt. Dabei werden zwei Sherman Panzer mit Panzerfäusten zerstört. Anhaltender Beschuss aus den Wäldern südöstlich des Ortes macht es erforderlich, die Wälder bis in eine Tiefe von 400 Metern zu säubern. Erst mit Einbruch der Dunkelheit wird die Säuberungsaktion eingestellt. Bei den Kämpfen fallen 13 deutsche Soldaten.[32]

Die linke Battle Group unter Maj. Franklin M. Davis mit dem 1./32 erreicht um 09.30 Uhr (B) Libbesdorf und trifft südlich des Ortes auf ein Minenfeld. Da die Minen nur auf der Straße und der Böschung verlegt sind, verliert die Battle Group nur einen Panzer. Bis 11.40 Uhr (B) ist der Ort unter Beschuss deutscher Artillerie und Granatwerfer vom Widerstand durch den 3. Zug der Sturm.Kp des Gren.Rgt. „Scharnhorst 2“ gesäubert. Mindestens 17 Deutsche fallen.[33]

Dann erreichen sie Mosigkau, wo Pioniere der 3. Kp/Pi.Btl. „Scharnhorst“ fluchtartig ihre Stellungen beim Heranrücken der Panzer verlassen. Der Volkssturm unter Führung des Kompanieführers Feuchtmann und des Bataillonsführers Schleif löst sich auf, nachdem die ersten Panzergranaten im Ort einschlagen. Als die Panzer durch Mosigkau rollen, eröffnet ein einzelner Panzerfaustschütze das Feuer und trifft einen der zwei begleitenden Beobachtungspanzer des 67th AFA Bn, auf dem Infanterie aufgesessen ist. Der Panzer brennt aus und eine ganze Gruppe Infanterie wird getötet. Die Artilleriebeobachter Lt. Wright, Lt. Beilke und Tec 5 Swearingen vom Vorgeschobenen Beobachterteam des 67th AFA Bn werden verwundet. Noch am Abschussort erschießt die Infanterie zwei Mosigkauer Jugendliche, die in der Nähe aufgegriffen werden. Ob sie die Schützen waren, interessiert die Infanteristen nicht, die an diesem Tag allein neun Offiziere verloren haben. Dann bildet Sgt. Stromberg aus zwei Panzerbesatzungen ein neues Beobachterteam und setzt die Feuerleitung mit dem zweiten Beobachtungspanzer fort. Bis 17.50 Uhr (B) ist Mosigkau von letzten Widerstandherden gesäubert ist und bis 22.00 Uhr (B) hat die TF Boles ihre Tagesziele gesichert.[34] Im Rokoko-Schloss Mosigkau erbeuten die Amerikaner Dokumente und Blaupausen der Junkers Flugzeug- und Motorenwerke AG Dessau.[35] Die 3. Kp/Pi.Btl. „Scharnhorst" hört nach den Kämpfen auf zu bestehen.

Während die TF Boles am Morgen den Vormarsch auf Dessau fortsetzt, wird der Train des CCA, bei dem sich auch der Train des 67th AFA Bn befindet, hinter der Front von deutschen Soldaten angegriffen. Der Train des 67th AFA Bn lagert auf einem Feld südlich von Libehna, als um 06.15 Uhr (B) Sicherungsposten Alarm auslösen. Eine deutsche Fahrradkolonne nähert sich aus Richtung Frassdorf dem Biwakplatz. Es ist eine Gruppe von 36 Mann der St.Kp./Gren.Rgt. „Scharnhorst 2" und der 3./Pz.Jgd.Vbd. Langenohl, die in der Nacht von Rosefeld über Merzien nach Frassdorf geradelt sind und sich jetzt den Amerikanern nähern.[36] Ihr Auftrag ist die Unterbrechung der amerikanischen Nachschublinien. Doch noch haben sie die amerikanischen Truppen nicht erkannt. Als Capt. Lee ihnen mit einem Jeep zur Erkundung entgegenfährt, eröffnen die deutschen Soldaten aus 250 Meter Entfernung das Feuer und verwunden einen Mann der Jeep-Besatzung. Vierlings-Flak des 486th AAA (AW) Bn unter Lt.Col. Raymond E. Dunnington und einige 57mm Geschütze erwidern daraufhin das Feuer auf die Deutschen, die sofort in Deckung gehen. Über Funk werden beim CCA einige Panzer zur Unterstützung angefordert, die nach einer Stunde eintreffen. Drei Sherman- und drei leichte Panzer kommen den bedrängten Artilleristen zur Hilfe und die Fahrradkolonne wird zerschlagen. Neun Deutsche werden getötet und 30 gehen in Gefangenschaft. Das 67th AFA Bn und die Flak beklagen zwei Tote und sechs Verwundete. Einer der Toten ist Pfc. Elder J. Stronman von der Svc Btry, der als MG-Schütze auf dem Jeep von Capt. Lee den Gegenangriff der Panzer begleitet hat. Nachdem die MG-Munition verschossen war, hatte er mit der Pistole weitergeschossen, bis er tödlich getroffen wurde. Nach der Abwehr des Angriffs wird Frassdorf gesäubert.[37]

Alarmiert durch das CCA bezieht die TF Orr (TF X) Sicherungsstellungen gegen weitere deutsche Gegenangriffe und durchkämmt die umliegenden Ortschaften auf der Suche nach deutschen Soldaten. Erst am Nachmittag erhält Lt.Col. William R. Orr um 15.00 Uhr (B) den Befehl, zwei Kompanien des 1./36 gemeinsam mit der unterstellten Co. A, 83rd Armd Rcn Bn[38] zu entsenden, um den Nordteil des Forstes Haideburg, umgangssprachlich heute nur noch als Mosigkauer Heide bezeichnet, südlich von Dessau, zu säubern und den Kontakt zur TF Welborn des CCB in der Nähe von Törten herzustellen. Die Operation beginnt um 17.30 Uhr (B) und wenig später treffen die Kompanien auf leichten Widerstand. Die Aufklärer werden mit automatischer Waffen und Panzerfäusten beschossen. Geleitet von den Vorgeschobenen Beobachtern Capt. Morgan und den Lt's. Eatman und Hart greifen die Geschütze des 67th AFA Bn in die Kämpfe ein, nachdem das Bataillon ohne seine Btry A und dem Train bei Quellendorf Feuerpositionen bezogen hat. Die Feuergefechte ziehen sich bis in die Nacht hin.

Col. John C. Welborn
Foto: NARA

Beim CCB verstärkt die TF Welborn, deren Co. E und F, 2./36 in der Nacht den Mulde-Brückenkopf beiderseits der Autobahnbrücke bei Törten trotz mehrerer Gegenangriffe des Pionierzuges des Gren.Rgt. „Scharnhorst 3" und von Angehörigen der 2./Gren.Ers.Btl. 102 gehalten hat, seine Verteidigungslinien. Im Tagesverlauf erfolgt eine weitere Verstärkung der Kräfte der Task Force auf dem Ostufer, um die Voraussetzungen für die Fortsetzung des Angriffs nach Osten zu schaffen.[39] Währendem die beiden Kompanien mit der Feuerunterstützung der Sherman Panzer der Co. F, 2./33[40] unter Capt. West, die am Westufer der Mulde aufgefahren sind, den Brückenkopf halten, schließt die Co. D, 2./36 zum Fluss auf und überquert mit Motorbooten der Pioniere und über die geneigte Brückenfahrbahn die Mulde. Unter ständigem Scharfschützenfeuer und Artilleriebeschuss beziehen die Panzerinfanteristen parallel zur Co. E rechts der Autobahn Stellung und bis 20.07 Uhr (B) ist der letzte deutsche Widerstand in Brückennähe beseitigt. Zu diesem Zeitpunkt erhält die Co. E den Auftrag, am nächsten Tag unter Zurücklassung eines Platoons zur Sicherung der Brückenrampe am Ostufer der Mulde nach Norden, mit zwei Platoons den Angriff entlang der linken Seite der Autobahn bis zur Kreuzung mit der L 135 nach Mildensee fortzusetzen, doch dazu wird es nicht mehr kommen.

Noch während der Brückenkopf erweitert wird, beginnt ab 08.30 Uhr (B) ein Platoon Pioniere der Co. B, 23rd Armd Engr Bn mit dem Heranschaffen von Pontons zum Bau einer Treadway Bridge. Im Tagesverlauf wird der Platoon durch den Rest der Co. B verstärkt, dennoch gelingt es ihnen nicht, eine Brücke zu errichten. Das schwierige Gelände und der anhaltende Beschuss durch die deutsche Artillerie behindern den Brückenbau bis in die Nacht. Immer wieder zerstört Artilleriebeschuss Material und Maschinen. Die herangebrachten Pontons werden von Splittern durchsiebt. Erst um 24.00 Uhr (B) beginnt der eigentliche Brückenschlag, wobei die Baustelle weiter unter ständigem deutschem Artilleriebeschuss aus Richtung Mildensee liegt. Außerdem beschießen Füsiliere des Füs.Btl. „Hutten", die von Süden in die Wälder nahe der Brückenstelle eingesickert sind, die Pioniere.[41]

Die Battle Group der Co. A, 1./33 der TF Welborn, die seit dem Abend des 14. April im Haideburger Forst südwestlich von Törten zwischen der R 184 und der Bahnstrecke im heftigen Feuerkampf mit Truppen des Gren.Rgt. „Scharnhorst 3" steht, wird durch ständige Angriffe von Panzervernichtungstrupps zum Rückzug nach Süden gezwungen. Sie haben die Stärke der deutschen Truppen unterschätzt.

Die TF Lovelady, die den Abschnitt des CCB nach Süden ausdehnen soll, sichert weiter mit der Battle Group der Co. B, 1./33 und Co. F, 2./414 Thurland und Kleinleipzig und patrouilliert in den Wäldern der Mosigkauer Heide nördlich der beiden Orte und verliert dabei einen leichten Panzer durch Panzerfaustfeuer. Infanteristen der Co. F erreichen den Ort Marke. Dann wird die Battle Group abgezogen und verlegt nach Raguhn, wo sie die Battle Group der Co. D, 2./33 und Co. G, 2./414 ablöst. Die leichten Panzer rollen in die Stadt, deren Ostteil in deutscher Hand ist. Die Infanteristen der Co. F, 2./414 übernehmen die Sicherung des besetzten Stadtteils. Dabei werden sie vom Kirchturm aus beschossen. Nachdem das Feuer erwidert wird, ziehen sie sich die Schützen zurück.[42]

Col. William B. Lovelady
Foto: NARA

Die Battle Group der Co. D, 2./33 und Co. G, 2./414 fährt nach der Ablösung in Raguhn über Priorau, das erst am nächsten Tag besetzt wird, nach Schierau und besetzt den Ort. Erst am nächsten Tag wird eines der größten Umspannwerke Deutschlands an der Straße von Schierau nach Marke gesichert, von wo aus der Strom aus Süddeutschland nach Berlin und Anhalt weitergeleitet wird. Vier Mann des Polizei.Na.Ausb.u.Ers.Btl. Eilenburg ergeben sich dort. [43]

Eine Battle Group aus der Co. E, 2./33 unter Capt. Flowers und Co. E, 2./414 unter Capt. Cornell B. Bryhn wird nach Thurland entsandt und erhält den Auftrag, durch die Wälder der Mosigkauer Heide entlang der R 184 bis auf Haideburg[44]-Törten vorzurücken, um sich an der Linken der TF Welborn zu positionieren. Nachdem sie am späten Nachmittag den Kontakt zur Co. A, 1./33 der Welborn hergestellt haben, treffen sie auf starken Widerstand und werden aufgehalten. In den Wäldern haben Angehörige des Füs.Btl. „Hutten" und des II./Gren.Rgt. „Hutten 2" am Vortag Stellung bezogen, die jetzt das Feuer auf die vorrückenden Panzer und Infanteristen eröffnen. [45] Teile des II./Gren.Rgt. „Hutten 2" waren mit der Muldefähre bei Niesau übergesetzt.[46] Als klar wird, dass die Kräfte der Battle Group nicht ausreichen, um den deutschen Widerstand in diesem Abschnitt zu brechen, erhält die Battle Group in Schierau von Lt.Col. Lovelady, der sich zur direkten Führung des Angriffs nach Norden auf dem CP des CCB in Lingenau aufhält, den Befehl, eine schwache Sicherung in Schierau zurückzulassen und zwei Platoon der Co. G, 2./414 auf Panzern aufgesessen zur Kreuzung der RAB mit der R 184 zu bringen. Dort sollen die Infanteristen absitzen und der Battle Group entlang der Reichsstraße nach Norden folgen, während die Panzer nach Schierau zurückkehren. Um 18.00 Uhr (B) startet die Co. G und E, 2./414 mit Feuerunterstützung durch die Sherman Panzer der Co. E, 2./33 einen kombinierten Angriff, der jedoch durch starkes Maschinengewehrfeuer aus Richtung der Mulde zum stoppen kommt. Außerdem geraten sie unter Beschuss durch eigene Truppen. Die Battle Group ist gezwungen, für die Nacht anzuhalten.

An der rechten Flanke der Division sendet das 83rd Armd Rcn Bn aus dem Raum Rödigkau–Zörbig weiter Patrouillen in alle Richtungen aus, die an mehreren Stellen auf deutsche Soldaten treffen und Gefangene machen.

Im rückwärtigen Raum der 3rd US AD stoßen Versorgungseinheiten auf das KZ Außenlager Leau und befreien 185 unterernährte und kranke Polen, Russen und Franzosen, die von ihren Bewachern zurückgelassen wurden. In den Baracken finden sich acht Tote.[47] Erst später, am 16. Mai, entdecken Panzersoldaten der Co. A, 750th Tk Bn einen Tunnel zwischen den Orten Plömnitz und Unterpeißen, der nach Leau führt. Darin finden sie 12 bis 15 000 Bomben mit dem Nervenkampfstoff „Tabun“, große Mengen an Sprengstoff TNT und Produktionsanlagen.[48]

Die Anlage war unter der OT Bauleitung des Ingenieurbüro Schlemp, das dem Sonderbeauftragten des Reichsluftfahrtministeriums für Fliegerschädenbeseitigung der Luftfahrtindustrie unterstand, erbaut worden und hatte den Decknamen „Leau“ bzw. „Leopard“. Im dazugehörigen Arbeitskommando Bernburg-Plömnitz des KZ Buchenwald waren bis zu 1000 Häftlinge beschäftigt, die nach der Arbeitseinstellung am 8. April 1945 in Fußmärschen evakuiert wurden. Die Kolonne mit 700 Mann, die am 11. April Plömnitz verlassen hatte, war über Köthen nach Hinsdorf marschiert, in dessen Nähe sie am 14. April vom CCB befreit wurde. Wie viele Häftlinge während des Marsches durch Erschöpfung und Mord starben, ist unbekannt.[49] 74 Angehörige der Lagerwache ergeben sich den Amerikanern.[50]

In Umsetzung der Befehle der Nacht setzt die 104th US InfDiv am Morgen mit dem RCT 414 die Besetzung von Halle gegen zähen Widerstand fort, während das RCT 413 nach Osten vorrückt und das RCT 415 an die Nordflanke der Division geht.

Beim RCT 413, dem die Co. B, 750th Tk Bn, die Co. B, 817th TD Bn, die Co. A, 87th Cml Mort Bn und der 1st Plat. Co. A, 329th Engr Bn unterstellt wurde und das durch das 957th FA Bn unterstützt wird, verbleibt das 1./413 als einziges Bataillon auf dem Westufer der Saale und sichert westlich von Halle den Abschnitt von Dölau bis

Benkendorf. Die Panzer der 1st Sect. 1st Plat. Co. B, 750th Tk Bn unterstützen die Co. B, 1./413 von Capt. Paul Zimmermann bei der Säuberung von Dölau und fahren anschließend nach Zscherben, wo die 2nd Sect. 1st Plat. in der Zwischenzeit Straßensperren errichtet hat. Der 3rd Plat. Co. B, 817th TD Bn, der bis 14.00 Uhr (B) das 1./413 unterstützt, verlässt Zscherben und geht bei Zöberitz in eine flankierende Feuerstellung.

Das 2./413, das um 14.00 Uhr (B) aus der kurzzeitigen Unterstellung unter die 9th US InfDiv herausgelöst wird, geht mit dem 2nd Plat. Co. B, 750th Tk Bn und dem 2nd Plat. Co. B, 817th TD Bn nach Osten und befindet sich gegen 24.00 Uhr (B) zwischen Plößnitz und Rabatz, nordöstlich von Halle. Der begleitende 2nd Plat. Co. B, 750th Tk Bn und 2nd Plat. Co. B, 817th TD Bn gehen nach Hohenthurm und beziehen Sicherung.

Das 3./413 verlässt um 11.00 Uhr (B) Nietleben und besetzt mit Unterstützung der Panzer des 3rd Plat. Co. B, 750th Tk Bn und des 1st Plat. Co. B, 817th TD Bn bis gegen 20.00 Uhr (B) den Raum Zöberitz–Reideburg–Rabatz am Ostrand von Halle. Die Infanteristen übernehmen drei Straßensperren vom RCT 414 bei Diemitz. Die dortige Flakstellung der s.Hei.Flak. 254/IV der 21. Flak.Brig. am Dautzsch, deren Geschütze den Güterbahnhof schützen sollten, ist verlassen.

Der 104th Rcn Tp, der dem RCT 413 unterstellt wurde, geht nach Peißen, nordöstlich von Halle, wo er 17.00 Uhr (B) eintrifft. Der Regtl.CP öffnet in Zöberitz, wo auch der Co.CP der Co. B, 817th TD Bn eintrifft. Die Co. A, 87th Cml Mort Bn errichtet den CP in Sennewitz, nördlich von Halle, und der 1st Plat. in Tornau. Der 2nd Plat. folgt erst in der Nacht über die Saale.

Die TF Kelleher, RCT 414, setzt ab 06.00 Uhr (B) ihren Angriff in den Straßen von Halle trotz der gescheiterten Kapitulationsaufforderung ohne Artillerie- und Luftunterstützung fort und rückt vorsichtig nach Süden vor.

Während die Infanteristen der „Timberwolf"-Division Straße für Straße säubern, gehen in der Stadt die Versuche weiter, den K.Kdt. von der Fortsetzung der Verteidigung abzubringen. Ein Demonstrationszug von hunderten von Frauen aus dem Stadtteil Glaucha bewegt sich zum Markt, um Rathke in seinem Gefechtsstand zur Rede zu stellen. Doch dieser lehnt jegliche Gespräche ab und lässt die Frauen gar nicht erst vor. So überbringt der Landesvorsitzende des DRK und Frauenarzt Dr. Nikolaus Weins ihm die Forderungen der Frauen, doch auch jetzt reagiert Rathke nicht. Daraufhin zieht der Zug weiter zur Moritzburg, zum Oberbürgermeister Dr. Weidemann, doch auch dieser lehnt es ab, mit dem Gauleiter Eggeling, Kreisleiter Dohmgoergen oder Rathke zu sprechen. Ohne Ergebnis müssen die Frauen aufgeben. Zumindest leitet keiner der Parteiführer oder Militärs Repressalien gegen die beteiligten Frauen ein. Obwohl sie selbst zu feige sind, den Kampf einzustellen und lieber den Tod von weiteren Unschuldigen in Kauf nehmen, scheinen sie sich ein

Stück Humanität bewahrt zu haben. Oder ist es einfach nur Angst vor dem Volkszorn, der ausbrechen würde, wenn man die Frauen wegen „Wehrkraftzersetzung" und „Verrat" bestrafen wollte? So oder so, eine Beschießung oder Bombardierung der Stadt scheint unabwendbar.[51] Dabei sinkt die Kampfbereitschaft der Verteidiger in der Stadt immer weiter. So erklärt der Kommandeur der Schutzpolizei Halle, Oberst Baltersee, dessen Kräfte die Ruhe und Ordnung in der Stadt aufrechterhalten sollen, dass er dies angesichts der großen Anzahl der Zwangsarbeiter und Häftlinge in der Stadt, die ihre Rettung vor Augen haben, nicht mehr lange gewährleisten kann.[52] Angeblich soll Baltersee sogar seinen Männern in der Reil-Kaserne befohlen haben, sich kampflos zu ergeben.[53]

In der Stadt gehen derweil die Kämpfe weiter. Im Abschnitt der TF Rouge, 3./414, setzen sich die heftigen Straßenkämpfe vom Vortag fort. Bis zum Mittag haben die Infanteristen, gerade einmal zwölf Blocks gesäubert. Auch in Giebichenstein wird weiter gekämpft. Feuergefechte werden vom Zoo und im Bereich Reichardtsgarten gemeldet.[54] Bei den Kämpfen verliert die TF Rouge ein Sherman der Co. A, 750th Tk Bn, der von einer Panzerfaust getroffen wird. Die Kämpfe sind an einigen Stellen so heftig, dass drei Panzer der Co. A, 750th Tk Bn in sechs Stunden ihren gesamten Kampfvorrat an Munition verschießen. Die Panzerjäger des 3rd Plat. Co. A, 817th TD Bn, die im Zusammenwirken mit der Co. I, 3./414 zum Einsatz kommen, verschießen bei den Straßenkämpfen an diesem Tag 630 Schuss 50cal MG-Munition und 11 Sprenggranaten und töten nach eigenen Angaben 45 Deutsche und macht 13 Gefangene. Auch die Infanterie machen eine große Anzahl an Kriegsgefangenen. *„Ein Fünftel von Halle war bis zum Ende des Berichtszeitraumes nach fanatischen Haus-um-Haus-Kämpfen, meist gegen Gruppen von maximal fünf Mann mit Panzerfäusten und Handfeuerwaffen, geführt von einem Offizier, gesäubert."*[55]

Die TF Clark, der zur Verstärkung während des Tages zeitweise Panzerjäger des 3rd Plat. Co. C, 817th TD Bn, Panzer der Co. C, 750th Tk Bn und Teile des 104th Rcn Tp unterstellt werden, errichtet vier Straßensperren an der Ost- und eine an der Südostecke der Stadt, wo es zu heftigen Kämpfen kommt, als deutsche Kräfte bei einem Gegenstoß versuchen, das 3./414 aufzuspalten. Der 3rd Co. C, 817th TD Bn, wird um 15.00 Uhr (B) vom 1st Plat. Co. A, 817th TD Bn an den Straßensperren im Bereich Büschdorf am Ostrand von Halle abgelöst.

Am Nachmittag nimmt der, in Halle lebende, legendäre Graf Felix von Luckner, der als Kommandant eines Hilfskreuzers im 1. Weltkrieg berühmt geworden war, als Vermittler für die Bevölkerung Halles Kontakt mit den amerikanischen Truppen im Nordteil der Stadt auf. Eine Rolle, die bis heute widersprüchlich bewertet wird, über die aber auf jedem Fall berichte werden muss. Kelleher hatten bis zu diesem Zeitpunkt vergeblich versucht, einige gefangengenommene deutsche Offiziere dazu zu bringen, als Parlamentäre in die Stadt zu gehen und dem K.Kdt. eine Kapitulationsaufforderung zu überbringen. Doch diese hatten sich auf ihre Offiziersehre berufen und abgelehnt. Vielleicht hatten sie auch einfach nur Angst, als Verräter verhaftet und hingerichtet zu werden. Während Kelleher noch überlegt, wie er den Kontakt herstellen soll, ohne seine eigenen Leute zu gefährden, überschneiden sich die Aktivitäten verschiedener Bürger der Stadt Halle, die alle das Schlimmste für die Stadt verhindern wollen.

Bevor sich der Graf selber auf den Weg zu den amerikanischen Linien macht, hatte er dem Assistenten von Prof. Dr. Theodor Lieser von der Chemischen Abteilung der Universität Halle, Dr. Braude eine Empfehlung mitgegeben, als sich dieser im Auftrag einer kleinen bürgerlichen Widerstandsgruppe um Lieser zu den Amerikanern begibt. Mit dem gleichen Auftrag ist auch Dr. Gehlen unterwegs, der ebenfalls zu dem Kreis um Lieser gehört. Beide überschreiten wohlbehalten die Front und stellen den Kontakt zu den Amerikanern her. Doch sie sind noch nicht von ihrer Mission zurück, als sich Luckner entschließt, selber zu den Amerikanern zu fahren [56] Dr. Braude, der es bis zu Kelleher geschafft hatte, wird später einen Brief, den Col. Kelleher um 17.00 Uhr (B) verfasst hat und in dem er die deutsche Seite zur Beendigung des Widerstandes bis zum kommenden Morgen auffordert und ansonsten der Beschießung und Bombardierung androht, Luckner zu einem Zeitpunkt übergeben, als dieser bereits wieder von den Amerikanern zurück ist.[57]

So fährt Luckner in Begleitung von Dr. Weins und dem Maj. a.D. Huhold mit einem Auto des DRK in den Nordteil der Stadt. In Trotha setzt sie Weins ab und die beiden gehen zu Fuß weiter. Unmittelbar nach dem ersten Kontakt mit amerikanischen Infanteristen treffen sie auf den Korrespondenten der Zeitschrift „Newsweek“, Al Newman, der an diesen Tagen die 104th US InfDiv begleitet, und Luckner aus den 20iger Jahren kennt. Dieser bietet sich sofort an, Luckner zu Kelleher zu bringen. Gemeinsam erreichen sie zu Fuß den CP von Lt.Col. Rouge, wo sie um 18.00 Uhr (B) mit Col. Kelleher und Maj.Gen. Allen zusammentreffen.[58] Allen hatte am Nachmittag das Schießverbot für die Artillerie auf Grund der fehlenden Antwort auf sein Kapitulationsangebot aufgehoben. *„Als dieses abgelehnt worden war, beschoss die Artillerie gezielt drei Gebäude, in denen sie den Befehlsstand der Deutschen vermuteten. Diesem Beschuss fiel der Rote Turm auf dem Marktplatz zu*

Felix Graf Luckner auf einer Aufnahme vom September 1930
Foto: Bundesarchiv,
Bild 102-10401/CC-BY-SA

Halle zum Opfer."[59] *„Die Turmspitze stürzte als brennende Fackel zu Boden"*, nachdem einige Feuerwehrleute vergeblich versucht hatten, das Feuer zu löschen.[60] Rathke hatte jedoch seinen Gefechtsstand in den Keller des Stadtarchivs am Markt verlegt. Jetzt bietet Luckner Allen einen Teilrückzug der deutschen Truppen aus dem Nordteil der Stadt an.

Hintergrund für den Teilrückzug ist der folgende: Am Vormittag hatte der Standortarzt Halle, Dr. Carl Moritz Seeland, in Begleitung des Stabarztes Dr. Hanns Heidecker und eines Hauptfeldwebels Rathke aufgesucht um ihn zum Schutz der Verwundeten und Kranken in den Lazaretten von einer weiteren Verteidigung abzubringen. Neben dem Standortlazarett befinden sich noch die Reservelazarette I–V in der Stadt, die alle bis auf die letzten Betten belegt sind. Doch Rathke hatte auch dieses Ansinnen, wie alle anderen zuvor, abgelehnt. Erst nachdem Seeland Rathke überzeugen konnte, *„dass bei einer Räumung Halles bis zu den Franckeschen Stiftungen hin fast alle Lazarette außerhalb der Kampfzone liegen würden (und) ein im Süden der Stadt befindliches Lazarett ...rechtzeitig geräumt werden"* kann und er somit trotzdem Halle weiter verteidigen könne, hatte dieser gegen 15.00 Uhr endlich eingewilligt. Mit dieser Entscheidung war Seeland dann zur Moritzburg gegangen, um dies den dort befindlichen Oberbürgermeister Weidemann und dem Direktor des Elisabeth-Krankenhauses, Prof. Dr. Walter Hülse mitzuteilen. Hier war es dann zum Entschluss gekommen, den ebenfalls anwesenden Luckner und Huhold zu den Amerikanern zu entsenden.[61] Doch zuvor waren Luckner und Weidemann noch einmal zu Rathke gefahren, um sich die Erlaubnis für Verhandlungen mit den Amerikanern zu holen. Rathke hatte sie mit den Worten verabschiedet: *„Fahren sie ruhig, aber ich darf nichts davon wissen."*[62]

Im Resultat des Gesprächs mit Maj.Gen. Allen und Col. Kelleher wird vereinbart, dass die Amerikaner von einer Bombardierung der Stadt absehen, wenn sich die deutschen Truppen bis zum Morgen hinter eine Linie von der *„Langen Straße über den Waisenhausring zur heutigen Rudolf-Breitscheid-Straße (damals Königstraße d.A.) in west-östlicher Richtung"* zurückgezogen haben.[63] Erfolgt dies nicht, dann wird die Stadt gegen 12.00 Uhr (B) des 17. April bombardiert. Dabei werde man dann lediglich den zentralen Westteil der Stadt im Bereich Neuwerk ausklammern, wohin sich die in der Stadt befindlichen Zivilisten in Sicherheit bringen können.[64] Mit der Verweis auf seine antinationalsozialistische Einstellung erklärt Graf Luckner, dass er alles versuchen werde, aber die meisten Soldaten wollen zwar kapitulieren, haben aber Angst vor der SS.[65]

Auf die weiteren unzähligen Versuche und Aktivitäten verschiedener Gruppierungen und Einzelpersonen zur Rettung der Stadt und zur Verhinderung von Zerstörungen wird in dieser Dokumentation nur noch eingegangen werden, wenn sie in direktem Zusammenhang mit den militärischen Handlungen stehen. Dies gilt auch für Luckner, dessen Rolle bei der Besetzung von Halle sich im Gegensatz zu den anderen, in den amerikanischen Dokumenten dieser Zeit widerspiegelt. Dies hatte insbesondere in der Nachwende-Geschichtsschreibung nach 1990 dazu geführt, dass Luckner die Hauptrolle bei der Verhinderung der Bombardierung der Stadt zugeschrieben wurde. Erst in der weitergehenden Literatur, zum Beispiel im Buch „Übergabe und Vernichtung – Eine Dokumentation zur Befreiung der Stadt Halle im April 1945" von Ernst Ludwig Bock, wird sich auch ausführlich mit der Rolle weiterer Persönlichkeiten der Stadt befasst. Hier sind Männer zu nennen wie Prof. Dr. Dr. Theodor Lieser, Dr. Gehlen, Dr. Braude und der Mediziner Prof. Dr. Walter Hülse. Weiterhin finden eine Reihe von kommunistischen Widerstandsgruppen, aber auch der regimenahe Landesführer des DRK, Dr. Nikolaus Weins Erwähnung. Sie und ihre Aktivitäten haben sicher einen wesentlichen Beitrag zum Herbeiführen des Endes der Kämpfe in Halle geleistet, aber wie Bock richtig schreibt: *„Es gab keinen Retter von Halle!"*

Einen der Hauptgründe, dass es in Halle letztendlich nicht zum letzten – zur Bombardierung und massiven Artilleriebeschuss – kam, findet sich in der amerikanischen Soldatenzeitschrift „Stars & Stripes" vom 18. April 1945, wo es heißt: *„Erstens befanden sich dort mindestens 30 Krankenhäuser, die viele kranke und verwundete allliierte Kriegsgefangene beherbergten..."* und Zweitens waren es die Aktivitäten verschiedener Bürger. Ersterer war jedoch eindeutig der entscheidende Grund. Davon abgesehen, war Halle von Anfang an nicht das Hauptziel des Angriffs des VII. US Corps, sondern das Erreichen der Muldelinie, was an der Stärke der eingesetzten Truppen bei der Besetzung von Halle erkennbar ist. Halle stellte von Anfang an keine wesentliche Bedrohung für das Erreichen des Hauptziels dar, so dass man sich mit der Säuberung Zeit lassen konnte. Doch das ist für die Verteidiger von Halle an diesem 16. April 1945 nicht erkennbar.

Das RCT 415, das neben der Co. B, 87th Cml Mort Bn und dem 1st Plat. von Capt. Max Eisner's Co. C, 329th Engr Bn durch die Co. C, 817th TD Bn unterstützt wird, beginnt mit der Bewegung in den Raum nördlich von Halle. Die Panzerjäger überqueren geschlossen von Dölau kommend die Brücke bei Friedeburg nach Nehlitz, wo sie sich 12.30 Uhr (B) versammeln. Von dort gehen die Panzerjäger wieder zur Unterstützung der Bataillone. Das 1./415 wird von dem 1./413 abgelöst und geht um 09.30 Uhr (B) nach Wallwitz. Von dort aus besetzt es Positionen in Dammendorf. Um 22.00 Uhr (B) treffen dort die Panzerjäger des 3rd Plat. Co. C, 817th TD Bn ein und werden dem Bataillon unterstellt. Beim 2./415 fällt dem S-2 Offizier des 2./415 bei einer Aufklärungsfahrt am Morgen in Petersberg eine deutsche Funkstation unter dem Kommando eines Oberstleutnants in die Hände. Um 14.00 Uhr (B) geht das Bataillon mit den Panzerjägern des 2nd Plat. Co. C, 817th TD Bn von Gimritz–Beidersee nach Zörbig. Die Co. F erreicht Rieda. Dabei wird der Kontakt zur 3rd US AD hergestellt. Später geht die Co. F mit den Panzerjägern nach Spören. Das 3./415 überquert in der Nacht mit den letzten Teilen die Saale im Brückenkopf der Co. I bei Brachwitz und versammelt sich. Dort vereinigt es sich wieder mit den Panzerjägern des 1st Plat. Co. C, 817th TD Bn und geht während des Tages nach Oppin. Die Co. L errichtet eine Straßensperre in Brachstedt und die Co. I zusammen mit den Panzerjägern in Niemberg. Andere Teile erreichen den Ort Schwerz. Bei den Säuberungen im Tagesverlauf macht alleine das 3./415 194 Gefangene, das ganze Regiment zirka 300.

Pioniere des 297th Engr C Bn errichten am 16. April eine 2 ½ Tonnen Schwimmbrücke über die Saale, über die am nächsten Tag die 104th US InfDiv mit Nachschub versorgt wird Foto: T/4 Myers, 165th Signal Photo Co., National Archives, SC 3380412

Die Co. A, 750th Tk Bn, die ab 18.00 Uhr (B) dem RCT 415 unterstellt wird, geht mit dem 1st Plat. zum 1./415 nach Dammendorf, dem 2nd Plat. zum 2./415 nach Zörbig und dem 3rd Plat. zum 3./415 nach Niemberg. Der Regtl.CP geht nach Brachstedt, wohin um 17.00 Uhr (B) auch der CP der Co. C, 817th TD Bn fährt. Die begleitende Co. B, 87th Cml Mort Bn feuert während des Tages von Stellungen in Westewitz auf einzelne deutsche Gruppierungen im Nordosten von Halle und verlegt dann nach Dammendorf. Nachdem die Kämpfe in Halle leicht nachgelassen haben, wird um 18.00 Uhr (B) die Co. A, 750th Tk Bn aus der Unterstellung unter die TF Kelleher herausgelöst und dem RCT 415 unterstellt.

Die Division registriert zirka 1000 Gefangene. Das 817th TD Bn unter Lt.Col. W. H. Bardes, das mit der HQ Co. unter Capt. William J. Edgar und der Rcn Co. unter Capt. Robert U. Sternfels nach Möderau geht, meldet die Zerstörung eines 8,8cm Sturmgeschützes, einer 8,8cm und zweier 2cm Flakgeschütze.

Im Hinblick auf die erwartete Erfüllung des Ultimatums der Kampfbesatzung von Halle erteilt die 104th US InfDiv in der Nacht um 03.00 Uhr (B) auf dem Div.CP in Morl seinen Verbänden die Befehle für den kommenden Tag. An der Linken soll das RCT 415 in Anlehnung an die 3rd US AD drei weitere Ziele ostwärts einnehmen, das RCT 413 soll weiter mit einem Bataillon das Westufer der Saale sichern und mit einem Bataillon im Zentrum ein weiteres Ziel besetzen und das dritte Bataillon soll sich östlich von Halle an der Rechten bereit halten, um das RCT 414 bei der Säuberung von Halle zu unterstützen.

Auch im Abschnitt der 1st und 9th US InfDiv gehen die Kämpfe weiter. Die 9th US InfDiv erhält den Auftrag, den Angriff im Harz nach Norden und Osten fortzusetzen und bereit zu sein, mit den ostwärts angreifenden Teilen nach Norden zu schwenken, um den Kontakt zur 9th US Army herzustellen und die Fluchtrouten aus dem Harz abzuschneiden. Hierfür wird als neue Trennungslinie zwischen der 104th US InfDiv und 9th US InfDiv die Linie einschließlich Wolferode, ausschließlich Eisleben, einschließlich Oberrißdorf, Hedersleben, ausschließlich Kloschwitz, einschließlich Neutz, Merbitz, Kaltenmark, Zörbig, ausschließlich Greppin festgelegt.

Während das RCT 60 und 47 die Räumung des Harzes fortsetzen, beginnt beim RCT 39 das 3./39 um 04.00 Uhr (B) in Gerbstedt mit dem Angriff zur Einnahme von Alsleben. Dort hatte hartnäckiger Widerstand und die zerstörte Brücke die TF Richardson der 3rd US AD am 13. April zum Umkehren gezwungen. Seitdem wird der Saale-Brückenkopf Alsleben von zwei Kompanien des Füs.Btl. „Scharnhorst" gehalten, während die dritte und die schwere Kompanie des Bataillons das Ostufer der Saale zwischen Alsleben und Bernburg sichern.[66] Als die Infanteristen der Co. L, 3./39 die Stadt erreichen, treffen sie auf Infanterie- und Granatwerferfeuer. Bis zum frühen Nachmittag ist der Widerstand überwunden und der Ort besetzt. Am Abend steht die Co. K in Belleben, die Co. I nördlich Sandersleben und die Co. L am Ostufer der Saale in Mukrena. Das 2./39 rückt ab 07.00 Uhr (B) weiter nach Osten vor und erreicht aus dem Raum Wippra–Friesdorf kommend die Linie östlich von Vatterode bis zur R 86, südlich von Mansfeld. Bis 15.00 Uhr (B) hat sich das Bataillon versammelt und mit dem Marsch in einen neuen Sammelraum bei Wiederstedt, nördlich von Hettstedt, begonnen. Das unterstellte 2./413 säubert bis zum Nachmittag die Wälder südlich von Annarode und kehrt um 16.00 Uhr (B) unter die Kontrolle des RCT 413 zurück. Der 9th Rcn Tp und die TF Tincher, bestehend aus dem AG Plat., einem Plat. Co. A, dem 81mm Mort Plat. und der Co. D, 746th Tk Bn, einem Plat. der Co. C und der Co. A, 899th TD Bn und der Co. A, 1./39, werden ab 16.00

Uhr (B) dem RCT 39 unterstellt. Elemente des 1./39 versammeln sich am späteren Abend im Raum Bräunrode–Ritterode–Greifenhagen.

Der CP des VII. US Corps verlässt zur weiteren Führung des Angriffs seiner Divisionen Nordhausen und erreicht am Abend Eisleben, wo er bis zum 30. April Quartier bezieht, bevor er nach Leipzig verlegt. In dem kleinen Ort Helfta bei Eisleben errichtet das Corps das Kriegsgefangenensammellager „Camp Helfta" ein, in dem bis zum 23. Mai 1945 annähernd 40 bis 50 000 deutsche Kriegsgefangene gefangen gehalten werden. Dann wird es aufgelöst und die Masse der Gefangenen mit Lastwagen in das Lager Naumburg verlegt.[67] Auch der Bn.CP des 87th Cml Mort Bn geht nach Eisleben.

Im Bereich des V. US Corps der 1st US Army setzen die Divisionen die Einnahme der Ausgangsstellungen für den Angriff auf Leipzig gegen teils heftigen Widerstand fort. Die Kampfkommandos der 9th US AD umschließen Leipzig von Süden und Südosten her, während die 69th US InfDiv von Süden auf die Stadt vorrückt. Westlich von Leipzig gewinnt im Abschnitt der 2nd US InfDiv der Angriff an Boden. Beim RCT 23 säubert das 1st Bn am frühen Morgen östlich von Merseburg die Orte Meuschau, Venenien und Neumark gegen leichten Widerstand. In der Zwischenzeit sichert das 2./23 Tragarth, Löpitz und Wallendorf, während das 3./23 den Ort Kriegsdorf besetzt. Bei Tageslicht hat das RCT 23 einen stabilen Brückenkopf über die Saale errichtet und seine Stellungen gefestigt. Erst am späten Abend setzt das RCT 23 seinen Angriff mit dem 1st und 2nd Bn fünf Kilometer nach Osten fort, nachdem das 1st Bn die Linien des 3rd Bn bei Kriegsdorf passiert hat. Die Bataillone treffen auf keinen weiteren Widerstand. Bis Mitternacht besetzt das 2./23 die Orte Zöschen, Zweimen und Göhren. Dölkau wird gegen 24.00 Uhr (B) genommen. Damit hat das V. US Corps das Gebiet Schkopau-Merseburg-Leuna-Weißenfels vollständig besetzt.

An der Nordflanke des Corps setzt die 38th CavRcnSq der 102nd CavGp ihren Sicherungs- und Säuberungsauftrag fort. Im Saale-Abschnitt bei Beesen, der von der 4. und 5./s.Flak.Abt. 540 der Flak.UGr. Schkopau-Nordwest in der Flakstellung Silberhöhe gesichert wird, geraten Patrouillen des Tp. B und Ranger bei der Annäherung an das Westufer der Saale unter Gewehr- und MG-Feuer. Südlich davon, im Abschnitt des Tp. A, überquert eine Vier-Mann-Patrouille unter Führung von Lt. Edlin von der Co. A, 2nd Ranger Bn, die Saale und trifft auf einen deutschen Vorposten, der umgangen wird. In der dahinterliegenden Ortschaft machen sie vier Gefangene und weisen den Bürgermeister an, weiße Fahnen zu hissen. Dann überwältigen sie einen völlig überraschten Vorposten, bei dem sich gerade einige junge Frauen aus dem Ort befinden. Zehn deutsche Soldaten ergeben sich. Mit vierzehn Gefangenen kehrt Lt. Edlin zum Westufer zurück.[68]

Wie stellt sich die Situation der Deutschen Wehrmacht im mitteldeutschen Raum an jenem Tag dar, an dem die sowjetischen Armeen aus den Brückenköpfen an der Oder den Sturmangriff auf die Seelower Höhen und Berlin begonnen haben?

Im Abschnitt der 12. Armee zieht sich in der Nacht der K.Kdt. Halle in den Südteil der Stadt zurück. Im Kampfabschnitt Mulde geht Grimma verloren. Die Kampfbesatzungen ziehen sich zurück. Das Gen.Kdo. XX. AK der 12. Armee übernimmt an diesem Tag die Führung des Abschnittes Dessau–Magdeburg.[69] Das, entlang der Linie Grimma–Riesa an die 12. Armee Wenck angrenzende, XC. AK der 7. Armee der H.Gr. G verfügt nur noch über Restkräfte der Div. z.b.V. 464 und 469, die sich hinter die Flüsse Mulde und Zschopau zurückziehen konnten, aber nicht mehr handlungsfähig sind. Der Stab des XC. AK verlegt auf Grund der Feindbedrohung in Richtung Erzgebirge. Das Stellv. IV. AK Dresden, welches bisher im Abschnitt Pirna-Dresden-Meissen-Riesa mit Resten von Garnisonstruppen und Volkssturm nach Osten gesichert hat, wird der 7. Armee unterstellt und erhält den Befehl, gemeinsam mit dem XC. AK, auch nach Westen Verteidigungsstellungen zu beziehen. Im Rücken der 7. und 12. Armee wird die aus Schlesien zurückweichende 4. deutsche PzA der H.Gr. Mitte unter dem Oberbefehl von Gen. Fritz-Herbert Gräser in den mitteldeutschen Raum gedrückt.

Eine deutsche Front im mitteldeutschen Raum existiert faktisch nur noch auf dem Karten des deutschen Generalstabs und in den Köpfen der militärischen und politischen Führung des Deutschen Reiches.

Kriegstagebuch des OKW/WFSt vom 17. April 1945: *Bei Dessau soll eine geschlossene HKL aufgebaut werden. Die Div. „Hutten“ kämpft nördlich Bitterfeld. In Halle hält sich noch eine kleine Gruppe tapfer weiter, ebenso in Merseburg...*

Geheime Tagesberichte der Wehrmachtsführung vom 17. April 1945:
OB West, AOK 11: *Meldungen liegen noch nicht vor.*
AOK 12: *Verteidigungsbereich Magdeburg: Der Gegner führt von Nordwesten und Südwesten konzentrische Angriffe auf Magdeburg...* ***Div. „Scharnhorst“:*** *Um den Brückenkopf östlich Barby wurde eine Sicherung stützpunktartig in Linie Dornburg-Prödel-Leitkau-Schora-Zerbst-Hohenlepte-Leps-Kermen-Steckby aufgebaut... Die zwischen Calbe und Bernburg eingesetzten eigenen Sicherungskräfte wurden durch feindlichen Panzerangriff zersprengt. Aus dem Raum Köthen nach Norden vorstoßend, drang der Gegner in Aken ein; Kämpfe sind noch im Gange. Mehrere Zivilisten wurden wegen offensichtlicher Unterstützung des Feindes erschossen oder erhängt. Von Südwesten und Süden drang der Feind näher an die Verteidigungslinie von Dessau heran und nahm Alten und Töxten. Ein Feindangriff nach Nordosten entlang der Autobahn wurde im zusammengefassten Artilleriefeuer an der Muldebrücke aufgefangen. Die Lage im Raum Dessau ist sehr gespannt.*
Div. „von Hutten“: *Ein eigener Gegenangriff nach Westen drang bis Schierau (nördlich Raguhn) vor; Kämpfe sind im Gang. Entlang der Straße Dessau–Bitterfeld drang der Gegner von Norden in Bobbau ein. Eigener Gegenangriff ist in gutem Fortschreiten.*

Ein eigener Angriff aus dem Raum Bitterfeld drang nach Westen über Sandersdorf bis Rödgen und nach Nordwesten über Thalheim bis Reuden vor. Im Raum Sandersdorf und am Südwestrand von Bitterfeld sind noch Kämpfe im Gange. ***XXXXVIII. PzK:*** *Die eigene Besatzung in Halle wurde auf die Linie West-Straße–Wörmlitz–Beesen-Bruckdorf-Hauptbahnhof zurückgedrängt. Der Feinddruck von Norden hielt an. Im Kampfraum Leipzig griff der Gegner von W. mit Panzerunterstützung den äußeren Verteidigungsring an und warf die eigenen Sicherungen nach O zurück. Schkeuditz wurde trotz des überlegenen Feinddruckes gehalten. In Böhlitz-Ehrenberg, Lentsch und Lindenau kämpfen noch eigene Stützpunkte. Den Gegner gelang es, in den Westteil von Leipzig einzudringen. Im Vorgehen von SO drang der Gegner in Liebertwolkwitz und von O in Hohenheida ein. Leipzig liegt unter schwerem Artilleriebeschuss. Der Kampfkdt. lehnte die formelle Aufforderung eines amerikanischen Generals zur Übergabe der Stadt ab. Feindkräfte griffen von W und SW Eilenburg an; die Stadt wurde unter Beschuss von 8 feindlichen Panzern von eigenen Kräften gehalten. Wurzen und Nerschau befinden sich in eigener Hand. Eigener Gegenangriff gegen Feindbrückenkopf 2 km N Nerschau ist im Gange...*

Erdlageunterrichtung mittlere Westfront abends Lfl.Kdo. 6
Feind Südöstlich Magdeburg 2 neue Brückenköpfe über die Elbe bei Ranies und Barby gebildet, von hier aus nach Osten vorstoßend Zerbst genommen. Von Norden und Süden Feind in Halle eingedrungen. Kämpfe in der Stadt. Am Westrand Leipzig weiterhin Kämpfe. (Quelle Lfl.Kdo. 6)

Am **Dienstag**, dem **17. April 1945**, wird im Bereich der 9th US Army dem XIII. US Corps die 29th US InfDiv beigefügt, um die 5th US AD bei ihrem Auftrag an der linken Korpsflanke nordwärts zur Elbe zu unterstützen, wo eine Lücke zwischen den amerikanischen und britischen Streitkräften entstanden ist.

Beim XIX. US Corps hält die 8th US AD ihre Positionen mit dem CCR in Braunschweig, während das CCA in Seehausen und das CCB nördlich von Halberstadt unter der Kontrolle des Corps bleiben. An der Nordflanke des Corps beginnt nach einer Luftvorbereitung von 350 Bombern in der Zeit von 11.00 bis 14.45 Uhr (B) der Angriff der 2nd US AD von Süden und der 30th US InfDiv von Norden auf Magdeburg. Bis zum Einbruch der Nacht sind über zwei Drittel des Abschnittes geräumt. In der Zwischenzeit behauptet das CCB der 2nd US AD seine Verteidigungslinie entlang der Elbe.

Die 83rd US InfDiv verbessert ihre Positionen im Elbe-Brückenkopf östlich von Barby. Nachdem in der Nacht der erwartete Gegenangriff deutscher Truppen über den Fluss nicht erfolgt ist, geht um 05.00 Uhr (B) das 1./330 in den Brückenkopf nach Walternienburg. Seine Co. C löst die Co. G, 2./329 in Barby ab.

Das 1./331 hält seine Stellungen bei Badetz und ein Plat. Co. A, 1./331 sichert Eichholz. Vor den Verteidigungslinien im Wald wurden drei kleine Brücken über ein Flüsschen gesprengt. Es gelingt einen deutschen Kampfschwimmer gefangen zu nehmen, nachdem dieser vergeblich versucht hatte, eine Sprengladung an der Pionierbrücke anzubringen. Sie explodiert in 75 Meter Entfernung ohne Schäden zu verursachen. Das 2./331 verbringt eine schlaflose Nacht in Erwartung weiterer deutscher Gegenangriffe aus dem Abschnitt Niederlepte, doch es passiert nicht. Ersten Hinweisen, dass sich keine deutschen Truppen mehr in dem Ort befinden, glaubt man nicht. Erst nachdem sich um 12.30 Uhr (B) Lt. Wieselogle als Parlamentär mit einem Dolmetscher unter dem Schutz der weißen Fahne in den Ort begibt, ist klar, dass der Ort feindfrei ist. Sofort geht die Co. E in den Ort und bezieht im östlichen Teil Sicherungsstellungen. Das 3./331, das in der Nacht wegen des vermuteten Gegenangriffs alarmiert wurde, hält tagsüber seine Stellungen. Die Co. K wird erneut nach Tochheim entsandt, um mit der Co. C, 308th Engr Bn die dortige Pionierbrücke zu sichern. Die Co. L erhält um 19.00 Uhr (B) den Befehl, südlich von Kämeritz Verteidigungsstellungen zu beziehen und gräbt sich noch am Abend ein. Ein deutscher Luftangriff mit mindestens zehn Flugzeugen auf die Pionierbrücken, der gegen 20.30 Uhr (B) erfolgt, zeigt keine Ergebnisse, die Bomben verfehlen ihr Ziel.

Zur endgültigen Bereinigung des Brückenkopfes bei Barby befiehlt Wenck an diesem Tag, dass das neu aufgestellte Regiment 1 der InfDiv „Körner" am 20. April von Döberitz aus in den Raum Nedlitz verlegen soll, um gemeinsam mit der InfDiv „Scharnhorst" am 22. April den Brückenkopf anzugreifen. Doch das Regiment erreicht auf Grund der alliierten Luftüberlegenheit den Aufstellungsraum nicht und kommt an anderer Stelle zum Einsatz.[70]

An der Südflanke des Corps errichtet im Abschnitt des 320th InfRgt in Breitenhagen an diesem Tag das 234th Engr Bn eine zweite Brücke über die Elbe, die später den Namen „Franklin D. Roosevelt Bridge" erhält. Die 113th CavRcnSq der 113th CavGp säubert mit Unterstützung des 83rd Rcn Tp und dem 320th InfRgt den Raum zwischen Saale und Elbe östlich von Calbe. Die Co. G, 2./320 erhält den Auftrag mit einem Plat. leichter Panzer der 113th CavRcnSq von Groß-Rosenburg aus die Orte Patzetz und Sachsendorf zu säubern und das Gut Kolno[71] zu durchsuchen, wo am Vortag der Gefechtsstand des Gren.Rgt. „Scharnhorst 2" gemeldet wurde. Dann sollen sie abschließend nach Zuchau fahren. Die Co. E soll der Co. G von Trabitz nach Patzetz folgen und Rajoch sichern und die Co. F soll an der Rechten entlang der Bahnlinie folgen und den Kontakt zur Co. G in Kolno herstellen. An der Kreuzung der Bahnlinien kommt es zu einem kurzen Gefecht mit einigen deutschen Soldaten, die vom letzten Tag übrig geblieben waren. Dann geht der 83rd Rcn Tp durch ihre Linien der Infanterie und klärt den Abschnitt östlich des Bataillons auf, der feindfrei vorgefunden wird. Co. G und F senden Patrouillen nach Dornbock und Gramsdorf, das ebenfalls unbesetzt ist. Am Abend sichern zwei Plat. der Co. F, 2./320 Gerbitz, das zuvor vom 83rd Rcn Tp gesichert wurde. Das 1./320 säubert Lödderitz und Diebzig und erreicht Kühren. Das 3./320 wird ohne die Co. K und M um 15.00 Uhr (B) dem CCR 2nd US AD unterstellt und verlegt nach Flötz.[72]

Einmarsch der 113th CavRcnSq in Bernburg am 17. April 1945

Filmausschnitte:
168th Signal Photo Co.,
National Archives

Verwundete deutsche Soldaten und Sanitätspersonal erwarten die Amerikaner mit der Rot-Kreuz-Fahne

Ein bewaffneter Marineangehöriger ergibt sich im Lazarett Bernburg

Ein deutscher Sanitäter verjagt spielende Kinder am Tor zum Lazarett

Filmausschnitte:
168th Signal Photo Co., National Archives

Deutsche Kriegsgefangene werden unter Bewachung aus dem Lazarett abgeführt

Pfc. Toni L. Reyes aus San Antonio, Texas fungiert am 17. April 1945 als Dolmetscher bei der Übergabe des Adolf-Hitler-Lazaretts Bernburg an die 113th CavRcnSq
Foto: T/5 Kilian 168th Signal Photo Co., National Archives, SC 392185

Angehörige der 113th CavRcnSq klettern über die beschädigte Saalebrücke in Bernburg
Filmausschnitt:
168th Signal Photo Co., National Archives

Insgesamt ist der Widerstand der Kräfte des I./Gren.Rgt. „Scharnhorst 2“ und des Ln.Ausb.u.Versuchs.Rgt. Köthen im Abschnitt des RCT 320 erloschen.[73] Die Reste haben sich in Richtung Aken zurückgezogen. Dort setzen bereits seit dem Vortag Pioniere der 1. und 2. Kp, Pi.Btl. „Scharnhorst“ die Reste des II./Gren.Rgt. „Potsdam 2“ und der 2. Kp/Gren.Rgt. „Potsdam 3“ über die Elbe, die bei Frenz und Großpaschleben zerschlagen wurden.[74] Kriegsgefangene berichten, das der Kdr I./Gren.Rgt. “Scharnhorst 2“, Hptm. Hoppe, gefallen ist. Unter den Gefangenen befinden sich außerdem Angehörige des Pi.Btl. „Scharnhorst“. Doch die meisten Kriegsgefangenen stammen vom Ln.Ausb.u.Versuchs.Rgt. Köthen unter Oberst Wurm. Das Regiment, das zuletzt der 3. Jagddivision unterstellt war und Ausrüstung für die Luftwaffe getestet hatte, hatte mit 750 Mann zwei Woche zuvor Köthen in mehreren Gruppen zu je zwei Kompanien verlassen und bei Lödderitz, Gerbitz/Zuchau, Latdorf und südlich Bernburg Stellung bezogen. Der Regimentsgefechtsstand befand sich in Aken.[75] Nach Aussagen von Oberst Wurm, der am 19. April *„um 10.00 Uhr alleine auf einer Straße laufend den Panzern entgegen kam und in Kriegsgefangenschaft ging“*, berichtet, dass sein Regiment der InfDiv „Scharnhorst“ unterstellt war und eine Woche zuvor von der Division abgetrennt wurde. Eine seiner Kompanien soll 90 % ihres Personals durch Artilleriebeschuss verloren haben. Nach seinen Angaben hatte er befohlen, keine Ortschaften zu verteidigen und die Panzersperren zu öffnen, so dass 30 bis 40 % seiner Mannschaften vor dem Untergang gerettet wurden. Sein Fahrzeug sei dann beim Verlassen des Abschnitts durch Artillerie zerstört worden, drei seiner Begleiter wären geflohen.[76]

Bei der 1st US Army festigt im Abschnitt des VII. US Corps die 3rd US AD ihren Abschnitt südlich der Elbe und westlich der Mulde und erhält den Auftrag, den wichtigen Knotenpunkt Dessau am Zusammenfluss von Mulde und Elbe einzunehmen, einen Brückenkopf in der Nähe der Stadt zu bilden und diesen nach Süden auszudehnen. Dort gilt es schnellstmöglich die Industrieregion Bitterfeld-Wolfen einzunehmen.

Das CCR, das weiter an der linken Flanke der Division vorgeht, erteilt der TF Richardson um 00.48 Uhr (B) den Auftrag, ab 07.00 Uhr (B) unter Zurücklassung einer Kompanie in Bernburg den Raum Kustrena-Bebitz-Leau-Plömnitz-Baalberge-Kleinpaschleben-Drosa-Wulfen-Micheln-Großpaschleben-Maxdorf zu säubern. Die TF Hogan soll die Orte Porst, Sibbesdorf-Zehringen, Osternienburg, Trebbichau, Aken an der Elbe, Kleinzerbst, Elsnigk, Würflau und den Bereich des Zehringer Waldes säubern. In Aken soll sie nach der Besetzung Kräfte zur Sicherung zurücklassen.

Die TF Hogan, die um 02.00 Uhr (B) auf Funkanfrage die Genehmigung erhält, Lausigk ohne Zurücklassung von Sicherungskräften zu verlassen, versammelt sich in Köthen und beginnt um 06.00 Uhr (B) mit der Säuberungsaktion. Lediglich Sicherungskräfte verbleiben in Köthen. Beim Vormarsch trifft sie gegen 08.00 Uhr (B) in Porst auf eine Straßensperre und Minen, die zuvor vom Pi.Btl. „Potsdam“ verlegt wurden.[77] Nördlich des Ortes eröffnet eingegrabene Infanterie das Feuer. Bis 09.30 Uhr (B) ist der Widerstand überwunden, der Ort gesäubert und die Sperre und Minen sind durch Pioniere geräumt.

Noch während der Ort gesäubert wird, trifft der Befehl des CCR ein, dass die Task Force den Auftrag der TF Richardson mit übernehmen muss. Hierfür sollen zwei Battle Groups, bestehend aus der Co. H, 3./33 und der Co. L, 3./47, und aus der Co. G, 3./33 und der Co. K, 3./47 das ursprüngliche Ziel Aken von Süden und Südosten her angreifen. Eine dritte Battle Group mit den leichten Panzern der Co. C, 1./33 und der Co. I, 3./47 soll den Raum westlich der Linie Köthen–Aken säubern. Eine Gruppe Pioniere erhält in der Zwischenzeit den Auftrag, am Nachmittag die deutschen Minen in Lausigk zu räumen, die am Vortag das 3./33 aufgehalten haben. Um 12.30 Uhr (B) fordert das CCR bei der Division Luftunterstützung an, nachdem die Aufklärung pferdebespannte Artillerie und eingegrabene Infanterie bei Aken gemeldet hat.

Von Porst aus beginnt kurz darauf der Angriff der Hauptkräfte auf Aken. In der Stadt, die trotz der Rüstungsbetriebe in ihrer Umgebung bisher im Wesentlichen vom Krieg verschont geblieben war, haben sich die deutschen Verteidiger auf eine hartnäckige Verteidigung vorbereitet, denn die Akener Elbfähre ist wichtig für die, aus dem Saale-Elbe-Dreieck zurückweichenden, deutschen Kräfte. Und so denken die militärischen und örtlichen Parteiführer, zu denen ein Hptm. Weps, der NSDAP-Kreisleiter Engler aus Schönebeck, NSDAP-Ortsgruppenleiter Großkopf und Polizei-Hptm. Stietling gehören, auch nicht daran, die Stadt kampflos aufzugeben. Anfang April war im gesamten Stadtgebiet mit dem Bau von 13 Panzersperren aus Baumstämmen, Steinen und Erde begonnen worden. An den Stadtzugängen, am Elbufer und am Marktplatz hatte man Schützenlöcher gegraben. Die Eisenbahn- und die daneben befindliche Straßenbrücke der Straße Köthen–Aken über den Landgraben südlich der Stadt, die Landgrabenbrücke nach Kleinzerbst und einige Elbkähne sind zur Sprengung vorbereitet. Im Rathaus hatte man unter Leitung des DRK-Arztes Dr. Meyer ein Behelfslazarett eingerichtet und die Ratsstube in einen OP-Saal umgewandelt. Der örtliche Volksturm unter Leitung von SA-Führer Denecke und dessen Adjutanten Ahrens, der am 12. April alarmiert worden war und mit Gewehren, Panzerfäusten und einem MG ausgerüstet ist, hatte die Panzersperren besetzt, die am 14. April bis auf einen Personendurchlass geschlossen wurden. Nachdem die Sirenen um 15.40 Uhr „Panzeralarm“ auslösen, erwarten die Volkssturmmänner gemeinsam mit den jungen Grenadieren und Artilleristen der Div. „Scharnhorst“, Angehörigen des Ln.Ausb.u.Versuchs.Rgt. Köthen und Versprengten die vorrückenden Amerikaner. Die verängstige Bevölkerung, die am 10. April aufgefordert wurde, ihre Lebensmittel- und Kleiderkartenmarken einlösen, hat in den Kellern Schutz gesucht oder die Stadt verlassen. In den Tagen zuvor war es immer wieder zu Tieffliegerangriffen gekommen und Granaten der amerikanischen und deutschen Artillerie hatten die Stadt überflogen.[78]

Über die genaue Route der beiden Battle Groups gibt es nur ungenaue Angaben. Nach den vorliegenden Unterlagen erfolgt der Vormarsch der Battle Group der Co. H, 3./33 und Co. L, 3/47 über Sibbesdorf-Zehringen, wo sie um 13.40 Uhr (B) gemeldet wird, nach Osternienburg und weiter nach Trebbichau. In Trebbichau, das nach Berichten eines Mitarbeiters des Deutschen Roten Kreuzes, unbesetzt ist, finden sie um 15.56 Uhr (B) eine chemische Fabrik. In einem Hilfslazarett übernehmen sie 63 Verwundete und 31 Ärzte und Sanitätspersonal. Unter den Verwundeten befreien sie auch zwei transportunfähige amerikanische Soldaten.[79] Kurz darauf stoßen sie um 16.10 Uhr (B) in der Ratsheide (Komturheide) auf den Feldflugplatz Aken.[80] In einem angrenzenden Waldstück finden sie mehrere zerstörte Bomber. Der Flugplatz war am 15. April von amerikanischen Tieffliegern angegriffen worden, wobei die abgestellten Flugzeuge zerstört wurden.[81] Die Fliegerhorst-Kdtr. hat sich abgesetzt und geht am 23. April in Gefangenschaft.[82] Unter Zurücklassung von Wachen an der Chemiefabrik wird der Angriff fortgesetzt.

An ihrer Rechten rückt die Battle Group der Co. G, 3./33 und Co. K, 3./47 über Würflau auf Elsnigk vor. Am Ortsrand von Elsnigk kommt es zu einem kurzen Feuergefecht mit deutschen Truppen, die sich schnell ergeben. Dann erreicht die Battle Group Kleinzerbst, wo ein 17jähriger Soldat eine Panzerfaust auf die heran rollende Kolonne abfeuert, die ihr Ziel verfehlt. Er wird durch die Begleitinfanterie erschossen. Sein Grab befindet sich auf dem Friedhof von Kleinzerbst.[83]

Um 16.25 Uhr (B) meldet Hogan an Col. Howze, das er plant, mit den beiden Kolonnen gemeinsam in Aken einzudringen. Doch der Vormarsch kommt nur langsam voran. Die Panzer der Co. G, 3./33 finden die Brücke der Landstraße Kleinzerbst-Aken gesprengt vor und müssen den Landgraben neben der zerstörten Straßenbrücke durchqueren. Erst später wird eine Holz-Behelfsbrücke über den Graben errichtet.[84]

Die Panzer der Co. H, 3./33 werden an der verminten Straßenbrücke der Köthener Chaussee, der heutigen B 187a, über den Landgaben aufgehalten. *„Schlossermeister Karl Müller sollte die Landgrabenbrücke sprengen. Ein junger Leutnant, der dies angeordnet hatte, drohte mit Erschießen. Darauf setzte sich Herr Müller ab und versteckte sich im Haus des Steinmetz Knaust am Friedhof.“*[85] So war es nur zur Sprengung der parallel verlaufenden Eisenbahnbrücke gekommen.

Um 17.15 Uhr (B) nähert sich die rechte Kolonne der Stadt und trifft auf Abwehrfeuer. Deutsche Artillerie feuert von den Höhen bei Steckby, Steutz und Rietzmeck über die Elbe. Amerikanische Tiefflieger greifen ein und belegen die Stadt mit Bordwaffenbeschuss.[86] Der Bürgermeister von Aken, Hansjochen Müller schreibt 2005 im Akener Nachrichtenblatt Nr. 372: *„Den Hauptschaden verursachte jedoch die*

Pioniere der 3rd US AD beim Errichten einer Behelfsbrücke
Foto: "Spearhead in the West – The Third Armored Division 1941-1945", Library of Congress, Katalog No. 80-65-184

deutsche Artillerie von der anderen Elbseite, die mit Eindringen der amerikanischen Panzer die Stadt unter Beschuss nahm." Die linke Kolonne erreicht die Stadt, nachdem Pioniere die Minen an der Brücke geräumt haben.

In der Zwischenzeit fährt die Battle Group der Co. C, 1./33 und der Co. I, 3./47 der TF Hogan mit Unterstützung der Panzerjäger des 3rd Plat. Co. C, 703rd TD Bn über Pißdorf nach Trebbichau, wo sie nach Westen schwenkt. Auf dem Weg nach Micheln besetzen sie eine Fabrik der Neolitwerk Dessau A.G. zur Herstellung von Isoliermaterial für die Elektroindustrie und stoßen auf ein Lazarett, in dem sie sieben verwundete Amerikaner finden, von denen drei zu dem Fernmelde-Kabelbautrupp der Division gehören, der bei Quellendorf in einen Hinterhalt geraten war. Eine SS-Einheit, die nach Kriegsgefangenenaussagen am 16. April abends in Trebbichau und Micheln in Quartier gelegen haben soll, hat sich abgesetzt.[87]

Über Wulfen erreicht die Kolonne Drosa, wo sie gegen 18.00 Uhr (B) auf Widerstand trifft und die Co. C, 1./33 einen Panzer verliert. Um 19.15 Uhr (B) ist der Widerstand überwunden und es geht weiter nach Kleinpaschleben. Hier schwenkt die Kolonne wieder nach Osten ein und erreicht über Trinum um 21.00 Uhr (B) Großpaschleben, wo sie für die Nacht hält.

Während die Panzerkolonnen auf Aken vorrücken, geht die Evakuierung der letzten zurückgehenden deutschen Truppen hinter die Elbe weiter. Mit ihnen setzt sich auch ein Teil der Verteidiger der Stadt ab. Gegen Mitternacht werden die letzten deutschen Artilleriegeschütze mit der Fähre übergesetzt. Die Geschütze waren bei der Flakstellung bei den Alu-Werken auf dem Dessauer Feld östlich der Stadt in Stellung gegangen. Die Flakstellung, die im Winter 1944 zum Schutz gegen alliierte Bomber eingerichtet worden war, war am 15. April, wie der Flugplatz, Opfer der Tiefflieger geworden.[88] Dann wird die Fähre am jenseitigen Ufer unbrauchbar gemacht.[89]

Lt.Col. Hogan, der bereits am Mittag informiert wurde, dass das Corps versucht, Kontakt mit dem XIX. US Corps der 9th US Army an der Nordflanke aufzunehmen, erhält um 20.50 Uhr (B) den Befehl, seine Kräfte unter Zurücklassung einer Kompanie Panzer und einer Kompanie Panzerinfanterie noch in der Nacht aus Aken abzuziehen und in Köthen zu versammeln. Die verbleibenden Kräfte sollen am nächsten Morgen Patrouillen von Aken nach Westen aussenden, um den Kontakt mit der 113th CavGp oder dem 320th InfRgt der 35th US InfDiv herzustellen. Die Hauptkräfte der TF Hogan sollen am nächsten Morgen von Köthen über Rosefeld und Chörau vorrücken und dann in einem Bogen nach Aken zurückkehren und dabei das Gebiet von deutschen Truppen säubern. Die, in Bernburg zurückgelassene, Co. H, 3./36 der TF Richardson soll den Kontakt zur 113th CavGp an der Hauptstraße am Fluss herstellen und hierzu ab 09.00 Uhr (B) im Abstand von zwei Stunden eine Patrouille entlang der Hauptstraße zum Fluss und eine Patrouille nach Nordosten über Latdorf nach Pobzig entsenden. Sollte die Patrouille nach Pobzig auf starken Widerstand stoßen, so soll sie nach Bernburg zurückkehren. Nach Meldungen des XIX. US Corps betreibt die 113th CavGp Straßensperren in Altenburg zwischen Bernburg und Nienburg und bei Strenzfeld, nördlich von Bernburg. Um 22.00 Uhr (B) haben Hogans Kräfte die Hauptkreuzung der Straßen, die nach Aken hineinführen, südlich der Stadt erreicht. Der angetroffene Widerstand lässt erwarten, dass sich die Kämpfe zur Einnahme der Stadt über die ganze Nacht und den nächsten Tag hinziehen werden.[90]

Die TF Richardson verlässt um 06.00 Uhr (B) unter Zurücklassung von Sicherungen Bernburg und erreicht Könnern. Hier wird die Kolonne auf Befehl des CCR um 08.35 Uhr (B) angehalten, um auf weitere Befehle zu warten. Um 09.30 Uhr (B) erhält Richardson den Befehl, in Abänderung des bisherigen Auftrages, zur Route 3 der Division zu marschieren, um dort nach Osten einzuschwenken und das CCB beim Angriff im Raum Bitterfeld-Wolfen zu unterstützen. Um 12.20 Uhr (B) wird die Task Force unter die direkte Führung der Division gestellt und fährt in einen Versammlungsraum bei Hinsdorf. Von dort beginnt sie um 14.00 Uhr (B) mit dem Vormarsch zur Einnahme des Abschnitts Bobbau-Steinfurth-Jeßnitz. Zu diesem Zeitpunkt stehen die Truppen der TF Lovelady nordwestlich von Bobbau im Kampf mit deutschen Truppen, die einen Gegenangriff in diesem Abschnitt führen. Dieser

Gegenangriff wird mit Unterstützung der Artillerie und von Jagdbombern abgeschlagen. Dabei werden zirka acht deutsche Panzer durch Jagdbomber und Beschuss zerstört. Um 16.15 Uhr (B) erhält Richardson, die Meldung dass das 2./415 an der rechten Flanke heftigen deutschen Angriffen bei Sandersdorf ausgesetzt ist und nicht voran kommt. Dennoch setzt die Task Force den Angriff fort und in der Nacht steht die TF Richardson westlich von Bobbau-Steinfurth.[91] Der begleitende 2nd Plat. Co. C, 703rd TD Bn bezieht bei Siebenhausen Sicherungsstellung.

Die TF Orr (TF X) des CCA die eine Linie entlang der R 184 durch die Mosigkauer Heide besetzt, hält den Druck gegen die deutschen Stellungen im Bereich der Einmündung der Straße von Törten und der Hohen Straße in die R 184 aufrecht und beendet bis zum Abend die Säuberung der Mosigkauer Heide, von wo aus immer wieder kleine deutsche Stoßtrupps des Gren.Rgt. „Scharnhorst 3" die amerikanischen Truppen angreifen.[92] Ihr 1./36 erreicht dabei die Eisenbahnstrecke südwestlich von Törten im Bereich Torhaus Bocksbrändchen, wo sie halten. Hier wird der Kontakt zur Battle Group der TF Lovelady hergestellt. Die TF Boles (TF Y) hält während des Tages ihre bisherigen Stellungen. Um 14.30 Uhr (B) wird die Co. A, 83rd Armd Rcn Bn, aus der Unterstellung unter das CCA zum Bataillon gelöst und kehrt am späten Nachmittag zum Bataillon zurück. Das 67th AFA Bn verbleibt in Quellendorf und bildet mit dem 391st AFA Bn, das bisher das CCB unterstützt hat, die 67th AFA GP die sich auf die Feuerunterstützung für den Kampf um Dessau vorbereitet.

Die TF Welborn des CCB, deren Co. E, 2./36 am Morgen mit dem Angriff entlang der Autobahn beginnen sollte, erhält den Befehl, nicht weiter vorzurücken und lediglich Sicherungen am Ostufer zu lassen. Diese sichern bis 18.45 Uhr (B) den Bau der Treadway-Brücke über die Mulde neben der zerstörten Autobahnbrücke und betreiben eine rege Patrouillentätigkeit.

Auf Grund des starken Widerstandes des Gren.Rgt. „Scharnhorst 3" im Raum Törten wird eine Battle Group der TF Welborn aus den Panzern der Co. I, 3./33 unter Capt. Cooper, Panzerinfanteristen der Co. D, 2./36 und einer Section Panzerjäger des 3rd Plat. Co. B, 703rd TD Bn gebildet, und um 09.00 Uhr (B) von der Autobahn südlich der heutigen Siedlung Hagenbreite nach Törten entsandt, um den Ort zu besetzen und dann eine Battle Group der TF Lovelady bei der Einnahme des Bereiches der Einmündungen der Hohen Straße und der Straße von Törten in die R 184 zu unterstützen. Bis 15.00 Uhr (B) ist der Ort gegen Widerstand gesichert. Der Versuch, eine Straßensperre im Bereich der Einmündungen der Hohen Straße und der Straße von Törten in die R 184 einzunehmen scheitert. *„Als sie versuchten, eine Straßensperre an der Kreuzung westlich von Törten zu beseitigen, wurden sie übel zugerichtet und konnten ihre Stellungen nicht halten."* berichtet später Lt.Col. Welborn in einem Interview. Der Angriff wird daraufhin eingestellt und die Gruppe zieht sich zurück. Erst am nächsten Tag soll der Angriff im Zusammenwirken mit dem CCA erneut aufgenommen werden, um Törten und das bebaute Gelände nördlich davon einzunehmen und so die Voraussetzung für den Angriff auf Dessau von Süden her zu schaffen.

Gegen 18.45 Uhr (B) erhält Welborn auf Grund der Festlegung der alliierten Haltelinie am Westufer der Elbe und Mulde den endgültigen Befehl, seine Truppen in der Nacht aus dem Mulde-Brückenkopf zurückzuziehen. Auch die Pioniere, die durch das anhaltende Artilleriefeuer schwere Verluste an Personal und Material erlitten haben, ziehen sich vom Fluss zurück. Sie hatten, nachdem sie die ganze Nacht hindurch den Bau der Brücke fortgesetzt hatten, tagsüber im Schutz von künstlichem Nebel versucht, die Treadway Bridge endlich fertigzustellen. Als sie fast fertig waren, wurden durch einen Artillerieschlag acht Pioniere verwundet und einer getötet. Die eigene Artillerie kann zu diesem Zeitpunkt nicht mehr unterstützen, da der Munitionsvorrat zur Neige geht und für einen möglichen Gegenangriff zurückgehalten werden muss. Selbst Nebelmunition reicht nicht mehr.[93] Die Nachschubtruppen schaffen es auf Grund der hoffnungslos überdehnten Nachschubwege kaum noch, Munition, Treibstoff und selbst Verpflegung in der benötigten Menge heranzuschaffen. Zu weit sind die Häfen in Holland und an der Kanalküste, über die der gesamte Umschlag läuft, weg. So müssen die Versorgungsgüter zu einem großen Teil von Douglas C-47 „Skytrain“ Transportflugzeugen zu den eroberten Einsatzflugplätzen unmittelbar hinter den Angriffsspitzen transportiert werden. Ein gigantisches logistisches Unterfangen, das stets vom Wetter abhängig ist.

Im Abschnitt der TF Lovelady kommt es in der Nacht zu einem deutschen Gegenangriff auf Thurland, Raguhn und Siebenhausen. Der CP der Task Force und die Versorgungstruppen werden gegen 01.30 Uhr (B) in Thurland von deutschen Grenadieren des I./Gren.Rgt. „Hutten 1“ in Stärke von zirka 150 Mann überrannt, die mit Hilfe der Bevölkerung in die Stadt eingesickert sind.[94] Um 02.00 Uhr (B) ist Thurland in deutscher Hand. 117 Angehörige der HQ Co. und des Bataillonsverbandsplatzes geraten in deutsche Gefangenschaft, nur fünf Mann gelingt die Flucht. Später gelingt es einigen weiteren im Schutz der Nacht zu entkommen. Der CO der HQ Co. 2./33, Capt. Aldinger, fällt bei den Kämpfen. Die deutschen Truppen erbeuten zehn bis zwölf Jeeps, einen Sherman-Panzer und zwei bis vier Halftracks M-8.[95] Die geheimen Operationsunterlagen, die sich in einem Halftrack befinden, finden sie jedoch aus unerklärlichen Gründen nicht. Anscheinend ist ihnen nicht bewusst, dass sie einen Gefechtsstand erobert haben. Nördlich der Stadt stellen die Grenadiere des I./Gren.Rgt. „Hutten 1“ den Kontakt zum Füs.Btl. „Hutten“ und dem II./Gren.Rgt. „Hutten 2“ im Haideburger Forst her.

Weniger Erfolg haben die deutschen Truppen in Raguhn und Siebenhausen. Doch vorerst scheint alles wie geplant zu verlaufen. Gegen 04.00 Uhr (B) dringen Angehörige der 14. Kp./II./Gren.Rgt. „Hutten 2“, die den Angriff des I./ Gren.Rgt. „Hutten 1“ unterstützen[96], aus Richtung Marke in Raguhn ein und treffen auf die Battle

Group der Co. B, 1./33 und Co. F, 2./414, die von der einer Section Panzerjäger des 2nd Plat. Co. B, 703rd TD Bn unterstützt wird. Eine Gruppe von zirka 50 deutschen Infanteristen überrascht die Wachen, bevor es den Infanteristen der Co. F, 2./414 gelingt, mit Unterstützung der schweren MG und der Granatwerfer der Co. H den Angriff abzuwehren.[97]

Dann erhält die Battle Group in Raguhn über Funk die Meldung, dass deutsche Panzer im Raum Bobbau-Steinfurth gesichtet wurden. Doch die Panzerjäger können sie aus ihren Feuerstellungen nicht ausmachen. Als der 90mm M 36 Panzerjäger „Jackson" von Sgt. Henry Stellungswechsel macht, gerät in er in das Schussfeld der deutschen Panzer. Jetzt greifen Angehörige der 2. Kp./Gren.Rgt. „Hutten 1" mit Unterstützung von fünf Jagdpanzern „Hetzer" der Pz.Jg.Abt. 3 und dem Feuer von vier Geschützen der 4./II./Art.Rgt. „Hutten" von Südosten, von Jeßnitz und Bobbau aus, die Stadt an.[98] Vier Schuss treffen seinen Panzerjäger und töten Tec5 Frank J. Dollareo und verwunden zwei Mann. Während die Verwundeten geborgen werden, erhalten die anderen Panzerjäger des 2nd Plat. Co. B, 703rd TD Bn den Befehl, in Feuerposition zu gehen und die Section in Raguhn mit ihrem Feuer zu unterstützen. Aus großer Distanz nehmen sie die deutschen Panzer unter Beschuss.[99]

Der AT Plat. und eine Section schwerer MG's der Co. H wehrt in der Zwischenzeit den Angriff der 2. Kp./Gren.Rgt. „Hutten 1" auf Siebenhausen ab.[100] Siebenhauen war bereits schon einmal beim Vormarsch der amerikanischen Truppen auf Raguhn am 15. und 16. April ins Visier amerikanischen Jagdbomber gekommen. Bei deren Beschuss waren vier Scheunen in Brand geraten, vier deutsche Soldaten fielen und einer wurde verwundet.[101] Jetzt kommt es erneut zu Schäden im Ort.

Als die Panzerjäger des 2nd Plat. Co. B, 703rd TD Bn nach der Abwehr des Angriffs am Vormittag nach Steinfurth fahren, geraten sie in einen erneuten Gegenangriff des II./Gren.Rgt. „Hutten 1" bei Bobbau-Steinfurth und werden aus der Flanke unter Beschuss genommen.[102] Die Panzerjäger fahren in Feuerstellung und zerstören einen „Hetzer".[103] Nachdem der Beschuss durch die Deutschen nicht nachlässt, ziehen sich die Panzerjäger auf die zweite Stellung an der Straße Salzfurthkapelle-Raguhn, östlich der RAB 9, zurück. Die deutschen Truppen drücken mit vier Jagdpanzern nach. Ein M 5 Aufklärungsfahrzeug des 1st Plat. Rcn Co. 703rd TD Bn wird getroffen und zwei Mann verwundet. Im Kampf mit nachrückender deutscher Infanterie wird Pfc. James Murray vom Rcn Plat. getötet und zwei Mann verwundet. Der 2nd Plat. Co. B, 703rd TD Bn meldet einen Leichtverwundeten. Kurz darauf gelingt es den Panzerjägern einen zweiten „Hetzer" zu zerstören. Unter dem Abwehrfeuer der verbliebenen deutschen Jagdpanzer gelingen den amerikanischen Panzerjägern keine weiteren Treffer. Erst eingreifende Jagdbomber und die Artillerie der frisch eingetroffenen TF Richardson zerstören am Nachmittag die restlichen Sturmgeschütze und es gelingt den Gegenangriff endgültig abzuwehren.

Bei den Gefechten, bei dem sich die Infanteristen auch mit Bazookas wehren, die sie im Häuserkampf einsetzen, gibt es Tote und Verwundete auf beiden Seiten. Von Capt. J. Sheridan Reilly's Co. H, 2./414 wird Pfc. Mazurek getötet und SSgt. Van Duzer und Pfc. Massad verwundet. Massad erliegt später seiner Verwundung. SSgt. Jones wird beim Häuserkampf versehentlich durch einen eigenen Soldaten erschossen.[104] Die Panzerjäger des 2nd Plat. Co. B, 703rd TD Bn machen 30 Gefangene. Die, bei den Kämpfen um Raguhn gefallenen, deutschen Soldaten finden gemeinsam mit den Gefallenen vom 15. April ihr Grab auf dem Friedhof Raguhn, wo heute ein Gedenkstein an 28 Gefallene erinnert, von denen 24 namentlich bekannt sind.[105] Die amerikanischen Toten werden abtransportiert, unter ihnen Cpl. Goldstein und Pfc. Boatright von der Co. H, 2./414, die am nächsten Tag, dem 18. April, durch eine Granatwerfergranate getötet werden.[106]

Nachdem es Kräften der TF Lovelady von Marke und Schierau aus nicht gelingt, den Truppen in Thurland zur Hilfe zu kommen, entsendet die Division zur Beseitigung des deutschen Einbruchs, der die Aufstellung für den Angriff auf Dessau behindert und die rechte Flanke des CCA bedroht, das 83rd Armd Rcn Bn ohne deren Co. A von Zörbig nach Thurland. Parallel hierzu werden von Raguhn aus die Panzer der Co. B, 1./33 nach Thurland in Bewegung gesetzt.

„Thurland lag in einer natürlichen Senke mitten in der flachen Ebene. Das kleine deutsche Dorf sah friedlich und malerisch aus in der morgendlichen Sonne, die roten Dächer hoben sich gegen die grüne Landschaft ringsherum ab. Es war kein Rauch in der Luft, nichts deutete daraufhin, dass ein offener Kampf bevorstand.“ schreibt der Chronist der 3rd US AD später in dem Buch „Spearhead in the west“.[107]

Doch als die Aufklärer der Co. D, 83rd Armd Rcn Bn unter Capt. Herbert Zimmermann die Außenränder des Ortes erreichen, schlägt ihnen heftiges Panzerfaustfeuer entgegen. Daraufhin ziehen sich die Panzer zurück und fordern Artillerieunterstützung an. Am späten Nachmittag rücken die Aufklärer erneut vor. Nach heftigen Kämpfen, bei denen die deutschen Truppen die erbeuteten Fahrzeuge zum Einsatz bringen, gelingt es den Aufklärern gemeinsam mit Teilen der TF Lovelady bis 21.00 Uhr (B) Thurland wieder unter ihre Kontrolle zu bringen. 112 amerikanische Gefangene der letzten Nacht werden befreit. Andere Teile des 83rd Armd Rcn Bn säubern gemeinsam mit den Panzerjägern des 1st Plat. Co. B, 703rd TD Bn ein Waldstück in der Nähe von Kleinklepzig, anschließend übernehmen die Panzerjäger die Sicherung von Thurland. Um 02.00 Uhr (B) des kommenden Tages kehren die Panzerjäger nach Lingenau zurück und übernehmen erneut die Sicherung des Div.CP. Eine Section der Panzerjäger des 3rd Plat. Co. B, 703rd TD Bn betreibt eine Straßensperre bei Lingenau.

Bei den Kämpfen um Thurland wird das Heidedorf zu 70% zerstört, zirka 62 Amerikaner und 48 deutsche Soldaten finden den Tod. Auch elf Bewohner von Thurland fallen den Kämpfen zum Opfer.[108] Die deutschen Soldaten, von denen 14 für immer unbekannt bleiben, finden ihre Ruhestätte auf dem Thurländer Friedhof.[109] Auf dem Friedhof in Schierau werden 24 deutsche Soldaten beerdigt.[110] Viele der Verwundeten der Kämpfe kommen zum HVP des Gren.Rgt. „Hutten 1" in der Ziegelei Raguhn.[111]

Die Battle Group aus der Co. E, 2./33, der Co. E und zwei Platoon der Co. G, 2./414 setzt im Raum Törten den Vorstoß vom Vortag fort, während die Co. D, 2./33 mit einem Platoon der Co. G, 2./414 Schierau sichert.

Die 104th US InfDiv, die in leichter Abänderung zu den Befehlen in der Nacht, den Auftrag erhalten hat, im Zusammenwirken mit der 3rd US AD an der Linken Bitterfeld und eine Linie entlang der Mulde in ihrem Abschnitt zu nehmen, setzt hierfür das RCT 413 und 415 ein, während des RCT 414 ohne sein 2./414 weiter Halle besetzen soll.

Das 1./413 setzt im Tagesverlauf mit dem 1st Plat. Co. B, 750th Tk Bn die Sicherung des Abschnittes westlich der Saale fort, um einen Ausbruch deutscher Kräfte aus Halle nach Westen zu verhindern. Dann erhält der CO des 1./413 auf dem CP in Zscherben den Befehl, Halle am kommenden Tag zu umgehen und sich östlich der Stadt dem RCT 413 anzuschließen. Während das Bataillon mit der Vorbereitung zur Verlegung beginnt, fährt die Co. B, 1./413 nach am gleichen Tag als Vorhut nach Peißen. Die Panzer, die dem Bataillon unterstellt sind, verlassen 17.00 Uhr (B) Zscherben und fahren nach Passendorf, wo sie sich der Co. A, 1./413 unter 1st Lt. Austin Pohl anschließen, die den Befehl erhalten hat, zur Sicherung des westlichen Saaleufers zurückzubleiben, während das Bataillon am nächsten Tag in einen Sammelraum östlich von Halle verlegen soll. In Passendorf trifft von Möderau kommend gegen 16.00 Uhr (B) auch die Rcn Co. 817th TD Bn ein, die dem Bataillon unterstellt wird. Die Aufklärer beziehen Sicherungen und patrouillieren in Gruppen von je vier gepanzerten Fahrzeugen auf den Straßen westlich der Saale. In der Nähe von Dölau gelingt Angehörigen der HQ Co. 817th TD Bn ein besonderer Fang. Ein 10jähriger Junge hatte Pfc. LeBar auf dessen Frage nach versteckten deutschen Soldaten ein Versteck verraten, in dem sich sieben Offiziere und ein Unteroffizier befinden. Sie werden überrascht und ergeben sich sofort widerstandslos.

Das 2./413 erreicht um 04.00 Uhr (B) Landsberg, wohin die Panzer des 2nd Plat. Co. B, 750th Tk Bn bis 08.30 Uhr (B) folgen. Die Co. F, 2./413 geht nach Hohenthurm. Dorthin gehen auch die Panzerjäger des 2nd Plat. Co. B, 817th TD Bn, die die Ortsausgänge sichern. Die 1st Sect. 2nd Plat. Co. B, 750th Tk Bn und eine Section des 2nd Plat. Co. B, 817th TD Bn unterstützt während des Tages die TF Graber des 2./413 bei der Säuberung der Ortschaften Gütz, Landsberg, Reinsdorf, Reußen, Queis, Klepzig und Zwebendorf. Sie treffen dabei auf keinen Widerstand. Am Abend beziehen sie Verteidigungsstellungen in Landsberg.

Das 3./413 betreibt mit den Panzern des 3rd Plat. Co. B, 750th Tk Bn und dem 1st Plat. Co. B, 817th TD Bn Straßensperren in Reideburg. Dabei kommt es zu einem tragischen Unfall, als ein M-20 Halftrack der Panzerjäger bei der Begleitung eines Tankwagens in ein eigenes Minenfeld gerät. Das Fahrzeug wird zerstört und zwei Soldaten werden getötet. Die Co. A, 87th Cml Mort Bn, die an diesem Tag nicht zum Einsatz kommt, geht mit dem CP und dem 1st Plat. nach Peißen und dem 2nd Plat. nach Hohenthurm. Um 22.00 Uhr (B) verlassen die Panzerjäger Reideburg und übernehmen die Stellungen des 3rd Plat. Co. B, 817th TD Bn in Zöberitz. Der 3rd Plat. Co. B, 817th TD Bn, der nach seinem Eintreffen in Zöberitz dem 3./413 unterstellt worden war und die Straße nach Nordosten, nach Zörbig, gesichert hat, wird um 20.00 Uhr (B) wieder aus der kurzen Unterstellung abgelöst und geht zum RCT 415 nach Zörbig.

Bei der TF Kelleher, RCT 414, die noch immer in Halle gebunden ist, errichtet um 02.00 Uhr (B) das 1./414 mit den Panzerjägern des 1st Plat. Co. A, 817th TD Bn in Büschdorf eine Straßensperre, um den deutschen Truppen in der Stadt die letzte Fluchtroute zu versperren. Nachdem am Abend und in der Nacht kein deutscher Parlamentär zurückgekommen war, um eine Antwort auf die Kapitulationsaufforderung vom Vortag zu überbringen, muss Kelleher davon ausgehen, dass der Kampf ohne Einschränkungen fortgesetzt wird. Im AAR der 104th US InfDiv vom 17. April heißt es: *„Nachdem Graf von Luckners Verhandlungsversuch fruchtlos geblieben war, wurde der mündliche Befehl ausgegeben, nach dem alten Plan anzugreifen.“* [112]

Infanteristen des 3./414 rücken durch die Straßen von Halle vor
Foto: T/4 Carolan 165th Signal Photo Co., National Archives, SC 331993

Als Dr. Gehlen kurz darauf erneut die amerikanischen Linien erreicht und in der Magdeburger Straße (heute Trothaer Straße) auf Kelleher trifft, läuft der Angriff bereits. Gehlen informiert ihn, dass sich die deutschen Truppen hinter die Linie Lindenstraße-Torstraße zurückgezogen haben. Gehlen wird später berichten, dass Kelleher ihm gegenüber betont habe, dass der angedrohte Bombenangriff wirklich stattfinden sollte. Es finden sich jedoch keine eindeutigen Hinweise für einen solchen geplanten Angriff in den amerikanischen Unterlagen. [113]

Um 07.00 Uhr (B) nimmt das 3./414 den Angriff in der Stadt mit Unterstützung der Panzer der Co. C und D, 750th Tk Bn und der Panzerjäger des 3rd Plat. Co. A, 817th TD Bn wieder auf, nachdem klar ist, dass die deutsche Besatzung nicht aufgibt. Das sich der Stab des K.Kdt. nach Süden zurückgezogen hat und ein, in der Stadt befindlicher, SS-Stab die Stadt Richtung Mulde verlassen hat, wissen sie nicht.[114] Artillerie nimmt die Stadt südlich der vereinbarten Linie unter Beschuss. Vorsichtig rücken die Infanteristen gegen leichten Widerstand zur südlichen Innenstadt vor, wo immer mehr weiße Fahnen in den Fenstern hängen. An einzelnen Stellen leisten kleinere Gruppen deutscher Soldaten, Arbeitsdienstmänner und Hitlerjugend Widerstand. Eine kleine Kampfgruppe der Verteidiger versucht vom „Cafe Rheingold" am Rannischen Platz/Liebenauer Straße 1 aus einen Gegenangriff gegen die amerikanischen Truppen, die aus Richtung Franckesche Stiftung vorrücken. Sie werden zurückgeschlagen. Spitzen der Infanteristen rücken bis zur Vogelweide vor, werden aber von *„fanatischen Hitlerjungen... wieder zum Rannischen Platz zurückgetrieben"*.[115] Am Rannischen Platz wird eine Gruppe von Hitlerjungen von den Amerikanern gefangengenommen, jedoch gleich wieder freigelassen. *„Die Amerikaner hatten uns gefangen genommen, uns aber gleich wieder laufen gelassen. Sie wollten nicht mit Kindern Krieg führen."*[116]

Gegen 14.00 Uhr (B) trifft das 3./414 auf hartnäckigen Widerstand und gerät unter Beschuss automatischer Waffen. Die Panzerjäger, deren Geschütze im Straßenkampf kaum zum Einsatz kommen, unterstützen die Infanteristen der Co. I, 3./414 mit ihren schweren Maschinengewehren. Drei deutsche MG-Nester werden ausgeschaltet und zehn Gefangene gemacht. Das 1./414, das bis zum Mittag gemeinsam mit den Panzerjägern des 1st Plat. Co. A, 817th TD Bn Straßensperren in Büschdorf betrieben hat, rückt ab 14.00 Uhr (B) von Osten in Richtung Hauptbahnhof vor. Nach Straßenkämpfen ist bis zum Tagesende zwei Drittel der Stadt geräumt. Die Front verläuft nunmehr von Passendorf durch die südliche Innenstadt bis östlich des Hauptbahnhofs.

Graf Luckner, der sich nach seiner Rückkehr von den Amerikanern in der vergangenen Nacht im Bunker am Universitätsring mit OB Weidemann und anderen Vertretern der Stadt getroffen hatte, verlässt erneut die Stadt und begibt sich zu den Amerikanern. Er berichtet 1946 in einer halleschen Zeitung, das Rathke die militärische Führung von seinem Verhandlungsversuch unterrichtet hatte und diese ihn darauf-

Denkmal von Georg Friedrich Händel auf dem Marktplatz von Halle vor dem Rathaus
Aufnahme vom 17. April 1945. Gebäudeschäden durch Artilleriebeschuss
Foto: T/4 Myers, 165th Signal Photo Co., National Archives, SC 352574

hin zum Tode verurteilt habe. Vor seiner Verhaftung wäre er vom Polizeioberst Baltersee gewarnt worden, der ihm dann einen Wagen für die Flucht zur Verfügung gestellt habe.

Mit ihm setzen sich weitere Beteiligte der Besprechung ab.[117] Fest steht, dass im Anhang des AAR der 104th US InfDiv zur Tätigkeit der Military Government am 17. April 1945 steht: *„Eine vorbereitende Konferenz wurde durch den SMGO (Senior Military*

Government Officer d.A.) mit dem Bürgermeister von Halle, dem Polizeipräsidenten, dem Polizeichef und Graf von Luckner abgehalten. Alle diese Zivilisten wurden im Nahrungsmittellagerhaus unter Aufsicht gehalten." Das deutet daraufhin, dass sich außer Huhold und Weidemann auch die Polizeioffiziere Baltersee, Balthasar und Rheins mit Luckner abgesetzt haben.[118]

Das gemeinsame Absetzen der Polizeioffiziere, die immerhin das Kommando über 800 Schutzpolizisten und eine unbekannte Anzahl von Feuerschutzpolizisten hatten, ist interessant im Hinblick auf die wahren Beweggründe für den Rückzug der deutschen Truppen hinter die vereinbarte Linie. Bock führt dabei in seinem Buch „Übergabe oder Vernichtung" an, dass gerade diese Polizeioffiziere maßgeblichen Einfluss auf Rathke genommen haben, um ihn zum Rückzug zu bewegen. Deren Polizeitruppe wäre nämlich bei einer Bombardierung der Stadt aus der Verteidigung herausgefallen, um die Ordnung in der Stadt aufrechtzuhalten. Doch die vorliegenden Berichte deuten eher daraufhin, dass die Polizei keinerlei Rolle bei der Verteidigung der Stadt spielte. Es scheint wohl eher so gewesen zu sein, dass der Antrag von Dr. Seeland zur Rücknahme der Front zum Schutz der Lazarette für Rathke der Auslöser war, um seine schwachen Kräfte nach Süden zurückzunehmen ohne den Kampf um die Stadt zu beenden und damit gegen seine Befehle zu verstoßen.

Das 1./415 geht um 06.00 Uhr (B) mit dem 1st Platz. Co. A, 750th Tk Bn und dem 3rd Plat. Co. C, 817th TD Bn von Dammendorf nach Roitzsch und bis 07.20 Uhr (B) haben die Infanteristen der Co. A und C den Ort gegen leichten Widerstand besetzt. Anschließend werden die umgangenen Orte Beyersdorf und Glebitzsch durchsucht und keine deutschen Truppen gefunden. Gegen Mittag verlegt der Co.CP der Co. C, 817th TD Bn von Brachstedt nach Glebitzsch. Im Bereich der alten Schäferei nördlich von Roitzsch kommt es zu ersten Feuergefechten mit der Verteidigung von Bitterfeld.

Nachdem am 15. April Patrouillen des 83rd Armd Rcn Bn die Flakkaserne von Wolfen besetzt hatten, ohne in die Stadt vorzudringen, wo bereits weiße Fahnen aus den Fenstern hingen, hatte am Vortag das Gren.Rgt. „Hutten 3" der InfDiv „Hutten" die Stadt besetzt. Mit ihnen waren auch der geflüchtete Bürgermeister Beyer und der NSDAP-Ortsgruppenleiter Neu zurückgekehrt, die daraufhin den Volkssturm alarmiert hatten. In kürzester Zeit waren die weißen Fahnen wieder verschwunden, nachdem Polizei die Bürger mit Erschießen bedroht hatte. Stattdessen war mit dem Bau von Panzersperren in der Thalheimer und Leipziger Straße begonnen worden.[119]

Das 2./415 greift von Spören, südlich von Zörbig, wo es sich um 00.01. Uhr (B) versammelt hat, im Schutz der Nacht um 01.30 Uhr (B) mit Unterstützung der Panzer des 2nd Plat. Co. A, 750th Tk Bn und der Panzerjäger des 2nd 'Plat. Co. C, 817th TD Bn Sandersdorf und Zscherndorf an. Während die Co. F über Ramsin auf Zscherndorf vorgeht, greift die Co. G und E Sandersdorf direkt an und trifft etwa einen Kilometer vor dem Ort auf starken Widerstand. Mitten in dem Feuergefecht greifen deutsche Truppen die linke Flanke des Bataillons an. Mit Hilfe des Artilleriefeuers des 929th FA Bn, das an diesem Tag 352 Granaten verschießt, kann der Angriff abgewehrt werden. Nach sechs Stunden Kampf wird Sandersdorf gegen 13.00 Uhr (B) besetzt. Inzwischen nimmt die Co. F gegen leichten Widerstand Zscherndorf. Ein Plat. der Co. F geht nach Heideloh, von wo aus der Angriff in die Flanke erfolgt war und trifft nördlich des Ortes auf Infanteristen des I./Gren.Rgt. „Hutten 3“ in Stärke von 60 bis 100 Mann, die sich eingegraben haben und ohne schwere Waffen hartnäckig Widerstand leisten. Bei den Kämpfen fallen vier deutsche Soldaten, unter ihnen der Lt. Freimut Frhr. Schenk zu Schweinsberg.[120] Dann wird der Platoon durch den 104th Rcn Tp abgelöst, der von dem herbeigeeilten 1st Plat. Co. C, 817th TD Bn unterstützt wird. Bei den Kämpfen wird Cpl. Ballone von den Panzerjägern getötet. Zwischen 17.45 und 18.30 Uhr (B) erfolgen drei deutsche Gegenangriffe des Gren.Rgt. „Hutten 3“ gegen Sandersdorf, die alle abgewehrt werden. Insbesondere im Bereich des Vorwerks Wachtendorf kommt es zu schweren Kämpfen, wo 15 deutsche Soldaten fallen. Unter ihnen befinden sich die Oltn. Gottfried Praktel und Helmut Weber. Die Gefallenen werden dort begraben, wo heute die Salegaster Chaussee in die B 184 mündet. [121] Der letzte dieser deutschen Angriffe ist der schwerste und erfolgt durch etwa 150 Mann Infanterie mit Artillerieunterstützung. Der Angriff wird am Ostrand des Ortes zum Stehen gebracht. Bitterfeld wird durch Jagdbomber angegriffen. In der Nacht zieht sich das I./Gren.Rgt. „Hutten 3“ aus Heideloh zurück.[122]

Das 3./415 rückt um 06.00 Uhr (B) mit dem 3rd Plat. Co. A, 750th Tk Bn und dem 1st Plat. Co. C, 817th TD Bn aus dem Raum Brachstedt-Niemberg-Schwerz nach Osten vor und besetzt ohne auf Widerstand zu treffen, die Orte Thiemendorf, Brehna und Wiesewitz.

Brehna, wo nach Auslösung des 1. Panzeralarms am 15. April Bürger weiße Fahnen gehisst hatten, hat Glück im Unglück. Bereits unmittelbar nach dem Heraushängen der weißen Fahnen wurden diese unter Androhung von Gewalt durch die SS wieder heruntergeholt. Dann hatte der örtliche Volkssturm unter Aufsicht einer SS-Fahnenjunkereinheit am Ortseingang im Bereich der R 100 Panzergräben errichten müssen. Ein Volkssturmmann, der die Sinnhaftigkeit dieser Maßnahmen in Frage gestellt hatte, war ebenfalls bedroht worden. Doch in beiden Fällen blieb es bei den verbalen Drohungen. Und letztendlich war die SS-Einheit in Richtung Delitzsch abgerückt, bevor die Amerikaner den Ort erreichen. Schnell hatten die Einwohner die Panzergräben wieder zugeschüttet.[123]

Um 07.30 Uhr (B) wird Kitzendorf besetzt. Dort werden die Panzerjäger um 15.00 Uhr (B) herausgelöst und fahren nach Heideloh, um die TF Laundon, 104th Rcn Tp zu unterstützen. Um 22.00 Uhr (B) geht das Bataillon von Kitzendorf nach Köckern, wo es einen deutschen Gegenangriff abwehren muss. Die unterstützende Co. B, 87th

Cml Mort Bn erreicht über Glebitzsch den Ort Roitzsch, ohne dass ihre Werfer zum Einsatz kommen.

Bei der 9th US InfDiv beginnt das RCT 39 mit den Panzern der Co. C, 746th Tk Bn mit dem Umfassungsangriff nach Norden, um die deutschen Truppen im Harz endgültig nach Osten abzuschneiden. Um 07.00 Uhr (B) starten das 3./39 an der Rechten, das 2./38 im Zentrum und das 1./39 an der Linken mit dem Angriff. Den stärksten Widerstand trifft das 2./39 im Raum Aschersleben an, wo sich die Kämpfe mit deutscher Infanterie, die durch SS und Fallschirmjäger verstärkt wird, über den ganzen Tag hinziehen. Ob es sich bei den Fallschirmjägern um die Reste der Fsch.StGesch.Brig. 111, die bei Bernburg lag, handelt oder ob die Fallschirmjäger zum Fsch.Jg.Gen.Btl. 1 gehören, das nach dem Abrücken der Fsch.Jg.Ers.u. Ausb.Div. zur Oder-Verteidigung durch Umbenennung aus dem Fsch.Jg.Ers.Btl. 1 Aschersleben hervorgegangen war, ist unklar.[124]

Nachweisbar befanden sich jedoch kaum noch Truppen der Garnison Aschersleben, in dem Abschnitt. Das Gren.Ers.Btl. 191, das 1943 nach Aschersleben verlegt hatte, war mit der Div.Nr. 471 mobilgemacht worden und hatte die Stadt verlassen. Die Artillerie-Kaserne, wo 1938 die Aufstellung der II./Art.Rgt. 49 erfolgte, das 1940 die Kaserne wieder verlassen hatte, steht leer. Insbesondere aber die Flakverbände, die einst in Aschersleben stationiert waren und eine große Bedrohung für die amerikanischen Verbände dargestellt hätten, sind längst abgerückt. Aschersleben war 1939 zum Flakstandort geworden, als im August die Aufstellung der Res.Flak.Abt. 461 erfolgte, im Oktober war dann die Flak.Ers.Abt. 4 aus Münster eingetroffen. Während die Res.Flak.Abt. 461 1941 zur Flak.Gr. Harz wurde und 1942 nach Hannover verlegte, wurde aus der, ab Juli 1941 s.Flak.Ers.Abt. 4, im Juni 1942 durch Teilung die Flak.Ausb.Abt. 4 und die Flak.Ers.Abt. 4. Die Flak.Ausb.Abt. 4 verließ Aschersleben und ging nach Holland und die Flak.Ers.Abt. 4 verlegte 1943 nach Iserlohn. 1944 fand dann eine Erdkampfschule der Lw-Flak Erwähnung in Aschersleben. Im März des gleichen Jahres erfolgte im Rahmen des Ausbaus der Reichsluftverteidigung die Stationierung der 2./s.Flak.Abt. 226 und 2./313 aus Westfalen im Raum Aschersleben. Die Batterien gehörten zur 2. Flak.Brig, Flak.Rgt. 52, Flak.Gr. Magdeburg, Flak.UGr. Aschersleben. Ihre Stellungen befanden sich in Welbsleben und Klein Schierstedt. Doch wie schon in Dessau und Bitterfeld-Wolfen erfolgt Ende 1944 ihr Abzug und die Batterien kamen zum Flakschutz von Leuna.[125]

Teile des 2./39 stoßen von Aschersleben entlang der R 85 nach Nordosten vor und besetzt Güsten und Ilberstedt. Die Co. L, 3./39 erreicht Ilberstedt, westlich von Bernburg, und bezieht südlich davon Stellungen. Die Co. I, 3./39 erreicht die Wälder südlich von Aderstedt und säubert den Ort, während die Co. K aus ihren Stellungen, bei Schackenthal, die sie nach Kämpfen am Vormittag eingenommen hatte, bis Güsten vorstößt. Südlich von Staßfurt stellt die Co. K den Kontakt zum XIX. US Corps her. Andere Teile des 3./39 treffen zwischen Ilberstedt und Bernburg auf die Patrouillen der TF Richardson der 3rd US AD. Das 1./39 nimmt aus dem Raum Bräunrode-Ritterode vorgehend mit der Co. A Welbsleben, wo es gemeinsam mit Aufklärern des 9th Rcn Tp Straßensperren errichtet. Bei Neuplatendorf treffen die Infanteristen auf Widerstand, der überwunden wird. Die Co. B errichtet Straßensperren in der Umgebung von Alterode und Stangerode, nachdem es den deutschen Widerstand bei Alterode überwunden hat. Auch das stark verteidigte Ulzingerode wird besetzt. Der 9th Rcn Tp besetzt Harkerode. Bereits am Vortag hatte eine amerikanische Patrouille Angehörige der HJ-Kampfgruppe Ostharz, die sich bei Harkerode und Sylda eingegraben haben, aus ihren Stellungen geworfen und Gefangene gemacht.[126] Jetzt kommt es bei Ulzingerode zu heftigen Kämpfen mit den Hitlerjungen und Fallschirmjägern, die erbitterten Widerstand leisten. Nach hohen Verlusten auf beiden Seiten ziehen sich die deutschen Truppen nach Westen zurück.[127] Bis zum Abend hat das RCT 39 seine Linien zehn Kilometer nach Norden ausgedehnt und steht entlang einer 70 Kilometer langen Frontlinie.

Das RCT 47 erhält den Auftrag, das Gebiet Pansfelde und das Waldgebiet südlich von Ballenstedt, zu säubern. Das 2./47 greift ab 07.00 Uhr (B) nach Norden an, besetzt Pansfelde und Degenershausen und erreicht mit seinen Vorauskräften Positionen südlich von Meisdorf, wo es auf vereinzelten Widerstand trifft. Die Co. E steht am Abend in den Wäldern westlich von Degenershausen, die Co. F in Degenershausen und die Co. G sichert Pansfelde. Das 1./47 versammelt sich im Raum Molmerswende.

In Unterstützung des Angriffs des VII. US Corps zerstören Jagdbomber bei Wittenberg eine Lok und dreißig Waggons eines Zuges, die in Flammen aufgehen.

Im Bereich des V. US Corps erreicht die 9th US AD ihr Endziel an der Mulde und nordöstlich von Leipzig und säubert das Gebiet entlang des Flusses. Das CCB bewegt sich aus dem Raum Leulitz-Polenz nach Nordwesten. Das 52nd AIB erreicht den Raum Pehritzsch-Weltewitz-Jesewitz. Dann werden die Orte Gallen, Kospa, Zschettgau, Liemehna, Mutschlehna und Gottscheina besetzt.

Das, dem CCB unterstellte, 3./38 der 2nd US InfDiv fährt nach Püchau, wo es den Auftrag erhält nach Norden und Nordosten anzugreifen. Im Zuge des Vormarsches werden die Orte Kossen, Groitzsch, Wedelwitz, Gotha, Gostemitz, Bötzen und Wölpern besetzt. Das 3./38 hält die erreichten Positionen bis zur Ablösung durch die 69th US InfDiv am 21. April. Die unterstellten Aufklärer des Tp. A, 89th Cav erhalten in der Nacht den Befehl, eine Beobachtungslinie an der linken Flanke des CCB von Brandis bis Hohenheida zu errichten. Am Vormittag erhält auch der Rest des Tp. A den Befehl nach Norden zu fahren und erreicht Püchau. Der 3rd Plat. macht eine Aufklärungspatrouille über Kossen, Gotha, Wölpern und Kospa ostwärts bis in die Nähe der Eisenbahnüberquerung über die Straße Kospa-Eilenburg, dann weiter westlich Eilenburg querfeldein nach Norden bis Rödgen. Hier gerät die Patrouille unter Gewehrbeschuss. Nach einem kurzen Gefecht fahren die Aufklärer weiter nach Pressen, wo sie für die Nacht Stellung beziehen. Das 19th Tk Bn, das dem 52nd AIB nach Norden folgt, erreicht den Raum Jesewitz-Gordemitz und die Co. B und D beziehen Feldposten in Pehritzsch. Am Nachmittag hat das CCB die befohlenen Verteidigungsstellungen nach Osten und Nordosten bezogen. Die Straßen, die aus Leipzig nach Norden und Osten herausführen, sind abgeschnitten.

Im nahegelegenen Eilenburg wird um 10.30 Uhr Panzeralarm ausgelöst, nachdem ein Spähtrupp der K.Gr. Eilenburg die Annäherung der amerikanischen Truppen gemeldet hat. Um 12.30 Uhr schlagen in der Mulde-Stadt die ersten Panzergranaten ein. Die Eisenbahnbrücken werden gesprengt. Doch die Verbände der 9th US AD haben nicht vor, die Stadt anzugreifen. Ein Ultimatum an die Stadt, das vom K.Kdt. Maj. Vogler am nächsten Tag abgelehnt wird, hat daher vorerst keine Folgen.[128] Für Eilenburg beginnt an diesem Tag eine viertägige Gnadenfrist. Erst am 21. April erhalten Verbände der 69th US InfDiv nach der Beendigung der Einnahme von Leipzig den Befehl zum Angriff auf die Stadt.

Die 2nd US InfDiv und 69th US InfDiv setzen die Einnahme der Ausgangsstellungen für den Angriff auf Leipzig mit dem Ziel fort, den Angriff am nächsten Tag im engen Zusammenwirken zu beginnen. Im Abschnitt des RCT 23 2nd US InfDiv setzt das 2./23 den Angriff entlang der Trennungslinie zwischen dem V. und VII. US Corps der 1st US Army fort. Bis zum Morgen sind Dölkau, Horburg, Möritzsch, Kötzschlitz, Dölzig und Kleinliebenau genommen. Das 3./23 folgt dem 2./23. Das 1./23 sichert Günthersdorf, Zschochergen und Priesteblich. Der Regtl.CP verlegt von Wallendorf nach Zöschen. Erst am späten Nachmittag setzt das RCT 23 den Angriff in Richtung Leipzig fort. Das 2nd Bn säubert Rückmarsdorf und das 1st Bn sichert Frankenheim und Lindennaundorf gegen leichten Widerstand. Das 3rd Bn verbleibt als Regtl.Res. in Göhren. Dann rückt das 2nd Bn weiter nach Osten vor und nimmt Burghausen und Gundorf ein. Zwei Kompanien gehen bis Böhlitz und sichern den Ort. Das 3rd Bn folgt in der Regtl.Res. nach Rückmarsdorf und der Regtl.CP erreicht Dölzig.

Südlich von Halle sichern die Kavalleristen der 38th CavRcnSq weiter den Saale-Abschnitt. Dem Tp. B gelingt es ein deutsches MG-Nest mit einer Bazooka zu vernichten. Geschütze des 52nd FA Bn nehmen die vermuteten Stellungen am Ostufer unter Beschuss unter gelegentlichen Beschuss. Am späten Abend haben die Divisionen des V. US Corps ihre Tagesziele erreicht und dem Angriff auf Leipzig steht nun nichts mehr entgegen.

Während im Abschnitt der 12. Armee Leipzig nun endgültig von amerikanischen Truppen eingekreist ist und sich Wenck's Truppen auf die Mulde- und Elbelinie zur Verteidigung zurückgezogen haben, droht die Front zwischen Grimma und Erzgebirge bei einem weiteren Angriff der Amerikaner jederzeit auseinander zu reißen.

Eine Verstärkung der H.K.L. ist nicht mehr möglich. Somit befinden sich die schwachen deutschen Truppen des XC. AK an Mulde und Zschopau mit der näher rückenden sowjetischen Front im Rücken in einer aussichtslosen Lage. Der Kommandierende General des XC. AK, Gen.d.Inf. Petersen[129], hat längst jeden Kontakt zu den Teilen seines Korps zwischen Grimma und Mittweida verloren. Auch zum Stab der 7. Armee besteht keine Verbindung. Da sich die Lage der 7. Armee am Westrand des Erzgebirges ebenfalls weiter verschärft, befiehlt der Oberbefehlshaber der H.Gr. G, Gen.d.Inf. Friedrich Schulz, der 7. Armee eine Umgliederung mit dem Ziel, unter Belassung schwacher Sicherungen des XC. AK an Mulde und Zschopau, die Front der Heeresgruppe im Abschnitt Chemnitz und weiter nordostwärts, entlang der Reichsautobahn 4 verlaufend, zu verstärken. Die verbliebenen Kräfte des Stellv. IV. AK Dresden der 7. Armee stehen entlang der Elbe und sichern nach Osten.

Kriegstagebuch des OKW/WFSt vom 18. April 1945: *Westlich Dessau weiter Druck, dabei schlechte Haltung der Bevölkerung. Südlich Dessau muss die Verbindung mit der Div. „Hutten" wiederhergestellt werden. Diese hat einen Kopf gegen Bitterfeld gebildet. Im Südosten von Halle noch eigene Kräfte...*

Geheime Tagesberichte der Wehrmachtsführung vom 18. April 1945:
AOK 12, Div. „Scharnhorst": *Im Raum Steckby drang der Gegner erneut auf das Ostufer der Elbe vor; die eigene Front musste auf die Linie östlich Kermen, südlich Steckby zurückgenommen werden. Feindkräfte drangen in Aken ein; bei Aken befindet sich noch ein kleiner eigener Brückenkopf. 6 Feindpanzer abgeschossen. Gegen Dessau führte der Feind von Westen Verstärkung heran. Feindliche Angriffe von Süden gegen die Stadt wurden abgewiesen.* ***Div. „von Hutten":*** *Feindkräfte, die entlang der Autobahn nach Nordosten über die Mulde vorgedrungen waren, wurden unter Abschuss von 4 Feindpanzern zurückgeworfen. In harten Kämpfen am Westrand Bitterfeld wurden 2 Feindpanzer abgeschossen.* ***XXXXVIII. PzK:*** *Die tapfer kämpfende eigene Besatzung von Halle wurde durch überlegene Feindkräfte südlich der West-Straße zusammengedrängt. Sie hat Befehl, sich nach Nordosten in den Raum Delitzsch zurückzuschlagen. Gegen Leipzig führte der Gegner konzentrische Angriffe und drang von S bis in das Innere der Stadt vor.*

Am **Mittwoch**, dem **18. April 1945**, fällt im Abschnitt des XIX. US Corps der 9th US Army Magdeburg. Im Abschnitt der 83rd US InfDiv besetzt das RCT 329 Dornbock, westlich der Elbe und das RCT 330 setzt die Säuberung des Harzes fort. Das 2./320 der 35th US InfDiv, das um 17.00 Uhr (B) dem RCT 329 unterstellt wird, löst das 1./330 ab, das ab 12.00 Uhr (B) hinter den Abschnitt des RCT 331 verlegt.

Beim RCT 331 meldet das 1./331 um 04.30 Uhr (B) im rechten Abschnitt des Bataillons, südlich von Badetz, in Flussnähe erste feindliche Aktivitäten vor der Front. Um 06.30 Uhr (B) greifen deutsche Truppen die Co. C an der äußersten rechten Flanke und im Zentrum an und zwingen den vorgeschobenen Platoon wegen der Gefahr der Einkreisung zum Rückzug. Dem Aussagen eines Gefangenen, dass der Angriff in

Bataillonsstärke erfolgt und das hinter den Angreifern Pioniere folgen, um die Pionierbrücke bei Tochheim zur zerstören, glaubt man nicht.

Doch da rollt der letzte deutsche Gegenangriff gegen den Brückenkopf bei Barby bereits. Die Angriffsgruppierung besteht mit Masse aus Versprengten, die bei Aken mit der Fähre die Elbe überquert hatten und im Abschnitt Steutz-Steckby dem I./Gren.Rgt. „Scharnhorst 2" zur Auffüllung zugeteilt wurden. Zu ihnen gehören auch die Reste des II./Gren.Rgt. „Potsdam 2", das bei Crüchten und Großpaschleben aufgerieben wurde. Unterstützt wird der Angriff von fünf Sturmgeschützen und einigen Infanteriegeschützen der 13. Kp/Gren.Rgt. „Scharnhorst 2".[130] Um 08.00 Uhr (B) registriert man deutsche Truppen in Kompaniestärke, gefolgt von einer Reservekompanie, die jedoch im offenen Feld von Artillerie abgewiesen wird.

Die Co. A, 1./331 wird ab 07.30 Uhr (B) von starken Stoßtrupps angegriffen. Als um 08.30 Uhr (B) die Stärke des Angriffs zunimmt, verlassen die, an der Linken der Kompanie eingegrabenen, Panzer und Panzerjäger ihre Stellungen, um die Verteidigung besser unterstützen zu können. Während die Panzer bei diesem Manöver in den aufgeweichten Feldern stecken bleiben, gelingt es den Panzerjägern Feuerstellung zu beziehen und die Angreifer unter Beschuss zu nehmen.

Es gelingt bis 09.00 Uhr (B den Angriff im Abschnitt der Co. C abzuschwächen, doch bei der Co. A geht der Angriff unvermindert weiter. Um 10.00 Uhr (B) wird angesichts der Stärke des deutschen Angriffs der Platoon der Co. A aus Eichholz zurückgezogen. Zwei Panzer des 736th Tk Bn unter Capt. Rodgers kommen der Co. A zu Hilfe. Dabei treffen sie auf zwei deutsche Panzer, die einen Kilometer vor den Stellungen der Co. A auf dem Hauptweg auftauchen und das Feuer eröffnen. Capt. Rodgers Panzer wird getroffen und fällt aus. Dem zweiten Panzer gelingt es, in Deckung zu fahren und die Co. A weiter zu unterstützen. Indessen feuern die beiden deutschen Panzer weiter auf die amerikanischen Linien, verursachen aber nur Baumtreffer. Dann gelingt der deutschen Infanterie ein Einbruch an der rechten Flanke der Co. A zur Co. C und um 11.00 Uhr (B) wird die Co. A gezwungen, sich 750 Meter zurückzuziehen. Nur mit großer Mühe gelingt es der Co. C die offene linke Flanke zu halten.

In der Zwischenzeit wird das 2./331 auf Grund des deutschen Gegenangriffs im Abschnitt des 1./331 alarmiert und verlegt seine Co. E um 12.00 Uhr (B) zur Führung eines Gegenangriffs von Niederlepte nach Hohenlepte. Auch die Co. F übergibt seine Stellungen an die Co. G und geht für einen Gegenangriff unter die Kontrolle des Regimentes nach Badetz. Erst mit der herangeführten Co. F, 2./331 gelingt es, die Lücke zu schließen. Während die Co. F vorübergehend die Verteidigungsstellungen der Co. A übernimmt, reorganisiert sich die Co. A. Ab 12.30 Uhr (B) greifen einige P-47 Jagdbomber 30 Minuten lang die deutschen Truppen an und zwingen die Panzer zum Rückzug. Die deutschen Truppen antworten mit vereinzeltem Artillerie-

und Granatwerferfeuer. Um 13.30 Uhr (B) beginnt die Co. A mit der Übernahme ihres alten Abschnittes und bis 14.30 Uhr (B) gelingt es die alten Stellungen wieder zu besetzen. Im Resultat der Kämpfe werden 46 Gefangene gemacht von denen 13 verwundet sind. 192 Gefallene werden gezählt. Unter den Gefallenen befindet sich der Kdr. des Gren.Rgt. „Scharnhorst 2", Maj. Hans-Joachim Mahlow.[131] Die Führung des Regimentes übernimmt Maj. Busch. Die Reste des Regimentes hatten sich nach den Kämpfen im Saale-Elbe-Dreieck auf Befehl über Aken an das Ostufer der Elbe nach Steutz zurückgezogen und waren dann in Kämpfe mit den amerikanischen Truppen im Raum Steckby verwickelt worden.[132] Weitere Verwundete und Gefallene werden in den Wäldern vor den Stellungen vermutet. An eigenen Verlusten meldet das 1./331 13 Gefallene, 13 Verwundete und 14 Vermisste.

Das 3./331 erhält am Vormittag den Befehl, die Wälder westlich des Abschnittes der Co. C, 1./331 zu säubern und um 11.30 Uhr (B) rückt die Co. L aus. Ohne auf Widerstand zu treffen, erfüllt sie ihren Auftrag. Patrouillen, die um 14.00 Uhr (B) ausgesandt werden, um den Kontakt zur Co. F rechts und zur Co. C vor der Co. L der herzustellen, melden ebenfalls keinen Feindkontakt. Um 18.45 Uhr (B) erfolgt die Ablösung der Co. L durch die eintreffende Co. B, 1./330 und die Co. L bezieht ihre alten Stellungen südlich von Kämeritz. Um 18.00 Uhr (B) erhält das 1./331 den Befehl, seine Verteidigungslinien zu verkürzen, indem die Co. B, 1./330 die rechte Flanke am Fluss übernimmt, die Co. C ins Zentrum der Verteidigung rückt, die Co. A links anschließt und die Co. B die linke Flanke der Verteidigung bildet. In der Nacht erfolgt die Umgliederung.

Ein Angriff von 10 bis 15 deutschen Flugzeugen, die 25 Bomben auf die Pionierbrücke bei Barby abwerfen, verfehlt am Abend sein Ziel. Die Bomben schlagen nicht näher als 250 Meter neben dem Ziel ein und verursachen keine größeren Schäden. Auch der Bereich der Pionierbrücke bei Breitenhagen wird zwischen 21.00 und 21.20 Uhr (B) angegriffen, wobei die Co. K sechs Gefallene verzeichnet.

Das RCT 320, das bereits am Vortag das 3./320 an das CCR der 2nd US AD abgegeben und das 2./320 dem 329th InfRgt unterstellt hat, setzt den Auftrag zur Säuberung des Abschnittes zwischen Saale und Elbe mit dem 1./320 fort und besetzt Dornbock. Dann wird es endgültig von der 113th CavGp abgelöst.

Im Abschnitt des VII. US Corps der 1st US Army setzt die 1st und 9th US InfDiv die Zerschlagung der deutschen Truppen im Harz fort. Die 1st US InfDiv rückt weiter nach Osten und Nordosten vor und stellt den Kontakt mit der 9th US Army her. Die 3rd US AD erhält den Befehl, den Angriff nicht weiter über die Mulde fortzusetzen und die Bildung des Brückenkopfes über die Mulde südöstlich Dessau abzubrechen. Dafür erhält sie den Auftrag, den Raum Greppin-Jeßnitz zu besetzen und die Mulde-Linie südlich von Dessau zu sichern.

Die TF Hogan des CCR setzt nach Mitternacht den Angriff auf Aken fort und meldet, das das Gebiet bis zum östlichen Stadtrand gesäubert ist.[133] Doch in der Stadt sind keine Anzeichen für eine Kapitulation der Verteidiger erkennbar. Auf Grund der unklaren Situation erhält Hogan um 00.30 Uhr (B) den Befehl, die Einnahme erst bei Tagesanbruch ab 06.00 Uhr (B) fortzusetzen.

Während die Panzer und Infanteristen der beiden Battle Groups am Morgen mit der Vorbereitung zur Fortsetzung des Angriffs in die Stadt hinein beginnen, startet die Battle Group der Co. C, 1./33 und der Co. I, 3./47, die in der Nacht von Großpaschleben nach Köthen zurückgekehrt war, mit der befohlenen Säuberungsaktion nordöstlich von Köthen bis nach Aken. Um 07.40 Uhr B) passiert die Kolonne den Ablaufpunkt nördlich von Zehringen und um 09.38 Uhr (B) erreichen sie Rosefeld, von wo sich am Vortag eine Art.Bttr. des Art.Rgt. „Scharnhorst“ abgesetzt hat. Dort kommt ihnen der Weltkrieg-1-Teilnehmer Friedrich Kanzler mit der weißen Fahne entgegen und der Ort wird kampflos besetzt. Von Rosefeld aus geht es über Feldwege nach Reppichau und weiter nach Chörau, die beide ebenfalls kampflos genommen werden. Unterwegs erkannte Eisenbahnwaggons auf der parallel verlaufenden Eisenbahnstrecke von Köthen nach Dessau werden durch Gefechtsaufklärung gesichert. Eine Patrouille, die nach Susigke ausgesandt wird, findet den Ort feindfrei vor. Die Dorfbewohner haben die unbesetzten Panzersperren aus Angst vor Zerstörung geöffnet. Angehörige der 2. Ln.Ers.Kp. Köthen erklären bei ihrer Gefangennahme, dass sie beim Absetzen Richtung Dessau mit einem 1500 Watt Transmitter durch Susigke und Chörau gefahren sind, wo die Zivilbevölkerung die Straßensperren beseitigt und die Soldaten zum weiterfahren aufgefordert hat.[134] Um 10.30 Uhr (B) erreicht die Battle Group die Straße Aken-Dessau und fährt nach Aken, wo sie um 10.55 Uhr (B) ihren Auftrag beendet.[135]

Dort halten die Gefechte noch an, nachdem der Angriff am Morgen nur zögerlich angelaufen war. Erst nach einem Tieffliegerangriff, der erneut zu Schäden führte, hatten die Panzer in Begleitung der Infanterie begonnen, in die Stadt einzudringen. Dabei kommt es an mehreren Stellen zu kurzen Gefechten.

Die Panzer der Co. G, 3./33 erreichen nach einem Schwenk nach Nordosten das Dessauer Stadttor, wo *„beherzte Frauen“* die Sperre beseitigt haben, und rollen auf der Dessauer Straße in die Stadt.[136] Zuvor soll der Akener Kaufmann Korn einen jungen Leutnant und einen Soldaten, die die Sperre verteidigen wollten, von der Sinnlosigkeit ihres Unterfangens überzeugt haben.[137] Als an der Spitze der Kolonne ein Jeep und zwei Panzer über die Dessauer Straße in die Ritterstraße fahren und das Gasthaus „Deutsches Haus“ erreichen, feuert ein Hitlerjunge eine Panzerfaust auf einen der Panzer ab, die jedoch den Panzer verfehlt und die Gaststätte trifft, wobei diese stark beschädigt wird.[138] Infanteristen der Co. K, 3./47, die sich der Panzersperre in der Straße der SA (heute Bärstraße) durch die Häuser nähern, eröffnen das Feuer auf zwei deutsche Soldaten, die hinter der Sperre in Richtung Markt in Stellung gegangen sind. Dabei wird der Fahnenjunker-Unteroffizier Werner Schulz aus Aken getötet und Gerhard Todte aus Aken erhält einen Steckschuss. Er erliegt später seiner Verwundung.[139]

Das Köthener Tor
Foto: Jürgen Möller, 2012

Hogan meldet um 08.52 Uhr (B), das seine Truppen jetzt in Aken im Stadtzentrum stehen und eine Gruppe das Rathaus besetzt hat.[140]. Die Stärke der eigenen Infanteriekompanien des 3./47 liegt nur noch bei 30 bis 40 Mann, die Co. G, 3./33 verfügt noch über acht Sherman Panzer und die Co. H, 3./33 über sechs von ursprünglich 18 Panzern[141]. Am Köthener Tor warten die Panzer der Co. H, 3/33 zwei Stunden, bis Anwohner die Straßensperre beiseite geräumt haben, bevor sie von Süden in die Stadt vordringen. Dabei kommt es in der Köthener Straße und Komturstraße zu kurzen Gefechten. Um 10.40 Uhr (B) erreicht das CCR die Meldung, dass die Osthälfte der Stadt gesäubert ist. In der Westhälfte der Stadt sollen Angehörige der Waffen-SS, aus den Häusern heraus die vorrückenden Amerikaner entlang der Straßenzüge unter Beschuss genommen haben. Doch dies ist unwahrscheinlich. Wenn überhaupt, handelt es sich hier um einige, zumeist blutjunge, Grenadiere und Pioniere der InfDiv „Scharnhorst", die gemeinsam mit einzelnen Angehörigen des örtlichen Volkssturms Widerstand leisten.[142] Die meisten Volkssturmmänner hatten sich in der Nacht abgesetzt. Der Chronist Franz Winkelmann schreibt in der Stadtchronik 1945–1953: *„Der Volkssturm soll versagt haben."*[143]

Zivilisten berichten den Amerikanern gegen 11.30 Uhr (B), dass sich bewaffnete NSDAP-Mitglieder im Schloss Geuz der Familie von Wuthenau aufhalten. Um 13.10 Uhr (B) fordert Lt.Col. Hogan Artilleriefeuer auf die deutschen Stellungen in der Nähe der St. Marien-Kirche an. Dort sichern am Elbtor und in der Hafenstraße letzte deutsche Nachhuten den Rückzugsweg zur Elbe. Auch deutsche Artillerie feuert immer wieder über die Elbe in die Stadt. Eine Aufklärungspatrouille, die während der Kämpfe versucht die Stadt in Richtung Kleinkühnau zu verlassen, gerät unter Beschuss.[144]

Gegen 15.15 Uhr (B) erreicht der CP des CCR von Köthen über Porst und Sibbesdorf die Stadt. Doch der Aufenthalt dauert nicht lange, da das CCR den Befehl der Division erhält, mit dem CP nach Löberitz, nördlich von Zörbig zu verlegen, um dort das Kommando über die Südflanke der Division und über ihre bereits dort befindliche TF Richardson zu übernehmen. Dafür wird die TF Hogan ab 16.50 Uhr (B) vorübergehend unter die Kontrolle der Division gestellt Der CP verlässt Aken um 16.30 Uhr (B) unter deutschem Artilleriebeschuss und erreicht über Köthen, Prosigk, Gnetsch, Radegast und Zörbig um 18.40 Uhr (B) Löberitz.

Zu dieser Zeit sind die Kämpfe in Aken beendet. Um 18.40 Uhr (B) wird westlich von Aken, bei Kühren und Mennewitz, der Kontakt zur 83rd US InfDiv des XIX. US Corps hergestellt, nachdem die Orte ohne Widerstand gesichert wurden. Um 19.00 Uhr (B) wird die Stadt als gesäubert gemeldet. Parallel hierzu trifft der Befehl ein, die Stadt unter Zurücklassung von Sicherungen am nächsten Tag zu verlassen. Bei den Kämpfen um Aken fallen 47 deutsche Soldaten und 11 Einwohner, 87 werden verletzt. Die verwundeten deutschen Soldaten werden im Ratskeller behandelt, während die amerikanischen Sanitäter einen Verbandsplatz in der Knabenschule einrichten. Die nächsten Tage werden für die Akener nicht ruhiger, denn immer wieder kommt es in der Umgebung der Stadt zu Schießereien mit deutschen Soldaten, die einen Weg über die Elbe suchen. In der Stadt kommt es zu Plünderungen, die nur durch das massive Eingreifen der Amerikaner gestoppt werden. [145]

Das CCA hält im Tagesverlauf seine Stellungen im Zentrum der Division. Beim CCB zieht die TF Welborn in den Nacht die Sicherungen des 2./36 aus dem Brückenkopf über die Mulde an der Autobahnbrücke zurück und errichtet Verteidigungsstellungen am Westufer. Die Battle Group der Co. I, 3./33 und der Co. D, 2./36 der TF Welborn, die zur Unterstützung der Battle Group der TF Lovelady um 08.00 Uhr (B) erneut nach Norden angreift, säubert gegen leichten Widerstand kleiner Gruppen des Gren.Rgt. „Scharnhorst 3" *„neben dem alten Teil von Törten auch den nördlichen Teil des Vorortes, die sogenannte Vogelsiedlung, bis zum ehemaligen Schießstand und dem Lerchenweg... Haideburg wurde am gleichen Tag besetzt. Um 15.30 Uhr rollen Panzer..., begleitet von Infanterie, am Torhaus Bocksbrändchen vorbei auf die alte Leipziger Straße."* Nach der Säuberung der Häuser in der Umgebung trifft die Battle Group auf der *„Straße von Törten zur Tempelhofer Straße"* auf erneuten Widerstand. Im Bereich der Einmündungen der Hohen Straße und der Straße von Törten in die R 184 zerstört ein deutsches Panzerjagdkommando einen Panzer.[146] Der Vormarsch kommt zum Stehen. Gegen 17.20 Uhr (B) zieht sich die Battle Group, ohne den Kontakt zur TF Lovelady hergestellt zu haben, nach Törten zurück. Die begleitenden Panzerjäger des 3rd Plat. Co. B, 703rd TD Bn verzeichnen einen Verwundeten durch Artilleriebeschuss.

Der anhaltende Druck auf ihre schwachen Linien zwingt das Gren.Rgt. „Scharnhorst 3" zum Rückzug auf die Linie 1,5 Kilometer westlich Großkühnau – ein Kilometer westlich Alten-Hohe Straße-Törten.[147] Die letzten Teile des II./Gren.Rgt. „Hutten 1" ziehen sich in der Nacht des 18./19. April aus den Wäldern nördlich von Marke zurück. Die 2./Gren.Ers.Btl. 102, die aus Genesenen und Rekruten besteht, übernimmt zwischen Niesau und Schierau die Sicherung.[148]

Während bei der TF Lovelady die Battle Group aus der Co. E, 2./33, der Co. E, 2./414 und zwei Platoon der Co. G, 2./414 den Angriff in der Mosigkauer Heide entlang der R 184 bei Törten fortsetzt, stehen die Hauptkräfte der Task Force weiter im Raum Raguhn. Der unterstellte 2nd Plat. Co. B, 703rd TD Bn errichtet am Bahnübergang der Halleschen Straße in Raguhn eine Panzerabwehrstellung. Dann wird die Battle Group zurückbeordert und fährt nach Raguhn, wo der Flussübergang der Co. E und F, 2./414 über den Westarm der Mulde geplant ist, um den unbesetzten Ostteil der Stadt zu säubern und die Wittenberger Brücke über den Hauptarm der Mulde zur Verhinderung von Gegenangriffen zu zerstören. Von Raguhn aus fährt die Co. G nach Schierau und vereinigt sich dort mit dem Platoon, der mit der Co. D, 2./33 die Stadt sichert. Ein Platoon der Co. D, 2./33 übernimmt die Sicherung von Priorau. Inzwischen überqueren die Co. E und F die westliche Mulde in Raguhn und rücken durch das Stadtzentrum zur Wittenberger Brücke über die Mulde vor.

Die TF Yeomans, 83rd Armd Rcn Bn startet um 11.07 Uhr (B) gemeinsam mit der BG Miller des CCA unter Lt.Col. Clifford L. Miller, dem Co 2./32, bestehend aus einer Kompanie Panzer, einer Kompanie Infanterie und dem 3rd Plat. Co. A, 703rd TD Bn sowie zwei 155mm SFL der TF Orr, einen koordinierten Angriff zur Zerschlagung des Widerstandes im Raum Wolfen-Greppin. Die BG Miller und die Co. A und B, 83rd Armd Rcn Bn greifen ostwärts an und besetzen Rödgen bis 12.00 Uhr (B). Nach schweren Kämpfen wird Thalheim erreicht, das bis 18.00 Uhr (B) gegen leichten Widerstand gesäubert wird. Die 2. Kp./Gren.Rgt. „Hutten 3“, deren Munition aufgebraucht ist, ergibt sich fast ohne Widerstand.[149] Drei deutsche Soldaten fallen bei den Kämpfen.[150] In Thalheim halten die Kräfte für die Nacht. Bei dem Angriff auf Rödgen und Thalheim verlieren die Panzerjäger ein Fahrzeug durch direkten Artilleriebeschuss und drei Mann werden verwundet. Die BG Bradley aus der Co. D, 83rd Armd Rcn Bn, einem Platoon von sechs leichten Panzern und einer Section Panzerjäger greift Reuden an. Dabei wird um 15.30 Uhr (B) der CO 83rd Armd Rcn Bn, Lt.Col. Yeomans bei Zschepkau durch Granatwerferfeuer getötet. Daraufhin übernimmt Maj. Richard L. Bradley das Kommando. Gegen 18.00 Uhr (B) wird Reuden genommen, wo 70 Mann der 2. und 4. Kp./Gren.Rgt. „Hutten 3“ in Gefangenschaft gehen.[151] Kurz darauf erfolgt ein deutscher Gegenangriff mit drei Jagdpanzern „Hetzer“ und zirka 50 Mann aus südöstlicher Richtung auf Reuden, der bis 19.15 Uhr (B) abgewehrt wird.[152] Die Battle Group sichert Reuden für die Nacht.

Lt.Col. Prentice E. Yeomans
Foto: National Archives

An der rechten Divisionsflanke der 3rd US AD wird die TF Richardson, die unter Divisionskontrolle steht, im Abschnitt Bobbau-Steinfurth um 05.20 Uhr (B) von deutschen Truppen in Stärke von 100 Mann Infanterie und drei Panzern angegriffen. Richardson erhält um 05.50 Uhr (B) den Befehl, die Stellung unter Einbeziehung aller verfügbaren Kräfte zu halten. Dennoch muss er sich gegen 09.00 Uhr (B) aus dem Ort zurückziehen. Erneute Versuche, Bobbau-Steinfurth zu besetzen, enden auf Grund des starken Feindfeuers beim letzten Tageslicht an der Westkante des Ortes. Um 20.06 Uhr (B) befindet sich der CP der TF Richardson in Thalheim.

Die Co. H, 3./36 der TF Richardson, die in Bernburg verblieben war, sendet die befohlenen Patrouillen aus und stellt gegen 10.00 Uhr (B) den Kontakt zur 113th CavGp an der Straßenkreuzung der Straße Latdorf-Gerbitz und Nienburg-Groß-paschleben, westlich von Pobzig, her. Um 11.12 Uhr (B) erhält sie den Befehl, sich nach der Ablösung durch ein Engr Bn nach Bobbau zu begeben und sich dort wieder mit der TF Richardson zu vereinigen. Um 12.10 Uhr (B) kommt es zu einem weiteren Kontakt mit den Kavalleristen an der zerstörten Brücke in Bernburg. Capt. Robinson von der Kavallerie überquert den Fluss über die Streben der Brücke Nachdem die Nordflanke in diesem Abschnitt sicher ist, verlässt die Gruppe um 18.00 Uhr (B) nach der Ablösung durch Pioniere Bernburg und vereinigt sich am späten Abend bei Bobbau-Steinfurth mit der Task Force.

Capt. Robinson, 113th CavRcnSq auf der Saalebrücke
Filmausschnitt: 168th Signal Photo Co., National Archives

Am Abend trifft der CP des CCR in Löberitz ein und übernimmt die Führung der Operationen der TF Richardson, BG Miller und TF Bradley. Die Panzerjäger des 1st Plat. Co. C, 703rd TD Bn übernehmen die Sicherung des CP. Während Col. Miller und Maj. Bradley um 20.00 Uhr (B) die Befehle für den nächsten Tag von Col. Howze auf dessen CP persönlich erhalten, wird Hogan der Befehl übermittelt, am kommenden Morgen um 07.00 Uhr (B) Aken unter Zurücklassung eines Platoons leichter Panzer der Co. C, 1./33 und eines Platoons Infanterie des 3./47 zu verlassen und sich über Köthen und Zörbig nach Löberitz zu bewegen. Die Svc Co. des 36th AIB soll der Kolonne folgen.

Um 19.57 Uhr (B) überfliegen neun Me 109 den Abschnitt der 3rd US AD, ohne dass es zu Verlusten kommt. Angesichts des Abwehrfeuers der amerikanischen Flak drehen sie ab. Ein Angriff der amerikanischen Jagdbomber des IX. TAC mit Tauchbomben auf die Eisenbahnbrücke östlich von Greppin schlägt fehl, die Brücke bleibt intakt.[153]

Bei der 104th US InfDiv bildet die Einnahme von Halle, wo *„trotz der aussichtslosen Situation der Feind den fanatischen Widerstand fortsetzt"*[154], an diesem Tag die Hauptaufgabe der Division.

Beim RCT 413 wird in der Nacht die Verlegung des 1./413 in den neuen Abschnitt östlich von Halle abgeschlossen. Als letzte übergibt die Co. C ihren Abschnitt an die Rcn Co. 817th TD Bn. Dann geht das 1./413 und die Panzer des 1st Plat. Co. B, 750th Tk Bn zur Unterstützung der Einnahme von Halle nach Peißen. Dort teilt sich das Bataillon. Die TF Garber, Co. B und C des 1./413, säubert mit der 2nd Sect. 1st Plat. Co. B, 750th Tk Bn die Orte Zwebendorf, Reußen, Klepzig, Kochwitz, Wiedersdorf, Bageritz und Queis. Die 1st Sect. 1st Plat. Co. B, 750th Tk Bn geht nach Klepzig. Am Abend hat das Bataillon den Sammelraum durch Straßensperren gesichert. Die Co. A, 1./413 bleibt mit der Rcn Co. 817th TD Bn am Westufer der Saale, um den Ausbruch deutscher Truppen aus Halle zu verhindern. Der 2nd Plat. sichert mit dem Pioneer Plat. die Umgebung von Schlettau und Angersdorf und der 3rd Plat. geht nach Holleben, wo er im Bereich zwischen dem Mühlengraben und der Saale östlich von Holleben patrouilliert. Das 2./413 hält mit dem 2nd Plat. Co. B, 750th Tk Bn seine Stellungen bei Landsberg und dem 2nd Plat. Co. B, 817th TD Bn in Hohenthurm. Gegen 11.00 Uhr (B) entsendet das Bataillon eine verstärkte Patrouille mit einer Section Panzerjäger in die Orte in der Umgebung von Hohenthurm, die auf keinen Widerstand trifft.

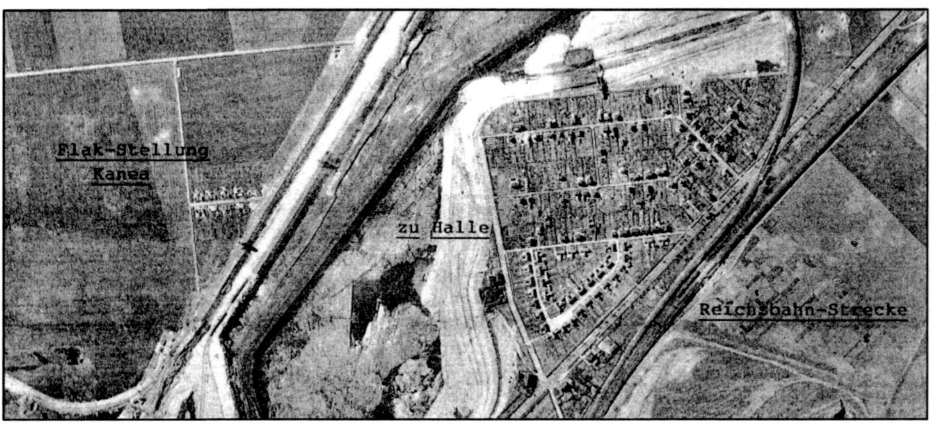

Die Flakstellung Kanena bei Halle am 15. März 1945 — Darstellung: W. Czepluch

Das 3./413 betreibt mit den Panzerjägern des 1st Plat. Co. B, 817th TD Bn bis zum Mittag Straßensperren in Reideburg und wird um 12.00 Uhr (B) ohne die Panzerjäger in einen erhöhten Alarmzustand versetzt, um erneut nach Halle einzudringen. Um 14.00 Uhr (B) wird die Co. K, 3./413 unter Capt. Hayden M. Bower mit den Panzern des 3rd Plat. Co. B, 750th Tk Bn in Marsch gesetzt und am späten Abend sperren sie die Straßen zwischen der Stadt und Kanena. Bis Mitternacht löst die Co. K, 3/413 die Co. B, 1./414 an den sechs Straßensperren in der Südwestecke der Stadt ab. Während die Co. B, 87th Cml Mort Bn, der CP und 2nd Plat. in Peißen verbleiben, verlegt den 1st Plat. nach Reideburg. Dort sichern die Panzerjäger weiter die Zugänge zur Stadt

Die TF Kelleher, RCT 414 setzt um 06.30 Uhr (B) den Angriff im Südteil von Halle gegen starkes Panzerfaust- und Scharfschützenfeuer fort. Vorsichtig rückt das 1./414 in Begleitung der Panzerjäger des 1st Plat. Co. A, 817th TD Bn aus dem Bereich des Hauptbahnhofes nach Westen vor. Das 3./414, bei dem am frühen Morgen der 3rd Plat. Co. A, 817th TD Bn durch den 2nd Plat. Co. A, 817th TD Bn abgelöst wurde, trifft auf schweren Widerstand und liegt unter MG- und Panzerfaustbeschuss.

Infanteristen rennen am 18. April 1945 unter Beschuss durch die Straßen von Halle
Foto: T/4 Carolan, 165th Signal Photo Co., National Archives, SC 270122-1

Allein die Panzerjäger zählen 40 Panzerfaustangriffe, bei denen es aber zu keinen größeren Schäden kommt. Zwei Treffer an ihren M-17 „Hellcat“ Panzerjägern erweisen sich glücklicherweise als Versager und explodieren nicht. Die Infanteristen werden immer wieder in Haus-zu-Haus-Kämpfe verwickelt. Straße für Straße muss kämpfend gesichert werden. Dabei werden mehrere Gebäude durch die Panzerjäger zusammengeschossen. Ein Schulgebäude geht in Flammen auf. Insgesamt vernichten die Panzerjäger des 2nd Plat. Co. A, 817th TD Bn drei MG-Nester, töten 23 Deutsche und nehmen vier gefangen. Außerdem unterstützen sie die Infanteristen bei der Gefangennahme von weiteren 80 Deutschen.

An Nachmittag geht das 3./413 unter die Kontrolle des RCT 414 und löst um 17.30 Uhr (B) Teile des RCT 414 an den Straßensperren östlich und südöstlich der Stadt ab. Die Co. B, 1./414 unter Capt. Charles J. Glotzbach rückt nach der Ablösung nach Nordwesten zur Stadt vor. Bis zum späten Abend hat die TF Kelleher 7/8 von Halle besetzt und über 400 Gefangene gemacht. Kelleher’s Männer stehen auf der Linie Pestalozzipark-Parkgelände am Thüringer Bahnhof.

In der Nacht versammeln sich zirka 400 deutsche Verteidiger von Halle in der Artilleriekaserne in der Merseburger Sträße und brechen von dort aus durch das amerikanisch besetzte Ammendorf nach Osten durch.[155] Der K.Kdt. von Halle, Rathke, hat zu diesem Zeitpunkt längst die Stadt verlassen, denn bereits am 17. April war er in Delitzsch, das zu seinem Verteidigungsbereich gehört, erschienen. Das er danach noch in das umkämpfte Halle zurückgekehrt ist, ist eher unwahrscheinlich.

In der Nacht vom 17./18. April muss das 2./415, das seine Co. F mit dem 2nd Plat. Co. C, 817th TD Bn in der Flankenstellung bei Zscherndorf hat, in Sandersdorf Gegenangriffe aus Richtung Bitterfeld abwehren. Dabei wird es von den Geschützen des 555th AAA (AW) Bn und den Panzern des 2nd Plat. Co. A, 750th Tk Bn unterstützt. Außerdem kommt dem 2./415 die Co. A, 1./415 unter Capt. Bernard F. McKerney zur Verstärkung der Verteidigung nach Sandersdorf zur Hilfe. Der unterstellte 104th Rcn Tp errichtet mit den Panzerjägern des 1st Plat. Co. C, 817th TD Bn eine Straßensperre südlich von Heideloh und verwickelt die deutschen Truppen im Ort in Kämpfe. Ab 06.00 Uhr (B) wird die Co. F zweimal von deutschen Truppen in Stärke von etwa 100 Mann angegriffen. Es gelingt die Angriffe abzuwehren. Um 10.00 Uhr (B) geht ein Platoon der Co. I durch die Stellung des 104th Rcn Tp und nimmt Heideloh und die deutschen Stellungen nördlich des Ortes. Die Deutschen ziehen sich zurück. Um 13.00 Uhr (B) kehrt der Platoon zur Co. I zurück und geht mit ihr nach Brehna. Nach der Abwehr der Angriffe verlegt der 1st Plat. Co. C, 817th TD Bn wieder nach Kitzendorf zum 3./415.

Die Btry. A, 981st FA Bn, unter Capt. William Black, die das 1./415 unterstützt, zerstört gegen 14.00 Uhr (B) mit 23 Schuss, geleitet von einem Artilleriebeobachtungsflugzeug mit dem Piloten 1st Lt. Charles Cooley und dem Beobachter 1st Lt.

Arthur Schelling, die Muldebrücke der R 100 zwischen Bitterfeld und Mühlbeck. Bereits der zweite von drei direkten Treffern zerstört drei Spannen des Nordteils der Brücke. Was die amerikanische Artillerie nicht zerstört, wird durch die Wehrmacht gesprengt. So heißt es in der Schrift *„775 Jahre Bitterfeld, Streifzüge durch die Geschichte einer Stadt"*, dass die alte Muldebrücke an der Alten Mühle (Papierfabrik) am 18. April um 13.30 Uhr durch die Wehrmacht gesprengt wurde. Auf die gleiche Weise erfolgt die Zerstörung der Eisenbahnbrücke über die Mulde beim Muldensteiner Berg.[156]

Zerstörte Eisenbahnbrücke über die Mulde bei Muldenstein nach der provisorischen Reparatur Foto: Archiv R. Stoll, Wolfen

Selbst der Steg über das Muldewehr bei Muldenstein wird gesprengt. Damit sind alle Brücken über die Mulde in diesem Abschnitt zerstört.[157] Am Nachmittag rückt die Co. A und C, 1./415 mit Unterstützung der Panzer des 1st Plat. Co. A, 750th Tk Bn nach Osten und Nordosten vor und bekämpft deutsche Widerstandsnester. In der Nacht stehen die beiden Kompanien in Petersroda. Der Rest des 1./415 und die Co. K, 3./415 halten mit den Panzerjägern des 3rd Plat. C, 817th TD Bn Stellungen bei Roitzsch. Von dort nehmen die Werfer der Co. B, 87th Cml Mort Bn deutsche Infanterie an der Bahnstrecke südlich von Holzweißig unter Beschuss, bevor sie nach Ramsin verlegen. Das 929th FA Bn, das weiter das RCT 415 unterstützt, feuert an diesem Tag 912 Granaten auf deutsche Stellungen, insbesondere bei der Abwehr der deutschen Gegenangriffe bei Sandersdorf. Das 367th FA Bn, das das Feuer des 929th FA Bn verstärkt, verschießt 204 Schuss. Der Artilleriebeschuss, der neben Bitterfeld auch Wolfen trifft, führt in der Stadt zu Schäden. Granaten schlagen in der Leipziger Straße ein. 26 Granaten treffen das Schulgrundstück.[158]

Das 3./415 sichert, ohne die Co. K, mit dem 3rd Plat. Co. A, 750th Tk Bn Straßensperren bei Brehna, Kitzendorf, Thiemendorf und Wiesewitz. Der 3rd Plat. Co. B, 817th TD Bn, der dem RCT 415 unterstellt ist, sichert die Zugänge nach Zörbig.

Am Abend ist General Allen klar, dass der Widerstand im Südteil von Halle erst am kommenden Tag vollständig beseitigt werden kann. Unabhängig davon werden Pläne gemacht, die Co. A, 1./413 am Westufer der Saale abzulösen und den Angriff nach Osten mit drei Regimentern fortzusetzen. An der Linken soll das RCT 415 in der Nacht des 19./20. April Bitterfeld nehmen. Im Zentrum soll das RCT 413 am 20. April fünf Ziele einnehmen und in der Nacht des 20./21. April Delitzsch besetzen. Das RCT 414 soll an der Rechten Halle säubern und sich darauf vorbereiten, am 20. April fünf Ziele östlich der Stadt einzunehmen. Am 21. April soll es dann Schladitz, nördlich von Leipzig erreichen. Die entsprechenden Befehle treffen in der Nacht gegen 01.30 Uhr (B) ein.

Die 4th CavGp des VII. US Corps verlegt an diesem Tag in den Raum Aschersleben und vereinigt sich dort mit der 9th US InfDiv. Im Abschnitt des RCT 39 beginnt das 1./39 um 07.00 Uhr (B) mit dem Angriff nach Westen, während das 2./39 die Säuberung von Aschersleben fortsetzt. Um 11.30 Uhr (B) ist Aschersleben vollständig besetzt. Auch der, ab 1935 ausgebaute, Feldflugplatz der Junkers Flugzeug- und Motorenwerke auf den Seewiesen ist gesichert. In Raum Walbeck finden die Infanteristen vier Lazarette und zwei Fabriken für Flugzeugteile. In der Zwischenzeit kommt das 1./39 gut voran. Um 13.00 Uhr (B) unterstellt die Division dem RCT 39 die 4th CavGp und bildet mit ihr die TF X unter Führung des Stellvertretenden Divisionskommandeurs Brig.Gen. Hammond D. Birks. Diese Task Force besetzt bis zum Abend die Orte Badeborn, Sinsleben, Falkenstein/Harz, Rieder, Frose, Reinstedt und Hoym. Teile der TF X besetzen Quedlinburg.

Im Bereich des V. US Corps beginnt die 2nd und 69th US InfDiv mit dem koordinierten Angriff auf Leipzig, während die 9th US AD ihre Positionen hält. Beim CCB befindet sich das 19th Tk Bn weiter im Abschnitt Jesewitz-Gordemitz und blockiert die aus Leipzig herausführenden Straßen nach Norden und Osten. Das 3./38 hält seine Positionen bei Wölpern und Weltewitz. Das 52nd AIB sichert die Nordflanke des Corps im Abschnitt Kospa, Zschettgau, Mutschlehna, Gottscheina. Der unterstellte Tp. A, 89th CavRcnSq setzt die Sicherung von Püchau fort und entsendet Kontaktpatrouillen. Der 3rd Plat. in Pressen wird beauftragt, die Straßenkreuzung bei Hohenossig zu beobachten und während die Patrouille an der Straße in der Nähe anhält wird sie von einem eigenen Flugzeug angegriffen. Dabei wird ihr Jeep zerstört, zwei Mann werden getötet und einer bleibt vermisst. Eine andere Patrouille des 3rd Plat klärt erneut nach Rödgen auf und trifft auf eingegrabene deutsche Infanterie. Bei der 69th US InfDiv erfolgt der Angriff mit zwei Regimentskampfgruppen von Osten, Südosten und Süden in Richtung des Stadtzentrums von Leipzig. Das RCT 272 der Division greift östlich der Stadt nach Westen an und das RCT 273 greift südlich der Stadt nach Nordwesten an. Das RCT 271 wird für den Kampf um Leipzig der 2nd US InfDiv unterstellt. Für den Vorstoß in das Stadtzentrum wird die TFZ in Liebertwolkwitz bereitgestellt.

Bei der 2nd US InfDiv setzt das RCT 23 die Operation zur Überquerung der Weißen Elster in Richtung des Stadtzentrums von Leipzig mit Unterstützung von Panzern und Panzerjägern fort. Am Nachmittag überschreiten die beiden Bataillone den Fluss und sichern das Ostufer des Flusses gegen hartnäckigen Widerstand und Handwaffenfeuer. Bis 19.00 Uhr (B) hat das RCT 23 seinen Abschnitt gesäubert und den Kontakt zu den benachbarten Einheiten und Teilen der 69th US InfDiv hergestellt. Der Regtl.CP verlässt Rückmarsdorf und erreicht gegen Mittag Leipzig. Zum Ende des Tages hat die 2nd US InfDiv ihre Angriffsziele erreicht und den Westteil von Leipzig besetzt. Während sie ihre Positionen festigt und die Stadtteile nach versteckten deutschen Soldaten durchsucht, gehen für die Verbände der 69th US InfDiv auch in der Nacht die Kämpfe weiter.

Für die, aus Wehrmacht, Polizei, Volkssturm und Hitlerjugend zusammengewürfelten, Verteidiger von Leipzig unter Führung des K.Kdt. Oberst von Poncet, beginnt der letzte Kampf.

An der Trennungslinie zwischen dem V. und VII. US Corps südlich von Halle übernimmt der Tp. B, 38th CavRcnSq gemeinsam mit einem Plat. Tp. A den gesamten Abschnitt der Squadron, während die Hauptkräfte der Squadron die Saale überqueren und der 2nd US InfDiv zum Schutz der Nordflanke des Corps folgen. Der CP geht nach Güntherdorf. Dort wird ihr der Tp. B, 102nd CavRcnSq unterstellt, der durch die Co. E, 2nd Ranger Bn und einen Plat. leichter Panzer verstärkt wurde.

Angesicht des drohenden Zusammenbruchs der vorgeschobenen Verteidigungslinie des XXXXVIII. PzK der 12. Armee ergreift das Korps Maßnahmen zur Stabilisierung der Lage in dem 70 Kilometer breiten Frontabschnitt nach Westen. Hierzu hatte man begonnen, auf Befehl von Edelsheim, auf dem TrÜbPl Zeithain alle unbewaffneten Soldaten im Korpsabschnitt zusammenzulegen und bis zum 18. April hatte man aus ihnen zwei neue Bataillone aufgestellt. Mit ihnen verfügt das XXXXVIII. PzK über fünf Bataillone und zwei Batterien Artillerie entlang der Frontlinie, ein Bataillon in Oschatz und zwei Bataillone in Schildau als Reserve sowie zwei neu aufgestellte Bataillone in Mockrehna aus den Resten der, aus dem Standort Halle zurückgewichenen, Truppen unter dem Kommando des K.Kdt. von Halle, Gen.Lt. Rathke. *„Dem K.Kdt. gelang es nicht, sich befehlsgemäß südlich von Halle mit* *einer Flakgruppe zu vereinigen. Er kämpfte sich mit dem Rest seiner Truppen, etwa 600 Mann, auf die Muldestellung zurück.*"[159] Doch, obwohl diese Kräfte kaum ausreichen, die Front nach Westen zu halten, erhält das Korps in dieser Phase den Befehl der 12. Armee zum Aufbau einer Ostfront im Rücken des Korps an der Schwarzen Elster. Hierfür wird ihm Gen.Lt. Scherer vom AOK der 4. PzA mit Stab in Bad Liebenwerda unterstellt, dem auf Grund der wachsenden Gefahr aus Osten Truppen der Westverteidigung zugeteilt werden. Außerdem erhält er den Korps-Feldgendarmerie-Trupp, um auf der Line Ruhland-Herzberg, an der Schwarzen Elster, eine Auffanglinie für zurückgehende Truppen aus dem Osten aufzubauen. Das XXXXVIII. PzK gliedert sich jetzt in den „Kampfabschnitt Mulde" unter Oberst Köhler, der zusätzlich zwei Batterien leichter Feldhaubitzen aus Annaburg erhält, den „Kampfabschnitt Elbe" unter Gen.Maj. Hermann, den „Kampfabschnitt Schwarze Elster" unter Gen.Lt. Scherer mit zwei Bataillonen und dem Regimentsstab in Prettin-Annaburg und als Reserve des Korps die K.Gr. Halle unter Gen.Lt. Rathke bei Mockrehna, bestehend aus dem Führungsstab und einem InfRgt, sowie den zwei Bataillonen in Zeithain.[160]

In Delitzsch, das bis zum Vortag unter dem Kommando des K.Kdt. Halle, Gen.Lt. Rathke, stand und jetzt dem Kampfabschnitt Mulde untersteht, wird „Panzeralarm" ausgelöst. In der Stadt hatte man bereits am 14. April unter Führung des Stadtkommandant Obstlt. Löser, dem Leiter des Wehrmeldeamtes, mit Schanzarbeiten begonnen. Die Stadt soll durch junge Rekruten eines Art.Ausb.Btl.[161] aus Schlesien, das über keine Geschütze verfügt, verteidigt werden, die in der Stadt in der Mädchen- und der Knabenvolksschule Quartier bezogen hatten. Delitzsch war anfangs des Krieges schon einmal Stationierungsort deutscher Soldaten, als 1940 das I. Btl./InfRgt 192 nach seiner Aufstellung in Dresden in der Stadt stationiert wurde, bevor es an das InfRgt 575 abgegeben wurde.[162] Auf Bitte des Bürgermeisters, die Truppen zum Schutz der Bürger und der mehr als 6000 Flüchtlingen, aus der Stadt abzuziehen, telefoniert Löser mit Rathke. *„Ergebnis war, das er ‚wegen Disziplinlosigkeit' seines Postens enthoben und an seiner Stelle der Bataillonskommandeur – ein Major Glatzel eingesetzt wurde."* Am 15. April erfolgte dann die Sprengung der Einrichtungen des nahegelegenen Fliegerhorstes in der Spröde. Am 16. April kam es erstmals zu einer größeren Anzahl von Opfern in der Stadt, als Jagdbomber den Berliner Bahnhof angriffen. Dabei starben elf Personen. Auch am nächsten Tag, dem 17. April hatte es Todesopfer durch Jagdbomberangriffe gegeben. An diesem Tag war Rathke in Delitzsch auf dem Wehrmeldeamt erschienen, um gegenüber Glatzel und den anwesenden Bürgermeister Scharf, Landrat Meister und dem NSDAP-Kreisleiter Krüger noch einmal ausdrücklich das Halten der Stadt zu fordern. Er erklärt sich jedoch einverstanden, dass die Verteidigungslinie westlich der Stadt eingerichtet wird, um so die Stadt zu schonen. Der Gefechtsstand des K.Kdt. wird im Keller des Rathauses eingerichtet.[163]

Aus dem Führerhauptquartier 19. April 1945. Das Oberkommando der Wehrmacht gibt bekannt:[164] *Die im Südteil von Halle auf engem Raum zusammengedrängte Besatzung behauptet sich weiter gegen alle Angriffe überlegener Kräfte.*

Geheime Tagesberichte der Wehrmachtsführung vom 19. April 1945:
An der Elbefront ging der westlich des Flusses gelegene Teil von Magdeburg verloren. In heftigen Kämpfen konnte der Feind seinen Brückenkopf ostwärts Barby etwas erweitern. Feindangriffe auf den Südrand von Dessau, Westrand Bitterfeld und Südteil Halle wurden abgewehrt. Bei Aken wurden Zivilisten, die offensichtlich den Feind unterstützten, erschossen oder erhängt.

Am **Donnerstag**, dem **19. April 1945** bekämpft das XIII. US Corps der 9th US Army feindliche Truppen, die versuchen, durch ihre Zone zu fliehen.

Das XIX. US Corps behauptet die Verteidigungsstellungen an der Elbe. Teile der 2nd US AD lösen nach der Einnahme von Magdeburg das CCR der 8th US AD in Braunschweig ab und das CCR fährt nach Aspenstedt. Das CCA und CCB der 8th US AD kehrt von der Unterstellung unter das Corps zur Division zurück. Das CCA wird in Seehausen abgelöst und fährt nach Wernigerode, wo es Teile des 330th InfRgt der 83rd US InfDiv ablöst und sich gemeinsam mit dem CCB auf die Räumung des Bereiches Blankenburg vorbereitet.

Im Abschnitt der 83rd US InfDiv erweitert das 1. und 3./329 in Vorbereitung des Angriffs auf Zerbst den Brückenkopf bei Barby um zirka einen Kilometer in der Tiefe. Mit Unterstützung von zwei PzKpfw „Tiger“ und der 10,5cm Geschütze der Div. „Scharnhorst“ bei Zerbst erfolgt am Morgen ein begrenzter Gegenangriff im Abschnitt des 3./329 am Landwehr-Graben bei Töppel, der durch die amerikanische Artillerie abgewiesen wird.[165] Das RCT 320 der 35th US InfDiv übernimmt den Abschnitt des CCR, 2nd US AD an der Linken, was das 2./329 frei macht, das in die Regtl.Res. hinter dem 1st und 3rd Bn folgt. Das CCR geht, verstärkt durch je eine Kompanie Infanterie des 320th, 329th und 330th InfRgt, in der unmittelbaren Nähe der Pionierbrücke in die Reserve zur Abwehr möglicher Gegenangriffe.

Beim RCT 331 baut das 1./331 mit Hilfe der Pioniere seine Verteidigungsstellungen aus. Panzer und Panzerjäger werden eingegraben und Sperren werden angelegt. Um 13.00 Uhr (B) trifft der Befehl ein, dass das 1./330 die Co. C in den Wäldern ablöst und um 16.00 Uhr (B) geht die Co. C in Badetz in die Reserve. Das 2./331 wird lediglich mit deutscher Patrouillentätigkeit konfrontiert und klärt mit eigenen Kräften die deutschen Stellungen westlich von Zerbst auf. Beim 3./331 kommt die Co. I von der Unterstellung unter die 113th CavGp zurück und bezieht Stellungen westlich von Kämeritz. Die Co. L wird dem CCR, 2nd US AD unterstellt. Im Tagesverlauf treffen weitere Artillerieverbände im Abschnitt der 83rd US InfDiv ein und erhöhen die Anzahl der Feldartilleriebataillone auf neun.

Die deutschen Luftaktivitäten gehen weiter und um 05.15 Uhr (B) greifen vier deutsche Flugzeuge den Abschnitt des 1./331 an. Doch die sechs abgeworfenen Bomben richten keinen Schaden an. Ein weiterer Angriff erfolgt um 20.30 Uhr (B) ohne Erfolg. Auch die amerikanische Luftwaffe ist nicht untätig und zerstört an diesem Tag fünf Geschütze zwischen Lindau und Schora, zwei Panzer bei Lübs und die vier Geschütze der 12,8cm Eisenbahnflak bei Lindau.[166]

Die 113th CavGp schließt an der rechten Flanke des Corps auf und die 113th CavRcnSq übernimmt die Sicherung des westlichen Elbufers südlich der Brückenköpfe bei Barby und Breitenhagen.

Im Bereich des VII. US Corps baut die 3rd US AD weiter ihre Positionen im Raum Dessau und an der Mulde aus und setzt gemeinsam mit Teilen der 104th US InfDiv zum entscheidenden Angriff auf Bitterfeld-Wolfen an. Die TF Boles (TF Y) des CCA der 3rd US AD sichert seine bisherigen Stellungen. Der 1st Plat. Co. A, 703rd TD Bn betreibt Straßensperren bei Quellendorf. Aus einer Kompanie Panzer und einer Kompanie Infanterie wird die BG Larnan gebildet, die von Rosefeld aus im Tagesverlauf die Orte Thurau, Zabitz, Maxdorf, Elsdorf, Klietzen säubert, ohne auf Widerstand zu treffen. Auch Pißdorf und Würflau, die bereits von der TF Hogan des CCR in den Tagen zuvor besetzt wurden, werden noch einmal durchsucht. Dabei fällt ihnen südlich von Pißdorf ein Lager mit Flugzeugbomben in die Hände und ein deutscher Oberst wird gefangengenommen. Um 15.25 (B) erreicht die BG Kochstedt, wo sie hält.

Die TF Orr (TF X) des CCA die ohne ihre BG Miller tagsüber die Stellungen gehalten hat, greift von 18.00 bis 21.00 Uhr (B) parallel zur TF Welborn gegen leichten Widerstand im Nordteil der Mosigkauer Heide die deutschen Stellungen im Einmündungsbereich der Hohen Straße und der Straße von Törten in die R 184 an, die 1,5 Kilometer tief in die Front des CCA und CCB hineinragen. Der Vorstoß erreicht mit der linken Flanke sein Ziel, während die rechte Flanke durch starkes Abwehrfeuer im Bereich des Forsthauses Speckinge liegen bleibt. Bei dem Vorstoß wird der Vorgeschobene Artilleriebeobachter des 67th AFA Bn, Lt. Hart, getötet.

Das CCB hält während des Tages seine Stellungen. Die TF Welborn, die tagsüber ihren Abschnitt sichert, verlässt um 19.00 Uhr (B) ihre Stellungen in der Nähe von Törten und bereit sich auf eine neue Aufgabe vor. Die Task Force soll die rechte Flanke des CCA bei dessen Angriff auf Dessau schützen und hierfür das Gebiet zwischen dem Westufer der Mulde und der Stadt säubern. Die Battle Group aus der Co. A, 1./33 und der Co. D, 2./36, die tagsüber Stellungen in Törten hält, setzt unabhängig davon um 18.00 Uhr (B) im Zusammenwirken mit der TF Orr, CCA, den Angriff zur Sicherung der Straße Forsthaus Haideburg-Törten fort und errichtet Straßensperren in diesem Abschnitt. Die Panzerinfanteristen säubern *„das Wohngebiet zwischen Johannisthaler Weg, Stadtweg und Obstmustergarten nördlich der Tempel-*

hofer Straße".[167] In der Nacht geht der Angriff in Richtung der Einmündung der Straße von Törten in die R 184 weiter und die Panzerinfanteristen werden in Haus-zu-Haus-Kämpfe verwickelt, die sich bis zum nächsten Morgen fortsetzen.

In der Zwischenzeit erhält Obstlt. Pick den Befehl, die Verteidigungslinie vor Dessau aufzugeben und sich mit seinen Hauptkräften hinter die Mulde auf die Linie Waldensee-Kleutsch zurückzuziehen.[168] Ab diesem Zeitpunkt bilden die *„700 Mann der H.Na.Schule Zerbst...- in fünf Kompanien gegliedert - südlich von Roßlau im Einsatz"* den Hauptanteil der Verteidigung von Dessau-Roßlau, die unter Führung des Kdr. Pi.Schule I, Gen.Maj. Wilhelm Petersen steht.[169]

Das, der TF Lovelady unterstellte, 2./414, entsendet Patrouillen der Co. E und F entlang des Flussarmes der Alten Mulde aus, die ohne Feindberührung zurückkehren. Der Auftrag der Co. F vom Vortag, zur Wittenberger Brücke vorzustoßen und diese zu zerstören, wird aufgehoben, bevor sie das Ziel erreichen. Jagdbomber P-38 „Lightning" der 430th Squadron der 474th Fighter Group zerstören die Brücke. Ein Angriff der 428th Squadron der 474th Fighter Group auf das Muldewehr nördlich der Brücke scheitert wegen schlechter Sicht. Nach dem Angriff errichten Wehrmachtspioniere einen Notsteg an der Mühle, nahe der Brücke.[170]

Das CCR, das den Auftrag erhalten hat, an der rechten Divisionsflanke die deutschen Truppen aus dem Abschnitt Bobbau-Steinfurth und Wolfen-Greppin zu vertreiben, beginnt in den frühen Morgenstunden mit Unterstützung des 54th AFA Bn bei Wadendorf[171] mit dem Angriff. Dabei bedient sich Col. Howze, wie er später in einem Interview aussagt, mit geringen Abweichungen des Planes, den der gefallene Lt.Col. Yeomans ausgearbeitet hatte, denn *„das Hauptproblem, dem sich Col. Howze gegenüber sah, war, dass er sich über eine Operation orientieren musste, über die er zu diesem Zeitpunkt noch nichts wusste"*.

Damit beginnt an diesem Tag die entscheidende Phase des Kampfes um die Industrieregion Bitterfeld-Wolfen. In Wolfen erwarten die jungen, zum Kampf entschlossenen, Grenadiere der InfDiv „Hutten" und der Wolfener Volksturm unter Hptm. Dr. Senger die Angreifer. Die Bürger haben längst in den Luftschutzbunkern und Kellern Schutz gesucht. Vereinzelte weiße Fahnen, die in den Tagen zuvor zu sehen waren, sind wieder verschwunden. Die Angst vor der Rache fanatischer Nazis ist fast noch größer als die, vor den amerikanischen Jagdbombern und dem Artilleriebeschuss. Und dabei war erst am Vortag durch Beschuss des Wolfener Bahnhofs ein dort haltender Munitionszug explodiert, so dass *„das Wissenschaftliche Azo-Laboratorium der Farbenfabrik sowie der Betrieb Azo-West Farbenversuchsfabrik und die Thiosulfatfabrik fast völlig zerstört"* wurden.[172]

Unmittelbar vor Angriffsbeginn wird die TF Richardson um 04.00 Uhr (B) bei Bobbau-Steinfurth von deutscher Infanterie angegriffen. Dabei wird um 04.10 Uhr (B) ein Fahrzeug durch zwei Panzerfausttreffern zerstört. Dann ziehen sich die Deutschen im Schutz der Dunkelheit zurück. Eine ausgesandte Patrouille gerät unter Beschuss durch eigene Truppen und bricht ihre Mission ab. Um 05.50 Uhr (B) wird eine weitere deutsche Patrouille in Stärke von sechs bis acht Mann entdeckt und sofort unter Artilleriebeschuss genommen. Unmittelbar darauf beginnt der Angriff der Task Force. Um 08.15 Uhr (B) erhält der Chief of Staff der Division die Meldung, dass die Task Force nur langsam vorankommt und in Haus-zu-Haus-Kämpfe verwickelt ist. Sechs Straßensperren behindern den Vormarsch der Panzer und Panzerinfanteristen.[173] Einzelne Widerstandsnester in den Häusern werden durch die Panzerjäger des 2nd Plat. Co. C, 703rd TD Bn mit 90mm Hohlladungsgranaten bekämpft. Im Gegenzug schlagen deutsche Granatwerfer- und Artilleriegranaten im Ort ein. Um 09.35 Uhr (B) hält eine Straßensperre in einer Kurve der R 184 im Nordteil der Stadt die dort vorrückenden Truppen endgültig auf. Auf Grund des starken Widerstandes fordert Lt.Col. Richardson Luftunterstützung an und um 09.45 Uhr (B) greifen Jagdbomber der 365th Fighter Group in die Kämpfe ein. Dennoch geht der weitere Vormarsch gegen anhaltenden Widerstand nur langsam voran. Um 16.00 Uhr (B) stehen die Angriffsspitzen im Nordteil der Stadt in der Nähe der Kirche, wo einschlagende deutsche Granaten das Dach und die Turmspitze der Kirche beschädigen.[174] Richardson meldet wachsenden Widerstand. Der Versuch der Task Force, eine Battle Group über die linke Flanke in den Rücken der deutschen Verteidiger zu bringen, wird durch starken Widerstand verhindert. Am Abend steht die Battle Group östlich Bobbau am Abzweig der Straße nach Jeßnitz.[175] Von dort entsendet sie Patrouillen nach Jeßnitz, um den Zustand der Brücke über das Spittelwasser in Jeßnitz zu erkunden. Doch um 17.45 Uhr (B) kommt die Meldung, dass die Brücke zerstört ist. In Bobbau finden Panzerinfanteristen des 3./36 gegen 20.50 Uhr (B) zwölf Leichen und melden dies an das CCR. Um wenn es sich handelt, ist nicht bekannt. Als Richardson um 21.00 Uhr (B) erneut Meldung an das CCR erstattet, ist Bobbau-Steinfurth erst zur Hälfte besetzt

Die TF Hogan des CCR, die den Befehl erhalten hatte, Aken zu verlassen, fährt um 07.00 Uhr (B) unter Zurücklassung einer Sicherungsgruppe aus einem Plat. Infanterie der Co. I, 3./47, einem Plat. leichter Panzer der Co. C, 1./33 und einer Sect. Panzerjäger des 3rd Plat. Co. C, 703rd TD Bn los. Um 11.00 Uhr (B) vereinigt sie sich in Löberitz mit dem CCR und erhält sofort den Auftrag, das Gelände der Filmfabrik „Agfa Wolfen“ der I.G. Farben südlich der Straße Thalheim-Wolfen zu besetzen. Während der 3rd Plat. Co. C, 703rd TD Bn eine Panzerabwehrriegelstellung bei Thalheim bezieht, greift die Task Force um 13.12 Uhr (B) das Fabrikgelände zwischen Thalheim und Wolfen von Südwesten aus an. Die weit sichtbaren Doppelschornsteine des Kraftwerkes weisen ihnen den Weg.

Im Werk, das seine Arbeit am 14. April, 12.00 Uhr offiziell eingestellt hatte, haben die letzten Mitarbeiter Schutz in den Hochbunkern und Schutzräumen des Werkes gesucht.[176] Die letzten 200 weiblichen KZ-Häftlinge aus dem KZ Ravensbrück, die in der Produktion eingesetzt waren, hatte man am 14. und 17. April gemeinsam mit 115 Französinnen in Richtung Dresden-Pirna evakuiert.[177] Die Stellungen der hauptsächlich leichten 2cm und 3,7cm Flakgeschütze der Heimatflak rings um das Werk und auf dem Werkgelände, die das Werk vor Luftangriffen schützen sollten, sind leer.[178] Dafür haben sich die Infanteristen des Gren.Rgt. „Hutten 2" und der Wolfener Volkssturm, die das Werk am Vortag besetzt hatten, auf dem Werksgelände eingegraben.[179] Am Tor sind zehn Mann unter Führung eins Leutnants in Stellung gegangen. Und das alles, obwohl die Werksleitung versuchen wollte, das Werk vor der Zerstörung zu bewahren. Doch für diesen Versuch hatte man den Direktor des Werkes Ries bereits verhaftet, nachdem die Wehrmacht in Wolfen eingerückt war.[180]

Ansichtskarte des Haupteingangs der Filmfabrik Wolfen 1944 Sammlung B. Hübner

Nach dem Einsatz von Jagdbombern geht am Nachmittag der Angriff im Zusammenwirken mit der TF Bradley, 83rd Armd Rcn Bn und der BG Miller weiter. *„Dabei [bei dem Jagdbomberangriff d.A] traf eine Bombe ein Munitionsdepot, die Explosion wurde mehrere Kilometer im Umkreis verspürt, und eine Rauchwolke stieg über 1500 m hoch in den Himmel."*[181] Gegen 16.45 Uhr (B) haben die Angriffsspitzen 2/3 des Weges geschafft. Der Vormarsch wird durch eine Vielzahl ausgelöster Brände und freigesetzte Chemikalien behindert. Bei der Säuberung des Fabrikgeländes werden 45 Kriegsgefangene gemacht. Zivilisten, die im Sanitätsschutzraum des Werkes Schutz gesucht haben, lässt man in Ruhe.[182] Bis 18.00 Uhr (B) ist das Fabrikgelände und die Umgebung gesichert. Dabei kommt es zu vereinzelten Schießereien, bei denen in der

Eisenbahnstraße ein amerikanischer Soldat vom Schulgelände aus erschossen wird.[183]

Eine Battle Group der TF Hogan, die aus einer Kompanie Panzer und einer Kompanie Infanteristen des 3./47 besteht, fährt an der Linken nach Norden, um die TF Richardson bei Bobbau-Steinfurth zu verstärken. Als die Battle Group einen Viertel des Weges hinter sich hat, trifft die Meldung ein, dass die TF Richardson die Situation bereits weitestgehend geklärt hat und die Battle Group wird angehalten. Bei Einbruch der Dunkelheit steht die TF Hogan zwischen Leipziger Straße und dem heutigen Areal B des Chemieparks sowie westlich der Leipziger Straße. Die Battle Group hält im Bereich der Bahngleise östlich der Steinfurther Straße. Hogans Männer nutzen die Nacht, um sich darauf vorzubereiten, am nächsten Tag das bebaute Gelände zwischen Wolfen und Bobbau-Steinfurth zu säubern.

Die BG Miller, 2./32 der TF Orr, CCA, die am Vorabend dem CCR unterstellt wurde und in der Nacht von Thalheim über Reuden an der Fuhne nach Wolfen verlegt wurde, beginnt um 04.00 Uhr (B) den Angriff nach Südosten. Dabei stoßen sie auf drei deutsche Jagdpanzer, die mit Artilleriebeschuss belegt werden und sich zurückziehen. Um 07.00 Uhr (B) wird Miller informiert, dass er in Kürze mit Luftunterstützung rechnen kann. Noch bevor diese eintrifft, erreichen seine Truppen um 08.15 Uhr (B) die Außenbezirke der Stadt. Die unterstützenden Panzer, die von Westen in die Stadt eindringen, treffen dabei auf die drei deutschen Jagdpanzer der 1./Pz.Jg.Abt. 3, die sofort das Feuer eröffnen. Bei dem nachfolgenden Gefecht wird ein „Hetzer" zerstört.[184] Die Verteidiger des II./Gren.Rgt. „Hutten 3" unter Hptm. Preuss leisten, unterstützt durch einige 7,5cm Infanteriegeschütze, erbitterten Widerstand.[185] Nach dem Einsatz der Jagdbomber gelingt es der BG Miller gegen starkes Infanterie-, Panzerfaust- und Artilleriefeuer um 11.00 Uhr (B) die Nord-Süd-Hauptstraße zu erreichen. Erst am Nachmittag lässt der Widerstand leicht nach. Bis zu diesem Zeitpunkt sind auch die anderen beiden Jagdpanzer „Hetzer" zerstört.[186] Um 19.40 Uhr (B) stellt Miller in Wolfen den Kontakt zur TF Hogan her. Auf dem CP der Task Force in der heutigen Robert-Koch-Straße Quartier, erhält Miller um 22.55 Uhr (B) den Befehl den Angriff am kommenden Morgen um 06.00 Uhr fortzusetzen.

Auch die unterstellte TF Bradley, 83rd Armd Rcn Bn, die den Angriff begleitet, trifft beim Erreichen der Stadt auf starken Widerstand und kommt gegen Infanterie-, Panzerfaust-, Artillerie- und Sturmgeschützfeuer nur langsam voran. Um 18.00 Uhr (B) verlegt der CP des CCR zur Führung des weiteren Angriffs von Löberitz zur Nordostecke von Wolfen und bis 24.00 Uhr (B) sind 4/5 der Stadt besetzt.

Auch die 104th US InfDiv baut ihre Positionen weiter aus und beendet die Besetzung von Halle. Beim RCT 413 der 104th US InfDiv fährt die Co. F, 2./413 mit den Panzerjägern des 2nd Plat. Co. B, 817th TD Bn von Hohenthurm nach Kitzendorf und löst um 15.00 Uhr (B) das 3./415 ab. Das 2./413 verbleibt bis 16.30 Uhr (B) in Landsberg und geht dann bis 18.00 Uhr (B) mit den Panzern des 2nd Plat. Co. B, 750th Tk Bn nach Zschernitz und Doberstau. Die Co. F bleibt mit den Panzerjägern in Kitzendorf. Das 1./413 verbleibt im Raum Klepzig-Queis-Kockwitz. Seine Co. A, 1./413 verlässt das westliche Saaleufer und kehrt in Klepzig zum Bataillon zurück. Das 3./413 setzt die Sicherung der Straßensperren bei Reideburg und Kanena mit den Panzerjägern des 1st Plat. Co. B, 817th TD Bn fort. Die Co. A, 87th Cml Mort Bn wird um 16.0 Uhr (B) aus der Unterstellung gelöst und geht zur Weiterführung des Angriffs zum RCT 415.

Die TF Kelleher, RCT 414, beendet um 10.55 Uhr (B) die fünftägige Eroberung von Halle. Das 1./414 säubert in Begleitung der Panzerjäger des 1st Plat. Co. A, 817th TD Bn den Südwestteil der Stadt und das 3./414 mit dem 2nd Plat. Co. A, 817th TD Bn den Südostteil. Dabei wird noch einmal eine größere Anzahl an Kriegsgefangenen gemacht. Mit 300 Mann, die sich am Morgen in der Stadt ergeben, erhöht sich die Anzahl der Kriegsgefangenen in Halle auf 2640. Unter ihnen befindet sich auch Gen.Maj. De Witt, der in einem Lazarett der Stadt gefunden wird.[187]

Im Halle kann man nun anfangen, die Schäden der Luftangriffe und der Kämpfe in der Stadt zu beseitigen. 3600 Gebäude waren in Mitleidenschaft gezogen worden, die Hallesche Straßenbahn war zusammengebrochen, deren Einrichtungen sind zum Teil schwer beschädigt.[188]

Gedenktafel am Kaufhaus Wöhrl
Foto: Jürgen Möller, 2012

Noch während die Kämpfe in Halle zu Ende gehen, beginnen die ersten Teile der beiden Bataillone mit der Aufnahme des weiteren Angriffs nach Osten. Das 1./414 rückt auf Zwintschöna und Dieskau vor. Dabei zerstören die Panzerjäger des 1st Plat. Co. A, 817th TD Bn zwei umgangene 8,8cm Flak und töten eine Anzahl Deutscher durch Explosivgeschosse. Eine Flakstellung des Flak.Rgt. 33 der 21. Flak.Brig. mit 20 Geschützen wird bei Dieskau gegen leichten Widerstand genommen.[189] Das 3./414 besetzt mit Unterstützung der Panzerjäger Ammendorf und Radewell und macht 150 Gefangene. Der Co.CP der Co. A, 817th TD Bn geht um 17.00 Uhr (B) zum Thüringer Bahnhof in Halle.

Das 1./415 des RCT 415 wehrt am Morgen einen deutschen Gegenangriff ab und erhält dann den Befehl, in einen Sammelraum bei Roitzsch zu verlegen. Von dort aus bekämpft es mit Unterstützung der Panzer des 1st Plat. Co. A, 750th Tk Bn drei MG-Nester 1000 Meter nordöstlich von Petersroda und sichert nach einer Feuervorbereitung der Panzerjäger des 3rd Plat. Co. C, 817th TD Bn mit diesen ohne Gegenwehr die Kreuzung östlich des Ortes. Sechs Deutsche ergeben sich. Dann errichten die Panzerjäger Straßensperren östlich und südöstlich von Petersroda. Um 22.00 Uhr (B) hat die Co. C, 1./415 unter Capt. Herschel W. Swann mit den unterstellten Panzern den Sammelraum gesichert.

Das 2./415 hält mit dem 3rd Plat. Co. B, 817th TD Bn seine Positionen in Sandersdorf und dem 2nd Plat. Co. C, 817th TD Bn in Zscherndorf. Auch das 3./415, das im Raum Kitzendorf Straßensperren mit den Panzerjägern des 1st Plat. Co. C, 817th TD Bn betreibt, wir um 15.00 Uhr (B) abgelöst und geht in den Sammelraum Roitzsch. Die Co. K sichert die Kreuzung der R 184 Delitzsch – Bitterfeld östlich von Petersroda und hält Stellungen südlich Holzweißig. Die Co. I sichert Petersroda und die Co. L Roitzsch. Die Co. B, 87th Cml Mort Bn nimmt aus Feuerstellungen bei Ramsin eingegrabene deutsche Infanterie an dem, parallel zur Griesheimer Straße verlaufenden, Bahngleisen in Bitterfeld unter Feuer. Später geht die Kompanie zur Unterstützung des weiteren Angriffs auf Bitterfeld nach Zscherndorf. Die neu unterstellte Co. A, 87th Cml Mort Bn, die das RCT 415 verstärken soll, verlegt nach Glebitzsch, von wo aus der Co.CP der Co. C, 817th TD Bn um 19.00 Uhr (B) nach Ramsin geht.

Die Muldebrücke der R 100 zwischen Bitterfeld und Mühlbeck, die am Vortag teilweise zerstört wurde, wird gegen 11.00 Uhr (B) erneut von der Btry. A, 981st FA Bn beschossen und erhält zwei weitere Treffer, die sie vollständig zerstören. Gegen 20.10 Uhr (B) werden sieben Me 109 über dem Abschnitt der Division gemeldet, die vom 555th AAA (AW) Bn unter Beschuss genommen werden. Dabei wird ein Flugzeug abgeschossen. In der Nacht laufen die Vorbereitungen auf den Angriff auf Bitterfeld. Der 104th Rcn Tp geht nach Sandersdorf. Der Div.CP geht nach Landsberg. Der Bn.CP des 817th TD Bn eröffnet in Reinsdorf. Die Rcn Co. 817th TD Bn kehrt um 17.00 Uhr (B) vom Westufer der Saale zur Division zurück und übernimmt die Sicherung des Div.CP.

Die Einheiten der TF X der 9th US InfDiv stehen am Abend mit der 4th CavRcnSq in Warnstedt, Weddersleben, Aschersleben und Ballenstedt, mit der 24th CavRcnSq in Neinstedt, der Co. B, 1./39 in Bad Suderode, der Co. A in den Wäldern südwestlich von Stecklenberg und der Co. C im Bereich Ramberg. Das 2./39 hält ohne die Co. G im Bereich zwischen Ramberg und der R 185 Alexisbad-Ballenstedt, nördlich des Abzweigs nach Gernrode. Die Co. G, 2./39 sichert Gernrode und das 3./39 Quedlinburg. Bis zum Abend haben die amerikanischen Truppen den gesamten Südharz und das Ostharzgebiet sowie das östliche Harzvorland bis nach Aschersleben besetzt. Die Masse der, noch im nördlichen Harz kämpfenden, Teile der 11. Armee werden auf kleinstem Raum zusammengedrängt.

Das 116th AAA Gun Bn der 1st US Army, das mit seinen 90mm Geschützen den rückwärtigen Raum des VII. US Corps vor Luftangriffen sichern soll, entdeckt in der Nähe von Wettin einen Jeep des HQ 49th Engr C Bn des VII. US Corps, der von Kugeln durchlöchert ist. Auf die Besatzung finden sich keine Hinweise. Zivilisten berichten, dass das Fahrzeug seit dem 14. April dort steht. Bewohner aus Beesedau, nordöstlich von Alsleben, berichten den Angehörigen der Btry. B, dass sich etwa 300 deutsche Soldaten im Ort befinden, die sich ergeben wollen. Nach kurzen Verhandlungen nimmt ein Offizier der Batterie in Begleitung von vier Mann der Btry. D, 747th AAA (AW) Bn die Übergabe der Orte Beesedau, Kustrena und Großwirschleben entgegen. 263 deutsche Soldaten ergeben sich ihnen und gehen in Gefangenschaft. Insgesamt macht das 116th AAA Gun Bn an diesem Tag 285 Gefangene.

Der 19. April 1945, bringt mit der Säuberung der letzten Widerstandsnester südlich von Leipzig für die Verbände des V. US Corps der 1st US Army das Ende der Kämpfe zur Besetzung des Leipziger Südraumes. Für die 69th US InfDiv nähert sich am Vormittag der Zeitpunkt der Kapitulation der Stadt Leipzig. Die 2nd US InfDiv, die am Vortag ihre Ziele in Leipzig erreicht hat, säubert weiter das Stadtgebiet von Leipzig westlich der Weißen Elster und das Gebiet südwestlich der Stadt. Im Tagesverlauf besetzen die Truppen der 69th US InfDiv die südlichen Randbezirke und das Zentrum von Leipzig und stellen den Kontakt mit der 2nd US InfDiv entlang der Trennungslinie der beiden Division im Stadtgebiet her.

Die Kampfkommandos der 9th US AD setzen ihren Auftrag zur Sicherung der Muldelinie und zur Abschirmung der Zugänge nach Leipzig ohne größere Feindaktivitäten fort. Lediglich einzelne Angriffe aus dem Hinterhalt führen zu örtlich begrenzten Säuberungsaktionen. Beim CCB wird der Tp. A, 89th CavRcnSq am Abend alarmiert, um Verteidigungsstellungen zwischen Priester und Kospa zu errichten. Um 21.00 Uhr (B) verlassen die Aufklärer ihre Stellungen und erreichen um 23.04 Uhr (B) den Lerchenberg nördlich von Gallen wo sie mit der Übernahme der Stellungen beginnen, welche von der Co. A, 52nd AIB gehalten werden. Der unterstellte 1st Plat. Tp. E, 89th CavRcnSq übernimmt in der Nacht eine eingegrabene Verteidigungsstellung nördlich von Liehmena.

Der 38th CavRcnSq der 102nd CavGp, die weiter selbstständig an der nördlichen Flanke des V. US Corps operiert, fällt an diesem Tag Schkeuditz in die Hände. Ohne einen Schuss ergibt sich die Stadt einer fünfköpfigen Aufklärungspatrouille unter Lt. Purobsky der unterstellten Co. A, 2nd Ranger Bn. Nördlich von Schkeuditz wird der Flughafen Halle/Leipzig besetzt, der bei einem Bombenangriff am 16. April 1944 schwer zerstört worden war.[190] Die Bedienungen der 3,7cm Flak 18/37 der lei.Hei.

9/IV ergeben sich kampflos. In mehreren Ortschaften werden die Patrouillen durch winkende Bewohner begrüßt. Der unterstellte Tp. B, 102nd CavRcnSq, der Radefeld angreift, verhindern mit Hilfe der leichten Panzer den Ausbruchsversuch einer Gruppe deutscher Fahrzeuge. Der Tp. B, 38th CavRcnSq folgt der Squadron noch am selben Tag, nachdem sich die letzten deutschen Soldaten im Saale-Abschnitt südlich von Halle nach Osten abgesetzt haben.

Mit der Kapitulation der letzten Kräfte des K.Kdt. Halle und der Besatzung von Leipzig bricht die vorgeschobene Verteidigung des XXXXVIII. PzK der 12. Armee endgültig zusammen. General von Edelsheim schreibt später: *„Die hartnäckige Verteidigung der ‚Vorgeschobenen Stellung' des Halle- Saale-Abschnittes und Leipzig, hatte einen Zeitgewinn von etwa 6 Tagen eingebracht. Dies kam der Vorbereitung der Abwehr am Mulde-Abschnitt zugute. Leider waren die Verteidiger von Halle und Leipzig nicht zurückgekommen. Die Waffen und Soldaten fehlten bei den folgenden Kämpfen."*[191]

Aus dem Führerhauptquartier 20. April 1945. Das Oberkommando der Wehrmacht gibt bekannt: *Im Harz leisten unsere Truppen überlegenen feindlichen Kräften verbissenen Widerstand. Während die auf engstem Raum zusammengedrängte Besatzung von Halle der Übermacht erlegen ist, hielten die in einzelne Kampfgruppen aufgespaltenen Verteidiger von Leipzig weiterhin starken Angriffen stand. Nordöstlich davon wurden an einzelnen Stellen auf das Ostufer der Mulde vorgedrungene Kräfte über den Fluss zurückgeworfen... (Ab dem 20. April 1945 enden die Rundfunkmeldungen über den Kampfraum Halle und Leipzig)*

Geheime Tagesberichte der Wehrmachtsführung vom 20. April 1945:
An der Elbe zwischen Lauenburg und Magdeburg ist die Lage unverändert. Der Kampf um Halle ist beendet, in Leipzig drang der Feind ein.

Erdlageunterrichtung Lw.Kdo. West I H – FS Nr. 248/45 „Geheim" an Lfl.Kdo. 6: *AOK 11: Im Südteil von Halle anhaltende Straßenkämpfe.*

Am **Freitag**, dem **20. April 1945** greift das XIII. US Corps der 9th US Army nach Nordosten in Richtung der Elbe an und erreicht die Linie Esterholz-Schonsorn-Wittingen und entlastet an der Linken britische Einheiten. Im Bereich des XIX. US Corps attackiert die 8th US AD den Ostrand des Harzes. Die 30th US InfDiv sichert den Sektor an der Elbe bei Magdeburg und entlastet Elemente der 2nd US AD innerhalb ihrer Zone. Die 2nd US AD wird im Südteil von Magdeburg und entlang der Elbe bei Schönbeck entlastet und bewegt sich in seine Besatzungszone südlich von Braunschweig. Das CCR der 2nd US AD wird im Abschnitt Barby vom 320th InfRgt der 35th US InfDiv abgelöst und kehrt von seiner Abstellung zur 83rd US InfDiv zur Division zurück.

Bei der 83rd US InfDiv beendet das RCT 330 seinen Säuberungsauftrag am nördlichen Harzrand und beginnt nach der Ablösung durch das CCA, 8th US AD am Nachmittag mit der Verlegung zur Elbe. Am Nachmittag trifft Lt.Gen. Simpson, CG

9th US Army gemeinsam mit Maj.Gen. Macon und Maj.Gen. McClean auf dem CP der CO RCT 329 ein und informiert Lt.Col. Crabill persönlich, das der Angriff auf Berlin an dieser Stelle endet und die Aufgabe des Regiments darin besteht, die Stellungen zu halten, bis die Russen kommen. In der Zwischenzeit trifft das RCT 330 ein und geht hinter dem RCT 320 der 35th US InfDiv in einen neuen Versammlungsraum nach Walternienburg. Der Regtl.CP entfaltet in Walternienburg

Beim RCT 331 setzen die Bataillone den Ausbau der Verteidigung fort. Vor der gesamten Front der Co. A, 1./331 am Kanal südöstlich der Domäne Badetz werden Minen verlegt und vor dem Abschnitt der links anschließenden Co. B zirka 1000 Minen. Beim 2./331 bleibt es bis auf einige Artillerieduelle ruhig. Das 3./331 entsendet um 04.00 Uhr (B) eine Patrouille aus, um eine feindliche Patrouille vor ihren Linien zu stellen und trifft dabei auf eine eigene Patrouille des Co. A, die von der Aufklärung zurückkommt. Eine Patrouille der Co. K, die um 21.15 Uhr (B) nach Steckby aufbricht, trifft 750 Meter vor der Front der Co. A, 1./331 auf eine starke deutsche Patrouille und zieht sich wieder zurück. Ein Zivilist, der erneut nach Zerbst entsandt wird, um die Verteidiger zur Kapitulation aufzufordern, wird mit den Worten *„Zerbst verteidigt sich weiter. Kein Gedanke an eine Übergabe."* abgewiesen. Der Einsatz von zwei Gruppen Kampfschwimmern mit Torpedominen von Steckby aus gegen die Pontonbrücke bei Barby scheitert, eine Gruppe wird entdeckt und gefangengenommen, der Verbleib der zweiten bleibt unbekannt.[192]

Die 113th CavGp wird von ihrer Sicherungsmission an der Flanke entlastet, als das VII. US Corps der 1st US Army an ihrer rechten Seite die Elbe erreicht, verbleibt aber am Westufer der Elbe von Breitenhagen an südwärts.

Col. Robert L. Howze Jr.
CO CCR 3rd US AD
Foto: National Archives

Im Bereich des VII. US Corps der 1st US Army bereitet sich die 3rd US AD auf einen konzentrierten Angriff auf Dessau vor. Hierfür trifft sich am Morgen Brig.Gen. Hickey mit dem CO CCR, Col. Howze und diskutiert mit ihm die Pläne für eine Versammlung des CCR nach der Säuberung der Region Bobbau-Steinfurth-Jeßnitz-Wolfen-Greppin. Die Pläne sehen vor, dass das 83rd Armd Rcn Bn die BG Miller ablösen und dann unter Divisionskontrolle zurückkehren soll. Die BG Miller soll nach der Ablösung zur TF Orr des CCA zurück und das CCR soll sich mit der TF Richardson und Hogan in Reppichau und Chörau versammeln. Von dort soll es auf Befehl der Division mit dem Angriff auf Dessau beginnen. Doch noch halten die Kämpfe im Abschnitt Bobbau-Steinfurth-Jeßnitz-Wolfen-Greppin an.

Die TF Richardson des CCR setzt um 06.00 Uhr (B) den Angriff auf Jeßnitz fort. Der Angriff erfolgt mit einer Battle Group über die linke Flanke und einer zweiten, die direkt auf Jeßnitz vorrückt. Wie am Vortag hält eingegrabene Infanterie des II./Gren.Rgt. „Hutten 2" mit Unterstützung einiger automatischer Waffen und Artillerie den Vormarsch auf. Um 07.20 Uhr (B) trifft die Task Force zirka 200 Meter hinter der Eisenbahnlinie auf Artilleriefeuer. Eine Patrouille wird ausgesandt, um den Zustand der Brücke über das Spittelwasser zu erkunden, erreicht sie aber nicht. Eine zweite Patrouille meldet um 09.10 Uhr (B), das der Widerstand zu groß ist, um bis in die Nähe der Brücke vorzudringen. Bis zu diesem Zeitpunkt sind die beiden Battle Groups kaum voran gekommen. Gegen 11.00 Uhr (B) meldet das CCR, dass bei der TF Richardson ein Panzer durch Panzerfausttreffer zerstört wurde. Um 13.00 Uhr (B) melden die Angriffsspitzen eine starke Explosion aus Richtung der Brücke und um 13.30 Uhr (B) ist es Gewissheit, dass die Brücke gesprengt wurde. Bis zum Abend sind die Spitzen nicht weiter als 400 Meter hinter der Bahnlinie vorangekommen.

Andere Teile der TF Richardson besetzen nach schweren Kämpfen, die sich bis in die Nacht hinziehen, Bobbau-Steinfurth. Auch nördlich der Stadt gehen die Kämpfe während der Nacht weiter und bis 10.00 Uhr (B) gelingt es eine stark verteidigte Stellung an einer Straßenkreuzung der Heidestraße einzunehmen. Die deutschen Truppen ziehen sich zurück. In Bobbau bleiben 72 Soldatengräber mit Gefallenen, der Großteil der Gefallenen mit dem Jahrgang 1926/27, als *„stumme Zeugen der Härte des Kampfes vom April 1945"* zurück.[193] *„Noch lange kündeten Einschläge im Wasserturm und im Kirchturm von den Kämpfen."*[194]

Die TF Hogan setzt um 06.00 Uhr (B) ihren Angriff auf dem Gelände der Filmfabrik Wolfen fort und säubert am Vormittag das restliche Areal gegen vereinzelten Widerstand. Die Battle Group mit der Co. C/1./33, die am Vortag zur Unterstützung der TF Richardson entsandt wurde, verbleibt zwischen Bobbau-Steinfurth und Wolfen in Bereitschaft und stellt gegen 09.05 Uhr (B) den Kontakt zum 3./32 der TF Richardson her. Um 13.20 Uhr (B) erhält Hogan den Befehl zur Verlegung in den geplanten Sammelraum Reppichau-Chörau. Von dort aus soll die Task Force am Nachmittag einen Aufklärungsvorstoß nach Kleinkühnau durchzuführen und die Straße Chörau-Kleinkühnau zu sichern. Nach dem Erreichen des Sammelraumes sendet Hogan von Chörau eine Patrouille aus einem Plat. Panzer der Co. G, 2./33 und einem Plat. Infanterie der Co. K, 3./47 in den Kühnauer Wald, die um 17.05 Uhr (B) auf Widerstand trifft. Doch, obwohl sie 15 Gefangene macht, kommt die Patrouille kaum weiter voran. Erst nachdem sie durch den Rest der beiden Kompanien zur Battle Group verstärkt wird, erreicht sie um 18.30 Uhr (B) den östlichen Rand des Waldes und rückt auf Kleinkühnau vor. Am Westrand des Ortes treffen sie um 19.13 Uhr (B) an einer Sperre auf Widerstand einer Gruppe deutscher Soldaten der 1 Kp./Gren.Ers.u.Ausb.Btl. 487, die von einem Sturmgeschütz unterstützt wird.

Bis 20.30 Uhr (B) ist der Widerstand mit Unterstützung der Artillerie beseitigt und die Battle Group bezieht für die Nacht Sicherung im Westteil des Ortes. Im Schutz der Nacht werden Patrouillen ausgesandt, um den Zustand der Straßen, die nach Dessau führen, aufzuklären.

Die BG Miller, 2./32 setzt um 06.00 Uhr (B) den Angriff auf Greppin fort und trifft um 06.50 Uhr (B) auf eingegrabene Infanterie und Scharfschützenfeuer. Bis 13.15 Uhr (B) ist der Widerstand überwunden und der Südteil von Greppin gesäubert. Dann kehrt die Battle Group unter die Kontrolle des CCA zurück. Ihren bisherigen Abschnitt übernimmt um 14.40 Uhr (B) das 83rd Armd Rcn Bn.

Das 83rd Armd Rcn Bn, das weiter dem CCR unterstellt ist, hat ab 06.00 Uhr (B) die Säuberung im Raum Wolfen-Greppin gegen anhaltenden Widerstand fortgesetzt. Dabei setzen die Aufklärer der Co. D, 83rd Armd Rcn Bn auch eine Anzahl erbeuteter deutscher Panzerfäuste ein. Pvt. A. R. Crutcher gelingt es bei den Kämpfen um ein hartnäckig verteidigtes Stück Feld und Wald in der Nähe der Filmfabrik ein deutsches Widerstandsnest in einem kleinen Haus zwischen den Bäumen mit einer Panzerfaust auszuschalten, indem er eine Hauswand zum Einsturz bringt.[195] Bis 18.00 Uhr (B) ist die Säuberung von Wolfen abgeschlossen und die Stadt vollständig besetzt. *„Der Kampf um Wolfen forderte das Leben von 23 Zivilpersonen, 26 Wehrmachts- und Volkssturmangehörigen und 4 Personen, die den Freitod wählten.“*[196] 20 der gefallenen Soldaten und Zivilpersonen finden ihre Ruhestätte in einem Massengrab auf dem Friedhof der Stadt. Weitere 23 Zivilpersonen werden in Familiengräbern beigesetzt.[197] Unter den Toten befindet sich auch Maj. Dr. Hans Saenger, der bereits am 18. April gefallen war.[198] Um 20.00 Uhr (B) kehrt das 83rd Armd Rcn Bn unter die direkte Kontrolle der Division zurück. Der anhaltende Widerstand, auf den die BG Miller und das 83rd Armd Rcn Bn an diesem Tag in Greppin und Wolfen treffen, täuscht darüber hinweg, dass sich die Hauptkräfte der Gren.Rgt. „Hutten 3“ bereits in der Nacht abgesetzt haben. So hatte sich die 6., 7. und 8. Kp. nach Bitterfeld zurückgezogen.[199]

Um 17.30 Uhr (B) geht der CP des CCR nach Reppichau. Auf Befehl der Division setzt die TF Richardson, die unter Kontrolle der Division gestellt wird, den Angriff auf Jeßnitz fort, darf aber nicht weiter als bis zur zerstörten Brücke über das Spittelwasser vorrücken. Für diesen Angriff wird ihr die Co. D, 83rd Armd Rcn Bn unterstellt.

Beim CCA setzt die TF Orr (TF X) am Morgen den Angriff südlich von Dessau fort und rückt entlang der Hohen Straße zur R 184 vor. Die TF Boles (TF Y) verbleibt während des Tages in seinen Stellungen. Das CCB entsendet eine verstärkte Patrouille unter Führung von Lt. Lorano Andehazy, bestehend aus Teilen der Rcn Co. 33rd Armd Rgt, einer Section Pioniere der Co. B, 23rd Engr C Bn, Sanitätern des Med Det. Co. B, 45th Armd Med Bn, Vertretern der Military Government und des CIC sowie ein IPW Team und einen Lastwagen der Militärpolizei in den südlichen Teil ihres Abschnittes und nimmt einige bisher unbesetzte Ortschaften ein.

Die Battle Group der TF Welborn, die den Angriff nördlich von Törten vom Vortag in der Nacht fortgesetzt hat, gerät am Morgen unter Artillerie- und Granatwerferfeuer. Ein deutscher Gegenangriff der 3. und 6. Kp./Gren.Rgt. „Scharnhorst 3“ im Schutz des Artilleriefeuers bleibt jedoch liegen, nachdem das Granatwerferfeuer zu kurz geschossen wird und den eigenen Angriff stoppt.[200] Entlang der Möster und Tempelhofer Straße vorgehend, besetzt die Battle Group der TF Welborn im Zusammenwirken mit der TF Orr auf der Hohen Straße und der TF Lovelady auf der R 184 bis 10.00 Uhr (B) die deutschen Stellungen im Bereich der Einmündung der Straße von Törsten und der Hohen Straße in die R 184 an der Taubebrücke.[201] Damit ist der Widerstand des Gren.Rgt. „Scharnhorst 3“ in diesem Bereich endgültig gebrochen.[202] Bei der TF Lovelady geht das unterstellte 2./414 in Verteidigungsstellungen in Raguhn und Schierau.

Die 67th AFA GP der DivArty der 3rd US AD erstellt mit Hilfe von Gefangenenaussagen die Feuerpläne für den Angriff auf Dessau. Am späten Nachmittag und am Abend feuert Artillerie aller Kaliber der DivArty und der CorpsArty Zerstörungsfeuer auf bekannte Ziele im Raum Dessau, ohne dass diese Ziele jedoch in Verbindung mit dem bevorstehenden Angriff stehen. Es soll den deutschen Truppen nicht möglich sein, den Schwerpunkt für den Angriff zu erkennen. Mehrfach feuert deutsche Artillerie Konterfeuer, das aber sofort neutralisiert wird.

Zur Unterstützung der Bodentruppen greifen Jagdbomber der 474th Fighter Group die Elbbrücke zwischen Dessau und Roßlau und die Brücke von der Mulde-Insel über die Mulde in Jeßnitz an. Beide Brücken werden beschädigt, aber nicht zerstört. Die 365th Fighter Group unterstützt den Angriff der Bodentruppen durch Angriffe auf Fahrzeugbewegungen und Widerstandsknoten und zerstört dabei etwa 15 bis 25 Fahrzeuge. Drei Gruppen mittlerer Bomber greifen die Bahnanlagen in Wittenberg und zwei Bomber Groups ein Treibstoff- und Öllager bei Annaburg an.

Bei der 104th US InfDiv, wo die Grenze zwischen dem RCT 415 und 413 entlang der Linie von nördlich Brehna bis Delitzsch festgelegt wurde, beginnt das RCT 413 um 07.30 Uhr (B) mit der Einnahme der befohlenen Objekte in Vorbereitung auf den Angriff auf Delitzsch. Zur Feuerunterstützung gehen die Geschütze des 385th, 386th und 957th FA Bn in Stellung. Am Nachmittag werden dem RCT zusätzlich die leichten Panzer der Co. D, 750th Tk Bn unterstellt.

Jetzt wird es für Delitzsch ernst, wo am Vortag der Volkssturm den Befehl erhalten hatte, sofort in der Stadt Minen- und Panzersperren zu errichten. Einen Parlamentär der Amerikaner, der die Stadt zur Übergabe auffordern wollte, hatte man einfach zum Abschnittskommandanten nach Torgau weitergeleitet.[203] Trotz der amerikanischen Luftüberlegenheit und der gemeldeten amerikanischen Artillerie vor Augen, ist sich der K.Kdt. dennoch weiter unschlüssig, was er machen soll. Zwar ist er sich der Sinnlosigkeit der Verteidigung bewusst, aber völlig von einer Verteidigung abzusehen, kommt für ihn nicht in Frage. Ist es militärischer Gehorsam oder einfach nur Angst vor Racheaktionen bei Befehlsverweigerung? Wahrscheinlich ist es beides. So kommt es dazu, dass zwar auf seinen Befehl zwei Minenfelder vor der Stadt vorbereitet, jedoch keine Minen verlegt werden.[204] Aber die Verteidigungsstellungen hinter die Stadt zurückzunehmen, dafür reicht es dann doch nicht. Dass seine Angst vor Racheaktionen allerdings nicht völlig unbegründet ist, zeigt sich am Morgen, als unerwartet Gen. Rathke auf dem Weg in die befohlene Reservestellung bei Mockrehna mit zirka 800 Mann der Garnison Halle in Delitzsch erscheint. Rathke hatte die Reste der Verteidiger von Halle südöstlich der Stadt eingesammelt und sich mit ihnen durch die vorrückenden amerikanischen Verbände hindurch nach Osten abgesetzt. Was hätte er, der einige Tage zuvor den alten K.Kdt. von Delitzsch wegen Disziplinlosigkeit abgelöst hatte, wohl gemacht, wenn er die Stadt unverteidigt vorgefunden hätte? Doch zum Glück hält er sich in Anbetracht der nachrückenden Amerikaner nicht lange in der Stadt auf und zieht weiter.[205] Kaum ist Rathke weg, wird eines der Minenfelder auf Befehl des K.Kdt. wieder zugeschaufelt. Das zweite beseitigen mutige Bürger. Als um 10.45 Uhr in Delitzsch erneut die Sirenen ertönen und Panzeralarm geben, sind nur wenige deutsche Truppen direkt in der Stadt.[206]

Gegen Mittag nähern sich die ersten amerikanischen Aufklärer vorsichtig der Stadt und um 16.00 Uhr (B) beginnt das 2./413 mit Unterstützung der Panzer des 2nd Plat. Co. B, 750th Tk Bn und der Panzerjäger des 2nd Plat. Co. A und 2nd Plat. Co. B, 817th TD Bn mit der Einnahme der Ausgangsstellungen für den direkten Angriff auf Delitzsch. Die Co. E, 2./413 rückt mit der 1st Sect. 2nd Plat. Co. B, 750th Tk Bn nach Kyhna vor, säubert den Ort und geht weiter nach Kertitz. Die Co. F, 2./413 besetzt mit der 2nd Sect. 2nd Plat. Co. B, 750th Tk Bn das Gut Storckwitz und geht von dort nach Kertitz, wo sie sich mit der Co. E vereinigt. Die Panzerjäger erreichen von Nordwesten vorgehend über Serbitz, Zaasch, Rödgen und Schenkenberg die Stadt. Der Widerstand der etwa 200 deutschen Soldaten, die westlich der Stadt Verteidigungsstellungen bezogen hatten, ist schnell überwunden. Die meisten ergeben sich kampflos. Dennoch fallen bei Schenkenberg neun junge 17 bis 18 Jahre alte deutsche Soldaten.[207]

Auf seiner Beobachtungsstelle auf dem Turm des alten Barockschlosses befiehlt Maj. Glatzel, der sich selbst jetzt noch nicht zum Einstellen der Kampfhandlungen durchringen kann, dass *„wenn er den Absetzbefehl durchgebe, auf die Eisenbahnlinie zwischen Wasserwerk und Sorauer Bahnhof (jetzt Oberer Bahnhof) zurückgegangen werden soll.“*[208] Damit ist die Stadt weiter durch unmittelbare Kampfhandlungen bedroht.

Um 17.00 Uhr (B) erfolgt der Angriff auf die Stadt, nachdem die Artillerie 40 bis 50 Granaten auf die Stadt abgefeuert hat. Auch die Panzer und Panzerjäger nehmen die Stadt unter Beschuss. [209] Dabei zerstören die Panzerjäger mit vier Schuss zwei Häuser am Stadtrand, in denen sich deutsche Beobachtungsposten befinden, wobei vier deutsche Soldaten fallen. Während die Granaten in der Stadt einschlagen, fordert Bürgermeister Scharf und Dr. Hoyer in Abwesenheit von Maj. Glatzel von den Offizieren im Gefechtsstand im Rathauskeller den sofortigen Stopp der Kampfhandlungen und den Abzug der Wehrmacht nach Osten. Angesichts der Situation gibt der dort befindliche Maj. Krausch endlich den lange erwarteten Befehl zum Rückzug. Als der Bevölkerung klar wird, dass die letzten deutschen Truppen fluchtartig die Stadt verlassen, erscheinen die ersten weißen Fahnen in den Fenstern. Mitglieder einer Antifa-Gruppe, die nach eigenen Angaben mehrfach den Kontakt zu den Amerikanern hergestellt und Volkssturmangehörige zum Nachhause gehen überredet hatten, hissen jetzt die weiße Fahne auf dem Schlossturm.[210] Um 18.30 Uhr (B) dringen die Infanteristen des 2./413 mit den Panzern und Panzerjägern in die Stadt vor. Erstaunlicherweise werden die Infanteristen und Panzermänner mit Jubel von der Bevölkerung empfangen. Nur vereinzelt wird noch Widerstand geleistet. *„Daraufhin fuhr ein US-Major in einem Jeep in Begleitung von 5 Soldaten auf den Marktplatz, wo der Bürgermeister die Stadt an die Amerikaner übergab.“*[211] Um, 20.00 Uhr (B) ist die Stadt weitestgehend gesichert und bis Mitternacht sind 98% des Stadtgebietes gesäubert. Die Panzer errichten Straßensperren in der Stadt.

Das 1./413 verlässt den Raum Klepzig-Queis und geht in Begleitung der Panzer des 1st Plat. Co. B, 750th Tk Bn und der Panzerjäger des 1st Plat. Co. B, 817th TD Bn, nach deren Ablösung vom 3./413 am Morgen, ohne Widerstand nach Klitschmar, Peterwitz und Lissa. In Lissa beziehen die Panzerjäger Riegelstellung. Die 1st Sect. Panzer begleitet die Infanteristen der Co. B, 1./413 bei der Besetzung von Klein Lissa. Dann fahren die Panzer um 15.30 Uhr (B) nach Kattersnaundorf und kehren anschließend nach Klein Lissa zurück, wo sie Straßensperren für die Nacht errichten. Die Infanterie besetzt Stellungen von Kyhna bis Lissa. Beim 3./413 geht die Co. I mit der 1st Sect. 3rd Plat. Co. B, 750th Tk Bn nach Wiedemar und weiter nach Zschepen, wo die Panzer die Infanterie bei der Bekämpfung von drei MG-Nestern unterstützt. Dann wird der Ort besetzt und Straßensperren errichtet. Die Co. K, 3./413 nimmt mit der 2nd Sect. 3rd Plat. Co. B, 750th Tk Bn Kölsa und Brodau, wo es für die Nacht hält. Der Regtl.CP geht nach Kertitz und wird ab dem Abend vom 3rd Plat. Rcn Co. 817th TD Bn gesichert.

Das RCT 414 setzt um 08.00 Uhr (B) mit dem 1st und 3rd Bn und den Panzern der Co. C und D, 750th Tk Bn und den Panzerjägern des 1st Plat. und 3rd Plat. Co. A, 817th TD Bn den Angriff fort und trifft nur auf leichten Widerstand. Die Orte Gröbers und Werlitzsch werden besetzt. Danach nimmt das 1./414 mit dem 1st Plat. Co. A, 817th TD gegen 11.00 Uhr (B) Schladitz und dann Rackwitz.[212] Östlich davon stellt das Bataillon um 13.00 Uhr (B) den Kontakt zur 69th US InfDiv des V. US Corps her. Das 3./414 erreicht mit dem 3rd Plat. Co. A, 817th TD Bn um 10.00 Uhr (B) sein Endziel in Freiroda.

In der Nähe von Freiroda machen die Panzerjäger zehn Gefangene. Der Regtl.CP verbleibt in Halle.

Colonel John H. Cochran's RCT 415 beginnt in der Nacht mit Unterstützung des 929th, 387th, 802nd FA Bn und der schweren 155mm Selbstfahrgeschütze M 40 des 991st FA Bn mit der Vorbereitung des Angriffs auf Bitterfeld. Dorthin haben sich nach Kämpfen im Raum Wolfen-Greppin Teile der deutschen Verteidiger zurückgezogen. Nachdem ab 01.30 Uhr (B) die Infanterie zur Ausgangslinie für den Angriff vorgerückt ist, setzt ab 02.20 Uhr (B) die Feuervorbereitung der Artillerie ein. In Vorbereitung des Angriffs des 1./415 feuert die Co. A, 87th Cml Mort Bn zwischen 02.20 und 04.30 Uhr (B) mit ihren schweren Granatwerfern M2 4,2inch (107mm) auf erkannte deutsche Truppen, die sich in Holzhäusern in der Nähe der Straßenüberquerung der R 184 über die Eisenbahngleise westlich von Holzweißig verschanzt haben. Dann tasten sich Aufklärungskräfte des 1./415 am Morgen nach Norden vor. Gegen 09.30 Uhr (B) beginnt der Angriff der Hauptkräfte aus dem Raum Roitzsch-Petersroda. Nach dem Beschuss von Holzweißig durch die Panzer und Panzerjäger des 1st Plat. Co. A, 750th Tk Bn und des 3rd Plat. Co. C, 817th TD Bn besetzen die Infanteristen der Co. A und B in einem Überraschungsangriff den Ort ohne auf Widerstand zu treffen. Ein einzelner Widerstandsherd in einem Waldstück südlich des Ortes wird nach kurzem Kampf beseitigt und 100 Deutsche ergeben sich. Nach der Besetzung von Holzweißig dringen die Infanteristen gegen leichten Widerstand über das Gelände der Grube Leopold und über die Bahnanlagen im Bereich Schneidemühle nach Bitterfeld vor, wo bereits am 15. April erstmals „Panzeralarm“ ausgelöst worden war.

Mit der beginnenden Besetzung der Bitterfelder Braunkohlegruben kommt auch hier, wie zuvor in den mitteldeutschen Braunkohlerevieren, die Kohleförderung endgültig zum Erliegen. *„Die Braunkohleindustrie des Bitterfelder Reviers hatte in den letzten Kriegswochen die ausbleibenden Steinkohlelieferungen aus Schlesien und dem Ruhrgebiet zu ersetzen.“* schreibt Uwe Holz in den Bitterfelder Heimatblätter XXVI. Und mit dem Ende der Kohleförderung kommen auch die letzten Kraftwerke in der Region zum Stillstand. Einige von ihnen, wie das Kraftwerk Thalheim, waren bereits zuvor Bombenangriffen zum Opfer gefallen. Erst nach dem Ende der Kämpfe dürfen sie mit Genehmigung der amerikanischen Military Government wieder eingeschränkt ihre Arbeit aufnehmen. [213]

In der Stadt treffen die vorrückenden Infanteristen an mehreren Stellen auf Straßensperren aus Eisenbahnschwellen, die jedoch mühelos durch die begleitenden Panzer zur Seite geschoben werden.[214] Eine Verteidigung gibt es nicht. Dennoch kommt es immer wieder zu kleineren Schusswechseln und an mehreren Stellen des Stadtgebietes schlagen Granaten ein. In der Saarstraße werden die amerikanischen Infanteristen aus dem Gebäude des Wehrkreiskommandos heraus beschossen. Der Schütze wird erschossen, als er sich aus dem Fenster lehnt.[215] Um 14.00 Uhr (B) erhält die Co. C,

1./415 den Auftrag, mit Unterstützung der Panzer die Lücke zwischen dem 2. und 3./415 zu schließen.

Parallel zum 1./415 greift das 2./415 von Sandersdorf-Zscherndorf aus mit Unterstützung des 2nd Plat. Co. C, 817th TD Bn und dem 2nd Plat. Co. A, 750th Tk Bn Bitterfeld an, nachdem die Co. B, 87th Cml Mort Bn von 02.10-02.45 Uhr (B) eine Feuervorbereitung auf erkannte deutsche Infanterie an der Flanke des Angriffs in einer Reihe von Holzhäusern südwestlich der Grube Theodor, wo sich heute der See Roitzscher Grube befindet, gefeuert hat. Über mögliche Opfer dieses Beschusses gibt es keine näheren Angaben. Auf dem Friedhof von Zscherndorf erinnert ein Grabstein an 16 Gefallene der Kämpfe am 20. April 1945.[216] Anfangs kommen die Infanteristen gut voran und treffen nur auf leichten Widerstand. Ohne größeren Widerstand ergeben sich 20 Deutsche. Um 09.00 Uhr (B) erreichen die Panzerjäger des 2nd Plat. Co. C, 817th TD Bn die Kreuzung der R 184/186 an der Nordwestecke von Bitterfeld und sichern diese gegen vereinzelten Widerstand. Als die Co. F südlich davon das Fabrikgelände der Deutschen Grube durchquert, wird sie von deutschen Truppen aus dem Bereich „Am Bad" mit Unterstützung eines Sturmgeschützes angegriffen. Mit Unterstützung des, von einem Artilleriebeobachter geleiteten, Feuers der Co. B, 87th Cml Mort Bn, wird der Angriff zurückgeschlagen. Das Sturmgeschütz wird von vier Werfergranaten getroffen und brennt aus. Dann erreicht das 2./415 eine Linie von der R 186 im Bereich der Chemischen Fabrik Griesheim Elektronwerk I Bitterfeld bis zur Kreuzung der heutigen Elektronstraße mit der Brehnaer Straße, der R 100 Halle-Wittenberg. Der 1st Plat. Co. A, 87th Cml Mort Bn rückt nach und geht südlich der Grube Richard, nordöstlich von Zscherndorf, in Stellung. Die Panzerjäger sichern im Bereich der Einmündung der Zscherndorfer Straße in die R 186. Am Ende des Tages hat das 1./415 ein Drittel der Stadt eingenommen und steht von östlich Holzweißig bis zur Überquerung der R 100 über die Bahnstrecke.

Das 3./415 geht nach Petersroda, wo die Panzer des 3rd Plat. Co. A, 750th Tk Bn und die Panzerjäger des 1st Plat. Co. C, 817th TD Bn die Sicherung der rechten Flanke des Regimentes übernehmen. Von dort aus erfolgt der Einsatz des Bataillons bei der Besetzung von Bitterfeld. Um 13.30 Uhr (B) schlägt die Co. K in Begleitung der Panzer und Panzerjäger einen Bogen um Bitterfeld und besetzt über die Delitzscher Straße vorgehend den Ort Niemegk[217]. Die überrumpelten Deutschen leisten kaum Widerstand und allein die Panzerjäger machen sieben Gefangene. Während die Co. K mit den Panzerjägern in Niemegk die Flankensicherung nach Osten übernimmt, geht um 16.00 Uhr (B) die Co. I und L durch Niemegk hindurch nach Norden. Noch in der Nacht drückt die Co. I von Osten auf Bitterfeld. Um 20.00 Uhr (B) nimmt deutsche Artillerie zehn Minuten Niemegk unter Beschuss, wo inzwischen die Rcn Co. 817th TD Bn ohne den 3rd Plat. zur Unterstützung eingetroffen ist. Die Aufklärer beziehen in Paupitzsch Stellung. Der Regtl.CP geht nach Ramsin. Nach

Abschluss der Kämpfe meldet die Artillerie, die den Angriff des RCT 415 unterstützt hat, den Verschuss von insgesamt 985 Granaten des Kalibers 105 und 155 mm.

Der 104th Rcn Tp sichert am Morgen gemeinsam mit dem 3rd Plat. Co. B, 817th TD Bn Sandersdorf und rückt später bis zur Linie Vorwerk Wachtendorf-Grube Marie, nördlich der Chemischen Fabrik Griesheim Elektronwerk I, vor. Um 22.00 Uhr (B) erteilt die Division ihren Verbänden den Befehl, weiter Bitterfeld und Delitzsch zu säubern und mit allen drei Regimentern zur Mulde vorzurücken und die Muldelinie mit einem Minimum an Kräften zu halten.

Im Harz erreichen die Verbände der 1st US InfDiv von Süden her bis zum Abend ihre Operationsgrenze. Die Regimenter erhalten den Befehl, ihre Positionen zu halten und ihre Bereiche von Versprengten und eingekreisten Widerstandsnestern zu säubern. Bei der 9th US InfDiv verbleiben die Regimenter in ihren Sicherungsstellungen und durchkämmen die Umgebung.

Nach dem Fall von Leipzig und der Zerschlagung der letzten Widerstandsknoten beginnt im Abschnitt des V. US Corps für den Leipziger Südraum die amerikanische Besatzungszeit. Während die Military Government die Verantwortung über das gesamte Gebiet übernimmt, beginnen die Kampfverbände des V. US Corps der 1st US Army mit der Umgruppierung.

Die 9th US AD sichert weiter seinen Abschnitt und erhält am Nachmittag Befehle, sich auf die Ablösung durch die Infanteriedivisionen vorzubereiten. Das CCB hält mit dem 19th Tk Bn weiterhin seine Stellungen, während das 52nd AIB am Morgen aus dem Abschnitt Pehritzsch-Jesewitz-Weltewitz ohne Widerstand bis zur Linie Pressen-Behlitz-Kupsa-Priester-Hohenleina-Lehelitz vorrückt. Gefechtsaufklärung geht nach Krostitz, um den Kontakt mit den vorderen Elementen der 104th InfDiv des VII. US Corps herzustellen. Das unterstellte 3./38 hält seine Stellungen bei Wölpern und Weldewitz. Am Nachmittag trifft die Meldung ein, dass das CCB durch die 69th US InfDiv abgelöst werden soll.

Die 69th US InfDiv beginnt nach Abschluss der Besetzung von Leipzig mit der Vorbereitung zur Verlegung in einen Versammlungsraum nördlich und nordöstlich der Stadt. Das RCT 271 erhält den Auftrag, das Gebiet östlich von Leipzig bis zur Mulde zu bewachen. Während das 1st und 2nd Bn im Raum Taucha verbleiben, erhält das 3rd Bn am Nachmittag den Auftrag am Westufer der Mulde, im Raum Püchau, Verteidigungsstellungen zu beziehen. Dem RCT 273 wird der Sektor südlich des RCT 271 zugewiesen. Das 1./273 geht nach Leulitz. Das 2./273 geht nach Trebsen und das 3./273 erreicht nach der Ablösung von der Unterstellung unter das CCR der 9th US AD Altenhain. Dem RCT 272 wird der Raum nördlich von Leipzig zugeteilt, wo es Teile der 9th US AD beim Schutz der Nordflanke ablösen und den Kontakt zum VII. US Corps herstellen soll. Bis zum Mittag versammelt sich das 1./272 im Raum Seehausen-Hohenheida, das 2./272 in Wiederitzsch und das 3./272 in Lützschena.

Das RCT errichtet seinen CP in Wiederitzsch. Das 880th FA Bn verlegt nach Plaußig. Die Panzerjäger gehen nach Paunsdorf. Um 12.00 Uhr (B) stellt das 1st Bn den Kontakt zur 104th US InfDiv her.

Bei der 2nd US InfDiv halten das 23rd und 38th InfRgt im Tagesverlauf ihre Positionen in Leipzig und betreiben intensive Patrouillentätigkeit. Das RCT 9 verlässt den Raum südwestlich von Leipzig und fährt an die Mulde, wo es das CCR der 9th US AD im Raum Colditz ablöst. Am Abend werden Vorbereitungen getroffen, mit den beiden verbliebenen Regimentern Leipzig zu verlassen und den Abschnitt der 9th US AD zu übernehmen. Die 38th CavRcnSq, die den Tp. B, 102nd CavRcnSq abgibt, sendet Patrouillen nach Norden, um den Kontakt zum VII. US Corps herzustellen, das nur langsam aufschließt. Dabei fällt ihnen eine große Anzahl an 14 bis 16jährigen Hitlerjungen in die Hände, *„deren Moral besser war, als die der älteren Männer der Wehrmacht."*[218]

Während der Führer des Deutschen Reiches, Adolf Hitler, im Bunker der Reichskanzlei seinen letzten Geburtstag feiert, überschreitet sowjetische Gardekavallerie die Bahnlinie Riesa-Elsterwerda und sowjetische Truppen erreichen von Nordosten kommend die Schwarze Elster auf der Linie Herzberg – Elsterwerda. Die zurückweichenden Truppen der H.Gr. Mitte werden in die Abwehrlinien eingegliedert. In dieser Situation erhält das XX. AK der 12. Armee von General Wenck den Befehl, sich aus der Front zu lösen und gemäß dem Führerbefehl für den Angriff auf Berlin vorzubereiten. Hitler hatte der 12. Armee den Befehl zum Angriff gegen die vordringenden sowjetischen Truppen erteilt. *„Wenck, in ihre Hände lege ich das Schicksal Deutschlands."*[219] Hierzu soll das XX. AK in den Raum Belzig, südwestlich von Potsdam, verlegen, der dem Komm.Gen. W.Kr. III, Gen. Kunze, untersteht.

Den Schutz der entstehenden offenen Nordflanke der 12. Armee soll das XXXXVIII. PzK übernehmen. Es soll hierzu bei Wittenberg und Coswig die Schwarzen Elster überschreiten und Verteidigungsstellungen nach Norden beziehen. Zur Vorbereitung dieser Verschiebung wird die Verteidigung des Korps von der Schwarzen Elster auf die Elbelinie zurückgenommen und die Marschbereitschaft der Truppen hergestellt. Der Stab von Gen.Lt. Rathke wird in der Nacht vom 20./21. April von Mockrehna nach Möllendorf, nordwestlich von Wittenberg, verlegt, um dort die Kampfführung zu übernehmen. Der Korpsstab verlegt auf die Westseite der Elbe in den Raum Bad Schmiedeberg. Für die Mulde-Verteidigung bleibt der Stab von Oberst Köhler in Schildau verantwortlich. Die Elbverteidigung erfolgt im Abschnitt Süd unter Führung von Gen.Maj. Hermann und im Abschnitt Nord durch Gen.Lt. Scherer. Um 24.00 Uhr verlassen die ersten Truppen den Raum östlich von Grimma und marschieren nach Norden. Hitler ist überzeugt, dass Wenck's Armee noch einmal die Wende im Kriegsverlauf bringt.[220]

Mit dem Schwenk des XXXXVIII. PzK nach Norden bricht der Kontakt zwischen der 7. und 12. Armee vollständig ab. Eine operative Zusammenarbeit ist nicht möglich. Im Abschnitt der 7. Armee war bereits vorher der Schwerpunkt der Verteidigung nach Westen verlegt worden, nachdem die H.Gr. G erkannt hatte, dass die amerikanischen Truppen an der Mulde ihren Vormarsch nach Osten angehalten haben. Durch die Truppenverlegungen im Abschnitt des XX. US Corps war der Eindruck entstanden, dass ein weiterer Angriff in Richtung der 12. Armee erfolgen soll.[221] Das schwache XC. AK, in dessen Abschnitt Teile der H.Gr. Mitte bei ihrem Rückzug vor den sowjetischen Verbänden ausweichen, wird formell der H.Gr. Mitte unter GFM Ferdinand Schörner unterstellt.[222] Zu einer wirklichen Unterstellung unter die H.Gr. Mitte kommt es jedoch bis Kriegsende nicht. Der Komm.Gen. des XC. AK, Petersen, geht bis zur Kapitulation davon aus, dass er der 7. Armee untersteht.[223] Andere Quellen nennen den 3. Mai als Tag der Unterstellung des XC. AK unter die 4. PzArmee der H.Gr. Mitte.[224] Erst später wird der deutschen Führung klar, dass der Hauptstoß der Amerikaner aus dem mitteldeutschen Raum nicht Richtung Berlin, sondern nach Südosten, Richtung Böhmen, zielt.

Am gleichen Tag erfolgt die Trennung der Befehlsgewalt über die Reichsverteidigung in den Abschnitt des OB Nordwest, GFM Busch, und den des OB Südwest, GFM Kesselring. Kesselring erhält den Befehl zur Verteidigung des letzten deutschen Refugiums, der sogenannten „Alpenfestung". Ab dem 20. April ist nach Einschätzung von Kesselring die Hauptaufgabe der Westfront, den Ostarmeen den Rückzug zu ermöglichen.

Angesichts der aussichtslosen Lage erteilt das AOK 11 im Harz den Befehl zur Einstellung der Kämpfe. Die verbliebenen deutschen Truppen empfangen kurz darauf den letzten Funkspruch des AOK 11: *„Wir schalten ab. Alles Gute."* Im Hinblick auf die zusammengebrochene Führung der Restverbände im Harz erteilt das OKW gemäß dem KTB des Fü.Stab Nord (A) noch am 20. April den Befehl, dass die 11. Armee dem AOK 12 unterstellt wird. Zum Tragen kommt dieser Befehl nicht mehr, denn die Verbindung zum Harz ist längst unterbrochen, eine Führung so nicht mehr möglich.

Aus dem Führerhauptquartier 21. April 1945. Das Oberkommando der Wehrmacht gibt bekannt: *„Am Brückenkopf von Dessau brachen starke Angriffe amerikanischer Infanterie- und Panzerverbände unter hohen Verlusten zusammen. Weiter südlich toben erbitterte Kämpfe mit dem in Bitterfeld und Delitzsch eingedrungenen Feind."*

Geheime Tagesberichte der Wehrmachtsführung vom 21. April 1945:
Im Abschnitt Dessau- Bitterfeld konnten die mit mehreren Divisionen angreifenden Amerikaner nur schrittweise Boden gewinnen. In Dessau und weiter südlich war das erbitterte Ringen um die Mulde-Übergänge in den Abendstunden noch im Gange. Bitterfeld ging nach hartem Kampf verloren. Im Abschnitt Magdeburg sowie im Feindbrückenkopf Zerbst

verhält sich der Amerikaner auffallend ruhig. Es wird vermutet, dass in diesem Abschnitt die Elbe die verabredete Demarkationslinie zwischen den westlichen Alliierten und den Russen ist.

Am **Sonnabend,** dem **21. April 1945,** beendet die 1st und 9th US Army die Besetzung des Harzes. Im Bereich des XIX Corps der 9th US Army stellt die 8th US AD nach der Säuberung ihres Harz-Abschnittes den Kontakt zur 1st US InfDiv der 1st US Army her.

Im Abschnitt der 83rd US InfDiv wird das RCT 320 im Elbe-Brückenkopf bei Barby am Mittag durch das RCT 330 entlastet und kehrt zur 35th US InfDiv zurück. Für das RCT 330 wird eine Sicherungslinie befohlen, an der das 2./330 von der Elbe nordwestlich von Gödnitz bis nordwestlich von Gehrden steht, daran anschließend das 3./330 bis Gehrden, dann nach Südosten bis zum Bahnknoten Güterglück, wo das RCT 329 anschließt. Das 1./330 verbleibt unter der Kontrolle der Division. Patrouillen des RCT 329 in Richtung Zerbst treffen auf deutsche Truppen und ziehen sich befehlsgemäß wieder zurück. Beim RCT 331 geht die Co. C, 1./331 am Mittag durch die Linien der Co. A und besetzt das Gebiet bis zum Kanal. Patrouillen der Co. C gehen nach Eichholz, Leps und Kermen und errichten Vorposten an den Westrändern der Orte. Eine Patrouille nach Steckby meldet keine deutschen Truppen. Um 19.30 Uhr (B) wird die Co. C durch die Co. K, 3./331 abgelöst. Um 23.00 Uhr (B) löst eine deutsche Patrouille in Stärke von zirka 30 Mann vor der Front des 2nd Bn Alarm aus, doch es kommt zu keinem Kontakt. Das 2./331 setzt seine Patrouillentätigkeit in Richtung Zerbst fort und um 11.00 Uhr (B) erhält die Co. L und K den Befehl, Stellungen hinter dem 1st Bn zu beziehen. Der Regtl.CP wird in der Nacht von Unbekannten beschossen, ohne dass es zu Verlusten kommt.

Im östlichen Abschnitt des VII. Corps der 1st US Army beginnt an diesem Tag die 3rd US AD mit maximaler Artillerieunterstützung und dem Einsatz einer Beobachtungsartilleriebatterie um 06.00 Uhr (B) mit vier Task Forces den Angriff auf die Gauhauptstadt des Gaus Anhalt-Magdeburg, Dessau-Roßlau[225]. Jetzt droht der alten Handelsstadt an der Mündung der Mulde in die Elbe große Gefahr und weitere Zerstörung. Dessau-Roßlau hatte wegen seiner Funktion als Verkehrsknotenpunkt und industrielles Zentrum der Flugzeugindustrie bereits schwer unter Luftangriffen gelitten. Am Pfingstsonntag, dem 28. Mai 1944 hatten 49 B-17 Flying Fortress Bomber[226] der 8th USAAF die dortigen Junkers Flugzeug- und Motorenwerke angegriffen. Doch die Werke wurden kaum getroffen, dafür aber im Stadtgebiet 92 Gebäude zerstört und 200 schwer beschädigt.[227] Am 30. Mai 1944 waren es 83 B-17 Bomber, die die Junkers-Werke angriffen und diesmal 80% von ihnen zerstörten. Am 20 Juli 1944 bombardierten dann bei einem großangelegten Angriff auf Dessau, Köthen, Leipzig, Nordhausen, Kölleda, Bitterfeld, Gießen und Rudolstadt 107 B-17 Bomber die Stadt.[228] Und am 16. August 1944 waren es 98 viermotorige B-24 Liberator Bomber.

Junkerswerke in Dessau und Porträt des Begründers der Werke, Prof. Junkers, 1928
Foto: Bundesarchiv, Bild 183-R14718 / CC-BY-SA

Der schwerste Luftangriff hatte Dessau jedoch in der Nacht des 7. März 45 getroffen. 520 Avro Lancaster Bomber und sechs zweimotorige Mosquito Begleitjäger des britischen Royal Bomber Command warfen 744 Spreng- und 949 Brandbomben über der Stadt ab. Dabei wurden 80% der Dessauer Wohngebäude zerstört oder schwer beschädigt, zirka 700 Menschen starben im Feuersturm. Die Industrie- und Bahnanlagen blieben aber fast unberührt.[229] Weder die alarmierten deutschen Nachtjäger, noch die Flak der Reichsluftverteidigung konnte viel bewirken. Und das, obwohl Dessau zu diesem Zeitpunkt Sitz des Stabes der 2. Flak.Brig. Dessau-Zerbst war. In einem geheimen Fernschreiben des OKH/InFest/L, Berlin-Wannsee zum Thema „Luftkrieg über dem Reich – Nachtangriffe“ vom 8. März 945 heißt es: *„Schwerer Angriff unter Abwurf zahlreicher Spreng- und Stabbrandbomben. Zahlreiche Kleinbrände und eine Anzahl ausgedehnter Brände. Erheblicher Häuserschaden. Eine große Anzahl Obdachloser. Mit erheblichen Personenverlusten ist zu rechnen.“*[230]

Überhaupt ist nicht mehr viel in den Dessauer Kasernen verblieben, die einst voll von Truppen waren. Nach dem Inkrafttreten des Gesetzes über den Aufbau der Wehrmacht vom 16. März 1935 und des Wehrgesetzes vom 21. März 1935 hatte man aus Teilen der ehemaligen Reichwehr das Regiment Dessau der 13. InfDiv Magdeburg aufgestellt, das im Oktober als InfRgt 33 in die neuentstandene Wehrmacht eingegliedert worden war. Während der Stab des InfRgt 33 in der Friedrich-Kaserne blieb, hatte das I./InfRgt 33 am 15. Oktober 1935 Quartier in der neu erbauten Hindenburg-Kaserne bezogen und 1938 das frisch aufgestellte Art.Rgt. 49 in der Encke-Kaserne.

Oben: Luftwaffensoldaten marschieren durch die Straßen von Dessau
Unten: Dessauer Flaksoldaten bei der Ausbildung an der 8,8cm Flak
Foto: Sammlung Möller

In Dessau-Kochstedt war die Flak-Kaserne entstanden, wo am 1. Oktober 1936 die Aufstellung des Flak.Rgt. 26 unter Obstlt. Spieß durch den Luftkreis VII erfolgte. Nach der Unterstellung des Flak.Rgt. 26 unter das Luftgau-Kdo. XI im Februar 1938 und dessen Verlegung nach Bremen erfolgte am 11. November 1938 die Aufstellung des Flak.Rgt. 43 des Luftverteidigungskommandos 3 in Dessau-Kochstedt. Außerdem beherbergte die Kaserne die Res.Flak.Sw.Abt. 438. 1938 entstand in Dessau-Alten, angelehnt an die dortigen Junkers Flugzeug- und Motorenwerke, die Fliegertechnische Vorschule der Luftwaffe und eine Luftnachrichtenstelle.[231] Im gleichen Jahr verlegte die I./Flak.Rgt. 43 nach Bremen und die II. Abt. nahm an der Besetzung des Sudetengebietes teil, während die III./Sw.Abt. nach Brühl ging.[232] Im August 1939 wurde der Stab Flak.Rgt. 43 zur Flak.Gr. Dessau und dem Luftverteidigungskommandos 2 unterstellt.[233]

Der Kriegsbeginn brachte weitere Veränderungen in der Garnison Dessau. Wie in allen Standorten der Wehrmacht hatte die Masse der Truppenteile mit Beginn des Krieges 1939 ihre Kasernen verlassen. Das InfRgt 33, das erstmals im Rahmen der Besetzung des Sudentenlandes ausgerückt und kurzzeitig nach dem Polenfeldzug noch einmal zurückgekehrt war, verließ mit Beginn des Frankreich-Feldzuges mit dem Art.Rgt. 49 die Garnison Dessau für immer. Auch die II./Flak.Rgt. 43, die an den Feldzügen teilnahm, rückte endgültig ab. Zurück blieben nur noch Ersatzeinheiten, wie das 1939 aufgestellte Inf.Ers.Btl. (mot.) 33 und die Art.Ers.Abt. 49.

Die Flak-Kaserne, wo sich zu diesem Zeitpunkt nur noch der Stab und die Flak.Ers.u.Ausb.Abt. des Flak.Rgt. 43 befand, erhielt Zuwachs, als 1940 die Aufstellung des Fsch.Pi.Btl. 7 als *„Keimzelle aller Fallschirmpioniere der Luftwaffe"* erfolgte. Das Bataillon kam ein Jahr später in Kreta zum Einsatz.[234] Ende 1940 traf der Stab der I. Flak.Brig. unter Oberst v. Axthelm von Frankreich kommend in Dessau ein und übernahm die Flakführung in diesem Raum.[235] Doch bereits Anfang 1941 erfolgte die Umwandlung des Stabes in das Gen.Kdo. I. Flak.Korps und die Verlegung nach Warschau. Als 1942 die 14. Flak.Div. im Rahmen des Luftgau III/IV die Reichsluftverteidigung für den mitteldeutschen Raum in Leipzig übernahm, verließen auch die Reste des Flak.Rgt. 43 Dessau und das Regiment verlegte mit der neu aufgestellten 2. Flak.Div., ehemals Luftverteidigungskommando 2, nach Russland.

Wurde bis Ende 1942 zwar von einer Flakführung im Raum Dessau gesprochen, so handelte es sich jedoch kaum um eine aktive Luftverteidigung. Erst mit Zunahme des Luftkrieges über Deutschland begann im Januar 1943 im Rahmen des Ausbaus der Reichluftverteidigung die Errichtung des Flakschutzes für die Junkers Flugzeug- und Motorenwerke Dessau. Insgesamt wurden vier schwere und fünf leichte Flakstellungen u.a. in Dessau-Kleutsch errichtet, die im September 1943 durch sogenannte Heimatflak mit ganz- oder teilweisem Zivilpersonal verstärkt wurden.[236] Ihre Führung übernahm das Flak.Rgt. 52 Magdeburg der 14. Flak.Div. Die Schutzobjekte der Division waren u.a. die Flugzeugindustrie in Dessau, die Industrieeinrichtungen und der Flugplatz der Ln.Schule Halle bei Köthen/Anhalt sowie die Industrieeinrichtungen und die Elbübergänge bei Wittenberg.[237] Haupteinsatzorte waren u.a. Aschersleben, Bernburg, Bitterfeld-Leuna, Dessau, Halle-Merseburg, Köthen und Wittenberg.[238]

Im März 1944 erfolgte in der Dessauer Flak-Kaserne dann die Aufstellung der 2. Flak.Brig. unter Oberst Menge aus Teilen des Flak.Rgt. 52 Magdeburg. Der Brigade wurden das neugebildete Flak.Rgt. 143, das Flak.Sw.Rgt. 108 Magdeburg und die Ln.Abt. 162 unterstellt. Das Flak.Rgt. 143, Flak.Gr. Dessau, unter Obstlt. Otto Janik war parallel zur Brigade in der Dessauer Flak-Kaserne formiert worden und sein Stab mit Sitz in der Flak-Kaserne übernahm ab diesen Zeitpunkt die Führung der Flak.-, Sw.- und einer Nebel-Abt. im Raum Dessau. Dem Regiment unterstanden zuletzt die s.Flak.Abt. 174 (o), 434 (o), 464 (o) und die lei.Flak.Abt. 727. Im Februar 1945 waren die meisten Flakbatterien jedoch bereits wieder abgezogen. Mit der Untertageverlagerung und Dezentralisierung der Flugzeugsindustrie und auf Grund des rasanten Vormarsches der sowjetischen Truppen im Osten hatte man die Geschütze zum Schutz der Treibstoffindustrie und zum Fronteinsatz verlegt. Der Stab der 2. Flak.Brig verließ im Februar 1945 Dessau und ging nach Brackwede bei Bielefeld, Teile der Brigade kommen im April 1945 im Harz im Erdkampf zum Einsatz, wo sie mit der 11. Armee untergehen.[239] Lediglich in Roßlau war eine Stellung mit sechs 10,5cm Flak verblieben.[240]

Als sich die amerikanischen Truppen Dessau nähern, befinden sich von den Stammtruppenteilen und -verbänden nur noch wenige Teile in der Stadt. Neben der Flak hat auch das Inf.Ers.Btl. 33 die Stadt verlassen. Es wurde bereits 1943 nach Salzwedel verlegt. Als letzte der Einheiten war die Art.Ers.Abt. 49 der Div.Nr. 471 in der Stadt verblieben. Sie war im Oktober 1942 nach der Aufteilung der Art.Ers.u.Ausb. Abt. in die Art.Ers.Abt. Dessau und Art.Ausb.Abt. Magdeburg entstanden.[241] Die Stadt wird jetzt von Teilen der beiden InfDiv „Scharnhorst" und „von Hutten" mit Unterstützung von zwei Art.Btl'en und Teilen der Pi.Schule Dessau-Roßlau verteidigt, die zu einem Großteil erst wenige Tage zuvor in der Stadt aufgestellt worden war. Schwerpunkt ihrer Verteidigung bildet der Nordteil der Stadt, wo Straßensperren, Minenfelder, Stacheldrahthindernisse und ausgebaute Stellungen den Zugang zur Elbebrücke nach Roßlau sichern.

In Roßlau befindet sich die Pi.Schule 1 Dessau-Roßlau des W.Kr. XI mit dem Schulstab, dem Lehrstab A für Offiziers-Lehrgänge, dem Lehrstab B für Fahnenjunker-Lehrgänge und die Kdtr. PiÜbPl Roßlau sowie die Versuchs.Abt. der Schule unter Maj. Hans Lüdecke. Im Fernschreiben Z 2724 des Chefs des Generalstabs OKH, Gen.Oberst Guderian v. 23. März 1945 an den Ob.d.E. und OKW/WFSt hatte es betreffs des Einsatzes von Schulen und Ausbildungseinrichtungen geheißen: *„Nachstehende Lehrgänge und Schulen bleiben vom Einsatz in frontnahen Räumen ausgeschlossen: Pi.Schule 1 Dessau-Roßlau mit Teilen...“*.[242]

Lehrgebäude der Pionierschule Dessau-Roßlau — Ansichtskarte Sammlung Möller

Damit ist nur noch ein kleiner Teil der Pionierkräfte in Roßlau verblieben, das für viele Pioniereinheiten der Wehrmacht als Aufstellungsort diente und einer der *„größten Pionierstandorte im Deutschen Reich"* war. Schon im Jahr 1935 hatte man mit der Einrichtung eines PiÜbPl in Roßlau begonnen und noch bevor die Schule entstand erfolgte im Oktober 1936 die Aufstellung des Pi.Lehr.u.Versuchs.Btl. 1. Dem folgte 1937 die Aufstellung des Pi.Btl. 51 und 1938 des Pi.Btl. 60, die beide später in Russland untergingen. 1938 erfolgte die Verlegung der Pi.Schule II von Rehagen-Klausdorf nach Roßlau. Mit der Zusammenlegung wurde aus dem Pi.Lehr.u. Versuchs.Btl. 1 das Pi.Lehr.u.Versuchs.Btl. Dessau-Roßlau unter Obstlt. Carl Henke. Unmittelbar nach Kriegsbeginn entstand am 2. November 1939 durch Umbenennung des Pi.Lehr.u.Versuchs.Btl. das Pi.Lehr.Btl. 1, das 1940 beim Frankreich-Feldzug zum Einsatz kam. Dessen Restkräfte wurden anschließend zur Aufstellung des Pi.Lehr.Btl. 2 herangezogen.

Am 1. Januar 1942 wurde aus der bisherigen Pi.Schule II die Pi.Schule I und im gleichen Jahr erfolgte aus Teilen des Pi.Lehr.Btl. 2 die Aufstellung des Pi.Lehr.Btl.4, das in Italien zum Einsatz kommt. Unklar ist der Zeitpunkt der Aufstellung des Pi.Lehr.Btl. 5, aus dem im Dezember 1944 als letzte Neuaufstellung das Res.Pi.Lehr.Btl. 105 hervorging. Das Bataillon ging im Februar 1945 zur 9. Armee an die Oder und endete im Kessel von Halbe.[243] Im März 1945 erfolgte dann im Rahmen der „Aktion Leuthen“ die Mobilmachung der Schule I für Fahnenjunker der Pioniere mit der „Westgoten-Bewegung“ und der Schule II für Fahnenjunker der Pioniere mit der „Ostgoten-Bewegung“.

Gemeinsam mit den neuaufgestellten Teile der InfDiv „Scharnhorst“ und „Hutten“ und den ständig in der Stadt eintreffenden Resten zersprengter Einheiten bilden die Reste der Garnison Dessau-Roßlau einen nicht zu unterschätzenden Gegner. Im IPW-Report No. 207 vom 13. April heißt es: *„Ein kriegsgefangener Offizier erklärt, das Dessau ein Verteidigungsschwerpunkt ist und er verschiedene Geschütze am Stadtrand gesichtet hat. Außerdem ist Dessau Sammelpunkt für zurückgehende Einheiten.“*

Doch dies schreckt die amerikanischen Truppen nicht ab. Es ist ein besonderer Tag für die 3rd US AD, denn viele ihrer Männer kommen aus dem Bundesstaat Texas, wo der 21. April der „San Jacinto Day“, der Tag der letzten Schlacht der Texanischen Revolution im Jahr 1836, der zur Unabhängigkeit Texas von Mexiko führte, ein Feiertag ist. So betrachten sie den Tag des Angriffs als gutes Omen.

Die TF Hogan des CCR, deren Auftrag es bei der Einnahme von Dessau ist, die Stadtteile Dessau-Siedlung[244] und Dessau- Ziebigk einzunehmen, setzt um 05.30 Uhr (B) den Angriff westlich von Kleinkühnau mit zwei Battle Groups fort. Die Battle Group mit der Co. G, 3./33 und der Co. K, 3./47, die bereits am Vortag den Westteil von Kleinkühnau gesichert hat, setzt um 06.00 Uhr (B) den Angriff fort und wird um 06.30 Uhr (B) am östlichen Ausgang von Kleinkühnau von einer Straßensperre aufgehalten, die von einer Gruppe Soldaten des Gren.Ers.u.Ausb.Btl. 487 und Volkssturm verteidigt wird.[245] Um 09.25 Uhr (B) umgehen die begleitenden Infanteristen des 3./47 die Straßensperre und bis 10.45 Uhr (B) hat die gesamte rechte Battle Group die Straßenspeere hinter sich gelassen Der Vormarsch geht weiter in Richtung Dessau. Die Sperre wird bis 12.23 Uhr (B) von den nachfolgenden Pionieren beseitigt. Um 14.30 Uhr (B) erreicht die Battle Group über die Kühnauer Straße die Dessauer Siedlung am Westrand von Dessau. Dort treffen sie auf Angehörige des II./Gren.Rgt. „Scharnhorst 3“, die am Westrand von Dessau gemeinsam mit dem örtlichen Volkssturm Verteidigungsstellungen bezogen haben.[246]

Zum Zeitpunkt des Angriffsbeginns der rechten Battle Group erreicht eine zweite Battle Group aus der Co. H, 3./33 und der Co. L, 3./47, die um 04.00 Uhr (B) Chörau verlassen hat, Kleinkühnau. Sie trifft auf ihrem Vormarsch nach Großkühnau auf der Straße Kleinkühnau-Großkühnau im Bereich der Kriegerallee ebenfalls auf eine verteidigte Straßensperre. MG- und Panzerfaustfeuer schlägt ihnen entgegen. Auch Großkühnau wird von einer Einheit des Gren.Ers.u.Ausb.Btl. 487 und örtlichem Volkssturm verteidigt.[247] Um 07.30 Uhr (B) meldet die Battle Group Artilleriebeschuss. Bis 08.30 Uhr (B) hat sie die Sperre geräumt und rückt langsam mit einigen Panzern durch die Wälder nördlich von Kleinkühnau auf Großkühnau vor. Um

11.00 Uhr (B) dringen sie in Großkühnau ein und erreichen um 11.50 Uhr (B) die Hauptstraße. Die, nach Osten fliehenden, deutschen Verteidiger werden unter Beschuss genommen. Beim säubern des Ortes stoßen sie im Schloss Großkühnau auf ein Reservelazarett mit 135 Verwundeten und 35 Sanitätsangehörigen. Am östlichen Ortsausgang kommt es noch einmal zu einem kurzen Halt, nachdem auch dort eine Panzersperre die Straße blockiert. Als zwei deutsche Posten zu fliehen versuchen, wird einer erschossen, der zweite kann entkommen. Ein herangeholter Bulldozer schiebt die Sperre zur Seite[248] und um 15.30 Uhr (B) hat die linke Battle Group zwei Drittel des Weges nach Dessau zurückgelegt.

Zur Führung des weiteren Angriffs entfaltet um 14.15 Uhr (B) der CP des CCR in Kleinkühnau, wo der 1st Plat. Co. C und der 3rd Plat. Co. C, 703rd TD Bn Panzerabwehrstellungen beziehen. Gegen 15.30 Uhr (B) erhält Lt.Col. Hogan den Befehl der Division, den Vormarsch einzustellen, bis die TF Boles des CCA im Süden aufgeschlossen hat. Um 17.30 Uhr (B) erteilt Brig.Gen. Hickey den Befehl zur Fortsetzung des Angriffs, doch der Angriff kommt nur langsam voran. Insbesondere die linke Battle Group wird durch das schwierige Gelände im Bereich des Landschaftsparks Großkühnau und der Großen Kienheide aufgehalten. Nach 400 Metern Geländegewinn lässt Col. Howze um 18.25 Uhr (B) auf Befehl der Division die rechte Battle Group anhalten, um die linken Battle Group aufschließen zu lassen. Dieser Befehl wird korrigiert, nachdem um 19.00 Uhr (B) der CG der 3rd US AD befiehlt, sofort nach Herstellung des Kontaktes der rechten Battle Group mit der TF Boles des CCA, die Kolonne so weit wie möglich weiter vorrücken zu lassen. Die linke Battle Group soll zügig aufschließen, dann warten, bis die rechte Battle Group nach Norden schwenkt. Kontaktpunkt für die rechte Battle Group und die TF Boles des CCA sind die Städtischen Krankenanstalten an der Ecke Schlageterallee (Gropiusallee)/Kühnauer Straße.

Gegen 19.30 Uhr (B) ist klar, dass das CCA nach dem Erreichen des Kontaktpunktes den Vormarsch bis zum nächsten Tag einstellen wird. Daraufhin erhält Hogan den Befehl des CCR, seine beide Battle Groups zwischen dem Westrand des Georgengartens und der Städtischen Krankenanstalten anzuhalten. Von dort aus soll Hogan am nächsten Morgen den Angriff nach Norden wieder aufnehmen. Um die beiden Battle Groups wieder auf eine parallele Angriffsroute zu bringen, soll die rechte Battle Group mit der Co. G, 3./33 ab 06.00 Uhr (B) und die linke Battle Group mit der Co. H, 3./33 ab 06.15 Uhr (B) mit dem Vormarsch beginnen. Mit Erreichen der Nordseite des Bahnhofes soll die linke Battle Group halten, bis die rechte Battle Group von Süden her aufgeschlossen hat, um dann den Angriff parallel zueinander nach Norden fortzusetzen. Erst im letzten Tageslicht stehen die Battle Groups in Dessau-Ziebigk und Dessau-Siedlung. In der Zwischenzeit hat die rechte Battle Group um 20.20 Uhr (B) den Bereich der, beim Bombenangriff am 7. März 1945 stark zerstörten, Städtischen Krankenanstalten erreicht und den Kontakt zum

CCA hergestellt. Die Spitze der linken Battle Group wird zirka 100 Meter vor der Kreuzung der Hindenburgallee (heute Ebertallee/Puschkinallee), Schlageterstraße/Schlageterallee (heute Kornhausstraße/Grobiusallee) und Ziebigker Straße in unmittelbarer Nähe des, ebenfalls bei dem Bombenangriff ausgebrannten, Bauhaus-Gebäudes durch Beschuss aufgehalten und bezieht in der Großen Kienheide Stellungen. Patrouillen versuchen den Kontakt zur rechten Battle Group herzustellen.[249] Die Sicherungskräfte der TF Hogan, die in Aken verblieben waren, melden bis zum Abend keine besonderen Vorkommnisse.

Während das CCR von Westen nach Dessau drückt, beginnt die TF Boles (TF Y), des CCA, die nach der Einnahme von Mosigkau und Kochstedt am 16. April angehalten hatte, von Südwesten den Angriff. Die Task Force soll zuerst Dessau-Alten einnehmen und dann ins Zentrum der Stadt vorstoßen, wo sie im Bereich der Askanischen Straße den Kontakt zur TF Orr herstellen soll. Von dort aus soll sie parallel zur TF Orr nach Norden gehen und das Gebiet zwischen der Bahnlinie Dessau-Roßlau und der Elbe säubern. Nachdem in der Nacht um 02.30 Uhr (B) in Richtung Alten gesendete Patrouillen deutsche Truppen gemeldet haben, beginnt um 03.00 Uhr (B) der Vormarsch der Task Force. Um 05.00 Uhr (B) treffen die Vorauskräfte am Ostrand von Alten an einer Panzersperre auf kurzen Widerstand, der schnell überwunden wird. Der Volksturm ergibt sich nach den ersten Schüssen und öffnet bis 06.00 Uhr die Sperre.[250] Um 08.00 Uhr (B) ist der Ort gesichert. Dann rückt die TF Boles gegen vereinzelten Widerstand vorsichtig südlich der Bahnlinie Dessau-Köthen in Richtung Stadtzentrum von Dessau vor. Unmittelbar hinter Alten, im Bereich der Fliegertechnischen Vorschule am Rand der Gartensiedlung Oberbreite und an der Kreuzung der Lindenstraße/Schaftrift/Weststraße werden sie von 7,5cm Infanteriegeschützen unter Beschuss genommen. Amerikanische Artillerie erwidert das Feuer. Eine deutsche Batterie 8,8cm Geschütze in diesem Abschnitt war bereits am Vortag innerhalb von 15 Minuten durch zwei Salven zerstört worden. Eine K.Gr. des Gren.Ers.u.Ausb.Btl. 487 in Stärke von 30 Mann unter Führung von Oblt. Henniger, die bereits zwei Tage zuvor Stellung südlich der Kleingärten Oberbreite bezogen hat, wird durch den Vorstoß umgangen und ergibt sich nach Verlusten.[251] Dann erreicht die TF Boles die Bahnlinie Dessau-Bitterfeld, die vom Gren.Rgt. „Scharnhorst 3" in den vergangenen Tagen zwischen dem Hauptbahnhof und der Industriestraße zur Verteidigung ausgebaut wurde, und trifft auf hartnäckigen Widerstand. Erst nach Beschuss durch Artillerie, Mörser und die Panzer wird der Widerstand am frühen Nachmittag überwunden. Aber der Vormarsch muss gestoppt werden, denn der linke Nachbar kommt nur mühsam voran und hängt zurück. [252]

In dieser Situation kommt es zu einem Vorfall, der in einem späteren Interview den Nachtstunden zugeordnet wurde, jedoch im gleichen Satz davon gesprochen wurde, dass er sich ereignete, als die TF Boles vor der TF Hogan war. Während der Vormarsch der TF Boles stoppt, wird eine ihrer Kompanien an der Linken von deutschen Truppen kurzzeitig abgeschnitten, die aus dem angrenzenden Abschnitt der TF Hogan kommend den Abschnitt der TF Boles durchqueren. Es handelt sich um Teile des Gren.Ers.u.Ausb.Btl. 487 die bei ihrem Rückzug aus Kleinkühnau den Werksflugplatz der Junkers Flugzeug- und Motorenwerke[253] in Richtung Alten überqueren, wo sie die Stellungen des Gren.Rgt. „Scharnhorst 3" übernehmen sollen. Das war in der Nacht zu seinen neuen Stellungen zwischen der Bahnlinie Dessau-Bitterfeld und der Mulde abgerückt. Die deutschen Soldaten ahnen nicht, dass auf dem Flugplatz bereits amerikanische Truppen stehen. Aber auch die Amerikaner, die in den Ruinen des Werkes am Rand des Flugplatzes sitzen, werden überrascht. Nach einem kurzen Feuerwechsel ergeben sich ihnen die deutschen Soldaten, die keinen Schutz auf dem Flugfeld finden. Dabei wird mindestens ein deutscher Soldat getötet. Der 22-jährige Karl Haas findet gemeinsam mit 18 weiteren Gefallenen der Kämpfe in diesem Abschnitt sein Grab an der Auferstehungskirche in Dessau.[254] Die Gefangenen werden gemeinsam mit einigen Angehörigen des Fliegerhorst-Sonder-Kdo's., das auf dem Flugplatz zurückgeblieben war, um unbeschädigte Flugzeuge ohne Treibstoff zu zerstören, und Angehörigen des Fl.Ers.Btl. IV Leipzig der Frontfliegersammelstelle Quedlinburg, die einen „Spezialauftrag" in den Junkers-Werken hatten, abtransportiert.[255]

Gegen 20.00 Uhr (B) wird dann im Bereich der Schultheiss-Patzenhofer Brauerei A.G. in der Brauereistraße der Kontakt zur rechten Battle Group der TF Hogan hergestellt. Doch der gemeinsame Vormarsch ist nur kurz und kommt bereits nach 400 Metern erneut zum Stehen. Zur Vermeidung eines Nachtkampfes im unbekannten, bebauten Gelände wird der Vormarsch bis zum nächsten Morgen eingestellt. Nachdem Meldungen des CCA das CCR erreichen, dass sich eine Kaserne zwischen der Straße Kleinkühnau-Dessau und der Bahnstrecke befindet, entsendet Hogan um 20.05 Uhr (B) die Co. C, 1./33 zur Aufklärung dorthin, die um 22.00 Uhr (B) melden, dass sie in der Kaserne vier oder fünf Gefangene gemacht und eine Anzahl toter Deutscher gefunden haben. Bei der Kaserne handelt es sich wahrscheinlich um die Gebäude des Werksflugplatzes der Junkers Flugzeug- und Motorenwerke Dessau und um Tote des Feuergefechtes zwischen der TF Boles und der Gruppe deutscher Soldaten des Gren.Ers.u.Ausb.Btl. 487.

Die TF Orr (TF X) beginnt an der Linken des CCA um 05.15 Uhr (B) den Angriff von Südwesten her in die Stadt. Zuvor hatte man die BG Miller, die nach ihrer Ablösung vom CCR in der Nacht querfeldein zum CCA zurückgekehrt war, in das Zentrum des Angriffs, angelehnt an die BG Owen an der Rechten, eingeführt. Beide Battle Groups sollen im Weiteren den schwierigen Angriff im dicht bebauten Stadtgebiet weitestgehend selbstständig führen. Die Ablauflinie für den, in voller Breite geführten, Angriff der TF Orr bildet die Linie Torhaus Herzogsallee entlang des nördlichen Waldrandes des Stadtforstes bis südlich des schwer zerstörten Reichsbahnausbesserungswerkes Dessau-Süd über die Bahnlinie Dessau-Bitterfeld bis zur

R 184, der Haideburger Straße. Das RAW war bei der Mission 940 der 8th USAAF in der Nacht des 10. April durch 13 B-24 Bomber zerbombt worden.[256] Von dort aus soll die Task Force nach Norden bis zur Askanischen Straße vorrücken, wo sie im Bereich des Askanischen Platzes den Kontakt zur TF Boles herstellen soll. Danach soll sie das nördliche Stadtgebiet zwischen der Bahnlinie Dessau-Roßlau und der R 184/ Albrechtsstraße räumen.

Nachdem die Battle Groups aus dem Nordteil der Mosigkauer Heide zwischen Forsthaus Hohe Straße und Speckinge kommend die Ablauflinie erreicht haben, beginnt um 05.30 Uhr der Angriff gegen hartnäckigen Widerstand des II./Gren.Rgt. „Scharnhorst 3". Die BG Miller führt den Angriff mit der Co. A, 1./36 voraus, von der Kochstedter Kreisstraße kommend, aus dem Bereich des RAW Süd westlich der Bahnlinie nach Norden. Die Panzerinfanteristen der Co. E, 2./32, die teilweise im Schutz des Bahndammes vorgehen, geraten dabei unter Beschuss durch die deutschen Verteidiger, die sich im Industriegelände entlang der Bahnlinie verschanzt haben und von Artillerie und Granatwerfern unterstützt werden. Erst nach massivem amerikanischen Artillerie- und Panzerbeschuss wird der Widerstand am Nachmittag überwunden. Beim weiteren Vorrücken treffen sie nur noch auf schwachen Widerstand und ganze Gruppen deutscher Soldaten ergeben sich kampflos.[257]

Bei der BG Owen, die den Angriff ab 05.15 Uhr (B) an der rechten Flanke der TF Orr beginnt, rücken die Panzerinfanteristen der Co. B, 1./36 beiderseits der R 184/Haideburger Straße/Heidestraße unter dem Feuerschutz der Panzer der Co. E, 2./36 nach Norden vor. Auch ihnen schlägt Artillerie- und Granatwerferfeuer entgegen. *„Ab der Innsbrucker Straße kam der Angriff der Battle Group fast zum Stehen. Sie war hier auf die deutsche Verteidigungslinie gestoßen, die von der Eisenbahnlinie Bitterfeld-Dessau, etwa bei der damaligen Fabrik Köchert, dem Energiebetrieb und der ehemaligen Chemischen Fabrik, fast im rechten Winkel nach Osten, bis an die Mulde führte, und als Verteidigungslinie nach Süden gerichtet war."*[258] Auch hier endet der Widerstand des II./Gren.Rgt. „Scharnhorst 3" und der Pz.Jg.Kp. des Regimentes erst nach starkem amerikanischen Artillerie- und Panzerbeschuss am Nachmittag. Bis zur Dämmerung erreichen die Spitzen der beiden Battle Groups den Askanischen Platz. Der CP des CCA geht nach Kochstedt.

Die TF Welborn des CCB startet um 05.30 Uhr (B) den Angriff auf Dessau von Süden, wo sie das Gebiet rechts der R 184/Haideburger Straße/Heidestraße/Franzstraße und der Mulde angelehnt an den Vormarschstreifen der BG Owen säubern soll. Von der Ausgangslinie *„zwischen dem ehemaligen Schießstand bei den Kreuzbergen, am Lorkteich vorbei bis hinüber zur Heidestraße"* erfolgt ab 05.30 Uhr (B) der Vormarsch unter starkem deutschem Beschuss. Gegen den Widerstand der Grenadiere des II./Gren.Rgt. „Scharnhorst 3" erreicht sie am frühen Vormittag die Stadt knapp vor dem CCA an ihrer Linken. Dann dringt sie bis zur Jakobuskirche vor. Beim Erreichen des Sportplatzes am Tannenheger an der Mulde verstärkt sich der

Widerstand. Hier haben sich deutsche Soldaten hinter Minenfeldern und Stacheldraht eingegraben. Der Angriff der Panzerinfanteristen des 2./36, das seit dem 18. April von Capt. Harvey K. Bubenzer geführt wird, wird abgeschlagen. Kurz darauf erfolgt ein deutscher Gegenangriff mit Unterstützung von 2cm Flak.[259] Es gelingt den Angriff mit Panzer- und Artillerieunterstützung abzuschlagen und nach Überwindung des Widerstandes hat die Task Force um 13.00 Uhr (B) ihr Tagesziel erreicht und den Kontakt zur BG Owen des CCA an der Linken hergestellt. Dann stellt die TF Welborn den Vormarsch ein und bezieht Sicherungsstellungen.

Während des gesamten Tages greift immer wieder deutsche Artillerie vom Ostufer der Mulde in die Kämpfe ein und feuert auf die amerikanischen Angriffsspitzen in Dessau. Die amerikanische Artillerie, deren Feuer durch Luftbeobachter in ihren kleinen einmotorigen Maschinen geleitet wird, antwortet umgehend und zwingt die deutsche Artillerie zum Stellungswechsel. Am Ende des Tages sind 2/3 von Dessau gegen teils hartnäckigen Widerstand besetzt. Die Legende, dass dieser Widerstand auf einen persönlichen Kampfaufruf Adolf Hitlers zurückzuführen sei, hat jedoch bereits Horst Kaczmarek in seinem Buch widerlegt. Demnach war bei den Amerikanern dieser Eindruck durch Befragungen deutscher Kriegsgefangener entstanden, deren Angaben sich wohl auf einen Appell des Gren.Rgt. „Scharnhorst 3“ in der Hindenburg-Kaserne bezogen haben, der einige Tage vor dem Angriff stattfand.[260]

Während die TF Welborn am Angriff auf Dessau teilnimmt, überqueren bei der TF Lovelady des CCB um 03.00 Uhr (B) die Infanteristen der Co. E und F, 2./414 das Spittelwasser und dringen in den nordöstlichen Stadtteil von Raguhn ein. Die deutschen Verteidiger werden völlig überrascht. Das II./Gren.Rgt. „Hutten 1“ in Stärke von 150 Mann hatte in der Nacht vom 18./19. April von Jeßnitz kommend in Raguhn eine Einheit des Pi.Btl. „Hutten“ abgelöst. Etwa 60 Mann hatten sich in der Nähe des Friedhofs und entlang der Mulde eingegraben und den Bataillonsgefechtsstand hinter der Brücke eingerichtet.[261] Eine größere Anzahl ergibt sich kampflos, der Rest flieht und bis 13.25 Uhr (B) ist der Stadtteil gesäubert. Anders im Südostteil der Stadt, den es trotz heftiger Kämpfe bis 17.00 Uhr (B) nicht gelingt, einzunehmen. Beide Seiten erleiden hohe Verluste. Bis zum Abend ergeben sich etwa 100 deutsche Soldaten und 95 Mann Volkssturm. In Raguhn finden die amerikanischen Soldaten die verlassenen Unterkünfte des Arbeitskommandos Raguhn des KZ Buchenwald, das erst im Februar 1945 im Zusammenhang mit den Heerbrandt-Werken der Junkers Flugzeug-und Motorenwerke unter dem Kommando von SS-Osch. Dieckmann eingerichtet worden war und aus 500 jüdischen Frauen bestand. Diese waren am 9. April mit unbekanntem Ziel evakuiert worden.[262]

Während Raguhn besetzt wird, werden Infanteristen des 2./414 der TF Lovelady um 14.00 Uhr (B) zur Unterstützung der TF Richardson bei der Einnahme von Jeßnitz nach Süden in Marsch gesetzt. Zwischen Raguhn und Jeßnitz stellen sie den Kontakt zur TF Richardson her, doch bevor sie Jeßnitz erreichen, werden sie angehalten und zurückbeordert. Sie kommen jetzt bei der Sicherung von Raguhn, Priorau, Schierau und Möst zum Einsatz. Die verstärkte Patrouille, die sich am Vortag aufgemacht hatte, um bisher unbesetzte Ortschaften im Südabschnitt der Division zu säubern, kehrt um 21.00 Uhr (B) zum CP des CCB zurück.

Die TF Richardson des CCR setzt unter direkter Führung der 3rd US AD mit Unterstützung der unterstellten Co. D, 83rd Armd Rcn Bn um 05.30 Uhr (B) den Angriff zur Einnahme von Jeßnitz fort. Dabei werden Versuche, das Spittelwasser zu überqueren, durch heftiges deutsches Artillerie- und Granatwerferfeuer vereitelt. Daraufhin werden Aufklärungskräfte nach Norden und Süden ausgesandt, um einen Übergang zu finden. Diese stoßen im Bereich Bauernsee auf eine intakte Brücke, die zur Straße Jeßnitz-Raguhn führt. Um 11.50 Uhr (B) überquert eine Battle Group diese Brücke und greift die Stadt von Norden her an. Mit Unterstützung der anderen Teile der Task Force, die von Osten und Südosten auf die Stadt vorrücken, wird bis 17.00 Uhr (B) die Stadt gegen starken Beschuss deutscher Artillerie und Granatwerfer genommen. Gegen 17.23 Uhr (B) kehrt die Co. D, 83rd Armd Rcn Bn, die zu Beginn des Angriffs erhebliche Verluste durch gut gezieltes Feuer erlitten hat, zum Bataillon zurück. Die unterstellten Panzerjäger des 2nd Plat. Co. C, 703rd TD Bn verbleiben während des Tages in Sicherungsstellung bei Bobbau-Steinfurth und Siebenhausen.

Die TF Bradley, 83rd Armd Rcn Bn säubert mit der Co. A und B den Roßdorfer Forst zwischen Wolfen, Forsthaus Salegast, der Mulde und Greppin und sichert die Südflanke der Division im Raum Wolfen-Greppin. Dabei erleiden die Kompanien Verluste durch Granatwerferfeuer. Der 3rd Plat. Co. A, 703rd TD Bn, der am Vortag der Task Force unterstellt wurde, wird auf Grund von starkem deutschem Artilleriefeuer erst am Abend im Schutz der Dunkelheit durch den 2nd Plat. Co. A, 703rd TD Bn abgelöst. Während die Panzerjäger des 2nd Plat. in der Nähe von Wolfen Stellung beziehen, kehren die Panzerjäger des 3rd Plat. zum Co.CP zurück.

Die 104th US InfDiv, deren Div.CP sich in der Schokoladenfabrik Delitzsch und deren rückwärtiger CP sich mit den Trains und der Military Government Section in Teutschenthal einquartiert hat, setzt die Räumung ihres Abschnitts bis zur Mulde-Linie fort.

Beim RCT 413 fährt bereits um 00.01 Uhr (B) die 1st Sect. 1st Plat. Co. B, 750th Tk Bn und die 1st Sect. 1st Plat. Co. B, 817th TD Bn in Begleitung einer Gruppe der Co. C, 1./413 von 1st Lt. Luther R. McGuire von Groß-Lissa nach Döbernitz, südlich von Delitzsch, und sichert bis 01.00 Uhr (B) den Ort, wo sie Verteidigungsstellungen einnehmen. Andere Kräfte folgen im Schutz der Nacht nach. Am Morgen beginnt dann der Angriff des 1./413 mit dem 1st Plat. Co. B, 750th Tk Bn und dem 1st Plat. Co. B, 817th TD Bn im Zentrum des Regimentes in zwei Gruppen. Als erste Gruppe startet die Co. A, 1./413 um 07.30 Uhr (B) und säubert mit Unterstützung der 2nd Sect. 1st Plat. Co. B, 750th Tk Bn und der 2nd Sect. 1st Plat. Co. B, 817th TD Bn im

Tagesverlauf die Orte Brinnis, Badrina und Brösen, wobei die Panzer ein MG-Nest zerstören. Um 18.30 Uhr (B) erreicht die Spitze Nieder-Glaucha und um 21.00 Uhr (B) treffen auch die Panzerjäger ein. Dann wird Sicherung für die Nacht bezogen. Die zweite Kolonne verlässt um 09.00 Uhr (B) mit der 1st Sect. 1st Plat. Co. B, 750th Tk Bn und der 1st Sect. 1st Pla. Co. B, 817th TD Bn Döbernitz und säubert nördlich der Route der ersten Gruppe die Orte Beerendorf und Spröda. In den Wäldern südlich von Spröda treffen die Infanteristen auf Widerstand, der bekämpft wird. Dann geht es über Wannewitz nach Badrina, das bereits besetzt wurde, und weiter über Scholitz nach Wellaune, wo die Kolonne um 19.00 Uhr (B) für die Nacht hält. Die Panzerjäger gehen am südlichen Ortseingang in Feuerstellung.

Das 2./413 beginnt an der Linken des RCT 413 um 07.00 Uhr (B) ebenfalls in zwei Gruppen den Vormarsch. In Begleitung der Panzer des 2nd Plat. Co. B, 750th Tk Bn säubert die Co. E auf der Nordroute Werben, Laue und Seelhausen[263]. Dabei kommt es in Seelhausen zu einem Feuergefecht mit deutschen Truppen, bei dem drei MG-Nester zerstört und 30 Gefangene gemacht werden. Dann wird Sauselitz, Löbnitz und Roitzschjora besetzt. Die südliche Kolonne fährt mit den Panzerjägern des 2nd Plat. Co. B, 817th TD Bn auf der heutigen B 183a in Richtung Düben bis nach Reibitz, wo sich die Kolonne aufteilt, um das Waldstück der Prellheide südwestlich von Düben zu säubern. Eine Gruppe macht mit der 1st Sect. 2nd Plat. Co. B, 817th TD Bn einen Nordschwenk über Poßdorf und nimmt beim weiteren Vormarsch eingegrabene deutsche Infanterie in den Wäldern unter Feuer. Die 2nd Sect. 2nd Plat. Co. B, 817th TD Bn säubert mit dem Rest die Nadelwälder nördlich der B 183a. Während die Säuberung anhält, fährt ein Platoon Infanterie, aufgesessen auf den Panzerjägern der 2nd Sect. 2nd Plat. Co. B, 817th TD Bn, um 14.00 Uhr (B) nach Tiefensee, wo sie auf Abwehrfeuer stoßen. Daraufhin wird der Ort unter Beschuss genommen und anschließend gesichert. In der Zwischenzeit hat die erste Gruppe aufgeschlossen und der Vormarsch geht weiter in Richtung Schnaditz, einem heutigen Stadtteil von Bad Düben. Hier nehmen Panzerjäger der 1st Sect. 2nd Plat. Co. B, 817th TD Bn den Wehrturm des Schlosses Schnaditz unter Beschuss, auf dem man feindliche Beobachter vermutet. Ohne Widerstand wird der Ort gesichert und die zwei Panzerjäger der 1st Sect. 2nd Plat. Co. B, 817th TD Bn beziehen Feuerstellung am Ortsausgang in Richtung Düben.

Als sich amerikanische Aufklärer der Straßenbrücke der R 2 über die Mulde westlich von Düben nähern, sprengen Nachkommandos der Wehrmacht die Brücke in die Luft. Die Hauptkräfte der Verteidiger von Düben haben sich zu diesem Zeitpunkt bereits auf Befehl nach Norden, Richtung Wittenberg, zurückgezogen. Der Bürgermeister von Wellaune, der von den Amerikanern über die zerstörte Brücke nach Düben gesandt wird, um die Kapitulation der Stadt zu fordern, gerät an den dortigen Kampfkommandanten, der, obwohl er kaum noch über Truppen verfügt, eine Kapitulation ablehnt.[264] Daraufhin wird die Stadt durch Artillerie unter Beschuss genommen, aber es erfolgen keine Versuche, die Mulde zu überqueren.

Das 3./413 rückt an der Rechten mit der Co. L und I und den Panzern des 3rd Plat. Co. B, 750th Tk Bn und Panzerjägern des 2nd Plat. Co. A, 817th TD Bn voraus, ab 07.30 Uhr (B) zur Mulde vor. Beim Vormarsch auf Noitzsch zerstören die begleitenden Panzerjäger zwei leichte, gepanzerte Fahrzeuge. Mehrere Deutsche werden getötet oder gefangengenommen. Dann erreicht das 3./413 Hohenprießnitz. Am Abend entdecken die Infanteristen deutsche Truppen am Ostufer der Mulde bei Gruna. Daraufhin überquert eine Patrouille im Schutz des Sperrfeuers der eigenen Granatwerfer den Fluss. Dort ergeben sich ihnen ohne großen Widerstand 80 Deutsche, mit denen sie ans Westufer zurückkehren. Damit erhöht sich die Zahl der Gefangenen des Regiments für diesen Tag auf 250. Bis zum Abend haben alle Kräfte des RCT 413 die Mulde erreicht. Der CP 1./413 geht nach Wellaune, der CP 2./413 nach Löbnitz und der CP 3./413 nach Hohenprießnitz. Der Regtl.CP eröffnet in Delitzsch. Nach einem Tag ohne große Verluste meldet die Co. B, 750th Tk Bn Pvt. Cliford H. Wilmut als KIA.

Beim RCT 414 nimmt das 1./414 mit Unterstützung der Panzer der Co. C und D, 750th Tk Bn und der Panzerjäger des 1st Plat. Co. A, 817th TD Bn um 10.00 Uhr (B) den Angriff wieder auf. Aufgesessen auf 48 erbeuteten deutschen Halbkettenfahrzeugen[265] mit dem weißen Stern der US Army besetzen die Infanteristen gegen leichten Widerstand die Orte Krensitz, Lehelitz, Wölkau, Naundorf, Pressen und Rödgen. In Krensitz, wo sich eine 30 Mann starke deutsche Einheit an der Kirche eingegraben hat, fallen drei junge Soldaten, bevor sich die anderen ergeben oder fliehen.[266] In Rödgen kommen 21 Personen beim Bombenabwurf durch Tiefflieger ums Leben.[267] Beim Erreichen von Zschepplin, nördlich von Eilenburg, treffen sie das erste Mal wieder auf Widerstand und machen 35 Gefangene. Hainichen wird durch die Co. A, 1./414 unter Capt. Paul E. Radlinsky gegen den leichten Widerstand einer Gruppe Volkssturm, die die anrückenden Infanteristen mit MG- und Gewehrfeuer belegen, eingenommen.[268] Nach Angaben der Panzerjäger wurden dabei drei MG-Nester zerstört und zirka 30 Deutsche getötet. Im Ort kommt es zu einem Unfall, bei dem ein leichter Panzer der Co. D von einer 76mm Granate eines eigenen Panzerjägers des 817th TD Bn getroffen wird. Während das 1./414 die Mulde erreicht, nimmt das 3./414 Schladitz und bezieht Stellungen an der Trennungslinie zum V. US Corps um die Nordausgänge aus Leipzig abzuriegeln. Die Co. L, 3./414 von Capt. Dar Nelson betreibt mit dem 3rd Plat. Co. A, 817th TD Bn Straßensperren bei Freiroda. Das Regiment macht bis zum Abend 181 Gefangene.

Das RCT 415 setzt mit Unterstützung der Granatwerfer der Co. A und B, 87th Cml Mort Bn, die erneut den ganzen Tag über im Einsatz sind, die Räumung von Bitterfeld und der Umgebung fort. Obwohl ein Teil der deutschen Verteidiger in der Nacht durch besorgte Bürger über das Wehr an der Großen Mühle über die Mulde aus der Stadt gebracht worden war, sind immer noch kampfbereite deutsche Truppen in der Stadt.[269] So gehen die vereinzelten Kämpfe weiter. Die Co. A, 87th Cml Mort Bn zerstört zwei deutsche MG-Nester südöstlich von Holzweißig im Bereich des Nordzipfels des heutigen Paupitzscher Sees. Die Co. B, 87th Cml Mort Bn legt in der Nacht zwischen 04.00-04.30 Uhr (B) Störfeuer auf das Gelände der Chemischen Fabrik Griesheim Elektron Werk II Bitterfeld zwischen Bitterfeld und Greppin. Außerdem wird mit Feuerleitung durch einen Artilleriebeobachter deutsche Infanterie auf einem Fabrikgelände nordöstlich des Hauptbahnhofes unter gezielten Beschuss genommen, wobei es Opfer gibt.

Das 1./415 macht bei der Säuberung von Bitterfeld bis 10.00 Uhr (B) 148 Gefangene. Der unterstellte 1st Plat. Co. A, 750th Tk Bn und der 3rd Plat. Co. C, 817th TD Bn fahren nach Holzweißig und weiter nach Bitterfeld, wo die Panzer die Sicherung des Bn.CP des 1./413 übernehmen. Das Bataillon errichtet am Nachmittag mit den Panzerjägern in Bitterfeld Kontrollpunkte und bezieht Sicherungsstellungen.

Das 2./415, das bis zum Mittag den nördlichen und östlichen Teil von Bitterfeld mit Hilfe des 2nd Plat. Co. C, 817th TD Bn gesäubert hat, rückt am frühen Nachmittag südöstlich der Stadt mit Unterstützung der Panzer des 2nd Plat. Co. A, 750th Tk Bn gegen vereinzelten Widerstand nach Süden vor, während eine Kompanie die Ostflanke sichert. Bei dem Vormarsch erbeuten sie ein Eisenbahngeschütz, besetzen ein Flugzeugwerk und machen eine große Anzahl an Gefangenen. Die Co. E, die mit der Rcn Co. 817th TD Bn (ohne den 3rd Plat.) durch Seelhausen vorgeht, das bereits am Vormittag gesichert wurde, erreicht Döbern[270]. Dort kommt es am Ortsrand zu einem Gefecht mit etwa 30 Deutschen. Als eine Gruppe von ihnen mitbekommt, dass der 1st Plat. Rcn Co. ihre Stellungen an der Rechten umgeht, ziehen sie sich hinter die dahinter liegenden Häuser zurück. Dort werden sie von den schweren .50cal MG's zweier Kettenfahrzeuge und der 37mm Kanone eines M-8 Spähpanzers Greyhound unter Feuer genommen, wobei zwei getötet werden. Der 2nd Plat. Rcn Co. der mit der Infanterie auf der Hauptstraße in den Ort eindringt, trifft ebenfalls auf ein Widerstandsnest, das unter Einsatz der schweren .50cal MG's bekämpft wird. Einzelne Schützen werden durch die Infanteristen ausgeschaltet. Um 19.00 Uhr (B) ist Döbern genommen, wobei eine unbekannte Anzahl Deutscher getötet wird. Zwölf Mann werden durch die Aufklärer gefangengenommen. Insgesamt verschießt die Rcn Co. bei diesem Gefecht 32 Schuss 37mm Munition, 2000 Schuss .50cal und 1000 Schuss .30cal MG-Munition.

Das 3./415 säubert am Morgen mit Unterstützung der Panzer des 3rd Plat. Co. A, 750th Tk Bn die Wälder in der Umgebung von Niemegk[271] und macht 66 Gefangene. Um 11.30 Uhr (B) rückt das Bataillon mit zwei Kompanien, den Panzern und dem 1st Plat. Co. C, 817th TD Bn von Osten auf Bitterfeld vor. Dabei schalten die Panzerjäger drei umgangene MG-Nester aus und töten 13 Deutsche. Gegen leichten Widerstand erreichen sie um 15.00 Uhr (B) ihr Ziel in Bitterfeld.

Um 15.36 Uhr (B) meldet das RCT 415 die vollständige Säuberung von Bitterfeld. Die letzten Verteidiger haben sich ergeben und gehen in Kriegsgefangenschaft. Für Bitterfeld beginnt ab jetzt die amerikanische Besatzungszeit. Während die Panzer des 3rd Plat. Co. A, 750th Tk Bn wieder nach Niemegk fahren und dort Verteidigungsstellung beziehen, gräbt sich die Co. I, 3./415 in Großmühle[272] ein. Die Co. K beseitigt im Tagesverlauf mehrere Straßensperren auf der R 100 zwischen Bitterfeld und Mühlbeck und hält am Abend an der Mulde im Bereich der heutigen Halbinsel Pouch im Großen Goitzschesee. Der Regtl.CP 415 erreicht das Stadtzentrum von Bitterfeld.

Die TF Laundon, 104th Rcn Tp, sichert mit dem 3rd Plat. Co. B, 817th TD Bn die Zugänge nach Bitterfeld aus Nordwesten und Osten und gegen 16.00 Uhr (B) übernehmen die Panzerjäger die Bewachung des Fabrikgeländes des Elektronwerkes I. Die Co. A, 87th Cml Mort Bn, die im Tagesverlauf 19 Gefangene macht, geht in den Bereich östlich von Petersroda und die beiden Platoons zur Tonwarenfabrik nördlich der Grube Leopold. Die Co. B, 87th Cml Mort B die während des Tages 16 Gefangene gemacht hat, bezieht Feuerstellungen im Bereich des heutigen Otto-Hahn-Platzes in Bitterfeld. Die 104th US InfDiv, die an diesem Tag ihr Endziel erreicht hat, beziffert die Gesamtzahl der Kriegsgefangenen bei den Kämpfen um Bitterfeld mit über 900[273] in 36 Stunden.

Im Harzraum beginnt die 1st US InfDiv mit Vorbereitungen zur Verlegung in einen neuen Einsatzraum. Bei der 9th US InfDiv trifft der Befehl ein, sich auf die Verlegung von Teilen der Division am 22. April zur Ablösung der 3rd US AD im Mulde-Abschnitt bei Dessau vorzubereiten. Der Befehl geht an das 60th InfRgt.

Mit dem Abschluss der Besetzung des Leipziger Südraumes und der Stadt Leipzig haben die Hauptkräfte des V. US Corps der 1st US Army am 20. April 1945 die alliierte Haltelinie entlang der Mulde erreicht. Die 2nd und 69th US InfDiv beenden die Ablösung der 9th US AD an der Mulde und die 9th US AD verlegt als Reserve der 1st US Army in den Raum Borna und Taucha. Bei der 2nd US InfDiv kehrt das RCT 9, dass der 9th US AD unterstellt war, im Tagesverlauf zur Division zurück. Das RCT 23 löst Teile der 9th US AD an der Mulde ab und übernimmt die Verantwortung für den Abschnitt Glasten-Leisenau. Das RCT 38 übernimmt die Verantwortung über den Abschnitt bei Grimma vom CCA der 9th US AD. Die 38th CavRcnSq der 102nd CavGp erhält den Befehl, in die Umgebung von Laucha zu verlegen um einen Säuberungsauftrag in den Wäldern bei Lossa zu übernehmen.

An der Trennungslinie des V. und VII. US Corps beginnt das 1./271 der 69th US InfDiv mit dem Angriff auf den letzten deutschen Brückenkopf im Abschnitt des V. US Corps am Westufer der Mulde - die Stadt Eilenburg. Im Ergebnis der Kämpfe wird der deutsche Brückenkopf hinter die Mulde zurückgenommen.[274]

Deutsche Soldaten, viele von ihnen noch Kinder, marschieren in der Nähe von Leipzig in Kriegsgefangenschaft
Filmausschnitte: National Archives

Auf deutscher Seite zieht sich das XX. AK der 12. Armee unter Zurücklassung von schwachen Sicherungen an der Mulde zwischen Dessau und Düben befehlsgemäß aus der Front zurück und übergibt den Abschnitt an das XXXXVIII. PzK. Dieses hat bereits in der Nacht zuvor, mit der ersatzlosen Herauslösung seines linken Flügels östlich von Grimma begonnen und diese Kräfte nach Norden in Marsch gesetzt.[275] Dadurch entsteht jetzt eine breite Lücke zum rechten Flügel des XC. AK. Gen.d.Inf. Petersen, Befehlshaber des XC. AK, erteilt dem Stab der Div. Nr. 469 noch in der Nacht den Befehl zur Bildung einer Frontlinie nach Norden.[276] Damit ist die Verbindung zwischen Russen und Amerikanern freigegeben. Auch die Elbe-Front wird aufgelockert und das XXXIX. PK wird nördlich von Magdeburg in Richtung Nauen in March gesetzt. Lediglich die InfDiv „Scharnhorst" verbleibt in ihren Stellungen. Der Gefechtsstand des AOK 12 verlegt auf Grund der unmittelbaren Feindbedrohung von Dessau-Roßlau in das Forsthaus „Alte Hölle" bei Medewitzerhütten, nahe Wiesenburg im Fläming.

Während die Westfront östlich der Mulde aufreißt, rückt die Ostfront immer näher. Im Angriffstreifen der 1. Ukrainischen Front beginnt die 2. polnische Armee nördlich von Bautzen einen 40 Kilometer tiefen Stoß und erreicht am nächsten Tag den Rand der Dresdner Heide. Das, im Streifen zwischen der 2. Polnischen Armee und der 52. Armee eingeführte, 1. selbstständige Gd.Kav.K. unter Gen.Lt. W. K. Baranow erreicht die Reichsautobahn Dresden-Berlin und durchschneidet sie bei Ruhland.

* * *

---

1 Unklar ist, welche StGesch an diesem Angriff beteiligt waren. Das I. Btl. war bei Gommern mit der H.Stu.Art.Brig. 243 im Einsatz. Ob diese jedoch mit verlegt hat, ist unklar. Bekannt ist, dass Teile der H.Stu.Art.Brig. 1170 unter Oblt. Kaunert an dem Angriff beteiligt waren.

2 „Die Division Scharnhorst" v. H. Ulrich, 2008, S. 41.

3 „Elbe Operation" v. Lt. Housek.

4 „Die Division Scharnhorst" v. H. Ulrich, S. 41-44.

5 Gem. Pfleghar in „Brückenkopf Zerbst", 2. Ausgabe 2007" waren dies Teil der Kampfbesatzung von Zerbst.

6 „Elbe-Operationen" v. P. Wittig, S. 86. Siehe auch „Brückenkopf Zerbst" S. 99. Wittig nennt 14 Sturmgeschütze, Pfleghar zehn Sturmgeschütze.

[7] „Brückenkopf Zerbst" v. U. Pfleghar, S. 101. Pfleghar spricht von einem „Tiger"-Panzer. Hierbei kann es sich vermutlich nur um einen PzKpfw VI „Königstiger" oder einen „Jagdtiger" gehandelt haben.

[8] „Brückenkopf Zerbst" v. U. Pfleghar, S. 104-113..

[9] „Die Division Scharnhorst" v. H. Ulrich, 2008, S. 45.

[10] „Elbe-Operationen" v. P. Wittig, S. 92ff. Siehe auch „Die Division Scharnhorst" v. H. Ulrich, 2008, S. 55.

[11] „Die Division Scharnhorst" v. H. Ulrich, S. 55/56.

[12] „Elbe Operation" v. Lt. Housek.

[13] „Die Armee Wenck..." v. G. Gellermann, S. 61.

[14] Unterlagen von Ernst Eilsberger im Stadtarchiv Bernburg. Eilsberger gibt die Nr. 11 an.

[15] „Das Ende zwischen Ems und Weser 1945" v. Günter Wegmann. Vgl. auch Mehner/Tessin.

[16] „Die Dessauer Chronik..." v. H. Kaczmarek, S. 17. Die Pz.Jg.Abt. „Potsdam" war aus der Pz.Jg.Kp. 185 aufgewachsen. Vgl. IPW Report 3rd US AD v. 16.04.45.

[17] Gem. Tessin.

[18] „Die Dessauer Chronik – Der Vorstoß der 3. US-Panzerdivision ,..." v. Horst Kaczmarek, 2. Auflage 2006, S. 17.

[19] Ebenda, S. 17.

[20] Daten zur Stadtgeschichte auf der Webseite der Stadt Bernburg.

[21] „Die Armee Wenck..." v. G. Gellermann, S. 62.

[22] „Die Infanterie-Division Scharnhorst" v. H. Ulrich, S. 61.

[23] „Die Dessauer Chronik..." v. H. Kaczmarek, S. 13.

[24] IPW Report 3rd US AD v. 16./17.04.45.

[25] „Die Infanterie-Division Scharnhorst" v. H. Ulrich, S. 61 und „Die Dessauer Chronik..." v. H. Kaczmarek, S. 20.

[26] IPW Report 3rd US AD v. 17.04.45.

[27] „Die Infanterie-Division Scharnhorst" v. H. Ulrich, S. 61 und „Die Dessauer Chronik..." v. H. Kaczmarek, S. 20.

[28] „Death Traps", S. 274/275.

[29] T-Minen, auch „Tank-Minen" sind Minen zur Abwehr von Panzern.

[30] IPW Report 3rd US AD v. 17.04.45.

[31] „Die Infanterie-Division Scharnhorst" v. H. Ulrich, S. 56/57 und „Die Dessauer Chronik..." v. H. Kaczmarek, S. 20.

[32] „Die Infanterie-Division Scharnhorst" v. H. Ulrich, S. 62. Vgl. „Die Dessauer Chronik..." v. H. Kaczmarek, S. 29/30.

[33] „Die Infanterie-Division Scharnhorst" v. H. Ulrich, S. 57. Vgl. „Die Dessauer Chronik..." v. H. Kaczmarek, S. 29.

[34] Der AAR des 67th AFA Bn und die Angaben von Kaczmarek in „Die Dessauer Chronik...", S. 30 sind widersprüchlich. Kaczmarek, der sich auf einen Zeitzeugenbericht bezieht, spricht von einer kampflosen Besetzung, berichtet aber im gleichen Absatz vom Panzerfaustabschuss eines Panzers.

[35] G-2 Report 3rd US AD v. 19.04.45.

[36] IPW Report 3rd US AD v. 16.04.45.

[37] Vgl. auch „Die Dessauer Chronik…“ v. H. Kaczmarek, S. 15.

[38] Der AAR des 83rd Armd Rcn Bn ordnet die Co. A dem CCR zu und spricht vom Einsatz zur Säuberung der Wälder nördlich und östlich Hagersdorf (?). Der Einsatz erfolgt jedoch beim CCA im Haideburger Wald. Gemeint könnte Hoyersdorf sein.

[39] IPW Report der 3rd US AD v. 16.04.45.

[40] Die TF Welborn hatte als leichtes Tk Bn das 1./33. Zum Ausgleich wurden zwei der leichten Kompanien gegen zwei Kompanien mittlerer Sherman Panzer ausgetauscht, in dem Fall die Co. F, 2./33 und die Co. I, 3./33.

[41] „Die Dessauer Chronik…“ v. H. Kaczmarek, S. 25.

[42] „Soldaten an der Elbe“, Beitrag Horst Zimmermann, S. 289. Zimmermann nennt als Quelle die Chronik des Pfarrhauses Raguhn und spricht von Waffen-SS auf dem Kirchturm.

[43] IPW Report 3rd US AD v. 17. und 19.04.45.

[44] Der ehemalige Gutsbezirk Haideburg, gehörte zu Törten und wurde mit Törten am 01.01.1923 nach Dessau eingegliedert.

[45] IPW Report 3rd US AD v. 17.04.45.

[46] IPW Report 3rd US AD v. 18.04.45.

[47] S-3 Journal 36th InfRgt, 3rd US AD v. 16.04.45.

[48] G-2 Periodic Report 3rd US AD v. 16.04.45. Hier wird von Trilon gesprochen. Trilon 32 ist die deutsche Bezeichnung für Tabun. Die Bomben waren gemäß dem Bericht mit drei grünen Streifen gekennzeichnet.

[49] „Evakuierungstransporte des KZ Buchenwald und seiner Außenkommandos“ v. Ch. Schäfer, Buchenwaldhefte Nr. 16, 1983, S. 32/33.

[50] IPW Report 3rd US AD v. 14.04.45.

[51] „Übergabe oder Vernichtung“ v. E. L. Bock, S. 28. Vgl. „Die Bewahrung Halles vor der totalen Vernichtung im April 1945“ v. Prof. Dr. Könnemann.

[52] „Übergabe oder Vernichtung“ v. E. L. Bock, S. 27.

[53] Ebenda, S. 28. Gem. Prof. Hülse.

[54] „Our way to Halle” v. Matthias Maurer, S. 153.

[55] AAR 104th US InfDiv, April 1945, S. 23.

[56] „Übergabe oder Vernichtung“ v. E. L. Bock, S. 29-31.

[57] Ebenda, S. 30/31.

[58] Ebenda, S. 31. Vgl. „Our way to Halle” v. M. Maurer, S. 154/154.

[59] „Soldaten an der Elbe”, Beitrag M. Maurer, S. 56.

[60] „Die Bewahrung Halles vor der totalen Vernichtung im April 1945“ v. Prof. Dr. Könnemann.

[61] „Übergabe oder Vernichtung“ v. E. L. Bock, S. 31-33. Vgl. „Die Bewahrung Halles vor der totalen Vernichtung im April 1945“ v. Prof. Dr. Könnemann.

[62] „Die Bewahrung Halles vor der totalen Vernichtung im April 1945“ v. Prof. Dr. Könnemann.

[63] „Übergabe oder Vernichtung“ v. E. L. Bock, Zitat S. 32.

[64] Ebenda, S. 33.

[65] 104th US InfDiv, April 1945, S. 24. Siehe auch „Übergabe oder Vernichtung“ v. E. L. Bock, S. 33.

66 „Die Armee Wenck…" v. G. Gellermann, S. 61.

67 „Das Ende des Zweiten Weltkrieges in Eisleben und das Kriegsgefangenenlager von Helfta" auf www.harz-saale.de.

68 Aus dem AAR der 38th CavRcnSq gehen keine genauen Ortsangaben hervor. Die einzige deutsche Flakstellung in diesem Abschnitt ist die Stellung Beesen/Silberhöhe, über deren genaue Lage ebenfalls nichts bekannt ist. Die Stellung soll eine Doppelstellung gewesen sein, was zur amerikanischen Angabe einer Stärke von zirka 200 Mann passt. Welcher Ort durch die Patrouille kurzzeitig besetzt wurde, ist unklar.

69 „Das Ende im Westen 1945" v. W. Haupt.

70 „Die Infanterie-Division Scharnhorst" v. H. Ulrich, S. 49.

71 Heute „Colno" geschrieben.

72 „Elbe Operation" v. Lt. Housek.

73 „Elbe-Operationen" v. P. Wittig, S. 100.

74 „Die Infanterie-Division Scharnhorst" v. H. Ulrich, S. 53.

75 „Elbe-Operationen" v. P. Wittig, S. 100.

76 IPW Report 3rd US AD v. 19.04.45.

77 „Die Infanterie-Division Scharnhorst" v. H. Ulrich, S. 62.

78 Akener Nachrichtenblatt Nr. 372 v. 07.04.2005, Beitrag von Bürgermeister Hansjochen Müller. Der Beitrag enthält eine Zusammenfassung der Unterlagensammlung des Stadtmuseums Aken, darunter der alten Stadtchronik von Franz Winkelmann.

79 „Die Dessauer Chronik…" v. H. Kaczmarek, S. 21.

80 Gem. „Flugplätze der Luftwaffe 1934–1945 Sachsen-Anhalt" Band 4 v. Jürgen Zapf handelt es sich bei dem Flugplatz Aken um einen Feldflugplatz.

81 Akener Nachrichtenblatt Nr. 372 v. 07.04.2005, Beitrag von Bürgermeister Hansjochen Müller. Die amerikanischen Berichte schreiben, dass die Flugzeuge aus Treibstoffmangel gesprengt wurden.

82 IPW Report 3rd US AD v. 23.04.45

83 Gem. www.kleinzerbst.eu soll es drei Tote gegeben haben, Kaczmarek nennt auf S. 22 nur einen Toten.

84 Akener Nachrichtenblatt Nr. 372 v. 07.04.2005, Beitrag von Bürgermeister Hansjochen Müller. Unterlagen des Museums Aken.

85 Ebenda.

86 Ebenda.

87 IPW Report 3rd US AD v. 17.04.45.

88 Akener Nachrichtenblatt Nr. 372 v. 07.04.2005, Beitrag von Bürgermeister Hansjochen Müller. Die amerikanischen Berichte schreiben, dass die Flugzeuge aus Treibstoffmangel gesprengt wurden.

89 Ebenda. Vgl. Unterlagen des Stadtmuseums Aken und Stadtchronik v. Franz Winkelmann. Gem. IPW Report 3rd US AD v. 16./17.04.45 war die 2./I. Abt./Art.Rgt. „Scharnhorst" am 16. April bei Klietzen und die 6./II. Abt. am 17.04.45 bei Rosefeld.

90 „Die Dessauer Chronik…" v. H. Kaczmarek, S. 21/22.

91 In den amerikanischen Unterlagen wird die Ortsbezeichnung Bobbau-Steinfurth verwendet, obwohl Bobbau richtig ist. In alten Karten steht der OT Steinfurth, (auch Steinfurt) als

eigenständige Bezeichnung, so dass daraus Bobbau-Steinfurth abgeleitet wurde. Daher wird in dieser Dokumentation zum besseren Verständnis die Bezeichnung „Bobbau-Steinfurth“ verwendet.

92 „Die Infanterie-Division Scharnhorst“ v. H. Ulrich, S. 61.

93 „Die Dessauer Chronik…“ v. H. Kaczmarek, S. 26.

94 IPW Report 3rd US AD v. 17.04.45. Das Rgt. I./“Hutten 1” hatte den Auftrag, Thurland und Marke einzunehmen.

95 G-2 Periodic Report 3rd US AD v. 17.04.45

96 IPW Report 3rd US AD v. 17.04.45.

97 „The Battle of Raguhn“ v. W. E. Brasey, HQ Co. 414 auf www.104infdiv.org/viewarticle.

98 IPW Report 3rd US AD v. 17./18.04.45.

99 „The Battle of Raguhn“ v. W. E. Brasey, HQ Co. 414 auf www.104infdiv.org/viewarticle.

100 IPW Report 3rd US AD v. 17.04.45.

101 „71 Tage im Jahr 1945” v. B. Hübner, S. 33.

102 IPW Report 3rd US AD v. 17.04.45 nennt den Einsatz des II. südlich der Straße Siebenhausen-Bobbau-Steinfurth.

103 Die amerikanischen Unterlagen sprechen von einem Sturmgeschütz auf PzKpfw IV – Fahrgestell, es waren aber Jagdpanzer „Hetzer“.

104 „The Battle of Raguhn“ v. W. E. Brasey, HQ Co. 414.

105 „71 Tage im Jahr 1945” v. B. Hübner, S. 37.

106 „The Battle of Raguhn“ v. W. E. Brasey, HQ Co. 414.

107 „Spearhead in the west“, S. 152.

108 Die Dessauer Chronik…“ v. H. Kaczmarek, S. 31. Vgl. „Bitterfeld und das untere Muldetal – Eine landeskundliche Bestandsaufnahme im Raum Bitterfeld, Jeßnitz (Sachsen-Anhalt), Raguhn, Gräfenhainichen, Brehna“, Hrsg. Günther Schönfelder, Frauke Gränitz u. Haik Thomas Porada, 2. Auflage 2009, Böhlau-Verlag, S. 99. Kaczmarek nennt keine zivilen Opfer.

109 „Die Dessauer Chronik…“ v. H. Kaczmarek, S. 31.

110 Ebenda, S. 28. Ob es sich bei den Gefallenen um Opfer der Kämpfe um Thurland handelt oder nur um Opfer der Kämpfe bei Schierau, ist nicht ersichtlich.

111 IPW Report 3rd US AD v. 17.04.45.

112 AAR 104th US InfDiv v. 17.04.45, S. 26. Die S. 25 mit dem Kampfbericht des RCT 414 fehlt in den Unterlagen des NARA.

113 „Übergabe oder Untergang“ v. E. L. Bock, S. 35. Es findet sich hierzu kein Hinweis in den Unterlagen der 104th US InfDiv. Prof. Dr. Könnemann schreibt, dass sich Dohmgoergen „eine Kugel in den Kopf jagte“ und die Leichen von Eggeling und Dohmgoergen auf dem Gertraudenfriedhof verbrannt wurden.

114 Gem. Prof. Dr. Könnemann. Es gibt keine näheren Hinweise auf den SS-Stab.

115 Gem. Prof. Dr. Könnemann.

116 „Übergabe oder Untergang“ v. E. L. Bock, S. 38.

117 Ebenda, S. 41 u. 43. Siehe auch Prof. Dr. Könnemann.

118 Vgl. ebenda, S. 43/44. Prof. Dr. Könnemann nennt als Polizeipräsidenten Rheins, Bock erwähnt einen Balthasar.

119 „Bombenhagel auf das Industriegebiet" v. M. Gill. Vgl. „71 Tage im Jahr 1945" v. B. Hübner, S. 64 und S. 76/77.

120 „71 Tage im Jahr 1945" v. B. Hübner, S. 35.

121 Ebenda, S. 64 u. S. 68.

122 G-2 Report 3rd US AD v. 18.04.45.

123 „Bitterfelder Heimatblätter XXVI", 2005, Beitrag v. Armin Feldmann, S. 53-55.

124 Versprengte des Fsch.Jg.Gen.Btl. 1 werden im IPW Report des IPW Team 32, 3rd US AD v. 16.06.45 erwähnt.

125 Gem. Tessin u. Koch. Siehe auch „Beiträge zur Militärgeschichte der Stadt Aschersleben" v. Heiko Trentzsch.

126 Gem. „Krieg in der Heimat" v. Saft sollen 16 Hitlerjungen, die gefangengenommen wurden, von den Amerikanern in einem nahegelegenen Steinbruch erschossen worden sein.

127 „Zeitzeugen" v. Zeitfuchs/Schirmer, S. 30. Angeblich wurden 9 US Panzer abgeschossen, die HJ-K.Gr. soll 50 Gefallene und 150 Verwundete gehabt haben.

128 Aus „Eilenburg April 1945".

129 Petersen war General der Flieger bevor sein IV. Lw-Feldkorps in XC. AK umbenannt und vom Heer übernommen wurde. Petersen soll seinen Luftwaffen-Dienstgrad behalten haben, hat jedoch auf seiner Ausarbeitung für die Historical Division der US Army mit Gen.d.Inf. unterschrieben.

130 „Elbe-Operationen" v. P. Wittig, S. 100/101. Siehe auch „Die Infanterie-Division Scharnhorst" v. H. Ulrich, S. 57-60.

131 „Elbe-Operationen" v. P. Wittig, S. 103. Siehe auch „Die Infanterie-Division Scharnhorst" v. H. Ulrich, S. 60.

132 „Die Armee Wenck…" v. G. Gellermann, 3. Auflage 1997, S. 59.

133 Im G-3 Journal wird vom „rechten Teil der Stadt" und von starkem Widerstand berichtet. In den Unterlagen des Museums Aken finden sich hierfür jedoch keine Hinweise.

134 IPW Report 3rd US AD v. 19.04.45.

135 „Die Dessauer Chronik…" v. H. Kaczmarek, S. 22. Kaczmarek geht davon aus, das die Besetzung am 17. April erfolgt ist, was gemäß den amerikanischen Unterlagen falsch ist.

136 „Meine Nachkriegszeit 1945" v. Arno Cwiertnia im Akener Nachrichtenblatt Nr. 450.

137 Akener Nachrichtenblatt Nr. 372 v. 07.04.2005, Beitrag von Bürgermeister Hansjochen Müller.

138 „Meine Nachkriegszeit 1945" v. A. Cwiertnia.

139 Ebenda. Vgl. auch Stadtchronik von Franz Winkelmann.

140 In der Stadtchronik Aken von Winkelmann wird die Mittagszeit für das Eintreffen der Amerikaner in der Stadt genannt. Hogan meldet aber um 08.52 Uhr (B) seine Leute beim Rathaus.

141 Die Panzerkompanie des Tk Bn der Armored Division verfügt über 2 Panzer M 4 und einen Panzer M4 155mm Howitzer im Co. HQ und je 5 Panzer M 4 in jedem der drei Platoons.

142 Im AAR des 36th AIB heißt es, dass „88", also „8,8cm Geschütze", aus den Häusern schossen. Das basiert wahrscheinlich darauf, dass im AAR die Angaben aus dem G-3 Journal vom 18. April 1945, 10.40 Uhr (B) übernommen wurden, wo statt „88" die Buchstaben

„SS" in Runen-Schrift stehen. Das Journal wurde anscheinend mit einer deutschen Schreibmaschine geschrieben. Also hat SS aus den Häusern geschossen. Kaczmarek hat diesen Fehler auf S. 23 übernommen. Doch weder „88" noch „SS" dürften richtig sein.

143 „Die Dessauer Chronik…" v. H. Kaczmarek, S. 22. Vgl. Unterlagen des Stadtmuseums Aken.

144 Auch hier interpretiert der AAR des 36th AIB die Angaben aus dem G-3 Journal falsch. Die Kämpfe nördlich der Kirche haben nichts mit der Patrouille nach Osten zu tun.

145 Ebenda, S. 22/23. Vgl. auch „Die Infanterie-Division Scharnhorst" v. H. Ulrich, S. 62. Siehe auch die Unterlagen des Stadtmuseums Aken. Die Berichte von Kaczmarek weichen im Bezug auf die Intensivität der Kämpfe stark von den vorliegenden Berichten aus Aken ab.

146 „Die Dessauer Chronik…" v. H. Kaczmarek, S. 26/27.

147 „Die Armee Wenck…" v. G. Gellermann, 3. Auflage 1997, S. 60.

148 IPW Report 3rd US AD v. 19.04.45.

149 „Die Dessauer Chronik…" v. H. Kaczmarek, S. 32. Angaben aus IPW Report 3rd US AD v. 18.04.45.

150 „71 Tage im Jahr 1945" v. B. Hübner, S. 45.

151 „Die Dessauer Chronik…" v. H. Kaczmarek, S. 32.

152 Vermutlich handelt es sich bei den drei Jagdpanzern Hetzer, um die gleichen, die am Morgen bei Bobbau-Steinfurth bereits einen Gegenangriff geführt hatten.

153 Der AAR des VII. US Corps spricht von einer Brücke „in Greppin", es kann sich aber nur um die Eisenbahnbrücke gehandelt haben.

154 AAR des VII. US Corps v. 18.04.45.

155 „Die Bewahrung Halles vor der totalen Vernichtung im April 1945" v. Prof. Dr. E. Könnemann.

156 „Bitterfelder Heimatblätter XXVI", 2005, Beitrag v. U. Holz, S. 64.

157 „71 Tage im Jahr 1945" v. B. Hübner, 2010, S. 27/28.

158 Ebenda, S. 64.

159 „Die Armee Wenck…" v. G. Gellermann, S. 67.

160 NARA, B-219, Gen.d.Pz.Tr. Maximilian Reichsfreiherr v. Edelsheim.

161 Dr. Kürschner nennt in „Kriegsschauplatz Sachsen", DZA Verlag ein Art.Ers.Btl. in Delitzsch, Dr. Wolfram Kaukusch schreibt in der Nordsächsischen Rundschau v. 21.04.97 von einem Art.Ausb.Btl.

162 Tessin, Bd. 11, S. 207. Im Tessin findet sich auch bei Standorten unter Delitzsch die Angabe „SS-Schule Delitzsch". Hierzu liegen jedoch keine verwertbaren Angaben vor.

163 „Soldaten an der Elbe", Beitrag Wolfgang Kaukusch, S. 61/62. Vgl auch den Beitrag von Dr. Kaukusch in der Nordsächsischen Rundschau. Kaukusch nennt hier jedoch mit Bezug auf Scharf den 13. April 1945 als Beginn der Vorbereitung zur Verteidigung.

164 Am 20. April 1945 erfolgte die Aufspaltung des WFSt in die Führungsgruppe Nord (A) und Süd (B). Damit endete das Lagebuch.

165 „Brückenkopf Zerbst" v. U. Pfleghar, S. 134/135.

166 Die Meldungen aus dem Air Report der 83rd US InfDiv nennen mehrmals an diesem Tag die Zerstörung von Eisenbahngeschützen und Panzern, im gleichen Bereich. Es ist jedoch

wahrscheinlich, dass die bereits zerstörten Ziele mehrfach angegriffen und daher mehrfach als zerstört gemeldet wurden. Vgl. Pfleghar „Brückenkopf Zerbst", S. 135.

[167] „Die Dessauer Chronik..." v. H. Kaczmarek, S. 27.

[168] „Die Armee Wenck..." v. G. Gellermann, 3. Auflage 1997, S. 60.

[169] Ebenda, S. 61. Petersen war vom 01.04.43 bis 1945 Kdr. der Pi.Schule I Dessau-Roßlau.

[170] „Soldaten an der Elbe", Beitrag Zimmermann, S. 289. Gem. der Chronik des Pfarrhaus Raguhn wurde die Brücke am 18. April durch Bombenabwurf zerstört, die amerikanischen Unterlagen nennen den 19. April. Am 19. April nennt die Kirchenchronik ebenfalls Bombenabwürfe in der Stadt.

[171] Ortsteil von Zörbig.

[172] „Bitterfelder Heimatblätter XXVI", 2005, Beitrag v. U. Holz, S. 63. Vgl. „71 Tage im Jahr 1945" v. B. Hübner, S. 79.

[173] „71 Tage im Jahr 1945" v. B. Hübner, S. 41.

[174] Ebenda, S. 42.

[175] Ebenda, S. 43.

[176] Ebenda, S. 4 u. 85, Zeitzeugenbericht v. Paul Hunold

[177] Ebenda, S. 99.

[178] Ebenda, S. 8ff. Es gibt keine Hinweise auf vorhandene Geschütze.

[179] „Bombenhagel auf das Industriegebiet" v. M. Gill.

[180] „71 Tage im Jahr 1945" v. B. Hübner, S. 75 u. 82.

[181] „Bitterfelder Heimatblätter XXVI", 2005, Beitrag v. Armin Feldmann, S. 56.

[182] „71 Tage im Jahr 1945" v. B. Hübner, S. 82.

[183] Ebenda, S. 64. Hübner, der sich auf Hans-Georg Mautner „Geschichten und Geschichte", Stadt Wolfen 1992 bezieht, ordnet das Ereignis dem 18. April zu, was aber nicht sein kann.

[184] S-3 Journal 36th AIR, 19. April 10.50 Uhr (B).

[185] „Die Dessauer Chronik..." v. H. Kaczmarek, S. .32.

[186] IPW Report 3rd US AD v. 20.04.45 meldet den Verlust von drei Panzern der Pz.Jg.Abt. 3.

[187] De Witt soll sich dort gem. dem AAR der 104th US InfDiv, April 1945, Anlage 1, wegen Behandlung von Magengeschwüren befunden haben. Er wird mehrfach irrtümlich als K.Kdt. von Halle bezeichnet.

[188] „Übergabe oder Vernichtung" v. E. L. Bock, S. 49/50.

[189] Gem. Czepluch, Merseburg † befanden sich 14 8,8cm Geschütze in der Stellung, gem. Nicolaisen 12 8,8cm Flak. Möglicherweise wurden durch die Amerikaner leichte Flakgeschütze dazu gezählt.

[190] www.leipzig-halle-airport.de.

[191] NARA, B-219, Gen.d.Pz.Tr. Maximilian Reichsfreiherr v. Edelsheim.

[192] „Brückenkopf Zerbst" v. U. Pfleghar, S. 136. Vgl. „Die Infanterie-Division Scharnhorst" v. H. Ulrich, S. 47.

[193] „Die Dessauer Chronik..." v. H. Kaczmarek, S. 18. Kaczmarek schreibt von 80 Soldatengräbern, in „71 Tage im Jahr 1945" nennt Hübner auf S. 35 72 Soldatengräber.

[194] „71 Tage im Jahr 1945" v. B. Hübner, S. 41.

[195] „Spearhead in the west", S. 154.

[196] „71 Tage im Jahr 1945" v. B. Hübner, S. 64.

[197] Ebenda, S. 32.
[198] Ebenda, S. 67 u. S. 70. In dem zitierten Zeitzeugenbericht aus dem Stadtarchiv Wolfen wird Saenger als Hauptmann bezeichnet.
[199] „Die Dessauer Chronik…" v. H. Kaczmarek, S. 33.
[200] IPW Report 3rd US AD v. 21.04.45.
[201] Vgl. „Die Dessauer Chronik…" v. H. Kaczmarek, S. 27.
[202] „Die Infanterie-Division Scharnhorst" v. H. Ulrich, S. 61.
[203] „Soldaten an der Elbe", Beitrag W. Kaukusch, S. 62.
[204] Ebenda. In der Nordsächsischen Rundschau hatte Dr. W. Kaukusch jedoch geschrieben, dass Antifaschisten den Amerikanern eine Minensperre an der Kreuzung Hallesche Straße/ Hainstraße und Schkeuditzer Straße gezeigt hätten, die dann von den Amerikanern geräumt wurde.
[205] Die Vermutung von Kaukusch in „Soldaten an der Elbe", S. 63, dass der K.Kdt. von Delitzsch ihn überzeugen konnte, weiterzuziehen, kann ausgeschlossen werden, da Rathke den Befehl hatte, nach Mockrehna zu gehen.
[206] „Soldaten an der Elbe", Beitrag Kaukusch, S. 63.
[207] Ebenda, S. 63.
[208] Ebenda, Zitat des Bürgermeisters, S. 63.
[209] Ebenda, S. 63. In einem Zeitungsbeitrag in der Nordsächsischen Rundschau v. 21.04.97 hatte Dr. W. Kaukusch noch 32 Granaten genannt.
[210] Ebenda, S. 62/63. Das ehemalige KPD-Mitglied Emil Sachse soll am 19. April mit dem Fahrrad nach Hohenthurm gefahren sein, um dort mit den Amerikanern Kontakt aufzunehmen. Vgl. auch Zeitungsbeitrag in der Nordsächsischen Rundschau v. 21.04.97 v. Dr. W. Kaukusch. Bei Krausch handelt es sich wahrscheinlich um den Kommandeur des Art.Ausb.Btl.
[211] Ebenda, Zitat S. 63. Im Zeitungsbeitrag in der Nordsächsischen Rundschau hatte Dr. W. Kaukusch geschrieben, dass ein Major und fünf Soldaten zum Rathaus „marschierten".
[212] Kömmlitz wurde 1988 abgebaggert und Schladitz 1990.
[213] „Bitterfelder Heimatblätter XXVI", 2005, Beitrag v. U. Holz, S. 65/66.
[214] Auflistung der Straßensperren in „71 Tage im Jahr 1945" v. B. Hübner, S. 22.
[215] Ebenda, S. 24.
[216] „71 Tage im Jahr 1945" v. B. Hübner, S. 34.
[217] Niemegk fiel 1978 dem Tagebau Goitzsche zum Opfer. Vgl. „Bitterfelder Heimatblätter XXVI", 2005, Beitrag v. U. Holz, S. 63/64.
[218] AAR 38th CavRcnSq
[219] „Der verdammte Krieg" v. Guido Knopp.
[220] NARA, B-219, Gen.d.Pz.Tr. Maximilian Reichsfreiherr v. Edelsheim.
[221] BA-MA, ZA 1/144 A-893, Gen.Maj. Frhr v. Gersdorff.
[222] BA-MA, ZA 1/1056 B-703, Oberst i.G. Horst Wilutzky.
[223] BA-MA, ZA 1/857 B-507, Gen.d.Inf. Petersen.
[224] „Deutschland im Zweiten Weltkrieg".

[225] Dessau-Roßlau war am 01.04.1935 durch Eingemeindung von Roßlau entstanden, um auf diese Weise die Mindesteinwohnerzahl für eine Gauhauptstadt von 100 000 Einwohnern zu überschreiten. 1946 erfolgte die Wiederausgliederung.

[226] Bekannt als „Fliegende Festung".

[227] Gem. Chronik der USAAF. In „Brückenkopf Zerbst" S. 50. nennt Pfleghar 164 Bomber, deren Ziel Dessau war. Davon sollen 1/3 die Stadt erreicht haben.

[228] Ebenda S. 51.

[229] Ebenda, S. 53/54. Vgl. auch „Einsatz 1027 – Der Luftangriff auf Dessau" von Olaf Groehler, 1986.

[230] Sammlung Eiermann, Sinsheim.

[231] „200 Jahre Militär in Dessau – Vom Jägerkorps zur Bundeswehr" v. Andreas Bernstein, Funk Verlag Bernhard Hein e. K. Dessau, 2006, S. 19-21.

[232] „Die Flakartillerie in Dessau" auf www.militärmuseum-anhalt.de.

[233] Gem. Tessin.

[234] „200 Jahre Militär in Dessau..." S. 21/22.

[235] „Flak" v. H.-A. Koch, S. 466.

[236] „Bombenkrieg und Abwehr in Dessau" auf www.lexikon-derWehmacht.de.

[237] „Flak" v. H.-A. Koch, S. 340.

[238] Ebenda, S. 430ff.

[239] Ebenda, S. 444 u. 67. Vgl. Tessin.

[240] IPW Report 3rd US AD v. 19.04.45. Auch Wittenberg wird weiter durch Flak geschützt.

[241] Es gibt keine eindeutigen Hinweise, dass die Abteilung im April 1945 noch in der Stadt war und ob sie zum Einsatz kam. Lediglich die Art.Ausb.Abt. Magdeburg wurde mit der Div.Nr. 471 mobil gemacht.

[242] Sammlung Eiermann, Sinsheim.

[243] Gem. Tessin. Vgl. „Garnison Dessau" auf www.lexikon-der-wehrmacht.de. Über die genauen Bezeichnungen der Einheiten und die Daten der Aufstellung bestehen erhebliche Unklarheiten. So wird in einigen Abhandlungen ein Pi.Lehr.Rgt. 1 genannt, für dessen Existenz es aber keine klaren Angaben gibt. Gem. Tessin gab es kein Pi.Lehr.Rgt. 1.

[244] *„Der Stadtteil Siedlung wird begrenzt durch die Ebertallee und die Puschkinstraße im Norden, im Osten bzw. Süden durch den Hauptbahnhof und die Bahnlinie nch Köthen. Im Westen verläuft die Grenze zwischen Finanzamt und den stadtwärts gelegenen Garagen sowie den Kleingartensparten ‚Heinrich Förster' und ‚Freundschaft'."* Zitat auf www.siedlung.andat.de.

[245] „Die Dessauer Chronik..." v. H. Kaczmarek, S. 37.

[246] „Die Infanterie-Division Scharnhorst" v. H. Ulrich, S. 62.

[247] „Die Dessauer Chronik..." v. H. Kaczmarek, S. 37.

[248] Ebenda, S. 37.

[249] Angaben zum Bauhaus und Krankenhaus von www.siedlung.andat.de.

[250] IPW Report 3rd US AD v. 20./21.04.45.

[251] IPW Report 3rd US AD v. 21.04.45.

[252] „Die Dessauer Chronik..." v. H. Kaczmarek, S. 38/39.

[253] Ab 1930 Verkehrs-Landeplatz.

[254] „Die Dessauer Chronik..." v. H. Kaczmarek, S. 38/39. Kaczmarek schreibt, dass die deutschen Soldaten aus der Encke-Kaserne kamen. Das Bataillon befand sich zwar in der Kaserne, war aber auch mit Teilen in Kleinkühnau. Es ist wahrscheinlicher, dass die Soldaten zu diesem Zeitpunkt von dort kamen, anstatt aus der Kaserne.

[255] IPW Report 3rd US AD v. 21.04.45. Es geht aus dem Bericht nicht hervor, welcher Art der Sonderauftrag war.

[256] Chronik der USAAF.

[257] „Die Dessauer Chronik..." v. H. Kaczmarek, S. 39/40.

[258] Ebenda, S. 40/41.

[259] Ebenda, S. 41. Vgl. „Die Infanterie-Division Scharnhorst" v. H. Ulrich, S. 63. Kaczmarek spricht von einer 2cm Flakbatterie, es dürfte sich aber nur um einzelne Geschütze gehandelt haben.

[260] Ebenda, S. 42. Es handelte sich hierbei wahrscheinlich um den Aufstellungsappell des Regimentes, bei dem sicher der Führerbefehl für die 12. Armee verlesen wurde.

[261] IPW Report 3rd US AD v. 20.04.45.

[262] „Evakuierungstransporte des KZ Buchenwald und seiner Außenkommandos" v. Ch. Schäfer, Buchenwaldhefte Nr. 16, 1983, S. 44. Vgl. „Der Ort des Terrors. Geschichte der nationalsozialistischen Konzentrationslager" Gesamtwerk Bd. 3 Sachsenhausen, Buchenwald v. Wolfgang Benz, Barbara Distel von Bick, Apr. 2006. Dort heißt es auf S. 551/552, dass es sich um Jüdinnen aus dem KZ Bergen-Belsen gehandelt hat.

[263] Heute Tagebau Goitzsche.

[264] „Grenzfluss Mulde", Herausgeber Adolf Böhm, Sax-Verlag Beucha, Bericht von Rolf Vettermann „Das Kriegsende in Bad Düben" auf S. 27. Vettermann nennt irrtümlich den 22. April als Tag des Erreichens der Stadt, es war aber der 21. April 1945.

[265] „Timberwolf Track", S. 345. Wo die Halbkettenfahrzeuge erbeutet wurden, konnte nicht ermittelt werden.

[266] „Soldaten an der Elbe", Beitrag Kaukusch, S. 63. Kaukusch ordnet die Ereignisse dem 20. April zu. An diesem Tag stand das RCT 414 aber mit seiner Spitze erst bei Rackwitz.

[267] „71 Tage im Jahr 1945" v. B. Hübner, S. 34.

[268] Es wird von „Zivilisten" gesprochen.

[269] „Bitterfelder Heimatblätter XXVI", 2005, Beitrag von U. Holz, S. 63. Holz spricht von einem Steg. In der Dokumentation „71 Tage im Jahr 1945" v. B. Hübner, wird auf S. 24 das Wehr angegeben.

[270] 1982 vom Tagebau Goitzsche abgebaggert.

[271] 1978 vom Tagebau Goitzsche abgebaggert.

[272] Heute Tagebausee Großer Goitzschesee.

[273] Der AAR des VII. US Corps nennt 750 Gefangene.

[274] Siehe „Eilenburg 1945".

[275] NARA, B-219, Gen.d.Pz.Tr. Maximilian Reichsfreiherr v. Edelsheim.

[276] BA-MA, ZA 1/857 B-507, Gen.d.Inf. Petersen.

V. Das Ende an der Mulde

Aus dem Führerhauptquartier 22. April 1945. Das Oberkommando der Wehrmacht gibt bekannt: *Im Abschnitt Dessau-Bitterfeld hielten die wechselvollen Kämpfe an. Die mit mehreren Divisionen angreifenden Amerikaner konnten nur schrittweise Boden gewinnen. In Dessau und weiter südlich war das erbitterte Ringen um die Mulde-Übergänge in den Abendstunden noch im Gange. Bitterfeld ging nach hartem Kampf verloren.*

Geheime Tagesberichte der Wehrmachtsführung vom 22. April 1945:
Im Harz ist der Kampf der dort eingeschlossen gewesenen 11. Armee mit zwei Armeekorps und 11 Divisionen beendet. Zwischen Dessau und Eilenburg bezogen unsere Verbände nach harten Kämpfen eine neue Sicherungslinie auf dem Ostufer der Mulde.

Am **Sonntag**, dem **22. April 1945**, übernimmt im Bereich des XIX. Corps die 113th CavGp die Verantwortung für die linke Flanke im Sektor der 83rd US InfDiv westlich der Elbe. Die 2nd US AD säuberte den Forst Königslutter von Nachzüglern. Dem XIX. Corps wird eine Besatzungszone zugeteilt. Die 30th und 83rd US InfDiv bleiben in ihren Stationierungsbereichen entlang der Elbe und die 2nd und 8th US AD übernehmen Räume im Hinterland. Die 8th US AD des XIX. Corps beginnt mit der Entlastung der 1st US InfDiv im Harz und übernimmt am Mittag den Befehl über den Abschnitt.

Bei der 83rd US InfDiv erhält das RCT 329 den Auftrag, eine Task Force zu bilden, die innerhalb von 30 Minuten in den Marsch gesetzt werden kann, um den Kontakt mit den Russen herzustellen. Mit Unterstützung des befreiten russischen Oberleutnants Theo Prissjaschnjuk versucht das Regiment Funkkontakt mit den sowjetischen Truppen aufzunehmen, die vor Berlin stehen. Es gelingt ihnen zwar russischen Funkverkehr abzuhören, aber es kommt kein Kontakt zustande. Um 14.10 Uhr (B) wird ein deutscher Zivilist nach Zerbst gesandt, der zum wiederholten Mal ein Ultimatum übermittelt. Sollte die Stadt nicht kapitulieren, so würde man sie weiter durch Artillerie und Bomben zerstören. Doch auch er kehrt am Abend gegen 18.40 Uhr (B) unverrichteter Dinge zum Regtl.CP zurück und teilt mit, dass der deutsche K.Kdt. mittteilen lässt, dass er nicht zur Übergabe der Stadt berechtigt wäre.

Im Abschnitt des RCT 331 löst beim 1./331 die Co. B die Co. A in den Wäldern ab und diese geht in die Reserve. Um 17.00 Uhr (B) erhält das 3./331 den Befehl, eine Patrouille in Platoon-Stärke in die Wälder vor dem 1st Bn und nach Steckby zu senden. Diese Patrouille der Co. K trifft dabei an der Nordkante von Steckby auf deutsche Posten und zieht sich zurück.

Das VII Corps nähert sich der Kampf um Dessau seinem Ende. Die Verbände der 3rd US AD beziehen am Morgen ihre Ausgangspositionen für den letzten Vorstoß in der Stadt. Während die TF Hogan des CCR sich im Westteil der Stadt zum Flankenstoß nach Nordosten aufstellt, um den Nordteil der Stadt westlich der Bahnlinie Dessau-Roßlau zu säubern, schließt das CCA an ihrer Rechten in der Stadt auf, um den Bereich zwischen der Bahnlinie und der Mulde zu besetzen, so dass bei Angriffsbeginn die Hauptrichtung aller beteiligten Verbände Norden ist.

Obwohl es der TF Hogan zwischen Mitternacht und 05.30 Uhr (B) nicht gelungen war, mit Patrouillen den Kontakt zwischen ihren beiden Battle Groups herzustellen, beginnen diese dennoch wie geplant mit dem Angriff. Die linke Battle Group mit der Co. H, 3./33 und der Co. L, 3./47, die 06.15 Uhr (B)[1] mit dem Vormarsch in der Großen Kienheide beginnt, sichert die Hauptkreuzung der Hindenburgallee (heute Ebertallee) in der Nähe der „7 Säulen". Dann rückt sie entlang der Schlageterstraße (Kornhausstraße) und Am Georgengarten/Georgenallee nach Norden vor und erreicht gegen 08.20 Uhr (B) die Gnesener Straße (Hamburger Straße). Die rechte Battle Group mit der Co. G, 3./33 und Co. K, 3./47, die bereits um 06.00 Uhr (B) mit der Fortsetzung des Angriffs begonnen hat, erreicht um 06.40 Uhr (B) gegen vereinzelten Widerstand den Bereich der Hardenbergstraße. Um 07.50 Uhr (B) steht die Battle Group den Bereich des heutigen Tiergartens und kurz darauf, um 08.04 Uhr (B), nördlich der Querallee. Hogan befiehlt gegen 08.00 Uhr (B) der rechten Battle Group eine Patrouille zum CCA an der Rechten zu entsenden, die um 08.21 Uhr (B) den Kontakt herstellt.

Um 09.00 Uhr (B) hat die linke Battle Group den Norden von Dessau-Ziebigk und das Kasernengelände der Encke-Kaserne in der Elballee gesäubert und die rechte Battle Group steht 200 Meter vor der Ziellinie, die nördlich von Dessau, von Westen nach Osten verlaufend, die R 184 am Abzweig nach Wallwitzhafen quert.[2] Um 09.30 Uhr (B) erhält die rechte Battle Group den Befehl, den nächsten Kontakt zum CCA im Bereich Rosenhäuschen herzustellen. Zu diesem Zeitpunkt Zeit steht die TF Hogan an den „beiden Hauptkreuzungen in der Nähe des Flusses".[3] Um 09.35 Uhr (B) meldet Hogan: *„Haben den Bereich Leopoldshafen- Elbturm an der Elbe und Fasanerie und haben Kontakt [zur rechten Task Force Boles, d.A]. Rücken zum Abzweig der Reichsstraße nach Wallwitzhafen vor [72 Breitengrad – die Ziellinie, d. A.]. Erhalten Infanteriebeschuss von beiden Flanken, den wir aber in Kürze beseitigen werden."*

Zur weiteren Führung des weiteren Angriffs verlässt der CP des CCR um 10.15 Uhr (B) Kleinkühnau und bezieht im Ostteil des Georgiums sein neues Quartier. Die begleitenden Panzerjäger des 3rd Plat. Co. C, 703rd TD Bn übernehmen die Sicherung des Dessauer Hauptbahnhofes und errichten auf dem Vorplatz einen Kontrollpunkt. Die beiden Battle Groups der TF Hogan, die auf den letzten 100 Metern vor dem Ziel auf zwei Wegen zum Kontaktpunkt im Bereich der Bahnüberquerung am Peisker vorrücken, treffen in der Zwischenzeit auf zunehmenden Widerstand. Artillerie- und Granatwerferbeschuss setzt ein. Dann wird die rechte Battle Group im Bereich des Rosenhäuschens an der Bahnlinie durch eine Sperre aufgehalten.[4] Um

12.35 Uhr (B) meldet das 3./33, dass die linke Battle Group, die vom Elbpavillon Richtung Wallwitzberg vorgeht, auf ein Minenfeld und drei MG-Nester in den Wäldern gestoßen ist, die den Vormarsch verzögern. Daraufhin übermittelt die rechte Battle Group, dass sie versuchen will, in eine Feuerposition zu kommen, *„von wo aus sie 29 mit Feuer decken kann"*.[5]

Im Waldgelände des Beckerbruchs und im Bereich südlich des Peisker sind die Battle Groups auf die Verteidigung einer K.Gr. unter Führung von Hptm. Stanecke gestoßen, die sich hinter Stacheldrahthindernissen und Minen verschanzt hat und fanatischen Widerstand leistet. Kaczmarek schreibt: *„Das Tagesziel war offensichtlich, zur B 184 durchzubrechen, sie unmittelbar südlich des Peisker zu erreichen, von dort nach Wallwitzhafen vorzustoßen und die deutsche Verteidigung in der Muldeniederung von Westen her anzugreifen. Der Eisenbahndamm und die Durchfahrt durch den Bahndamm sowie die Straße dahin wurde vermutlich deshalb von deutscher Seite besonders stark verteidigt."*[6] Staneckes K.Gr. aus zwei Kompanien in Stärke von 180 Offiziers-/ Unteroffiziersanwärtern des Pi.Lehr.Btl. 5 der Pi.Schule Roßlau, Genesenen und Versprengten sowie 60 Mann Volkssturm aus Ziebigk ist an diesem Tag einer der wenigen Verbände der Dessauer Verteidigung, die die letzte Verteidigungsstellung in der Muldeniederung halten sollen. Weiterhin gehören zu den Verteidigern im Norden von Dessau Teile einer Bataillons-K.Gr. der H.Na.S. Zerbst unter Obstlt. Koenzen, die aus fünf Kompanien besteht und dessen 1. Kp. Offiziersanwärter in Stärke von 140 Mann unter Hptm. Heideler und 2. Kp. aus Unteroffiziersanwärtern der H.U.S. f. Na.Tr. Zerbst unter Hptm Keitel in Dessau zum Einsatz kommen. Man hatte Heideler außerdem eine Gruppe des Gren.Ers.u.Ausb.Btl. 211 Hannover unterstellt, die, teilweise in französische Uniformen gekleidet, auf dem Weg nach Ungarn war. Ein weiterer Verband ist das Pi.Ers.Btl. 253 Wittenberg, dessen Pi.Ausb.Btl. mit der Div.Nr. 464 in der „Ostgoten-Bewegung" mobil gemacht worden war und das aus drei Marschkompanien besteht. Eine der Kompanien hatte man aus 116 Mann Luftwaffenbodenpersonal aus Norwegen gebildet. Jetzt kommt die 1. und 2. Kp. in Roßlau und der 3. Kp in Dessau zum Einsatz, wobei der Einsatz der 3. Kp, aufgeteilt in kleine Gruppen nur mit Gewehren und Panzerfäusten bewaffnet erfolgt. [7] Den größten Anteil der Verteidiger bildet aber das Gren.Ers.u.Ausb.Btl. 487 aus Genesenden und Versprengten unter Oberst Esser.[8]

Der amerikanische Verhöroffizier Capt. Jannach, Leiter des IPW Teams 29 schreibt in seinem Report vom 22. April 1945: *„Die meisten von ihnen stammten von Einheiten, die in den letzten Tagen angetroffen wurden und verschiedenen Ersatzbataillonen, die von Wittenberg herangebracht wurden. Die anderen sind Volkssturmmänner und eine große Anzahl traurig anzusehendes weibliches Hilfspersonal und schlimm genug, einarmige, einbeinige und anderweitig kranker und jammernder Genesender und Invaliden."*

Die Verteidiger im Nordteil der Stadt verfügen im Gegensatz zu den bisherigen Verteidigungsabschnitten über gut ausgebaute Verteidigungsstellungen mit *„zahlrei-*

chen Feldbefestigungsanlagen, Schützengräben, Schützenlöchern und Unterständen und einem ausgezeichneten Schussfeld. Straßen, Wege und Brücken waren durch Stacheldrahthindernisse und Minensperren gesichert" Holländische Fremdarbeiter hatten bereits zwei Tage zuvor von einem Minenfeld zwischen der Elbe und der Reichsstraße im Bereich der kleinen Mückenberge berichtet.[9] Die Befestigungen waren frühzeitig mit Unterstützung der Pi.Schule ausgebaut worden und bieten jetzt den Verteidigern, die außer Artillerieunterstützung aus dem Raum Roßlau, Waldersee und Mildensee über keine schwere Waffen verfügen, guten Schutz vor dem amerikanischen Artillerie- und Panzerfeuer.[10]

Um 16.00 Uhr (B) meldet die TF Hogan, das sie nur langsam vorankommt und den Kontakt zur TF Boles noch nicht wieder hergestellt hat. Anbetracht des anhaltenden Widerstandes wird um 18.30 Uhr (B) ein verstärkter Stoßtrupp aus einem Plat. Panzer und einem Plat. Infanterie über die rechte Flanke der linken Battle Group entsandt, um die deutschen Truppen aus ihren Stellungen zu werfen. Doch der Vorstoß scheitert. Deutsche Jagdkommandos gehen mit Panzerfäusten im unübersichtlichen Waldgelände gegen die Panzer vor. Der zähe Widerstand kleiner deutscher Gruppen hält an, obwohl sich die Verteidiger reihenweise ergeben. 353 Mann des Gren.Ers.u.Ausb.Btl. 487, 74 Mann des Pi.Ers.Btl. 253 und 124 Volkssturmangehörige ergeben sich allein an diesem Tag.[11] 176 Angehörige des Gren.Ers.u.Ausb.Btl. 487 waren bereits am Vortag in Gefangenschaft gegangen.[12]

Um 21.12 Uhr (B) informiert das CCR das CCA, dass der Angriff in der Nacht fortgesetzt wird. Einem Plat. Infanterie des 3./47, der im Verlauf der Aktion auf Kompaniestärke vergrößert wird, gelingt es, sich mit Hilfe von Pionieren durch das Minenfeld zu arbeiten, aber sie können die deutschen Verteidiger nicht aus ihren Stellungen werfen.[13] Erst um 00.15 Uhr (B) haben die Infanteristen unter ständigem deutschem Granatwerferbeschuss den Durchbruch durch die deutsche Verteidigung erzwungen, während die Panzer weiter warten.

Beim CCA, das seine beiden Task Forces vom CP in der Flakkaserne aus führt, beginnt an der Rechten des CCR um 06.10 Uhr (B) die TF Boles (TF Y) in dem Streifen zwischen der Eisenbahnlinie und der R 184 in Richtung Norden mit dem Angriff. Sie kommt anfangs ohne große Schwierigkeiten voran und säubern das Gebiet *„von der Bahnlinie her nach Osten bis zur ‚Hauptstraße' (Der Kavalierstraße) fort und besetzt offensichtlich das Stadtgebiet mit dem Tivoli, der Mariannenstraße, Akazienwäldchen, Ruststraße, Bismarckstraße (heute Willy-Lohmann-Straße) und Palaisgarten (heute Stadtpark)."*[14] Um 07.20 Uhr (B) erreicht sie die Leopoldkaserne der Ordnungspolizei in der Leopoldstraße (Ferdinand-von-Schill-Straße). Ohne Behinderungen rollen die Panzer entlang der R 184/Albrechtsstraße zum Funkplatz. Dort halten die Panzer und warten kurz auf die nachfolgende Infanterie.[15] Um 07.40 Uhr (B) stehen die Spitzen bereits nördlich der Waldseestraße im Bereich der Friedrich-Kaserne (heute Rosenhof) und der Dessauer Waggonfabrik.[16] In der Friedrich-Kaserne ergeben sich ihnen 40 Mann der 4. Kp./Lds.Schtz.Btl. 704, das bisher zur Gefangenenbewachung eingesetzt war und aus Männern im Alter über 50 Jahren besteht, kampflos.[17]

Um 12.00 Uhr (B) hat die Task Force ihren Abschnitt gesäubert. Doch weder die links vorrückende TF Hogan, noch die rechts vorrückende TF Orr haben aufgeschlossen. Daher erteilt das CCA Boles den Befehl, das Gebiet im Nordosten der Stadt zu säubern, wozu auf Grund des bisherigen, geringen Widerstandes in diesem Abschnitt nur zwei Plat. Infanterie zum Einsatz kommen. 200 Meter vor dem Endziel des Tages werden am Abend die Kräfte an der linken Flanke der TF Boles dann doch noch durch den deutschen Widerstandsknoten an der R 184 am Peisker aufgehalten, wo auch der Angriff der rechten Battle Group der TF Hogan zum Stehen gekommen ist. Zwei Kompanien Infanterie und eine Kompanie Panzer treten gegen die dortige Straßensperre an, kommen aber im Abwehrfeuer nicht vorwärts. Deutsche Artillerie greift ein, woraufhin die 67th AFA GP deutsche Artilleriestellungen in Mildensee unter Beschuss nimmt. In dieser Situation übernimmt das CCR zur besseren Koordinierung des Angriffs zeitweise die Führung der Task Force. Um 23.10 Uhr (B) geraten diese Kräfte unter „friendly fire" aus dem Abschnitt der TF Hogan. Über mögliche Verluste liegen jedoch keine Meldungen vor. *„Weitere Versuche, einen Zugang zur Braunschen Lache noch an diesem Tag zu öffnen, wurden nicht mehr unternommen"*.[18] Die TF Orr (TF X), die um 06.00 Uhr (B) den Angriff aufgenommen hat, erreicht um 07.20 Uhr (B) die Rabestraße und trifft auf Widerstand. Straße für Straße säubernd, erreicht die Task Force um 13.00 Uhr (B) ihre Ziele und steht am Abend angelehnt an die TF Boles an ihrer Linken im Bereich Schillergarten bis zur Mulde.[19]

Um 12.00 Uhr (B) trifft das RCT 60 der 9th US InfDiv unter Col. John G Van Houten an der Mulde ein und wird der 3rd US AD unterstellt. Es löst ab 16.15 Uhr (B) das 83rd Armd Rcn Bn und die TF Richardson des CCR entlang der Mulde im Südabschnitt der Division in der Nähe von Wolfen ab. Die TF Richardson wird wieder dem CCR unterstellt und beginnt um 16.25 Uhr (B) mit der Verlegung in den neuen Sammelraum Köthen, wo sie 18.45 Uhr (B) eintrifft. Das 3./36 erhält dort um 22.00 Uhr (B) den Auftrag, die 9th US InfDiv in Wippra bei der Bewachung des dortigen Krankenhauses abzulösen. Die unterstellten Panzerjäger des 2nd Plat. Co. C, 703rd TD Bn kehren zur Kompanie zurück. Die TF Bradley, 83rd Armd Rcn Bn bleibt im Abschnitt Wolfen-Greppin und bereitet sich auf die Verlegung nach Stolberg im Harz vor.

Um 16.15 Uhr (B) ist auch die TF Lovelady des CCB abgelöst, die aber in ihren bisherigen Positionen bleibt. Um 15.20 Uhr (B) geht das 2./414 aus der Unterstellung der 3rd US AD und kehrt zur 104th US InfDiv zurück. Auch die Panzerjäger des 2nd und 3rd Plat. Co. B, 703rd TD Bn kehren um 18.00 Uhr (B) zu ihrem Bataillon zurück. Lediglich der 1st Plat. hält weiter Stellungen bei Lingenau und sichert den CP des CCB. Die TF Welborn des CCB hält ihre bisherigen Stellungen an der Mulde südöstlich von Dessau. Ab jetzt beginnt die 3rd US AD mit den Vorbereitungen für die Verlegung in den rückwärtigen Raum als Besatzungstruppe.

Während die Hauptkräfte der TF Hogan des CCR in Dessau kämpfen, wird auf Befehl der Division am Morgen eine Patrouille der Task Force zur Säuberung der Wälder zwischen Dessau und Aken eingesetzt. Um 16.30 Uhr (B) meldet die Patrouille, dass sie an einer Straßensperre am Westrand des Löderitzer Forstes 35 Kriegsgefangene, darunter ein Offizier, gemacht und den Kontakt zu den eigenen Kräften in Aken hergestellt hat. Um 19.25 Uhr (B) erteil der Chief of Staff der 3rd US AD, Col. John A. Smith, dem CCR den Befehl, am nächsten Morgen um 07.00 Uhr (B) eine verstärkte Battle Group nach Aken zu entsenden, um die dortigen Kräfte zu verstärken und den dortigen Engr Plat. des CCA und den Tank Plat. des CCB abzulösen. Howze erteilt daraufhin um 21.05 Uhr (B) der TF Richardson, 3./32 den Auftrag eine Kompanie leichter Panzer, zwei Panzerjäger und eine Kompanie Infanterie nach Aken zu entsenden.

Die 104th US InfDiv mit Div.CP in Delitzsch behauptet während des Tages seinen Abschnitt entlang der Mulde von Greppin bis zum Nordrand von Eilenburg.

Pfc. Garvis E. Richey aus Stuttgart, Arkansas am 7. Mai vor dem CP in Delitzsch
Foto: T/4 Myers, 165th Signal Photo Co., National Archives, SC 411837

Das 2./414 kommt von der Unterstellung unter die 3rd US AD zurück. Das 3./414 übernimmt mit dem 3rd Plat. Co. A, 817th TD Bn um 13.00 Uhr (B) den Abschnitt des 3./413. Gemäß den Befehlen, nicht über die Mulde hinaus zu gehen, werden lediglich Patrouillen zum Ostufer entsandt, um Informationen über die deutschen Truppen in diesem Bereich zu erhalten.

Während der Tag für die Infanteristen ohne besondere Ereignisse verläuft, setzen die beiden Werferkompanien des 87th Cml Mort Bn beim RCT 415 den Beschuss wichtiger Objekte vor den Linien der 104th US InfDiv fort. Die Co. A, 87th Cml Mort Bn legt Störfeuer auf die Bahnstrecken und eine Brücke nördlich von Bitterfeld. Dabei werden mehrere Gebäude und einige Waggons in Brand gesetzt. Um 10.30 Uhr (B) wird die Co. A aus der Unterstellung unter das RCT 415 abgelöst und wird dem RCT 413 zur Absicherung des Mulde-Abschnittes unterstellt. Der CP geht nach Wannewitz, der 1st Plat. zur direkten Unterstützung des 1./413 nach Roitzschjora und der 2nd Plat. zum 2./413 nach Wellaune. Die Co. B, 87th Cml Mort Bn nimmt deutsche Patrouillen zwischen Mühlbeck und Pouch und nördlich von Pouch unter Beschuss. Dann geht der CP in den Bereich des heutigen Strandbades Niemegker See „Am Stadion“, der 1st Plat. zur Unterstützung des 2./415 nach Döhern und der 2nd Plat. zum 3./415 in den Bereich südöstlich des Kreiskrankenhauses.

Am Abend befinden sich die Verbände der 104th US InfDiv von Norden nach Süden auf folgenden Positionen: Co. A und B, 1./414 am Nordwestrand von Eilenburg, Co. C, 1./414 in Rödgen, 3./414 nördlich Krippehna-Hohenprießnitz und das 2./414 in einem Sammelraum bei Zschortau. Das 3./413 mit der Co. I, K und L in Brinnis-Spröda-Laue, das 1./413 in Nieder-Glaucha-Wellaune, Co. F, 2./413 in Tiefensee-Schnaditz, Co. G in Löbnitz und Co. E in Roitzschjora. Der 2nd Plat. Co. B, 817th TD Bn steht beim 2./413 in Tiefensee. Das 1. und 3./415 steht mit dem 1st Plat. Co. C, 817th TD Bn beim 3./415 in Bitterfeld, das 2./415 am Ostrand von Bitterfeld und die Co. I, 3./415 in Greppin. Die Panzerjäger des 817th TD Bn verlegen nach dem Mittag ohne die drei Platoons nach Halle. Der CP der Co. C geht nach Halle-Nietleben.

Im Harz patrouilliert die 1st US InfDiv bis zur Ablösung durch die 8th US AD in ihrem Einsatzraum und bereitet sich auf die Verlegung in einen Sammelraum südöstlich von Sangerhausen vor. Bei der 9th US InfDiv beginnt die Verlegung in den neuen Divisionsabschnitt mit dem RCT 60, das um 06.30 Uhr (B) mit dem 965th FA Bn Siptenfelde Richtung Mulde verlässt. Um 11.00 Uhr (B) treffen die Befehle des VII. US Corps zur Verlegung der anderen Teile der Division ein. Doch zuvor soll der verbliebene Widerstand im Harz vollständig beseitigt werden. Die 4th US CavGp geht aus der Unterstellung unter die 9th US InfDiv heraus unter die direkte Kontrolle des VII. Corps, verbleibt aber im direkten operativen Zugriff der 9th US InfDiv. Ihr wird durch die 9th US InfDiv der Abschnitt Westerhausen, Warnstedt, weiter ostwärts bis einschließlich Quedlinburg, Aschersleben, südwärts über Hettstedt, Kupferberg bis Klostermansfeld zur Säuberung zugewiesen.

Im Abschnitt des V. US Corps setzt das 1./271 der 69th US InfDiv mit intensiver Artillerieunterstützung die Einnahme von Eilenburg fort. Das, bisher an der Nordflanke der 3rd US Army eingesetzte, VIII. US Corps wird unter die Kontrolle der 1st US Army gestellt, da sich die 3rd US Army für den Angriff nach Süden, Richtung Alpen, umgruppiert. Das VIII. US Corps erhält die Aufgabe, die aktuelle Front zu verteidigen, die Südflanke der 1st US Army zu schützen und den Kontakt zur 3rd US Army zu halten.

Nordwestlich von Meißen kommt es zu Kampfhandlungen zwischen deutschen Truppen der Elbe-Sicherung und sowjetischer Kavallerie, nachdem das 1. Gd.Kav.K. den Raum Riesa erreicht hat.[20] Sowjetische Vorausabteilungen erreichen Jessen, östlich von Wittenberg. Von Jüterbog aus wird Kropstädt und Boßdorf erreicht. Auch Seyda und Zahna wird besetzt. Versuche, in der Nacht Wittenberg einzunehmen, scheitern.[21]

Im Tagesverlauf erhält das AOK 12 den Befehl des OKW/WFSt mit folgenden Eckpunkten:

1. Einstellung des Angriffs des XXXIX. PzK, Rückführung an das Ostufer der Elbe und Vorbereitung auf den Angriff auf Berlin.
2. Herausziehen von Kräften der Elbe-Verteidigung zwischen Dömitz und Magdeburg und Verlegung in den Raum Nauen. Einsatz zum Verhindern des weiteren Vordringens der russischen Truppen über die Havel bei Spandau gemeinsam mit Teilen der H.Gr. Weichsel.
3. Auflockerung der Elbe-Verteidigung zwischen Magdeburg und Dessau sowie der Muldefront zwischen Dessau und Grimma und Bildung einer Angriffsgruppe aus drei Divisionen für den Angriff aus dem Abschnitt Treuenbrietzen zur Zerschlagung des russischen Angriffs gegen Potsdam und den Südrand von Berlin.
4. Verstärkung der Abwehrfront Riesa-Bad Liebenwerda-Schwarze Elster auf Kosten der Muldeverteidigung, *„notfalls unter Aufgabe des Raumes zwischen Mulde und Elbe“*.[22]

In der Nacht vom 22./23. April übermittelt GFM Keitel persönlich Wenck auf dessen Gefechtsstand im Forsthaus „Alte Hölle“ bei Wiesenburg den Befehl Hitlers für den Entsatzangriff auf Berlin.[23]

Am **Montag**, dem **23. April 1945**, übernimmt von Blankenburg aus die 8th US AD der 9th US Army das Kommando über das nördliche Harzumland. Die 113th CavGp übernimmt nach der Rückkehr des Tp. A, 113th CavRcnSq und der 125th CavRcnSq unter ihre Kontrolle auch den Elbe-Abschnitt nördlich der Brückenköpfe bei Barby und Breitenhagen und unterstützt die Kräfte der Military Government im Rücken der Truppen. Die 125th CavRcnSq übernimmt die Verteidigungslinie entlang der Elbe von der 113th CavRcnSq.

Bei der 83rd US InfDiv setzt das RCT 329 mit Hilfe des russischen Leutnants die Kontaktaufnahme mit den sowjetischen Truppen über Funk fort. Um 14.15 Uhr (B) kommt es zum ersten Funkkontakt mit einer sowjetischen Panzerbesatzung, dem weitere folgen. Vereinbarungen werden getroffen, wie man sich beim ersten Kontakt erkennbar machen soll, doch auf Anfragen zu einem Treffen am kommenden Tag erhalten sie Antwort. Keiner weiß., wie weit die Russen noch von Zerbst entfernt sind. Dafür treffen aus Zerbst Berichte ein, dass die deutschen Truppen in der Stadt ihre Verteidigungsmaßnahmen verstärken. In der Nacht werden Patrouillen in Richtung der Stadt gesandt, um die Situation aufzuklären.

Das RCT 331 setzt seine Patrouillentätigkeit fort und meldet im Tagesverlauf immer wieder starke deutsche Patrouillentätigkeit vor den eigenen Linien. Vor dem Abschnitt des 1./331 nimmt Artillerie deutsche Truppenbewegungen unter Beschuss und das Bataillon patrouilliert vor seiner Front. Das 2./331 patrouilliert in Richtung Zerbst. Das 3./331 verbleibt in der Regtl.Res. und entsendet ebenfalls Patrouillen in den Forst Steckby und nach Steckby, Kermen und Eichholz. Dabei kommt es mehrfach zum Kontakt zwischen Patrouillen des 1st und 3rd Bn und deutschen Stoßtrupps.

Im Bereich des VII. US Corps setzt die 3rd US AD die Zerschlagung des letzten Widerstandsherdes am Nordrand von Dessau fort. Die TF Hogan des CCR steht am Morgen an der Elbe im Abschnitt Leopold-Hafen bis südlich der Überquerung der Eisenbahnlinie über den Peisker. Wie bereits am Vortag erhält die TF Hogan um 07.55 Uhr (B) den Befehl, Kräfte zur Säuberung der Wälder westlich von Dessau abzustellen. Die Co. C, 1./33 rückt daraufhin mit ihren leichten Panzern und einem Platoon Infanterie des 3./47 aufgesessen aus und kehrt um 11.00 Uhr (B) zurück, ohne auf deutsche Truppen getroffen zu sein. Ein Panzer fährt sich fest, kann aber geborgen werden.

Doch der Schwerpunkt liegt im Nordteil von Dessau. Die linke Battle Group, die in der Nacht nach Überwindung des Minenfeldes durch die Infanterie den Kontakt zur rechten Battle Group im Beckerbruch hergestellt hat, setzt im ersten Tageslicht den Angriff gegen leichten Widerstand fort und kommt anfangs gut voran. Doch um 10.00 Uhr (B) trifft die linke Battle Group auf ein Widerstandsnest zwischen Beckerbruch und Streitwerder, dass sie erneut zum Halten zwingt. Hogan entschließt sich zur Umgruppierung und zu einem koordinierten Angriff seiner zwei Battle Group. Um 11.30 Uhr (B) meldet das 3./33, das der Angriff vor 10 bis 15 Minuten begonnen hat. Aus Furcht vor Panzerminen erfolgt dieser erneut nur durch die Infanteristen des 3./47, während die Panzer warten. Unterstützt von massivem Feuer der schweren MG der Co. M, 3./47 gehen die Infanteristen gegen die deutschen

Verteidigungsstellungen südlich vom Peisker bis zur Bahnunterführung vor, wo ihnen intensives deutsches MG- und Panzerfaustfeuer entgegenschlägt. Zur Unterstützung nutzen die deutschen Grenadiere hier ihre Panzerfäuste als Granatwerfer. Infanteristen der rechten Battle Group, die am Vortag an der Straßensperre am Bahndamm beim Rosenhäuschen aufgehalten wurden und jetzt nach Osten vorrücken, um den Kontakt zur TF Boles herzustellen, erleiden durch deutsches MG-Feuer Verluste. Dann steht um 12.45 Uhr (B) der Kontakt.

Während die linke Kolonne den Widerstand südlich des Peisker bis zur Bahnunterführung beseitigt, rückt die rechte Kolonne im engen Zusammenwirken mit der TF Boles zur Überquerung der R 184 am Peisker vor. Um 14.00 Uhr (B) blockiert eingegrabene Infanterie und eine Stacheldrahtsperre ihren Weg. Unter Feuerschutz versuchen Pioniere die Sperre, an der sie Minen vermuten, zu räumen, werden aber durch starkes Feindfeuer abgehalten. Panzer, die versuchen, den Widerstandsherd nach links zu umfahren, kommen ebenfalls nicht voran. Nachdem die Meldungen den CG 3rd US AD erreicht haben, befiehlt dieser um 14.50 Uhr (B) dem CCR die Situation unter allen Umständen mit Einsatz der Panzer zu bereinigen. Um 14.55 Uhr (B) erteilt Col. Howze daraufhin Hogan den Befehl, die Panzer ungeachtet der Minengefahr und möglicher Panzerfaustschützen unter Akzeptanz von Verlusten einzusetzen, damit endlich der Auftrag beendet werden kann. Als Angriffsbeginn wird 16.30 Uhr (B) festgelegt. Ein Plat. der Co. I, 3./47 soll die Co. K, 3./47 verstärken, die den Panzern folgt und diese vor Panzerfaustschützen und eingegrabener Infanterie schützen soll, während schwere Maschinengewehre die deutschen Verteidiger vor der Front der Panzer niederhalten. Zur weiteren Unterstützung soll ein Verbindungsoffizier der DivArty das Feuer mit dem CCA an der Rechten koordinieren. Um 15.17 Uhr (B) wird auch das CCA angewiesen, den Angriff mit allen Mitteln zu unterstützen.

Noch während der Feuervorbereitung der Artillerie für den Angriff melden Artillerieluftbeobachter um 16.40 Uhr (B) die Sprengung der Elbbrücke zwischen Dessau und Roßlau. Um 16.45 Uhr (B) beginnt der Angriff und sieben Minuten später hat die TF Hogan ihr Ziel erreicht. Nach kurzem Kampf wird um 19.00 Uhr (B) Wallwitzhafen gesichert. Patrouillen in Richtung der Muldemündung finden keine deutschen Truppen mehr.[24]

Die TF Boles (TF Y) und Orr (TF X) des CCA setzen am Morgen die Bekämpfung des deutschen Widerstandes zwischen der Bahnlinie und der Mulde fort. Die TF Boles setzt ab 06.00 Uhr (B) den Angriff im Bereich der R 184 am Peisker mit den zwei Kompanien Infanterie des unterstellten 1./18 fort und trifft dabei erneut auf Granatwerfer- und Artilleriefeuer. Obwohl CorpsArty in der Nacht Stellungen der weitreichenden deutschen Artillerie beschossen hat, hält der Artilleriebeschuss weiter an. Gegen 12.45 Uhr (B) stellen sie am Peisker den Kontakt zur TF Hogan, her, die links der R 184 angreift. Am Nachmittag forciert die TF Boles parallel zur TF Hogan den Angriff und nachdem es gelingt, durch einen Angriff mit Panzern über die rechte Flanke aus dem Bereich der Waggonfabrik die deutschen Stellungen zu umgehen, werden um 16.30 Uhr (B) die deutschen Verteidiger am Zugang zur Mulde-Niederung überrannt.[25] Bis 21.00 Uhr (B) ist auch der letzte organisierte Widerstand in Dessau beseitigt. Neben Angehörigen der verschiedensten Einheiten gehen 111 Angehörige der H.Na.S. Zerbst und 80 Angehörige des Gren.Ers.u.Ausb.Btl. 487 in Gefangenschaft.[26] Die Verbände in Dessau errichten Straßensicherungen und senden Patrouillen in die Umgebung aus.

Eine Gruppe von Hitlerjungen marschiert bei Dessau in Gefangenschaft der 3rd US AD
Foto: "Spearhead in the West – The Third Armored Division 1941-1945",
Library of Congress, Katalog No. 80-65-184

Die 67th AFA GP, die den ganzen Tag über von Feuerstellungen bei Alten und Kochstedt Feueraufträge für das CCA über die Elbe und Mulde schießt, wird um 15.45 Uhr (B) unter die Führung der 9th US InfDiv gestellt. Am Abend wird sie durch eine Batterie 155mm Haubitzen des 183rd FA Bn verstärkt, die bei der Bekämpfung der deutschen Artillerie hinter der Elbe- und Mulde-Linie unterstützen soll. Um 19.20 Uhr (B) erhalten die Artilleristen, wie alle anderen amerikanischen Artillerieverbände entlang der Elbe und Mulde, den Befehl, dass ab sofort die Elbe und Mulde die Feuerlinie zu den Russen bildet. Nur noch auf eindeutig erkannte deutsche Truppen hinter dieser Linie darf das Feuer eröffnet werden. Ab jetzt ist ständig mit dem Auftauchen sowjetischer Truppen vor der eigenen Front zu rechnen.

Während die TF Hogan des CCR im Norden von Dessau kämpft, sendet die TF Richardson, die sich in Köthen versammelt hat, um 07.00 Uhr (B) die Co. H, 3./36 und die Co. C, 1./32 nach Aken, um befehlsgemäß die dortigen Sicherungskräfte abzulösen. Hierfür werden der Battle Group anstelle der befohlenen zwei Panzerjäger zwei Sturmgeschütze unterstellt. Um 07.50 Uhr (B) erhält die TF Richardson dann den Befehl, sich unter Zurücklassung der Battle Group in Aken auf die Verlegung in einen neuen Sammelraum am kommenden Tag vorzubereiten. Doch bereits am Mittag wird der Marschbeginn auf den Nachmitttag vorverlegt. Um 15.15 Uhr (B) wird auch die Battle Group untere Zurücklassung von Sicherungskräften zurückbeordert und die TF Richardson fährt von Köthen in den zukünftigen Stationierungsbereich nach Hettstedt-Kupferberg und Rotha. Um 19.10 Uhr (B) erreicht sie den neuen Versammlungsraum und das unterstellte 3./32 kehrt unter die Kontrolle des 32nd Armd Rgt zurück. Das HQ des 3./36 geht auf Schloss Rammelburg bei Grillenberg, das Bataillon bezieht Quartier in den umliegenden Orten.

Das CCB hält während des Tages seine Sicherungsstellungen. Andere Teile der Division haben nach ihrer Ablösung an der Muldelinie ihren zukünftigen Besatzungsraum im Harz erreicht. Das 83rd Armd Rcn Bn verlässt Wolfen und fährt in den Raum Stolberg im Harz, wo es gegen 16.30 Uhr (B) eintrifft. Der Bn.CP und der Train geht nach Stolberg, die Co. A nach Herrmannsacker, die Co. B nach Dietersdorf, die Co. C nach Schwenda und die Co. D nach Breitenstein. Der zeitweise unterstellte 2nd Plat. Co. A, 703rd TD Bn kehrt unter die Kontrolle der Co. A in Kochstedt zurück. Deren CO, Capt. John W. Cole, war am Vormittag gegen 11.00 Uhr (B) mit einem Jeep verunglückt, bei dem er und der 1st Sgt. der Kompanie verletzt wurden. Die Co. A wird von 1st Lt. Ralph L. Henderson übernommen.

Im Sicherungsabschnitt der 104th US InfDiv entsenden die Regimenter Patrouillen entlang des Westufers der Mulde. Panzer der 1st Sect. 1st Plat. Co. B, 750th Tk Bn nehmen von Wellaune aus die Stadt Düben zwischen 15.00 und 15.30 Uhr (B) unter Beschuss bevor sie um 17.00 Uhr (B) aus der Unterstellung zur Kompanie zurückkehren. Das RCT 414 entsendet Patrouillen über die Mulde nach Mörtitz, Mensdorf und Gruna. Die Panzerjäger des 3rd Plat. Co. A, 817th TD Bn unterstützen am Nachmittag einen Platoon Infanterie des 3./414, der in Gruna auf eine Gruppe Deutscher in Stärke von 100 Mann trifft und dabei 23 Gefangene macht. Dabei schalten die Panzerjäger eine deutsche B-Stelle aus. Dann decken sie den Rückzug der Infanterie vom Ostufer der Mulde mit 45 Granaten und 550 Schuss .50cal. MG Munition. Die Co. C, 1./414 unter Capt. Bernhard E. Barker versammelt sich in Rödgen.

Die Co. A, 87th Cml Mort Bn feuert in Unterstützung des 1./413, das nach Wellaune-Oberglaucha geht, auf deutsche Truppen in Pristäblich, südlich von Düben und hinter der Mulde, östlich von Oberglaucha. Die Co. B, 87th Cml Mort Bn legt vor dem Abschnitt des RCT 415 unkontrolliertes Störfeuer auf die Eisenbahnstrecke Bitterfeld-Großenhainichen, südlich Muldenstein, direkt hinter die Mulde, den Raum nördlich Friedersdorf und auf den Bereich südlich von Pouch. Der Ort Pouch[27] wird mit 50 Granaten beschossen.

Ein Verbindungsflugzeug von Brig.Gen. William R. Woodward's 104th DivArty mit den Piloten Capt. Kenneth A. Morris und Capt. Donald B. Gordon landet gegen 20.00 Uhr (B) bei einem Aufklärungsflug auf der Suche nach den Spitzen der sowjetischer Truppen in der Nähe von Wurzen und trifft auf eine Gruppe von zirka 300 deutschen Soldaten und britischen Kriegsgefangenen, die auf dem Weg zur Mulde sind. Nach einer kurzen Verhandlung starten die Piloten und die Kolonne marschiert weiter, um gegenüber den amerikanischen Truppen zu kapitulieren.[28]

Befreite alliierte Kriegsgefangene bei Wurzen Foto: National Archives

Das 817th TD Bn, das weiter in der Unterstellung unter die 104th US InfDiv verbleibt, sichert ohne drei Platoons Halle. Die Co. A mit dem CP in Nähe des Südfriedhofes sichert den Südteil von Halle, die Co. B den Nordteil, die Co. C sichert den Westabschnitt mit dem CP in Nietleben, dem 3rd Plat. in Dölau und dem 2nd Plat. in Schlettau. Der Bn.CP befindet sich in der nördlichen Innenstadt im Gebäudekomplex der Universität Halle in der heutigen Emil-Abderhalten-Straße. Am Ende des Tages verzeichnet die Division 1939 Kriegsgefangene.

Die 1st US InfDiv versammelt sich während des Tages in ihren Räumen und die 9th US InfDiv durchkämmt ohne ihr RCT 60 gründlich den Harz. Die 4th US CavGp beginnt im Bereich Quedlinburg-Aschersleben-Klostermansfeld mit ihrer Sicherungsmission, die bis zum Ende des Krieges andauert.

Um 21.00 Uhr (B) meldet das VII. US Corps das Ende aller Kämpfe westlich der Mulde. Noch einmal ergeben sich 4500 deutsche Soldaten, von denen viele die Mulde überqueren, um so der sowjetischen Kriegsgefangenschaft zu entkommen. Damit erhöht sich die Gesamtzahl der Kriegsgefangenen des VII. US Corps seit der Landung in der Normandie auf über 300 000. Und in den nächsten Tagen sollen es noch mehr werden.

Im Bereich des V. US Corps besetzen die Infanteristen des 1./271 der 69th US InfDiv den westlich der Mulde liegenden Stadtteil von Eilenburg.

In der Nacht zum 24. April überschreitet das 1. Gd.Kav.K der 1. Ukrainischen Front bei Kreilitz, nördlich von Riesa, die Elbe. Im Bereich des XX. AK erreichen die sowjetischen Truppen von Elster vorrückend die Elster-Vorstadt von Wittenberg und nördlich von Wittenberg beziehen sie bei Marzahna-Boßdorf Verteidigungsstellungen nach Westen. Doch es erfolgen bis auf einzelne Aufklärungsvorstöße nach Westen und Nordwesten keine weiteren Angriffe. Bis zum Abend steht die 5. Gd.A. des Gen.Oberst Shadow entlang der Elbe von Wittenberg bis Mühlberg und hält die Elbübergänge in Elster, Pretzsch und Dömmitzsch.[29]

Der Plan des AOK 12, mit dem XX. AK unter Entblößung der Westfront den Entsatzangriff auf Berlin zu führen, wird durch das OKW gebilligt und dem XX. AK die InfDiv „Körner", „Schill", „Scharnhorst" und „Hutten" unterstellt. Noch am gleichen Tag beginnt die schrittweise Herauslösung der InfDiv „Scharnhorst" und „Hutten" aus der Front.[30] Nach ihrem Eintreffen gehen in und um Wittenberg Teile der InfDiv „Hutten" in Stellung. Die Pz.Jgd.Abt. 3 erreicht Piesteritz.[31] Östlich von Dessau bleiben nur noch schwache Sicherungen der InfDiv „Hutten" am Ostufer der Mulde zurück. Zu ihnen gehört das Gren.Ers.Btl. 102, das sich in der Nacht des 22./23. April mit der 1. Kp hinter die Mulde zurückgezogen hat und jetzt mit der 2. Kp an der Fähre bei Niesau steht. Rechts schließt sich ihre 3. Kp. an. Der Bataillonsgefechtsstand geht nach Sollnitz.[32]

Der Stab des AOK 11 unter Gen. Lucht ergibt sich auf seinem letzten Gefechtsstand südwestlich von Michaelstein im Harz der 8th US AD.[33]

Am **Dienstag**, dem **24. April 1945**, gehen im Abschnitt des XIX. US Corps der 9th US Army die Bemühungen der 83rd US InfDiv weiter, den Kontakt mit den Russen herzustellen. Beim RCT 329 laufen im Brückenkopf bei Barby die Maßnahmen zur Vorbereitung der Sicherung von Zerbst, wo sich nach Berichten deutscher Kriegsgefangener ein Bataillon mit drei bis vier Kompanien zu je 120 Mann verteidigt. Sie sollen über keine Panzer und Sturmgeschütze, aber einige leichte Infanteriegeschütze und Granatwerfer verfügen. Doch tatsächlich befinden sich zu diesem Zeitpunkt nur noch das Festungs-MG-Btl. 115 und 110 und zwei Baubataillone in der Stadt, die kurz zuvor Teile der Div. „Scharnhorst" abgelöst hatten und praktisch über keinen

Gefechtswert verfügen. Ihnen zur Seite stehen lediglich einige Flakgeschütze der Reichsluftverteidigung, die kaum noch über Munition verfügen.[34] Unter den deutschen Truppen und der Zivilbevölkerung gehen Gerüchte herum, dass die Amerikaner die Beziehungen zu den Russen abgebrochen hätten und gemeinsam mit den Deutschen gegen die Russen kämpfen wollen. Doch wer auch immer diese Gerüchte in Umlauf gebracht hat, die entbehren jeder Realität. Im Tagesverlauf werden mehrfach deutsche Zivilisten, die ihre Hilfe den Amerikanern angeboten hatten, nach Zerbst gesandt, um Informationen über die Positionen der sowjetischen Truppen zu erhalten. Davon und von der Genehmigung durch die Division will Lt.Col. Crabill abhängig machen, ob ein Angriff auf Zerbst noch am gleichen Tag erfolgt oder nicht. Als sie am Abend zurückkehren, berichten sie, dass nach Aussagen von Einwohnern sowjetische Truppen bei Treuenbrietzen und Wiesenburg/Mark stehen würden, die jedoch nach Norden schwenken. Auch aus dem Funkverkehr mit den Russen, lässt sich bis zum Abend nicht erkennen, ob sowjetische Truppen auf Zerbst vorrücken.

Eine Patrouille der Co. K, 3./331 trifft in der Nacht im Nordteil von Steckby auf deutsche Truppen. Nach einem kurzen Gefecht ergeben sich 18 Mann und der Ort wird ohne weitere Kämpfe besetzt. Im Ort ergeben sich weitere vier Deutsche. Ein Versuch einer kleinen Gruppe Deutscher gegen Mittag in den Ort einzudringen wird abgewiesen. Kurz darauf wird die Patrouille von einem Platoon der Co. A, 1./331 abgelöst, dem sich bis zum Abend weitere deutsche Soldaten ergeben. Das 2./331 setzt die Aufklärung Richtung Zerbst fort.

Das VII. US Corps setzt im Tagesverlauf seine Umgruppierungen am Westufer der Mulde fort. Dabei kommt es immer wieder zu Verzögerungen, da insbesondere im Südabschnitt des Corps immer mehr deutsche Soldaten auf der Flucht vor den Russen den Fluss überqueren und sich kampflos den Amerikanern ergeben. 1500 Deutsche wandern so an diesem Tag in die Kriegsgefangenenlager. Wie an den Tagen zuvor überqueren Patrouillen an mehreren Stellen die Mulde nach Osten, um den sehnlich erwarteten Kontakt mit Marschall Konews Truppen herzustellen. Um 13.05 Uhr (B) sichtet ein Aufklärungsflugzeug der DivArty der 104th US InfDiv mit den Piloten Maj. Clyde M. Turner und Maj. Richard J. Bestor als Erstes 15 Meilen östlich von Torgau sowjetische Truppen, die im Feuerkampf mit deutscher Artillerie stehen. Doch starkes Flakfeuer verhindert eine Landung und die direkte Kontaktaufnahme.

Patrouillen des 414th InfRgt der 104th US InfDiv werden östlich der Mulde bei Gruna in ein Gefecht verwickelt. Eine Patrouille des 104th Rcn Tp mit Lt. Harland W. Shank, Sgt. Jack Adler, Cpl. Bob Gilfillan und Cpl. Sam Stanovich, die am Vorabend aufgebrochen ist, erreicht Torgau an der Elbe. Nachdem bis Mittag keine sowjetischen Truppen angetroffen werden, verhandelt Shank mit den deutschen Truppen über eine mögliche Kapitulation und kehrt am 25. April hinter die Mulde zurück. So verpasst er nur kurz die Ehre des ersten Zusammentreffens zwischen amerikanischen und sowjetischen Truppen. An diesem Tag kommt es bei Leckwitz und Strehla zu den historischen Treffen zwischen Patrouillen der 69th US InfDiv und den Russen.

Die Co. A, 87th Cml Mort Bn, die weiter das RCT 413 unterstützt, nimmt eingegrabene deutsche Truppen in der Nähe der Barracken südlich von Rösa, nordwestlich von Düben, unter Beschuss und setzt dabei die Baracken in Brand. Die Co. B, 87th Cml Mort Bn feuert auf vereinzelte Gruppen deutscher Soldaten südlich von Pouch.

Patrouillen, die die Mulde durch eine Furt nördlich der zerstörten Muldebrücke bei Düben überqueren, finden Düben feindfrei vor und sichern die Stadt. Die letzten deutschen Truppen haben sich abgesetzt. Jetzt wehen an den Häusern weiße Fahnen. Unverzüglich wird mit dem Bau einer Fußbrücke über die Reste der zerstörten Straßenbrücke begonnen. Über diese ergießt sich in den kommenden Tagen ein nicht enden wollender Strom deutscher Soldaten, die sich kampflos den Amerikanern ergeben. Auch tausende befreite alliierte Kriegsgefangene erreichen die Sammellager am Westufer der Mulde.[35] Gleiches spielt sich bei 415th InfRgt in Delitzsch und beim 414th InfRgt in Eilenburg ab.[36] Das 1./413 fährt in Begleitung eines Führungspanzers der Co. B, 750th Tk Bn und eines 105mm Sherman-Panzers von Lindenhayn nach Hohenprießnitz und errichtet eine Straßensperre.

Die 3rd US AD, das am Vorabend um 22.00 Uhr (B) die Befehle für ihre Ablösung an der Mulde erhalten hat, beginnt mit der Umgliederung. Hierbei soll in einem ersten Schritt das CCA den bisherigen Abschnitt des CCB übernehmen, bevor ab 11.00 Uhr (B) beginnend das CCA und CCR von der 9th US InfDiv abgelöst wird.

Doch vorläufig verbleibt das CCA und CCR ohne die TF Richardson in ihren Abschnitten. Die TF Hogan hält ihre Positionen am Nordrand von Dessau und entsendet Patrouillen. Um 05.00 Uhr (B) stellt eine dieser Patrouillen den Kontakt zum CCA an der Rechten her. Eine andere Patrouille der Task Force, die nach Aken entsandt wurde, kehrt ohne Vorkommnisse um 12.30 Uhr (B) zurück. Doch noch immer ist die Situation im Nordabschnitt unklar, so dass sich die geplante Umgliederung verzögert. Um 13.30 Uhr (B) wird deutsches Artilleriefeuer aus dem Bereich des Unterluch in der südlichen Ausbuchtung des Elbeknies gemeldet. Außerdem werden Boote beobachtet, die den Fluss überqueren. Schnell werden Artillerieluftbeobachter der DivArty zur Aufklärung angefordert. Eine Aufklärungspatrouille, die entlang des Flusses vorrückt, findet nichts, meldet aber auf der anderen Flussseite Menschen mit weißen Fahnen. Der sporadische Artilleriebeschuss geht jedoch weiter. Dabei wird der Gefechtsstand der Forward Echelon der Division in Lingenau getroffen, bei dem die Küche der Pioniere einen Treffer erhält. Mehrere Männer erleiden schwere Verbrennungen.[37] Im Tagesverlauf kommt es zu einem der seltenen gewordenen Überflüge durch deutsche Flugzeuge. Zwei deutsche Me 262 Strahlenjäger überfliegen den Abschnitt der 3rd US AD, wobei es der Flugabwehr gelingt, eine der Maschinen abzuschießen.

Um 16.30 Uhr (B) übernimmt die 9th US InfDiv die Führung des CCA und CCR der 3rd US AD, ohne die TF Richardson in Dessau, bis zu deren Verlegung in die neuen Versammlungsräume. Bei der TF Hogan des CCR kehrt der unterstellte 3rd Plat. Co. C, 703rd TD Bn unter die Kontrolle der Co. C zurück, die sich auf die Verlegung in einen neuen Versammlungsraum vorbereitet. Der 1st Plat. Co. A, 703rd TD Bn wird aus der Unterstellung unter die TF Boles, CCA abgelöst und geht zum Co. A zurück, die sich in Kochstedt auf die Verlegung in einen neuen Versammlungsraum vorbereitet.

Das CCB, das ursprünglich zuerst vom CCA abgelöst werden sollte, wird um 15.45 Uhr (B) direkt vom RCT 47 der 9th US InfDiv abgelöst und versammelt sich. Das 2./36 der TF Welborn kehrt zum 36th AIR zurück und geht in den Raum Vettelrode. Das 83rd Armd Rcn Bn geht unter die Führung des CCB. Die Co. H, 3./36 setzt ihren Sicherungsauftrag in Aken fort. Die Btry A, 67th AFA Bn geht nach Alten, wo sie die Bewachung der Dessauer Junkers Flugzeug- und Motorenwerke und des Werksflugplatzes übernimmt. Der CP des Bataillons geht in die Flakkaserne Kochstedt. Der Bn.CP des 703rd TD Bn verlässt Lingenau und verlegt ohne die Co. A und C in den neuen Versammlungsraum bei Meisdorf. Die Co. B, 703rd TD Bn erreicht ohne ihren 1st Plat. um 17.30 Uhr (B) Ermsleben. Der 1st Plat. geht nach Degenershausen, wo er Kräfte der 9th US InfDiv bei der Bewachung eines deutschen Archives ablöst. Die 1st Plat. Rcn Co. geht nach Pansfelde.

In Degenershausen war der 9th US InfDiv am 17. April 1945 das Politische Archiv des Auswärtigen Amtes für die Zeit von 1929 bis 1942 in die Hände gefallen. Der G-2 Offizier des 47th InfRgt, David D. Silberberg hatte vom stellvertretenden Bürgermeister von Pansfelde erfahren, dass im Mai 1943 mit einer großen Fahrzeugkolonne das Archiv ins Schloss Degenershausen der Gräfin von Bodenhausen gebracht wurde.[38] Nach Einschaltung des G-2 der 1st US Army, Col. Dicksen, und eines Maj. Shepard Stone, der den Auftrag hat, deutsche Archive ausfindig zu machen und sicherzustellen, werden als weitere Lagerorte des Archivs und einer größeren Menge an Kunstgegenständen und Büchern das Schloss Meisdorf, das nahegelegene Schloss Falkenstein der Gräfin von Asseburg, das Schloss Blankenburg und die Burgen Falkenstein und Stolberg ermittelt.[39] Die beiden Verantwortlichen, der Archivar des Politischen Archives, Heinrich Valentin, in Meisdorf und Witilo v. Griesheim in Degenershausen waren dem Vernichtungsbefehl nicht oder nur teilweise nachgekommen.[40]

Die 9th US InfDiv beginnt um 06.30 Uhr (B) mit der Verlegung des RCT 47, das um 15.15 Uhr (B) in seinem neuen Abschnitt eintrifft. Um 15.45 Uhr (B) kehrt das 3./47 und das RCT 60 unter die Kontrolle der Division zurück und die Division übernimmt die Verantwortung für die Muldelinie nördlich der 104th US InfDiv. Die Co. A, B und C, 1./47 beziehen Positionen in Törten-Haideburg und südlich der RAB 7, südlich der heutigen Siedlung Hagenbreite. Die Co. E, F und G, 2./47 stehen in Schierau, in Möst und südlich von Schierau. Das 3./47 steht in Dessau-Ziebigk an der Elbe während die Co. K das Krankenhaus der Diakonissenanstalt bewacht. Das 1./60 hält Stellungen von westlich Retzau bis östlich Jeßnitz an der Mulde, das 2./60 südlich angrenzend an das 1./60 bis zur Mulde-Eisenbahnbrücke der Strecke Wittenberg-Bitterfeld, südlich von Muldenstein und das 3./60 steht in Siebenhausen, nordwestlich von Wolfen.

Eine 8-Mann-Patrouille des 1./60 erreicht zu Fuß von Kleckewitz aus gegen 10.00 Uhr Golpa und geht weiter Richtung Kraftwerk Golpa-Zschornewitz. Dabei geraten sie in einen Hinterhalt einer Gruppe Hitlerjungen unter Führung eines Leutnants. Nach einem Feuergefecht, bei dem einer der Jungen getötet und einer verwundet wird, zieht sich die Patrouille Richtung Jüdenberg zurück und amerikanische Artillerie nimmt den Bereich unter Beschuss.[41] Eine Patrouille des 2./60 besetzt Muldenstein, wo in den Straßen weiße Fahnen aus den Fenstern hängen, und sichert das Bahnkraftwerk Muldenstein, das am Vortag fast unbeschädigt außer Betrieb gestellt worden war.[42] In der Stadt werden sie von einer großen Anzahl von ausländischen Zwangsarbeitern freudig begrüßt, die hauptsächlich für die Otto Mader Werke (Flug-Motorenwerke Süd) Dessau auf dem Gelände der ehemaligen Papierfabrik gearbeitet haben.[43] Zu diesem Zeitpunkt befinden sich nur noch wenige deutsche Soldaten im Ort, die sich kampflos ergeben. Noch wenige Tage zuvor hatte die Anwesenheit von Teilen des Gren.Rgt. „Hutten 2“, deren B-Stelle sich zeitweise in den Muldwerken befand, immer wieder das amerikanische Artilleriefeuer auf den Ort und die nähere Umgebung gezogen. Alleine in den Muldwerken wurden 40 Treffer registriert, die zu erheblichen Schäden geführt hatten. In den Muldwerken, in die Teile der Flugzeugteileproduktion ausgelagert worden waren, wurden durch Zwangsarbeiter und KZ-Häftlinge u.a. Turbinenstrahltriebwerke für die Ju-287 hergestellt und getestet.[44] Auch Friedersdorf, Mühlbeck und Pouch werden ohne Widerstand gesichert.[45]

Während damit die Hauptkräfte der 9th US InfDiv an der Mulde stehen, wartet das RCT 39 mit dem 18th FA Bn und einem Plat. des 9th Rcn Tp weiter im Harz auf eine Verlegung. Der Div.CP geht in der Zwischenzeit nach Köthen. Die 4th CavGp kehrt um 06.00 Uhr (B) unter die Kontrolle des Corps zurück.

Die 1st US InfDiv beginnt mit der Verlegung in die neuen Sammelräume. Das 1./16 geht nach Bornstedt, das 2./16 nach Beyernaumburg, das 3./16 bleibt vorerst in Elbingerode. Das 2./18 geht nach Siebigerode – Mollendorf, das 3./18 nach Annarode. Beim 26th InfRgt geht das 1./26 nach Rothenschirmbach und Kleinosterhausen, das 2./26 nach Farnstädt und das 3./26 verlässt um 15.00 Uhr (B) Braunlage und geht nach Wolferstedt. Das unterstellte 634th TD Bn verlässt Benneckenstein und geht nach Blankenheim bei Eisleben, die Co. A nach Großosterhausen, die Co.

B nach Hergisdorf, die Co. C nach Bornstedt und die Rcn Co. nach Kreisfeld. Der Div.CP verlegt nach Blankenheim.

Das VII. US Corps meldet dem Stab der 1st US Army, dass in der Nacht vom 23./24. April die vereinbarten Signalraketen bei Söllichau, nordöstlich von Düben, abgeschossen und richtig beantwortet wurden. Trotzdem kommt es zu keinem Kontakt mit den Russen. Dafür haben sich weitere 2455 Deutsche ergeben.

Wurzen kapituliert an diesem Tag vor dem 1./273 der 69th US InfDiv. Nach der Sprengung der zwei Brücken über die Mulde zwischen Bennewitz und der Stadt hatten die amerikanischen Truppen nicht versucht, den Fluss zu überqueren, um Wurzen einzunehmen. Doch nach dem Fall von Leipzig war jedem in der Stadt klar, dass es eine Frage der Zeit ist, bis entweder die amerikanischen Truppen über den Fluss angreifen oder aber die sowjetischen Truppen von Osten die Stadt erreichen würden. So ruft der K.Kdt. von Wurzen, Maj. Gestefeld am 19. April die Bevölkerung zur entschlossenen Verteidigung der Stadt auf.[46] Nachdem das 1./273 am 20. April einen Sammelraum südwestlich von Bennewitz bezogen hat, verstärken sich die Aktivitäten am Westufer. Am 22. April wird erhöhte Alarmbereitschaft für die deutschen Truppen in der Stadt ausgelöst, da das XXXXVIII. PzK mit dem Abzug seiner Truppen nach Norden begonnen hat.[47] Am 23. April trifft der Befehl des K.Kdt. der Mulde-Verteidigung, Oberst Köhler, ein, dass die deutschen Truppen den Rückzug aus der Stadt anzutreten haben.[48] Gleichzeitig erhält die Stadt ein Ultimatum des CO des 1./273, bis 22.00 Uhr zu kapitulieren. Noch in der Nacht zum 24. April verlässt die deutsche Kampfbesatzung Wurzen in Richtung Wittenberg, nachdem die Stadt zur Lazarettstadt erklärt wurde. Am Morgen überqueren Parlamentäre der Stadt den Fluss und werden zum amtierenden Kommandeur des 1./273, Maj. Victor G. Conley, nach Bennewitz gebracht. In der Stadt wehen weiße Fahnen.[49] Um 08.00 Uhr erfolgt die offizielle Übergabe der Stadt durch Bürgermeister Dr. Armin Graebert.[50] Als die ersten amerikanischen Soldaten die Stadt betreten, fällt kein Schuss. Damit ist der Krieg auch für Wurzen vorbei.

Die InfDiv „Hutten“, die bereits eines ihrer Regimenter mit der Art.Abt., den Panzerjägern und den Sturmgeschützen frühzeitig als Div.Res. für den Einsatz in Richtung Osten im Raum Zschornewitz bereitgestellt hatte, löst sich in der Nacht von der Muldelinie und marschiert über Gräfenhainichen nach Wittenberg. Dort bildet sie einen Brückenkopf nach Nordosten und Norden, der die Elbelinie zwischen Wittenberg und Coswig sichern soll. Der Divisionsstab verlegt nach Wittenberg, wo er im Keller des Augusteums Quartier bezieht. Dort hat bereits der unterstellte K.Kdt. von Wittenberg, Oberst Römer, seinen Befehlsstand.[51] Dessen Verteidigung besteht im Wesentlichen aus einigen ortsfesten Flakstellungen des Flakschutzes von Wittenberg. Im Ortsteil Trajuhn liegen in unmittelbarer Nähe zur Flakkaserne zwei Batterien mit je sechs 10,5cm Flakgeschützen, eine weitere Stellung befindet sich in der Elbaue zwischen Pratau und Eutzsch. Weitere Stellungen sollen sich im Bahn-

Luftaufnahme der Bahnstrecke bei Gräfenhainichen vom 17. April 1945, nachdem das P-51 „Mustang" Aufklärungsflugzeug von 1st Lt. Harry B. Price Jr. eine Gruppe von P-47 „Thunderbolt" Jagdbomber zum Angriff auf die Eisenbahnwaggons heranführt hat
Foto: National Archives, 342-FH-3A20632A-57739AC (fold3.com)

hofsbereich, in Kleinwittenberg, Braunsdorf und Gallun befunden haben. Ob diese Stellungen jedoch zu diesem Zeitpunkt besetzt waren, ist unklar.[52]

Die InfDiv „Scharnhorst" löst sich nach der Unterstellung unter das XX. AK im Raum Güterglück-Walternienburg mit dem Gren.Rgt. „Scharnhorst 1" und „Scharnhorst 2" und der H.Stu.Art.Brig. 1170 vom Feind und verlegt in den Abschnitt nördlich von Wittenberg. Ihre Stellungen werden von den herangeführten Festungs-MG-

Btl. 110 und 115 übernommen, deren Mannschaften aus Magenkranken bestehen. Hinzu kommen zwei Radfahrbataillone mit Offizieren der Pi.Schule Roßlau, bei denen es sich wahrscheinlich um den Sperrverband Schemmel handelt.[53] Die H.Stu.Art.Brig. 1170 geht mit Teilen des Gren.Rgt. „Scharnhorst 2" und der Radfahr.Kp. z.b.V. nach Straach, wo sie in schwere Kämpfe mit der 6. Gd.Schtz.Div. des Oberst Iwanow der 13. Armee verwickelt werden und unter starkem Artillerie- und Granatwerferfeuer liegen. Bereits am Abend wird die H.Stu.Art.Brig. 1170 abgezogen und nach Belzig beordert.[54] Die InfDiv „Körner" bildet den nördlichen Anschluss und die InfDiv „Schill" geht nach Niemegk. Später soll das, in der Verlegung befindliche XXXXVIII. PzK die Elbe-Verteidigung zwischen Wittenberg und Dessau übernehmen. Der Korpsgefechtsstand des XXXXVIII. PzK geht nach Buko, nordwestlich von Coswig, um von dort die Gefechtsführung im neuen Abschnitt des Korps zu übernehmen.[55]

Mit dem Übergang der 1. sowj. Gd.Kav.K über die Elbe wird das XC. AK an seiner Nordflanke bedroht. Nur mühsam gelingt es ihm, die Front mit schwachen Kräften zu besetzen und südlich von Riesa den Anschluss an die Elbe herzustellen. Dabei kommt es zum ersten Mal zum direkten Kontakt zwischen dem XC. AK und Kampfverbänden der H.Gr. Mitte. Ein deutscher Gegenstoß mit den Kräften des Stellv. IV. AK und Kräften des rückwärtigen Raumes der 4. PzArmee der H.Gr. Mitte, darunter Teilen der Führer.Begleit.Div. schlagen die sowjetischen Verbände zurück.[56]

Am **Mittwoch**, dem **25. April 1945** bestätigen im Abschnitt des RCT 329 der 83rd US InfDiv des XIX. US Corps Kriegsgefangene, dass die Kräfte der InfDiv „Scharnhorst" in Zerbst durch eine neu eintreffende Einheit abgelöst wurden. Das abgelöste Bataillon soll bereits in der vorigen Nacht unter Zurücklassung von Sicherungen abgerückt sein, um die Russen aufzuhalten. Als die frisch eingetroffenen deutschen Truppen jetzt die geräumten Stellungen dieses Bataillons vor dem Abschnitt des RCT 331 übernehmen wollen, geraten sie zwischen die amerikanischen Linien und nach einem kurzen Gefecht werden 20 Gefangene gemacht. Die Amerikaner ziehen sich daraufhin auf ihre alte Linie zurück. Mit Hilfe von Lautsprecherwagen beginnen die amerikanischen Truppen mit der psychologischen Kriegsführung und rufen die deutschen Truppen vor den Linien des RCT 329 zur Kapitulation auf. Beim RCT 331 setzt das 1st und 3rd Bn die Patrouillentätigkeit vor seiner Front fort. Patrouillen des 1./331 gehen nach Eichholz und des 2./331 in Richtung Zerbst. Ein Angriff deutscher Truppen in Stärke von 100 Mann von drei Seiten auf Steckby zwingt die dortige kleine amerikanische Besatzung zum Rückzug. Daraufhin nimmt amerikanische Artillerie den Ort unter Beschuss. In einem Gegenangriff erobert die Co. I, 3./331 am Nachmittag Steckby zurück und macht 50 Gefangene. Dann gehen Teile des 3./331 nach Eichholz und lösen dort die Patrouille des 1./331 ab. Mehrere Versuche, erneut Funkkontakt zu den Russen herzustellen, bleiben erfolglos.

Deutsche Soldaten

die sich ergeben wollen

Wenn Ihr Euch den amerikanischen Truppen auf der linken Seite der Mulde ergeben wollt, handelt gemäß folgenden Bestimmungen:

1. Schließt Euch in Gruppen von nicht mehr als 500 Mann zusammen.
2. Tretet in Reihen zu Dreien an.
3. Bestimmt einen Führer, der an der Spitze der Gruppe marschiert, und der für das ordnungsgemäße Verhalten der Gruppe verantwortlich ist.
4. Tragt eine deutlich sichtbare weiße Fahne an der Spitze und eine am Ende der Gruppe.
5. Behaltet Eure Waffen, aber entfernt die Munition aus den Waffen und steckt sie in Eure Taschen.
6. Marschiert in geschlossenem Glied an die Mulde zu einer der drei folgenden Städte, der Ihr am nächsten seid: Bitterfeld, Düben oder Gruna.
7. Bevor Ihr die Mulde überschreitet, sendet einen Mann mit einer weißen Fahne auf das linke Ufer, um den amerikanischen Truppen Eure Absicht mitzuteilen.
8. Die nächste Gruppe darf erst im Abstand von einer halben Stunde die Mulde unter Einhaltung derselben Bestimmungen überqueren.
9. Haltet Euch peinlichst an diese Vorschriften zu jeder Zeit.

Die Amerikaner handeln genauestens nach der Genfer Konvention, die jedem Kriegsgefangenen garantiert:

a) sofortige Versendung aus der Gefahrenzone;
b) dieselbe Verpflegung und ärztliche Behandlung wie unseren eigenen Soldaten;
c) strengste Vertraulichkeit betr. der Umstände Eurer Gefangennahme;
d) Schnellstmöglichste Rückkehr in die Heimat nach Kriegsende.

GENLT. TERRY de la M. ALLEN,
Kommandeur der 104. amerik. Division.

An die Zivilbevölkerung!

Es ist Zivilisten und Fremdarbeitern jeder Nation strengstens verboten die Mulde zu überqueren. Bleibt in Euren Häusern. Ihr habt nichts zu befürchten, denn die alliierten Armeen führen keinen Krieg gegen Zivilisten.

Das VII. US Corps sichert weiter den Mulde-Abschnitt, ohne das es zu feindlichen Aktivitäten kommt. Dafür überqueren ganze deutsche Einheiten geschlossen den Fluss und ergeben sich, so dass bis zum Abend 2971 Gefangene registriert werden.

Als letzte Einheit der 9th US InfDiv beginnt das 39th InfRgt um 07.30 Uhr (B) mit der Verlegung in den neuen Divisionsabschnitt. Bis 18.15 Uhr (B) ist die Ablösung der 3rd US AD an der Mulde beendet und die Teile der 3rd US AD gehen aus der operativen Kontrolle der Division. Verteidigungsstellungen werden entlang des Westufers der Mulde eingenommen. Das 39th InfRgt steht mit der Co. A in Aken, Co. B in Reppichau und Co. C in Elsnigk, Co. E in Dessau-Ziebigk, Co. F im Stadtzentrum von Dessau und der Co. G von Brambach bis in den Elbebogen nördlich von Dessau-Ziebigk. Das 3./39 sichert das Stadtgebiet von Dessau. Das 47th InfRgt ist mit der Co. A in Törten, Co. B in Haideburg, Co. C an der RAB 7 südlich der heutigen Siedlung Hagenbreite, Co. E westlich von Schierau, Co. F in Möst, Co. G in Schierau, Co. I in Klepzig, Co. K in Reupzig und der Co. L in Libehna. Das 60th InfRgt steht mit der Co. A im Bereich der Siedlung Raguhn-Jeßnitz, Co. B in Raguhn, Co. C auf der Mulde-Insel östlich von Raguhn, Co. E in Jeßnitz, Co. F bei Bobbau, Co. G östlich von Wolfen und das 3./60 in Siedenhausen. Patrouillen am Ostufer der Mulde machen 357 Gefangene. Eine Patrouille des 3./60 befreit in Gräfenhainichen 97 kriegsgefangene Amerikaner und nimmt zwei deutsche Oberstleutnante und 13 Soldaten gefangen. Auf ihrem Weg nach Gräfenhainichen besetzen die Infanteristen Zschornewitz und sichern das Großkraftwerk Golpa-Zschornewitz, der Elektrowerke AG, das Berlin mit Strom versorgt. Das Kraftwerk war nach amerikanischem Artilleriebeschuss am 20. April abgeschaltet worden.[57] Um 17.00 Uhr (B) entdeckt die Co. E eine Gruppe amerikanischer Soldaten, die nach ihrer Flucht aus deutscher Kriegsgefangenschaft auf dem Weg zu den eigenen Linien sind und bringt sie mit Fähren über die Mulde.

Südlich des Mulde-Abschnittes der 9th US InfDiv nimmt der 3rd Plat. Co. A, 817th TD Bn, der das 3./414 unterstützt, erneut die Ortschaft Gruna unter Beschuss. Gegen 04.30 Uhr (B) feuern die Panzerjäger 34 Granaten auf eingegrabene deutsche Infanterie, was zu Verlusten auf deutscher Seite führt.

Bei der 3rd US AD sichern bis zum Nachmittag die TF Hogan des CCR und das CCA den Nordabschnitt von Dessau bis zur gesprengten Elbbrücke nach Roßlau. Patrouillen halten bis zum Morgen den Kontakt untereinander. Ansonsten bleibt die Lage ruhig. Um 16.15 Uhr (B) geht das CCR aus der operativen Kontrolle der 9th US InfDiv beginnt nach der Ablösung durch das RCT 39 um 16.30 Uhr (B) mit der Verlegung in den neuen Versammlungsraum. Das gleiche gilt für das CCA, das um 18.15 Uhr (B) folgt. Die Feldartilleriebataillone der DivArty übergeben ab 18.10 Uhr (B) ihren Feuerauftrag an Brig.Gen. Reese M. Howell's DivArty der 9th US InfDiv und um 18.45 Uhr (B) geht als letzter unterstellter Verband das 1./18 zurück zu seiner Division. Um 21.20 Uhr (B) erreicht die TF Hogan des CCR den neuen Versammlungsraum und das 3./33 kehrt bis 23.25 Uhr (B) unter die Kontrolle des 33rd Armd Rgt zurück. Der CP des CCR verlegt um 17.25 Uhr (B) von Dessau nach Schloss Rammelburg, wo er 21.30 Uhr (B) Quartier bezieht. Das CCA versammelt sich nach seiner Ablösung in der Nähe von Dessau. Das 1./36 der TF Boles, erhält nach den Befehl, am nächsten Morgen in den Versammlungsraum des 36th AIR zu verlegen. Die TF Orr begibt sich in einen Versammlungsraum nördlich von Brehna.

Das CCB steht in Kelbra, die TF Richardson, CCR in Hettstedt und Rotha und das 83rd Armd Rcn Bn in seinem bisherigen Raum. Die Co. H, 36th AIR verlässt um 14.45 Uhr (B) Aken und verlegen in den Sammelraum. des 36th AIR. Die 3rd US AD disloziert sich danach wie folgt:

Div. CP 3rd US AD	Sangerhausen
Regtl.HQ 33rd Armd Rgt	Heringen/Helme
Rcn Co.	Heringen/Helme
Svc Co.	Berga
Maint Co.	Roßla
HQ 1st Bn	nö. Rottleberode
Co. A	Breitungen/Harz
Co. B	Sittendorf b. Kelbra
Co. C	Görsbach
HQ 2nd Bn	Tilleda
Co. D	Thürungen
Co. E	Tilleda
Co. F	Rottleberode
HQ 3rd Bn	Görsbach
Co. G	Bielen b. Nordhausen
Co. H	Windehausen
Co. I	Uftrungen
Regtl.HQ 36th AIR	Schloss Rammelburg
HQ 1st Bn	Königerode
Co. A	Braunschwende
Co. B	Hermerode
Co. C	Dankerode
HQ 2nd Bn	Vatterode
Co. D	Gräfenstuhl
Co. E	Biesenrode
Co. F	Wimmelrode
HQ 3rd Bn	Grillenberg
Co. G	Morungen
Co. H	Rotha

Co. I	Hayn
HQ 83rd Armd Rcn Bn	Stolberg im Harz
Co. A	Herrmannsacker
Co. B	Dietersdorf
Co. C	Schwenda
Co. D	Breitenstein
HQ DivArty	Sangerhausen
54th AFA Bn	Wallhausen
391st AFA Bn	Hackpfüffel
HQ Supply Bn 3rd US AD	Bennungen
Co. A	Bennungen
Co. B	Hohlstedt
HQ Maint Bn 3rd US AD	Sangerhausen
Co. A	Hettstedt
Co. B	Sangerhausen
Co. C	Kelbra
HQ 486th AAA (AW) Bn	Sangerhausen
Btry A	Roßla
Btry B	Wickerode
Btry C	Wiederstedt
Btry D	Sangerhausen – Helmstal

Beim 703rd TD Bn kehrt der 1st Plat. der Rcn Co. um 08.00 Uhr (B) von Pansfelde zur Rcn Co. zurück und um 09.00 Uhr (B) übernimmt der Pioneer Plat. des Bataillons die Bewachung der Burg Falkenstein von der 9th US InfDiv. Die Co. A, 703rd TD Bn verlässt um 08.00 Uhr (B) Dessau-Kochstedt und folgt dem Bataillon nach Ermsleben, wo sie um 11.30 Uhr (B) eintrifft. Die Kompanie übernimmt die Bewachung lebenswichtiger Einrichtungen in der Umgebung. Der 1st Plat. übernimmt um 14.00 Uhr (B) im infanteristischen Einsatz ohne seine Gefechtsfahrzeuge die Bewachung von Teilen des Deutschen Archivs auf der Burg Falkenstein. In Ermsleben trifft auch die Co. B ein. Die Co C, die um 10.00 Uhr (B) Dessau verlässt, erreicht gegen 16.00 Uhr (B) die Umgebung von Meisdorf, wo bereits der Bn.CP entfaltet hat. Damit hat das 703rd TD Bn die Versammlung im neuen Raum beendet und beginnt mit einer intensiven Patrouillentätigkeit.

Alle Verbände beginnen nach dem Erreichen ihrer Räume mit einer intensiven Patrouillentätigkeit und errichten Kontrollpunkte. Bei einer Patrouille des 83rd Armd Rcn Bn in den Wäldern südwestlich von Schwenda werden zwei Straßensperren gefunden, die von vier Mann verteidigt werden. Immer wieder kommt es zu Schießereien mit Versprengten, die entweder auf dem Weg nach Hause sind oder versuchen hinter die Elbelinie zu kommen.

Im Bereich des V. US Corps stellen Patrouillen der 69th US InfDiv den Kontakt zu den sowjetischen Truppen in der Umgebung von Riesa und Torgau her. Die Patrouillen hatten entgegen den gültigen Befehlen die Aufklärung über die zulässige 5-Meilen-Zone hinaus ausgedehnt. So kommt es auf Grund der Nichteinhaltung von Befehlen zum ersten Treffen der Alliierten.

In Leckwitz, westlich von Strehla, trifft eine Patrouille des 2./273 unter 1st Lt. Albert L. Kotzebue um 11.30 Uhr auf einige sowjetischen Kavalleristen und gegen 12.30 Uhr kommt es in Strehla zum ersten Treffen an der Elbe. Kotzebues trifft hier auf den Kommandeur des 175. Gd.Schtz.Rgt. der 58. Gd.Schtz.Div. des 34. Gd.Schtz.K. der 5. Gd.A. der 1. Ukrainischen Front, Obstlt. Alexander T. Gardiew. Beide vereinbaren ein Treffen zwischen den Divisionskommandeuren in Kreinitz, doch Kotzebue's Funker gibt die falschen Koordinaten durch. Um 16.00 Uhr trifft eine Patrouille des 1./273 unter 2nd Lt. William D. Robertson an der zerstörten Stahlbrücke in Torgau auf die Truppen des 173. Gd.Schtz.Rgt. der 58. Gd.Schtz.Div. Auf Grund des Fehlers von Kotzebue wird anschließend dieses Treffen irrtümlich in der amerikanischen Soldatenzeitschrift „Stars and Strips“ als „1. Treffen“ bezeichnet. Zu einem dritten Treffen kommt es um 16.45 Uhr zwischen einer Patrouille des 2./273 unter Maj. Fred W. Craig und sowjetischen Truppen in Clanzschwitz, westlich von Strehla.[58]

Das 1./271 setzt bei Eilenburg über die Mulde, besetzt den östlich der Mulde liegenden Teil der Stadt und rückt auf Kültzschau vor.[59] Die 2nd US InfDiv hält ihre Positionen an der Mulde und patrouilliert östlich des Flusses. Mit der Einnahme des Ostteils von Eilenburg haben die Truppen der 1st US Army jetzt alle Mulde-Übergänge in ihrem Abschnitt gesichert.

Das XXXXVIII. PzK der 12. Armee überquert im Tagesverlauf mit den kampfkräftigen Teilen die Elbe bei Coswig und Griebo mit Fähren und bezieht Verteidigungsstellung nach Osten. In der Zwischenzeit erreicht der sowjetische Vorstoß aus dem Raum Bautzen-Niesky die Elbe-Linie zwischen Wittenberg, Torgau und Riesa. Auch zwischen Riesa und Meissen überschreiten die sowjetischen Stoßtruppen den Fluss.[60] Damit vergrößert sich die Lücke zwischen der 12. und 7. Armee weiter.

Am Morgen stehen die, am Vortag eingetroffenen Regimenter der InfDiv „Hutten“ östlich und südöstlich von Wittenberg im Kampf mit sowjetischer Infanterie, die ohne größere, eigene Panzerunterstützung von dem Gegenangriff überrascht wird. Es gelingt, die sowjetischen Schützenverbände zurückzudrängen und einen 15 Kilometer tiefen Brückenkopf um Wittenberg zu bilden. Noch am gleichen Tag erhält Gen. Engel den Befehl, sich erneut vom Feind zu lösen und nach Norden, nach Jeserigerhütte bei Wiesenburg/Mark, zu verlegen, um von dort nach Osten anzugreifen.[61] Der K.Kdt. von Wittenberg verlegt seinen Gefechtsstand ins Schloss. In der Zwischenzeit liegen die Stadtteile von Wittenberg, in die die sowjetischen Truppen vorgedrungen sind, unter Beschuss schwerer deutscher Eisenbahnflak, die am Bahnhof Trebitz steht. Nachdem die gesamte Munition verschossen ist, wird der Zug mit seinen sieben Geschützen auf der Bahnstrecke Trebitz-Pretzsch gesprengt.[62] Das Gren.Rgt. „Scharnhorst 2“ der InfDiv „Scharnhorst“, das seit dem Vortag bei Straach, nördlich von Wittenberg, im Abwehrkampf mit sowjetischen Truppen steht, wird am Morgen abgezogen und verlegen nach Norden, die Art.Abt. der „Scharnhorst“ folgt von Cobbelsdorf.[63]

Am **Donnerstag**, dem **26. April 1945** ergeben sich nach dem Lautsprechereinsatz vor den Linien des RCT 329 der 83rd US InfDiv im Brückenkopf vor Zerbst immer mehr deutsche Soldaten in Gruppen von 25 bis 30 Mann. Nachdem Artilleriebeobachtungsflugzeuge weiße Fahnen in Zerbst melden, sendet Col. Crabill den I&R Plat. nach Zerbst, um aufzuklären, ob noch deutsche Truppen in der Stadt sind. Am späten Nachmittag erscheinen ein deutscher Major und ein Oberstleutnant unter dem Schutz der weißen Fahne vor den amerikanischen Linien und werden nach Güterglück zum CP des 3./329 gebracht, wo sie einen Brief von Gen.Maj. Köhler übergeben, in dem Köhler um die Evakuierung von 6000 Verwundeten und 500 deutschen Wehrmachtshelferinnen aus Wiesenburg bittet. Der Brief wird von Maj. White zum Regiment und dann zur Division weitergeleitet und ein Treffen am nächsten Tag vereinbart. Auf dem CP des XIX. US Corps übermittelt Maj.Gen. McLain die deutsche Bitte an den Stab der 9th US Army, doch Simpson lehnt den Antrag ab.

Bis zum Abend ergeben sich vor dem Abschnitt des RCT 330 ein große Anzahl deutscher Soldaten. Am späten Abend erscheint ein Waffen-Hstuf. der K.Gr. Janums der 15. Waffen-Grenadier-Div. der SS, lettische Nr. 1, vor den Posten der Co. K, 3./330 bei Güterglück und übermittelt im Auftrag seines Kommandeurs, Waffen-Standartenführer Vilis Janums ein Kapitulationsangebot. Die K.Gr. Janums, die sich vor der Roten Armee aus dem Raum Berlin in Richtung der Amerikaner zurückgezogen hat, um so der sowjetischen Kriegsgefangenschaft zu entgehen, besteht zu diesem Zeitpunkt aus dem 1./Waffen-Gren.Rgt. der SS Nr. 32, dem 1./Waffen-Gren.Rgt. der SS Nr. 33 und dem lettischen Füs.Btl. 15. Am nächsten Tag gehen 41 Offiziere und 856 Mannschaften südlich von Schora in amerikanische Gefangenschaft. Versuche zur Herstellung der Funkverbindung mit den Russen bleiben auch an diesem Tag erfolglos.

Beim RCT 331 hält das 1. und 2./331 die Stellungen, während das 3./331 versucht, den südlichen Abschnitt des Brückenkopfes zu erweitern, wo es in den letzen Tagen immer wieder zu Feindkontakten gekommen war. Patrouillen melden deutsche Vorposten des InfRgt 1064 an der Straße zwischen Kelmen und Steckby und in den angrenzenden Wäldern.[64] Von Eichholz aus geht um 10.30 Uhr (B) ein Platoon der Co. K ohne auf Widerstand zu treffen nach Leps und dann nach Kermen. 60 Deutsche ergeben sich ihnen. Ein Platoon der Co. I besetzt von Eichholz aus Bias. Eine Patrouille der Co. I, die nach Steutz entsandt wird, trifft am Mittag auf Widerstand. Mit Unterstützung des Platoons der Co. I aus Leps gelingt es, bis 15.30 Uhr (B) Steutz besetzt. Drei Deutsche werden bei den Kämpfen getötet und 50 werden gefangengenommen. In der Thieleberger Heide, südöstlich von Steutz, stellt die Co. I den Kontakt zur Co. G, 2./39 der 9th US InfDiv her und am Abend steht die Co. I in Bias, Leps, Kermen, Steutz und Steckby und eine Platoon der Co. K in Eichholz.

Im Abschnitt der 9th US InfDiv des VII. US Corps erhält am Morgen der 9th Rcn Tp den Auftrag, ohne einen Platoon über Gräfenhainichen Richtung Elbe bei Wittenberg aufzuklären und den Kontakt mit den sowjetischen Truppen aufzunehmen. Parallel hierzu setzen die Regimenter die Patrouillentätigkeit östlich der Mulde fort. Um 08.00 Uhr (B) überquert eine Patrouille des 3./60 mit vier Fahrzeugen in Raguhn die Muldebrücke und trifft bei Zschornewitz auf eine große Gruppe deutscher Soldaten, die sich sofort ohne Widerstand ergeben. In Gräfenhainichen ergibt sich ihnen eine Volksturmeinheit aus Friedrichstadt.[65] Die Anzahl der Gefangenen ist so groß, dass das 3./60 den Auftrag erhält, eine Kompanie nach Mescheide bei Gräfenhainichen zu entsenden um dort eine Basis für weitere Patrouillen und einen Sammelpunkt für Kriegsgefangene einzurichten. Um 13.30 Uhr (B) fährt daraufhin die Co. I, 3./60 in Begleitung einer Section Panzer und einer Section 81mm Granatwerfer und einer Section schwerer Maschinengewehre der Co. M, 3./60 nach Mescheide. Inzwischen rücken die Aufklärer entlang der R 100 weiter nach Nordosten vor und treffen um 15.45 Uhr (B) hinter Bergwitz auf Widerstand. Ein deutscher Panzer, der seit mehreren Tagen in einem Garten in Feuerstellung steht, eröffnet das Feuer auf die kleine Kolonne. Drei M-8 Spähpanzer und ein Jeep werden zerstört, zwei Amerikaner fallen und mehrere geraten in Gefangenschaft. Beim Rückzug wird ein vierter Spähpanzer durch eine Panzerfaust beschädigt, kann aber instandgesetzt werden. Der deutsche Panzer zieht sich am Abend im Schutz der Dunkelheit in Richtung Rehsen zurück, wo er wegen Benzinmangels aufgeben wird.[66]

Andere Patrouillen erreichen Oranienbaum, wo sich die Reste des Stabes des K.Kdt. Torgau ergeben, Wörlitz und Schleesen.[67] Um 21.30 Uhr (B) erhalten die Infanteristen der Co. I, 3./60 in Mescheide den Befehl zum Rückzug hinter die Mulde, der um 23.30 Uhr (B) erfolgt. Eine Patrouille des RCT 60 besetzt Alt-Jeßnitz, wo es am 22. April durch Artilleriebeschuss zu Opfern gekommen war. Dabei wurden eine Mutter und ihr Sohn sowie vier deutsche Soldaten getötet.[68] Der Ort wird erst am 2. Mai wieder von den Amerikanern verlassen.[69] Zu einem Kontakt mit den Russen kommt es jedoch bei keiner der Patrouillen. Mehr Glück hat die DivArty. Um 19.20 Uhr (B) landet ein Flugzeug von Brig.Gen. Reese M. Howell's 9th DivArty bei Greudnitz an der Elbe und stellt den Kontakt zum 1. Btl. des 463. Gd.Schtz.Rgt. der 118.

Gd.Schtz.Div. her. Insgesamt ergeben sich der 9th US InfDiv im Tagesverlauf 2952 Deutsche.

Im Abschnitt der 104th US InfDiv fährt Lt. Shank mit einer Patrouille von Wellaune über Rösa, Schwemsal, Bad Schmiedeberg und Splau nach Pretzsch[70] und stellt um 18.30 Uhr (B) den Kontakt zu den sowjetischen Truppen her. Die Stadt hatte traurige Bekanntheit durch die ehemalige Grenzpolizeischule Pretzsch/Elbe im Schloss Pretzsch erlangt. An ihr und in den umliegenden Städten Düben und Bad Schmiedeberg erfolgte im Mai/Juni 1941 unter Führung von SS-Brigadeführer Bruno Streckenbach vom RSHA die Aufstellung und Ausbildung der, aus Angehörigen des RSHA, des SD, der Sicherheits-, Ordnungs- und Kriminalpolizei und Waffen-SS, zusammengesetzten SS-Einsatzgruppen die nach dem Überfall auf die Sowjetunion als Instrument der Vernichtungspolitik für ihre Mordoperationen hinter der Front berüchtigt waren. Die Schule war anschließend in die Sicherheitspolizeischule Fürstenberg/Havel eingegliedert worden.[71] Der nahegelegen Einsatzhafen Pretzsch der Luftwaffe im Bereich des heutigen Neu-Körbin ist verlassen. Die 1944 gebildete Fliegerhorst-Kdtr. 34/III, die zum Flughafen-Bereichs.Kdo. (Koflug) 5/II Erfurt gehörte und 1945 dem Flughafen-Bereichs.Kdo. (Koflug) 7/III, LG-Kdo. XVI unterstand, ist leer. Nachdem am 12. April 1945 die letzten Flugzeuge der II./KG 4 „General Wever“ den Flugplatz verlassen hatten, war das verbliebene zivile Personal beurlaubt worden. Die II. Gruppe, die sich vom 21. März 1945 an auf dem Flugplatz befand, diente als Zielfinder der „Mistel-Gespanne“ des KG 200 bei deren Angriffen auf die Oder-Brücken.[72]

Von Pretzsch fährt Shank in Begleitung der Russen auf den Gefechtsstand der 118. Gd.Schtz.Div. nach Annaburg, wo er vom Kdr., Gen.Maj. Suchonow, empfangen wird.[73] Eine Patrouille von Capt. Kenneth K. Bell‘s Co. E, 2./415 gerät bei Pouch unter Beschuss durch einen deutschen MG-Trupp, der durch eine Handgranate ausgeschaltet wird. Zum Ende des Tages registriert das VII. US Corps 9246 Kriegsgefangene.

Die letzten Verbände der 3rd US AD erreichen an diesem Tag ihren Versammlungsraum.

Regtl.HQ 32nd Armd Rgt	Hettstedt
HQ 1st Bn	Quenstedt
Co. A	Arnstedt
HQ 2nd Bn	Leimbach
Co. D	Welbsleben
HQ 3rd Bn	Klostermansfeld
Co. G	Oberwiederstedt

Lediglich die Co. C, 1./36 verlässt den Versammlungsraum und verlegt von Dankerode nach Biesenrode, Das 67th AFA Bn geht um 08.10 Uhr (B) nach Walbeck, Ritterode und Meisdorf. Das 391st AFA Bn geht mit der Btry A nach Bornstedt, der Btry B nach Mittelhausen und der Btry C nach Gatterstedt.

Im Bereich des V. US Corps kommt es bei Torgau zum festen Kontakt zwischen den amerikanischen und sowjetischen Streitkräften, als sich um 10.00 Uhr der CO des 273rd InfRgt der 69th US InfDiv, Col. Charles M. Adams Jr., mit dem kommandierenden Offizier des 173. Gd.Schtz.Rgt. der 58. Gd.Schtz.Div., Maj. Jefim W. Rogow, trifft. Um 16.00 Uhr kommt es dann zum Treffen zwischen dem CG der 69th US InfDiv, Maj.Gen. Emil F. Reinhardt, und dem Kommandeur der 58. Gd.Schtz.Div., Gen.Maj. Wladimir W. Rusakow. Das 272nd InfRgt wird entlang der Straße Eilenburg-Torgau stationiert um einen Sicherungskordon zu bilden. In den nächsten Tagen ist diese Straße die wichtigste Verbindung für hochrangige Vertreter der alliierten Streitkräfte auf ihrem Weg vom Flugplatz Schkeuditz zu weiteren offiziellen Treffen mit den verbündeten Russen in Torgau.

Während am Morgen des 26. April der „letzte deutsche Gegenangriff des Krieges", den Wenck als „Rettungswerk" für die Reste der 9. Armee, der Korps.Gr. Reymann, der Verwundeten in den Lazaretten und der Flüchtlinge bezeichnet, beiderseits der Bahnlinie Belzig-Berlin in Richtung Potsdam beginnt, bricht im Abschnitt des XXXXVIII. PzK die Verteidigung nach Westen vollständig zusammen.[74] Der Brückenkopf bei Coswig/Anhalt wird unter Halten der Stadt aufgegeben. Der Korpsgefechtsstand verlässt Buko und geht weiter nördlich nach Stackelitz.[75] An der RAB 9 bei Cobbelsdorf kommt es zu schweren Kämpfen zwischen Teilen des XXXXVIII. PzK, die versuchen, den Anschluss an das nördliche XX. AK zu halten, und der 6. Gd.Schtz.Div.[76] Wittenberg, das am Vortag von der InfDiv „Hutten" geräumt wurde, wird von den sowjetischen Truppen besetzt. Als einzige Ortschaften im Raum Wittenberg sind Apollensdorf und Piestritz noch nicht feindbesetzt.[77]

Am **Freitag**, dem **27. April 1945**, verbleiben die 9th und 1st US Army in den zugewiesenen Verteidigungsstellungen an der Elbe und Mulde.

Im Abschnitt des RCT 330 der 83rd US InfDiv fährt um 10.50 Uhr (B) Capt. Schommer und Lt. MacFarland nach Zerbst, um die ablehnende Entscheidung auf den Antrag von Oberst Köhler zur Evakuierung der Verwundeten und Frauen zu überbringen. Man macht jedoch das Angebot, im Falle einer Kapitulation von Zerbst die Verwundeten doch noch zu übernehmen. Doch dazu kommt es nicht, denn das Ultimatum für die Antwort verstreicht um 16.00 Uhr (B) und zum zweiten Termin um 21.00 Uhr (B) teilt der K.Kdt. von Zerbst mit, dass seine höhere Führung eine Kapitulation ablehnt. Die dabei vorgetragene, erneute Bitte um Übernahme der Verwundeten wird Anbetracht der Ablehnung der Kapitulation zurückgewiesen. In der Nacht nimmt die Artillerie die Ausfallstraßen aus Zerbst unter Beschuss, um das Absetzen der deutschen Truppen zu verhindern. Beim RCT 331 treffen Befehle ein, die Co. K, L und M, 3./331 an das 1./331 zu übergeben und sich auf die Verlegung nach Groß-Rosenburg am nächsten Tag vorzubereiten.

Beim VII. US Corps erhält die 9th US InfDiv in ihrem Sicherungsabschnitt den Befehl bis maximal zur Linie Coswig-Wörlitz-Oranienbaum-Jüdenberg-Mescheide zu patrouillieren. Eine motorisierte Patrouille des 3./60, die um 09.30 Uhr (B) entsandt wird, erreicht Bergwitz und trifft um 16.00 Uhr (B) in Eutzsch auf sowjetische Truppen. Nach dem Austausch von Informationen zieht sie sich wieder zurück. Die Division meldet bis zum Abend 8368 Gefangene, womit die Gesamtanzahl der Kriegsgefangenen des VII. US Corps an diesem Tag auf 13 442 steigt.

Bei der 104th US InfDiv bringt Maj. Clyde M. Turner, DivArty Air Officer, mit einem Verbindungsflugzeug einen sowjetischer Stabsoffizier zum Div.CP nach Delitzsch. Col. Cochran, CO 415th InfRgt, Col. Leo A. Hoegh, G-3 und Maj. Turner fliegen mit Verbindungsflugzeugen zum Gefechtsstand der 118. Schtz.Div des 33. Gd.Schtz.K. der 5. Gd.A. nach Annaburg, wo sie die Nacht verbringen. Dann werden Gen.Maj. Suchanow und einige Offiziere seines Stabes von Annaburg nach Delitzsch geflogen, wo sie offiziell von Maj.Gen. Allen empfangen werden. Die Co. A und B, 87th Cml Mort Bn gehen um 12.00 Uhr (B) aus der Unterstellung unter die 104th US InfDiv zum Bataillon zurück und verlegen in den Raum Eisleben.

Nach dem Unterstellungswechsel der 1st US InfDiv vom VII. US Corps zum VIII. US Corps verlässt sie um 24.00 Uhr (B) den Harz.

Westlich von Wittenberg werden Apollensdorf und Piesteritz durch sowjetische Truppen gegen leichten Widerstand besetzt. Dabei fallen den Russen in Piesteritz die WASAG-Werke in die Hände. In Griebo erreichen die sowjetischen Truppen am Abend die Grenze zu Anhalt. Damit stecken die letzten deutschen Truppen bei Zerbst und beiderseits der RAB bei Coswig in einem Schlauch. Versuche einiger Bürger, die Verteidiger von Coswig zur Kapitulation zu überreden, verlaufen erfolglos.[78]

Am **Sonnabend**, dem **28. April 1945**, gehen beim 3./329 der 83rd US InfDiv die Verhandlungen über die Übergabe von Zerbst weiter, während das Regiment bereits Vorbereitungen trifft, um die spätere Besatzungszone im Raum Halberstadt zu übernehmen. In der Zwischenzeit bereit sich das 2. und 3./329 darauf vor, um 15.00 Uhr (B) Zerbst mit Unterstützung von 6 bis 11 Bataillonen Feldartillerie anzugreifen und dann weiter nach Osten vorzurücken, um so endlich den Kontakt zu den sowjetischen Truppen, die 25 Kilometer nordöstlich der Stadt vermutet werden, herzustellen. Zur Absicherung des Angriffs des RCT 329 gehen Kräfte der TF Hawkins, CCR in die Lücke zwischen der linken Flanke des RCT 329 und dem RCT 330. Das RCT 331 rückt an der rechten Flanke mit dem 2./331 vor und übernimmt die Sicherung der rechten Flanke des RCT 329. Ein Platoon der Co. E, 2./331 fährt mit drei Panzern nach Bias und entsendet Patrouillen nach Pakendorf und Jütrichau, ohne dort auf deutsche Truppen zu treffen.

Noch den letzten Verhandlungsversuchen der Amerikaner erscheinen gegen Mittag zwei Vertreter des Bürgermeisters der Stadt Zerbst vor den Linien der Co. B, 1./331 bei Eichholz, um den amerikanischen Truppen die Kapitulationsbereitschaft zu übermitteln und um Einstellung des Beschusses zu bitten. Sie werden in Begleitung des S-2 des 1./331 zu Gen.Maj. Macon im Abschnitt des RCT 329 gebracht, wo sie um 14.00 Uhr (B) eintreffen. Inständig bitten sie Gen.Maj. Macon um die sofortige Einstellung des Beschusses, da nur noch wenige deutsche Truppen in der Stadt verblieben sind, die sicher keinen Widerstand leistet würden, wenn die amerikanischen Truppen die Stadt betreten. Daraufhin wird der bevorstehende Angriff um eine Stunde verschoben und der Artillerieeinsatz ausgesetzt. Zwei amerikanische Offiziere, die mit den Parlamentären in die Stadt zurückgehen, melden bei ihrer Rückkehr, dass nur noch ein SS-Stubaf. und 80 Mann in der Stadt sind, die trotz Bitten des Bürgermeisters eine Kapitulation ablehnen. Der Sturmbannführer war erst in der Nacht eingetroffen und hatte den Befehl über die Stadt übernommen.[79] Im Hinblick auf die geringe Stärke der Verteidiger und angesichts der Gefährdung der Zivilbevölkerung beginnt das RCT 329 daraufhin den Angriff auf Zerbst ohne Artillerieunterstützung.

Mit Lautsprechern fordern die Amerikaner am 28. April in Zerbst versteckte deutsche Soldaten zur Kapitulation auf
Fotos: Pfc. Gerick, National Archives, SC 204915

Deutsche Soldaten marschieren in Zerbst in die Gefangenschaft der 83rd US InfDiv
Fotos: T/4 Freeney, National Archives, SC 204916

Ohne auf Widerstand zu treffen, wird die Stadt, wo überall weiße Fahnen aus den Fenstern hängen, bis 17.45 Uhr (B) besetzt. Bis 19.00 Uhr (B) ist das gesamte Stadtgebiet gesäubert. Dabei ergeben sich annähernd 900 Deutsche. Lediglich ein Soldat des 2./329 verliert bei der Besetzung sein Leben, als er 800 Meter vor der Stadt in ein Infanterieminenfeld gerät.

Im Abschnitt des RCT 331 erscheinen ab Mittag vor den Linien des 1./331 größere Gruppen deutscher Soldaten, die sich ergeben. Westlich von Eichholz sind es um 12.05 Uhr (B) 229 Mann und acht Wehrmachtshelferinnen, die unter dem Schutz der weißen Fahne die Waffen strecken. Das 3./331 geht ohne die drei Kompanien nach Groß-Rosenburg und die Co. I löst die 113th CavGp bei der Wahrnehmung der Aufgaben der Military Government in diesem Abschnitt ab. Zur Unterstützung soll der 83rd Rcn Tp und die HQ Co. 3./331 unterstützen. Das 1./330 kehrt aus der Unterstellung unter das RCT 331 zum RCT 330 zurück und übernimmt um 20.00 Uhr (B) die Stellungen des 3./329 bei Güterglück. Ein Vorauskommando des 330th InfRgt unter Col. Montague verlegt in Vorbereitung der Einnahme der Stationierungsräume nach Staßfurt.

Im Bereich der 1st US Army übernimmt das VII. US Corps ab 18.00 Uhr (B) das Kommando über den Abschnitt des V. US Corps und die 2nd und 69th US InfDiv und die 9th US AD. Der Stab des V. US Corps wird zur Übernahme eines anderen Abschnittes herausgelöst. Die 104th US InfDiv erhält den Befehl zur Umgruppierung am nächsten Tag. Ab dann erfolgt die Ablösung durch das 60th InfRgt der 9th US InfDiv in der linken Regimentszone zwischen Greppin und Löbnitz und die Erweiterung der rechten Regimentszone von nördlich Eilenburg bis Bennewitz. Dafür erfolgt die Verlegung des 415th InfRgt in die neue Zone, wo es das 271st InfRgt der 69th US InfDiv bis zum 30. April, 18.00 Uhr (B) ablösen soll.

Unabhängig von den Veränderungen gehen die Kontakte mit den Russen weiter. Der CO 60th InfRgt stellt um 18.10 Uhr (B) in Radis persönlich den Kontakt zum Kdr. des 337. Gd.Schtz.Rgt der 121. Gd.Schtz.Div. her. Lt. Bartlett von der Co. F, 2./413 begleitet drei sowjetische Offiziere und einen Unteroffizier in den Abschnitt der Division, die die Einrichtungen des Regiments und der Division besichtigen. Gen.Maj. Suchanow, ein Oberstleutnant, ein Major und drei Hauptleute der 118. Gd.Schtz.Div. werden mit Verbindungsflugzeugen von Annaburg zum Div.CP gebracht, wo sie von Maj.Gen. Allen empfangen werden.

Maj.Gen. Allen, 104th US InfDiv, empfängt General Suchanow auf dem Div.CP der 104th US InfDiv in Delitzsch
Nächste Seite: Der Ehrenzug der 104th US InfDiv ist zum Empfang angetreten
Fotos: National Archives

Auch die Massenkapitulation der deutschen Truppen entlang der Mulde geht weiter. So meldet die 9th US InfDiv an diesem Tag 1514 Gefangene. Noch mehr sind es im Abschnitt der 104th US InfDiv. Dort haben ab dem 24. April immer größere Gruppen deutscher Soldaten und befreiter Kriegsgefangener und Zwangsarbeiter die Mulde überquert. Zur Kanalisierung dieser Bewegungen hatte Maj.Gen. Allen Fußbrücken von den Pionieren errichten lassen, über die die deutschen Kriegsgefangenen in Gruppen zu 500 Mann in Dreierreihen mit entladenen Waffen im Halbstunden-Rhythmus den Fluss überqueren können. Nach ihrer Entwaffnung werden sie sofort in Kriegsgefangenensammellager weitergeleitet. Dort werden am 24. April 2100, am 25. April 5700 inklusive 16 weiblicher, am 26. April 4150, am 27. April 4550 und am 28. April 2250, insgesamt 18 750 Kriegsgefangene, registriert. Dann werden, wie in Düben, einige der Fußbrücken geschlossen, um den weiteren Zustrom deutscher Soldaten und Zivilisten, die vor der Roten Armee fliehen, zu stoppen. Nur noch befreite Alliierte und DP's werden weitergeleitet und in separaten Lagern gesammelt.

Ein PWX Camp für befreite Briten und Amerikaner wird vom 387th FA Bn auf dem Flugfeld des Flugplatzers Halle-Nietleben errichtet, wo 1700 Amerikaner und 3700 Briten, unter ihnen 675 Inder und 245 Gurkhas, untergebracht werden. Bei 90 Prozent der amerikanischen Gefangenen handelt es sich um Angehörige der Air Force, von denen die meisten nach eigenen Angaben aus Kriegsgefangenenlagern bei Danzig und Stettin im Januar 1945 im Fußmarsch evakuiert wurden. 2000 befreite Gefangene anderer Nationen werden in andere Sammellager weitergeleitet. Zur medizinischen Versorgung wird Sanitätsmaterial aus einem deutschen Depot in Delitzsch herangebracht.

Am **Sonntag**, dem **29. April 1945**, sichert nach der Besetzung von Zerbst durch das RCT 329 der 83rd US InfDiv das 2./329 die Stadt, in die auf Grund der Lage in der zukünftigen sowjetischen Zone keine Stäbe gelegt werden. Das 3./329 geht nach Güterglück zurück, wo es das 1./330 ablöst. Das 1./330 geht in die Regtl.Res. des 330th InfRgt. Ein Vorauskommando des 329th InfRgt unter Führung von Lt.Col. Pack verlegt zur Übernahme der Aufgaben der Military Government im zukünftigen Besatzungsgebiet des 329th InfRgt im Raum Halberstadt nach Wegeleben. Beim 331st InfRgt geht ein Vorauskommando des 1./331 ans Westufer der Elbe, um die Übernahme der zukünftigen Aufgaben des Bataillons bei der Betreuung von Kriegsgefangenen und DP's vorzubereiten. Das 2./331 zieht sich am Abend aus den bisherigen Stellungen zurück und das 3./331 beendet die Ablösung der 113th CavGp bei Groß-Rosenburg.

Während damit für die 83rd US InfDiv die Kampfhandlungen abgeschlossen sind, setzt nur noch die unterstellte 113th CavGp den Vormarsch fort. Die 125th CavRcnSq der 113th CavGp unter Lt.Col. Kleitz, die bereits am Vortag den Auftrag erhalten hat, den Kontakt zu den Russen herzustellen, überquert am Morgen die Brücke bei Breitenhagen und fährt von Zerbst in zwei Kolonnen nach Osten und Südosten. Nach der Umgehung eines Minenfeldes östlich von Zerbst wird um 10.00 Uhr (B) Roßlau erreicht und vom Tp. A besetzt. In Klieken trifft der Tp. A auf eine Straßensperre und es kommt zu einem Feuergefecht, bei ein Offizier getötet und einer verwundet wird. Der Tp. C besetzt am Morgen Streetz und Mühlstedt, nimmt anschließend Luko und erreicht gegen 15.00 Uhr (B) Düben. Nachdem zu diesem Zeitpunkt der Tp. A immer noch bei Klieken steht, erteilt Kleitz den Befehl, dass der Troop die Sperre nach Norden umgehen und nach Luko fahren soll, wo er für die Nacht hält. Der Tp. C besetzt nach der Einnahme von Düben den Ort Zieko gegen starken Widerstand, zieht sich dann aber wieder nach Düben zurück. Im Resultat dieser Vorstöße ergeben sich annähernd eintausend deutsche Soldaten entlang der Vormarschstrecke und werden zu den Sammellagern hinter der Elbe weitergeleitet.

Infanteristen der 83rd US InfDiv haben den Kontakt zu den russischen Truppen hergestellt. Ein russischer Panzerbüchsenschütze in Feuerstellung.
Foto: National Archives

Der Vorstoß der Kavalleristen überrascht bei Hundeluft das Regiment Conti, das dort in Reserve des XXXXVIII. PzK liegt und zersprengt es. Teile gehen in Gefangenschaft. Der Stab der K.Gr. Gen.Lt. Rathke des XXXXVIII. PzK flieht aus Buko. Noch in der Nacht beginnt der Rückzug des Korps, nachdem eine beantragte Zurücknahme der Front auf die Linie Pretzien-Lindau-Krakau-Bergfrieden-Grochewitz-Cobbelsdorf-Groß Marzehns durch das AOK 12 genehmigt wurde. Linker Nachbar ist die K.Gr. Raegener und rechts das XX. AK. Von dort aus erfolgt in den kommenden Tagen der schrittweise Rückzug zur Linie Magdeburg-Möckern-Altengrabow, bevor das Korps am 3. Mai die Linie Zerben-Fiener Bruch-Kirchmöser erreicht.[80] Bei der Rücknahme der Front werden Möllensdorf, Pülzig und Cobbelsdorf, die bereits von sowjetischen Truppen besetzt waren, wieder zurückerobert.

Im Abschnitt des VII. US Corps der 1st US Army gehen die Umgruppierungen weiter. Die 9th US InfDiv verschiebt sich nach rechts, um das 415th InfRgt, 104th US InfDiv, entlang der Mulde zu entlasten. Um 09.00 Uhr (B) beginnt das 60th InfRgt der 9th US InfDiv im Fußmarsch mit der Übernahme des Abschnitts des 415th InfRgt, die bis 18.00 Uhr (B) abgeschlossen ist. Das 47th InfRgt übernimmt bis 12.30 Uhr (B) den freiwerdenden Abschnitt des 60th InfRgt. Unabhängig von den Umgruppierungen wird die Patrouillentätigkeit am Ostufer der Mulde fortgesetzt. So triff eine Patrouille des 47th InfRgt bei Prattau, südlich von Wittenberg, auf sowjetische Truppen. Wie an den Tagen zuvor ergeben sich den amerikanischen Sicherungen an der Mulde kleine und größere Gruppen deutscher Soldaten. Alleine die 9th US InfDiv meldet 1624 Gefangene, die die Gesamtzahl der Gefangenen des VII. US Corps an diesem Tag auf 3069 erhöhen.

Bei der 104th US InfDiv kommt es zu einem Gegenbesuch von Maj.Gen. Allen und Brig.Gen. Woodward auf dem Gefechtsstand der 118. Gd.Schtz.Div. in Annaburg. Das 415th InfRgt, das abgelöst wird, verlegt ohne sein 2nd Bn, das in der Versammlung verbleibt, in die Umgebung von Bitterfeld. Das 929th FA Bn verlegt nach Pehritzsch. Die Pioniere von Lt.Col. Max E. Kahn's 329th Engr C Bn stellen um 04.00 Uhr (B) eine 40 Tonnen Treadway Bridge über die Mulde bei Gruna fertig.

Die 9th US AD, die um 24.00 Uhr unter die Kontrolle des VIII. US Corps geht, beginnt mit dem CCA und CCR den Marsch aus dem Raum Lobstädt in den neuen Versammlungsraum in der Umgebung von Jena und Apolda. Der Stab des V. US Corps verlegt nach Süden in eine neue Zone.

Die 3rd US AD bezieht im Tagesverlauf mit ihren Truppenteilen und Verbänden einen neuen Versammlungsraum, der das folgende Gebiet umfasst:

CP CCA	St. Micheln/Mücheln
CP 32nd Armd Rgt	Mücheln
HQ Co. 32nd Armd Rgt	Mücheln

Svc Co. 32nd Armd Rgt	Mücheln
Maint Co. 32nd Armd Rgt	Mücheln
Rcn Co. 32nd Armd Rgt	Mücheln
HQ 1st Bn	Nemsdorf-Göhrendorf
Co. A	Nemsdorf-Göhrendorf
Co. B	Freyburg
Co. C	Gleina
HQ 2nd Bn	Freyburg
Co. D	Langeneichstädt
Co. E	Markröhlitz
Co. F	Goseck
HQ 3rd Bn	Laucha a.d. Unstrut
Co. G	Obhausen
Co. H	EB-Brücke Unstrut nördlich Kirschscheidungen
Co. I	Zscheipitz b. Balgstädt
CP 33rd Armd Rgt	Sondershausen
HQ Co. 33rd Armd Rgt	Sondershausen
Rcn Co. 33rd Armd Rgt	Sondershausen
HQ 1st Bn	Bad Frankenhausen
Co. A	Ringleben
Co. F, 2nd Bn	Bad Frankenhausen
Co. I, 3rd Bn	Artern
CP 36th AIR	Greußen
HQ Co. 36th AIR	Greußen
Svc Co. 36th AIR	Greußen
HQ 1st Bn	Weißensee
Co. A	Greußen-Grüningen
Co. B	Frömmstedt
Co. C	Kindelbrück
HQ 2nd Bn	Kölleda
Co. D	Ostramondra
Co. E	Battgendorf b. Kölleda
Co. F	Großmonra
HQ 3rd Bn	Großenehrich
Co. G	Wenigenehrich
Co. H	Rohnstedt
Co. I	Wolferschwenda
HQ Co. 45th Armd Med Bn	Sangerhausen
Co. A	Mücheln
Co. B	Sangerhausen

Co. C	Kelbra
CP 54th AFA Bn	Wallhausen
Btry A	Brücken
Btry B	Oberröblingen
Btry C	Hackpfüffel
Svc Btry	Brücken
CP 67th AFA Bn	Querfurt
CP 391st AFA Bn	Beyernaumburg
Btry A	Rothenschirmbach
Btry B	Mittelhausen
Btry C	Gatterstädt
Svc Btry	Allstedt
CP 991st FA Bn	Allstedt
Btry A	Kalbsrieth
Btry B	Donndorf
Btry C	Ziegelroda
Svc Btry	Allstedt

Das 703rd TD Bn, das am Vortag den Befehl zur Verlegung erhalten und seinen Abschnitt an die 4th CavGp übergeben hat, beginnt um 13.00 Uhr (B) mit der Verlegung in einen neuen Raum. Lediglich der 1st Plat. Co. A und der 3rd Plat. Co. B bleiben bis zur Übernahme der Bewachung durch die Kavalleristen. Bis 18.00 Uhr (B) erreicht der Bn.CP und die HQ Co. von Capt. Sydney S. Smith Roßleben, die Rcn Co. von Capt. Jack V. Murray Rastenberg, die Co. A Kahlwinkel, die Co. B Saubach und die Co. C Lossa. Dort übernehmen sie am kommenden Tag u.a. die Bewachung der Luftwaffenmunitionsanstalt (Muna) Lossa.[81] Im Bereich der Muna lagern in Bunkern und unter freiem Himmel neben Flakmunition verschiedener Kaliber und einer großen Anzahl an Brandbomben erhebliche Mengen an Bomben mit Giftgas, darunter der erst 1936 von G. Schrader entwickelte hochgiftige Phosphorsäureester–Kampfstoff Tabun.[82] Bei Kahlwinkel sichern sie einen Zug mit zehn Waggons Material und Bomben und im nahegelegenen Schacht Burggraf die Einrichtungen des Heeresnebenmunitionslagers Billroda.

Das 87th Cml Mort Bn geht nach Naumburg, wo die Co. B die 102nd CavGp bei der Bewachung des zentralen Kriegsgefangenenlagers des VII. US Corps in der Stadt ablöst. Bereits am nächsten Tag übernimmt die Co. C die Bewachung, bevor sie am 2. Mai die Bewachung an das 438th AAA Bn übergibt und nach Taucha geht, um dort die Bewachung eines neues Kriegsgefangenenlagers zu übernehmen, während das Bataillon in Naumburg bleibt.

Am **Montag**, dem **30. April 1945**, erhält im Abschnitt des XIX. US Corps das 736th Tk Bn der 83rd US InfDiv den Auftrag, eine Mobile Reserve im Elbe-Brückenkopf zu bilden und die Elbbrücke aus Stellungen in Gödnitz und Glinde zu sichern. Das 1./330 geht ohne drei Kompanien nach Staßfurt zur Übernahme der Besatzungsaufgaben. Die 113th CavRcnSq der 113th CavGp wird mit der Einrichtung von Auffanglagern für DP's am Westufer der Saale beauftragt.

Die 125th CavRcnSq der 113th CavGp, die als letzter Verband des XIX. US Corps einen Offensivauftrag östlich der Elbe hat, setzt am Morgen den Vormarsch nach Osten fort und der Tp. A besetzt von Zieko aus um 10.00 Uhr (B) die Stadt Coswig und anschließend Wahlsdorf. Bei Cobbelsdorf und Pülzig gerät die Kolonne unter sowjetischen Artilleriebeschuss, die in diesem Abschnitt deutsche Truppen vermutet. Nachdem mehrere Versuche scheitern, Funkkontakt mit den Russen aufzunehmen um sie zur Feuereinstellung aufzufordern, zieht sich die Kolonne wieder zurück. Der Tp. C erreicht über Griebo um 13.30 Uhr (B) Apollensdorf zwischen Coswig und Wittenberg, wo sie ebenfalls unter sowjetischen Beschuss kommen. Hier gelingt es der 125th CavRcnSq endlich als erste Einheit der 9th US Army den direkten Kontakt mit dem 1./320 der 121. Gd.Schtz.Div. herzustellen. Dann trifft der Befehl ein, sich nach Coswig zurückzuziehen und die 113th CavGp erhält den Auftrag, die Straße Roßlau-Coswig zu sichern.

Um 13.00 Uhr (B), trifft sich der CG der 1st US Army mit dem Komm.Gen. der 5. Gardearmee, Gen.Oberst Alexej S. Shadow am Ostufer der Mulde bei Torgau. Am Nachmittag finden an gleicher Stelle die offiziellen Feierlichkeiten anlässlich des Zusammentreffens der amerikanischen und sowjetischen Streitkräfte statt. Indes startet die 9th und 104th US InfDiv erneut eine intensive Patrouillentätigkeit, um den Raum zwischen den amerikanischen und sowjetischen Linien nach versprengten deutschen Kräften zu durchsuchen und den Kontakt zu den Russen herzustellen.

Während sich der CG 9th US InfDiv mit dem Kdr. der 21. Gd.Schtz.Div trifft, stellt eine Patrouille des 1./60 um 14.00 Uhr (B) bei Globig den Kontakt zu den sowjetischen Truppen her. Eine Patrouille des I&R Plat. wird in den Wäldern in der Nähe von Parnitz, nördlich von Schköna, in einen Feuerkampf verwickelt. Es werden 35 Gefangene gemacht. Eine Fußpatrouille der Co. E, 2./60 trifft um 13.00 Uhr (B) bei Burgkemnitz auf einen deutschen Widerstandsherd von zirka 100 Mann. Es kommt zu einem Feuergefecht, bei dem 17 Deutsche gefangen werden. Sie berichten, dass sich eine Kompanie Deutscher, die mit Handfeuerwaffen und MG's ausgerüstet ist, in dem Ort befand. In gesamten Divisionsabschnitt ergeben sich 1205 Deutsche.

Dem 1./413 werden für einen Aufklärungsauftrag am Ostufer der Mulde um 07.30 Uhr (B) die Panzer der 1st Sect. 1st Plat. Co. B, 750th Tk Bn in Wellaune unterstellt und um 08.30 Uhr (B) fahren die Panzer und mit dem aufgesessenen 1st Plat. Co. A, 1./413 nach Groß-Glaucha. Um 09.30 Uhr (B) überqueren sie in Hohenprießnitz die

Mulde und beginnen mit der Durchsuchung der Ortschaften Görschlitz, Authausen, Kossa, Falkenberg, Dahlenberg, Meltitz und Dommitzsch nach deutschen Truppen. In Dommitzsch kommt es zum Kontakt mit der 58. Gd.Schtz.Div. Von dort fahren sie um 18.00 Uhr (B) über Trossin, Roitzsch und Pressel hinter die Mulde zurück. Während des Aufklärungsvorstoßes werden 42 Gefangene gemacht und zehn Amerikaner und sechs Briten befreit. Das 2./413 entsendet um 06.30 Uhr (B) die 1st Sect. 2nd Plat. Co. B, 750th Tk Bn von Löbnitz nach Düben, wo der 1st Plat. Co. E, 2./413 aufsitzt und nach Bad Schmiedeberg fährt. Nachdem auch dort der Kontakt zu den Russen hergestellt wurde, kehren sie nach Löbnitz zurück.

Das 414th InfRgt entsendet Patrouillen nach Torgau und Vogelsang. Patrouillen des 3rd Plat. Co. A, 817th TD Bn, die bei Hohenprießnitz die Mulde überqueren, machen insgesamt 27 Gefangene und kehren nach Hohenprießnitz zurück. Das 415th InfRgt löst die Truppen der 69th US InfDiv an der Mulde ab und entsendet Patrouillen bis zwei Kilometer hinter den Fluss. Der unterstellte 1st Plat. Co. C, 817th TD Bn geht nach Wöllmen, südöstlich von Weltewitz. Die Pioniere des 329th Engr C Bn bewachen die Muldebrücken bei Hohenprießnitz und in Eilenburg. Dann erhält die Division den Befehl, ab dem 1. Mai 1945 seine Zone weiter südwärts von Bennewitz aus bis nach Trebsen zu erweitern. Das 750th Tk Bn befindet sich an diesem Tag mit dem Bn.CP, der HQ Co., der Svc Co. und der Co. D in Delitzsch, der Co. A in Wölpern, der Co. B in Lindenhayn, der Co. C in Priester.

Im Zeitraum vom 22.-30. April haben sich 21 964 Deutsche den Patrouillen der 104th US InfDiv ergeben oder überqueren einzeln und in geschlossenen Gruppen die Mulde, um nicht in sowjetische Kriegsgefangenschaft zu geraten. Der CP des VII. US Corps, der Eisleben verlässt und nach Leipzig geht, meldet am Abend 958 Gefangene. Mit Besorgnis werden dort jedoch Meldungen aufgenommen, dass neben den vielen Kampfunwilligen östlich der Mulde kleinere Gruppen deutscher Soldaten an mehreren Stellen Widerstandsnester errichtet haben, von denen aus Patrouillen in Feuergefechte verwickelt wurden. Außerdem gibt es Berichte über Sabotagetätigkeit von Hitlerjungen im Rücken der amerikanischen Truppen. Im Abschnitt der 3rd US AD wurden in Einsdorf bei Mittelhausen und bei der 69th US InfDiv zwischen Flößberg und Borna Telefonkabel durchschnitten. Weniger beunruhigen tun jedoch die vereinzelten Aktivitäten der deutschen Luftwaffe, die kaum noch in Erscheinung tritt. So kommt es zwischen 14.04 Uhr (B) und 14.10 Uhr (B) über der Zone der 69th und 104th US InfDiv zu einem Aufklärungsüberflug eines einzelnen Strahlenjägers Me 262.

Dass es jetzt nach vielen vergeblichen Kontaktversuchen zu immer häufigeren Kontakten mit den sowjetische Truppen entlang der mitteldeutschen Haltelinie kommt, hat seine Ursachen in der beginnenden Umgruppierung der sowjetischen Truppen, die mit dem bevorstehenden Ende der Kämpfe im Raum Berlin mit den Vorbereitungen auf die letzte großen Offensive nach Süden beginnen. Als in den letzten

Apriltagen Marschall der Sowjetunion Konew mit der Umgruppierung seiner 1. Ukrainischen Front zum Stoß über Dresden nach Prag beginnt, stehen im östlichen Erzgebirge, im Elbtal bei Dresden und in der Oberlausitz die 4. PzA der H.Gr. Mitte mit dem LVII. PzK, dem PzK „Großdeutschland" und dem Fsch.Pz.K. „Hermann Göring". Der sowjetische Großangriff soll mit der Hauptgruppierung, bestehend aus der 3. Gd.A., der 5. Gd.A. und der 3. und 4. Gd.Pz.A. von der Linie Riesa-Görlitz erfolgen und die schwache deutsche Verteidigung des XC. AK in Richtung Meißen und weiter durch das Elbtal durchbrechen um über das Erzgebirge bei Zinnwald und Reitzenhain in den Rücken der H.Gr. Mitte zu stoßen. Der Angriffsbeginn wird für den 6. Mai 1945, Mittag, festgelegt.[83] Während die 1. Ukrainische Front, die bisher die Muldelinie gehalten hatte, nach Süden schwenkt, beginnt die bisherige Flankensicherung der 1. Belorussischen Front unter Armeegeneral Shukow nach dem Abschluss der Kämpfe um Berlin mit der Übernahme des Abschnittes der 1. Ukrainischen Front. Die 33. Armee unter Gen.Oberst Zwetajew besetzt den Abschnitt von Zerbst über Roßlau bis Bitterfeld und die 69. Armee rückt zur Elbe beiderseits von Magdeburg vor.[84]

Zwischen der Mulde und Elbe kommt es inzwischen im zunehmenden Maße zu Vermischungen zwischen den Verbänden der H.Gr. Mitte und der zerbröckelten Westfront. Deren Befehlsstrukturen haben sich zu diesem Zeitpunkt bis auf wenige Ausnahmen weitestgehend aufgelöst.

Am **Dienstag**, dem **1. Mai 1945**, sichert im Abschnitt des XIX. US Corps der 9th US Army die 83rd US InfDiv den Brückenkopf an der Elbe mit dem 329th InfRgt im Zentrum, dem 330th InfRgt an der Linken und dem 331st InfRgt an der Rechten. Das 2./329 hält die Stadt Zerbst besetzt. Der Regtl.CP befindet sich weiterhin in Walternienburg. Patrouillen werden nach Kerchau, Badewitz, Deetz, Pulspforde, Bonitz und Trüben entsandt. Nur bei Deetz kommt es zu einem Feuergefecht mit deutschen Soldaten. Das 330th InfRgt steht mit dem 1./330 in Staßfurt und sichert mit dem 2./330 und 3./330 in Flötz den Brückenkopf am Ostufer der Elbe. Das 1./331 und 2./331 hält mit den unterstellten Kompanien des 3./331 seine Stellungen im Brückenkopf, während das 3./331 die Military Government Aufgaben am Westufer der Elbe wahrnimmt.

Die 1st US Army steht entlang eine 160 Meilen-Front vom Zusammenfluss der Flüsse Elbe und Mulde bei Dessau im Norden bis nach Ronsperk in Böhmen im Süden. Ihr gegenüber steht eine desorganisierte Wehrmacht, die nicht mehr in der Lage ist, den Angriff der Roten Armee an einer festen Front abzuwehren. Einzig der kategorische Haltebefehl für die westalliierten Truppen und die Tatsache, dass die Rote Armee in Sachsen an der Elbe bis zum 5. Mai weitestgehend stehen bleibt, gewährt ihnen eine Gnadenfrist. Doch die Reste der Deutschen Wehrmacht sitzen zwischen der West- und Ostfront in einem Sack fest.

Der CG der 104th US InfDiv erhält in der Nacht auf dem Div.CP in Delitzsch den Befehl, bis 18.00 Uhr (B) den Sektor der Division entlang des westlichen Muldeufers von Bennewitz, östlich von Wurzen, nach Süden bis nach Trebsen auszudehnen und die dort stehenden Teile der 69th US InfDiv abzulösen. Den Regimentern werden neue Abschnitte zugewiesen. Hierfür wird das 413th InfRgt durch das 3./414, das 414th InfRgt durch das 2./415 und das 415th InfRgt durch das 1./273 abgelöst. Das 272nd InfRgt der 69th US InfDiv, das die Straße Eilenburg – Torgau sichert, wird ohne sein 3./272 ab 12.00 Uhr (B) der 104th US InfDiv unterstellt.

Eine, durch Panzer des 1st Plat. Co. B, 750th Tk Bn verstärkte Patrouille des 1./413 verlässt um 07.30 Uhr (B) Wellaune und fährt über Görschlitz, Authausen, Kossa, Falkenberg und Dahlenberg nach Dommitzsch und Wörblitz, wo sie um 12.30 Uhr (B) den Kontakt zu den Russen herstellt. Dann fährt die Patrouille weiter über Trossin, Roitzsch und Pressel zurück nach Wellaune. Um 17.00 Uhr (B) kehren die Panzer nach Lindenhayn zurück. Eine Patrouille des 1./415 trifft in Belgern auf Russen und überquert mit ihnen in Booten die Elbe zum Ostufer. Dann geht sie nach Norden, nach Torgau, wo sie auf Russen trifft, die dort stationiert sind und kehrt um 14.00 Uhr (B) nach Eilenburg zurück. Unterwegs werden zwei deutsche Hauptleute gefangengenommen, die vorher zur Wachmannschaft eines Kriegsgefangenenlagers gehört hatten.

Am **Mittwoch**, dem **2. Mai 1945**, beginnt an allen Frontabschnitten die *„stückweise Kapitulation"* der Deutschen Wehrmacht.[85]

Das 1./331 wird gegen Mittag von zwei polnischen DP's über feindliche Aktivitäten einiger SS-Männer in Steckby unterrichtet und entsendet gegen 16.00 Uhr (B) einen Platoon der Co. C und einige Panzerjäger in den Ort. Bei der Durchsuchung der Steutzer Aue nehmen sie sieben Deutsche in Zivil fest, die mit einem Auto unterwegs sind. Zwölf Deutsche werden bei dem Versuch, die Elbe zu überqueren gefangengenommen, von denen vier als die mutmaßlichen SS-Männer identifiziert werden. Während weiterer Patrouillen werden sechs vermisste Amerikaner gefunden und zu ihren Einheiten zurückgesandt. Ein Offizier der Co. M, 3./331, der bei den Kämpfen im Brückenkopf vermisst wurde, wird in Zerbst gemeldet. Er soll sich in einem Lager mit weiteren 12 000 Kriegsgefangenen befunden haben. Beim 3./331 treffen von Calbe kommend, die ersten größeren Gruppen DP's in Groß-Rosenburg ein.

In Wittenberg kommt es zu einem Treffen zwischen dem CG XIX. US Corps, Gen. McLain und dem Kdr. des 27. Schtz.K., Gen.Maj. Tscheremanow.

Am **Donnerstag**, dem **3. Mai 1945**, wird der Komm.Gen. des XXXVIII. PzK, Gen.d.Pz.Tr. v. Edelsheim, auf Befehl von Wenck von Gen.Lt. Hagemann abgelöst. Edelsheim geht zur 12. Armee und erhält den Auftrag, Kapitulationsverhandlungen mit der 9th US Army aufzunehmen, um möglichst viele deutsche Soldaten über die

Elbe nach Westen zurückzuführen und ihnen somit die sowjetische Kriegsgefangenschaft zu ersparen. Edelsheim überquert am Mittag im Schwimmwagen die Elbe und überbringt dem CG der 102nd US InfDiv der 9th US Army, General Frank A. Keating, dessen Division zwischen Wittenberge und Stendal steht, im Auftrag von Wenck das Kapitulationsangebot der 12. Armee.[86] Ähnliche Verhandlungen laufen auf Divisionsebene im Abschnitt des XC. AK an der Mulde.

Bei der 83rd US InfDiv übernimmt die Cn Co. 331 die Aufgaben der Military Government in Werkleitz und Tornitz, westlich der Elbe und wird dem 2./331 unterstellt. Die Pioniere der Co. C, 308th Engr C Bn erhalten den Befehl, mit der vollständigen Räumung der Minenfelder im ehemaligen Brückenkopfabschnitt des RCT 331 zu beginnen.

Das, der 104th US InfDiv unterstellte, 272nd InfRgt stellt den Kontakt zur 395. Schtz.Div. des 24. Schtz.K. der 13. Armee der 1. Ukrainischen Front her, die entlang der Straße Torgau-Eilenburg vorrückt, um den Abschnitt zwischen Elbe und Mulde zu übernehmen. Die Spitze der Kolonne, die die Elbe in Torgau um 21.00 Uhr (B) überquert hat, erreicht um 23.00 Uhr (B) Mockrehna. Eine verstärkte Patrouille des I&R Plat. HQ Co. 415th InfRgt fährt nach Dahlen, von wo „Werwolf"-Aktivitäten gemeldet wurden und findet ein Versteck mit 100 Gewehren und 1000 Schuss Munition. Vier Verdächtige werden verhaftet. In Polenz übernimmt die Division ab 12.00 Uhr (B) ein riesiges Sammellager für befreite alliierte Kriegsgefangene auf dem Gelände des ehemaligen Flugplatzes. Das 929th FA Bn und die Btry. A, 555th AAA (AW) Bn werden mit der Sicherung des Lagers beauftragt.

Am **Freitag, dem 4. Mai 1945,** beginnt das Hauptquartier der 1st US Army mit den Vorbereitungen zur Rückverlegung in die USA um von dort in den Pazifik zu gehen und am Kampf gegen Japan teilzunehmen. Das VII. US Corps verliert den Kontakt zum Feind, nachdem die Rote Armee vor ihrer Front aufschließt. In Düben löst die 723. Gd.Schtz.Div. die Co. F, 2./413 der 104th US InfDiv ab. Nördlich des Streifens der 1st US Army befreit das 330th InfRgt der 83rd US InfDiv in Altengrabow ein Lager mit alliierten Kriegsgefangenen und stellt den Kontakt zu den Russen her. Die Truppen im Brückenkopf werden informiert, sich auf die Aufnahme der Befreiten vorzubereiten.

Um 18.30 Uhr, erfolgt die Unterzeichnung der Teilkapitulation des Nordwestdeutschen Raumes durch Admiral Hans-Georg von Friedeburg. Die Kapitulation tritt am 5. Mai ab 08.00 Uhr in Kraft. Im Rathaus von Stendal erfolgen am Vormittag die Übergabeverhandlungen zwischen der 12. Armee und der 9th US Army. Im Rahmen der Verhandlungen lehnen die Amerikaner im Hinblick auf die alliierten Abkommen eine förmliche Kapitulation der 12. Armee ab, da sich diese jenseits der Demarkationslinie befindet.

Tausende deutscher Soldaten überqueren mit Duldung der Amerikaner die Elbe
Filmausschnitte:
National Archives

Der Stabschef der 9th US Army, Maj.Gen. James E. Moore, akzeptiert jedoch eine sogenannte „individuelle Kapitulation" von Soldaten der deutschen 9. und 12. Armee. Im Resultat dieser Verhandlungen entgehen über 118 000 deutsche Soldaten bis zum 8. Mai 1945 der sowjetischen Kriegsgefangenschaft.[87] Obwohl Edelsheim bei den Verhandlungen ausdrücklich zugesichert hatte, das es keine Fluchtbewegungen von Zivilisten vom Ost- zum Westufer geben würde, erreichen mit Duldung der Amerikaner bis zum gleichen Zeitpunkt auch eine ungezählte Anzahl deutscher Zivilisten das „rettende Westufer".[88]

Am **Sonnabend**, dem **5. Mai 1945** kehrt im Abschnitt des XIX. US Corps die 125th CavRcnSq der 113th CavGp an das Westufer der Elbe zurück und beginnt mit der Übernahme des Auftrages der Military Government. Die 113th CavGp wird der 30th DivArty unterstellt.

Ds 329th InfRgt der 83rd US InfDiv verlässt gegen Mittag den Elbbrückenkopf und geht in seine Besatzungszone. Lediglich die Co. C, F und K verbleiben unter der Führung von Lt.Col. Shape im Brückenkopf, um die Stellungen zu halten, bis die Russen kommen. Das 1./329 und der Regtl.CP gehen nach Wegeleben. Noch bevor sie dort eintreffen, wird dem Regiment eine neue Besatzungszone südlich von Wegeleben zugeteilt. Das 330th InfRgt räumt unter Zurücklassung der Co. F und I unter Maj. Allen ebenfalls seine Stellungen östlich der Elbe und geht in einen Versammlungsraum bei Staßfurt. Der Regtl.CP geht nach Leopoldshall[89], südöstlich von Staßfurt. Das RCT 331 erhält den Befehl, sich unter Zurücklassung von zwei Kompanien des 2./331 bei Barby hinter die Elbe zurückzuziehen, um sich dort auf die Verlegung in den Raum Halberstadt am kommenden Tag vorzubereiten. Der Regtl.CP schließt um 11.45 Uhr (B) in der Domäne Badetz und erreicht um 12.15 Uhr (B) Groß-Rosenburg. Um 13.30 Uhr (B) haben alle Teile des Regimentes den Fluss überquert. Das 1./331 beginnt mit der Räumung seines Abschnittes, nachdem die 125th CavRcnSq den Bereich passiert hat und wird auf Grund der starken Truppenbewegungen an der Brücke bei Barby zur Brücke bei Breitenhagen umgeleitet. Um 12.15 Uhr (B) entfaltet der Bn.CP in Gerbitz. Das 2./331 geht an das Ostufer der Elbe bei Barby. Das 3./331 beginnt im Raum Groß-Rosenburg mit der Vorbereitung für die Verlegung.

Im Abschnitt des VII. US Corps besucht der CO 415th InfRgt, Col. Cochran mit seinem Stab das Hauptquartier der 714. Gd.Schtz.Div. Am nächsten Tag erfolgt der Gegenbesuch.

Im Rahmen der Umgliederung der Kommandostrukturen der US Army in Europa im Hinblick auf die Fortführung der Kampfhandlungen im pazifischen Raum, wird am **Sonntag**, dem **6. Mai 1945**, der Stab der 1st US Army herausgelöst und die 9th US Army unter Lt.Gen. William H. Simpson übernimmt das Kommando über die amerikanischen Truppen in Mitteldeutschland. Der Brückenkopf des XIX. US Corps am Westufer der Elbe wird aufgegeben.

Das 329th InfRgt der 83rd US InfDiv beginnt mit der Übernahme der neuen Besatzungszone von der 8th US AD. Das 1./329 geht nach Ilsenburg, das 2./329 nach Hasselfelde, 3./329 nach Blankenburg, das 643rd TD Bn nach Braunlage und die Co. C, F und K kehren zu ihren Bataillonen zurück. Das 330th InfRgt verlässt den Versammlungsraum bei Staßfurt in löst die 2nd US AD bei den Aufgaben der Military Government ab. Der Regtl.CP geht nach Homburg, das 1./330 nach Gielde, das 2./330 nach Vienenburg, das 3./330 nach Weddingen, die Cn Co. nach Kissenbrück und die AT Co. nach Achim. Am Vormittag beginnt die 125th CavRcnSq mit der Übernahme des Abschnittes des 331st InfRgt, die bis 15.00 Uhr (B) abgeschlossen ist. Das 331st InfRgt überquert mit der Vorhut um 14.00 Uhr (B) die Ablauflinie bei Nienburg und bis 22.30 Uhr (B) hat das Regiment die Teile der 2nd US AD abgelöst. Der Regtl.CP entfaltet in Dardesheim, östlich von Osterwieck. Das 1./331 geht nach Osterwieck. Das 2./331 überquert die „Truman Bridge“ am Morgen und geht nach Nienburg, von wo aus es nach Anderbeck. Das 3./331 geht nach Halberstadt und die Co. M übernimmt die Verantwortung für das unmittelbare Stadtgebiet.

Im Abschnitt des VII. US Corps kehrt das 272nd InfRgt um 07.30 Uhr (B) aus der Unterstellung unter die 104th US InfDiv zur 69th US InfDiv zurück.

Am **Montag**, dem **7. Mai 1945**, 01.41 Uhr, mitteleuropäischer Zeit, unterzeichnet Gen.Oberst Jodl die Kapitulation der Wehrmacht vor den Westalliierten in Reims. Die Kapitulation wird am 9. Mai ab 00.01 Uhr wirksam. Hierin übergibt das deutsche Oberkommando alle Land-, See- und Luftstreitkräfte bedingungslos an die alliierten Streitkräfte. Nach Erhalt dieser Nachricht erfolgt die Einstellung aller Angriffshandlungen. Um 09.00 Uhr (B) erhalten die Einheiten entlang der Haltelinie den Befehl von SHAEF, dass alle offensiven Handlungen einzustellen sind.

Die letzten Teile des 3./331 treffen am Morgen in Halberstadt ein. Die Svc Co. geht nach Zelly. Damit befinden sich die Co. A, 1./331 in Hudivar, Co. B in Husen, Co. C in Veckenstedt und Co. D in Rhoden. Das 2./331 ist mit der Co. E in Badersleben, Co. F in Dedeleben, Co. G in Schlanstedt, Co. H in Dingelstedt. Das 3./331 sichert Halberstadt. Der Div.CP befindet sich in Wernigerode, das 453rd AAA (AW) Bn in Halberstadt und das 308th Engr C Bn in Bad Harzburg. Die 113th CavGp beginnt mit der Versammlung zur Vorbereitung der Verlegung nach Bad Nauheim bei Frankfurt/Main.

Das 415th InfRgt der 104th US InfDiv übernimmt die Bewachung eines Munitionslagers bei Altenheim vom 273rd InfRgt der 69th US InfDiv. Alle Kompanien des 750th Tk Bn kehren unter die Kontrolle des Bataillons zurück und das Bataillon verlegt in den Raum Taucha.

Gauleiter Jordan, 1938
Foto: Bundesarchiv, Bild 183-H08445/CC-BY-SA

Der OB der 12. Armee Wenck überquert gemeinsam mit seinem Stabschef und einigen Offizieren die Elbe bei Ferchland, nachdem alle Unterlagen der 12. Armee verbrannt wurden. 19.00 Uhr sperren sowjetische Truppen das Ostufer ab. 10 000 Zivilisten schaffen es an diesem Tag noch über die Elbe, unter ihnen auch der Gauleiter Jordan mit seiner Familie.[90]

Am **Dienstag**, dem **8. Mai 1945**, unterzeichnet GFM Keitel die Kapitulation der Wehrmacht vor der Roten Armee in Berlin-Karlshorst. Der neue amerikanische Präsident, Harry S. Truman, proklamiert den 8. Mai 1945 als Tag des Sieges in Europa – "Victory in Europe – VE-Day".

Die 83rd US InfDiv erhält den Befehl zur Verlegung in die britische Besatzungszone und wird dem XIII. US Corps unterstellt. Das 329th InfRgt geht in den Raum Braunschweig. Das 330th InfRgt übernimmt die Landkreise Salzgitter und Goslar. Das 331st InfRgt erhält die Verantwortung für den Landkreis Gandersheim und die Stadt Goslar. Das 1./331 soll nach Gandersheim, das 2./331 nach Seesen und das 3./331 nach Goslar. Am nächsten Tag erfolgt die Ablösung durch die 30th US InfDiv und die Regimenter übernehmen ihre neuen Abschnitte.

Am **Mittwoch**, dem **9. Mai 1945**, 00.01, schweigen alle Waffen. Offiziell enden alle Feindseligkeiten auf dem europäischen Kriegsschauplatz. Während sich die Masse der Wehrmacht bis Anfang Mai 1945 in alliierte Kriegsgefangenschaft begeben, kapituliert die H.Gr. Mitte erst am 11. Mai 1945 im Raum östlich Prag. Die Versuche von Teilen der H.Gr. Mitte, aus Böhmen die Demarkationslinie zu den Amerikanern zu überschreiten, scheitern. Über eine Million Mann gehen in sowjetische Kriegsgefangenschaft.[91]

* * *

[1] Gem. Dem S-3 Journal 36th AIR v. 21.04.45 soll die Co. H am 22.04.45 zur gleichen Zeit, wie am 21.04.45, 05.45 Uhr (B) starten, also 06.15 Uhr (B).

[2] Maj. Brown vom 3./33 nennt in seinem Interview den 72 Grid als Ziel und um 09.00 Uhr ist die rechte Battle Group 200 Yard vor dem Ziel. 1 Yard entspricht 0,914 Meter. Bei dem 72 Grid handelt es sich um den 72. Breitengrad des „Nord de Guerre Zone Grip", des von den amerikanischen Truppen verwendeten Koordinatensystems auf dem europäischen Kriegsschauplatz.

[3] „Die Dessauer Chronik..." v. H. Kaczmarek, S. 43. Kaczmarek hat irrtümlich die Übersetzung „both main intersections", also „die beiden Hauptkreuzungen" mit „die beiden Gruppen haben die Hauptkreuzung" verwechselt. Was mit den beiden Hauptkreuzungen am Fluss gemeint ist, ist leider nicht definiert. Da die nachfolgende Meldung um 09.35 Uhr (B) die gesamte Task Force betrifft, muss die eine Kreuzung im Abschnitt der linken Battle Group am Elbpavillon und die zweite Kreuzung im Bereich der Bahnüberquerung am Peisker im Abschnitt der rechten Battle Group gemeint sein.

[4] Im Interview von Maj. Brown wird diese Koordinate im Zusammenhang mit der rechten Battle Group genannt. Im Interview der TF Kane (Boles) wird die TF Hogan ebenfalls an dieser Stelle genannt.

[5] Der AAR des 36th AIR schreibt: „On left held up by mine field", also die Battle Group an der Linken wird durch ein Minenfeld aufgehalten, aber nicht genau wo. Maj. Brown, TF Hogan spricht im Interview davon, dass das rechte Team auf Widerstand trifft und nennt dann Minen. Leider ist nicht bekannt, was mit „29" gemeint ist. Wahrscheinlich ist jedoch, dass beide Battle Groups der TF Hogan auf die deutsche Verteidigungsstellungen im Vorfeld der Bahnüberquerung getroffen sind.

[6] „Die Dessauer Chronik..." v. H. Kaczmarek, S. 58, Anmerkung 239.

[7] IPW Report 3rd US AD v. 22.-24.04.45.

[8] Ebenda. Vgl. „Die Dessauer Chronik..." v. H. Kaczmarek, S. 46. Im IPW Report 3rd US AD v. 21.04.45 wird ein Hptm. Hickel als Bataillonskommandeur genannt. Möglicherweise wurde das Bataillon unter Oberst Esser aufgebaut und durch Hptm. Hickel im Einsatz geführt.

[9] IPW Report 3rd US AD v. 20.04.45.

[10] IPW Report 3rd US AD v. 22.-24.04.45.

[11] IPW Report 3rd US AD v. 22.04.45.

[12] IPW Report 3rd US AD v. 22.04.45.

[13] Vgl. „Die Dessauer Chronik..." v. H. Kaczmarek, S. 43.

[14] Ebenda, S. 44.

[15] Ebenda, S. 44. Gemäß einer Zeitzeugin erfolgte der weitere Angriff über die Sebastian-Bach-Straße, aber es wird sich dabei nur einen Teil der Task Force gehandelt haben, während die anderen weiter entlang der Hauptstraße vorgingen.

[16] Ebenda, S. 45.

[17] IPW Report 3rd US AD v. 23.04.45

[18] „Die Dessauer Chronik ..." v. H. Kaczmarek, Zitat S. 45.

[19] Kaczmarek hat auf S. 45 der TF Orr irrtümlich den Vorstoß zum nördlichen Ortsausgang nach Roßlau zugeordnet.

[20] Ebenda.

[21] „...Wittenberg brennt..." v. Gottfried Herrmann, 1999, S. 79.
[22] „Die Armee Wenck..." v. G. Gellermann, 3. Auflage 1997, S.74/75.
[23] Ebenda. Vgl. „...Wittenberg brennt..." v. G. Herrmann, S. 80.
[24] Vgl. „Die Dessauer Chronik ..." v. H. Kaczmarek, S. 48.
[25] Ebenda, S. 47/48.
[26] IPW Report 3rd US AD v. 23.04.45.
[27] Heute Ortsteil der Gemeinde Muldestausee.
[28] „Timberwolf Track ...", S. 351.
[29] Vgl. „...Wittenberg brennt..." v. G. Herrmann, S. 94.
[30] „...Wittenberg brennt..." v. G. Herrmann, S. 80. Vgl. „Die Armee Wenck..." v. G. Gellermann, 3. Auflage 1997, S. 76. Gellermann nennt den 24. April für den Termin der Herauslösung aus der Front.
[31] „...Wittenberg brennt..." v. G. Herrmann, S. 91.
[32] IPW Report 3rd US AD v. 23.04.45.
[33] NARA, B-581, Oberst Estor.
[34] „Brückenkopf Zerbst" v. U. Pfleghar, S. 140.
[35] Vgl. „Grenzfluss Mulde", Kapitel „Das Kriegsende in Bad Düben" v. Rolf Vettermann auf S. 27. Dieses Datum stimmt mit den amerikanischen Angaben überein.
[36] "Timberwolf Track...", S. 351.
[37] "Spearhead in the west", S. 155.
[38] „Transatlantische Kulturkriege: Shepard Stone, die Ford-Stiftung und der europäische Antiamerikanismus" v. Volker Rolf Berghahn, 1. Auflage 2004, S. 51.
[39] Ebenda, S. 52.
[40] „Kampf um die Akten: die Westalliierten und die Rückgabe von deutschem Archivgut nach dem Zweiten Weltkrieg" v. Astrid M. Eckert, 1. Auflage 2004, S. 78.
[41] „Soldaten an der Elbe", Bericht Zimmermann S. 290.
[42] „Bitterfelder Heimatblätter XXVI", 2005, Beitrag U. Holz, S. 64. In dem Internetbeitrag von Graßmann zum Bahnkraftwerk Muldenstein wird der 23. April als Tag der Abschaltung angegeben. In welchem Zusammenhang dies mit der amerikanischen Besetzung stand, die erst einen Tag später erfolgte, ist unklar. In der Dokumentation „71 Tage im Jahr 1945" v. B. Hübner wird auf S. 28 der 25.04.45 als Tag der Besetzung genannt.
[43] „Bitterfelder Heimatblätter XXVI", 2005, Beitrag v. U. Holz, S. 69/70.
[44] „71 Tage im Jahr 1945" v. B. Hübner, S. 228/29.
[45] Ebenda, S. 64. Hierfür finden sich keine näheren Angaben in den amerikanischen Unterlagen. Friedersdorf wurde durch die Bürger übergeben.
[46] „Die Kapitulation von Wurzen" von Richard Klinghardt in „Grenzfluss Mulde".
[47] LVZ Sonderausgabe 1995, Tagebuch M. Seifert.
[48] „Die Kapitulation von Wurzen" von Richard Klinghardt in „Grenzfluss Mulde". Siehe auch Edelsheim.
[49] „Die Kapitulation von Wurzen" von Richard Klinghardt in „Grenzfluss Mulde". Siehe auch LVZ Sonderausgabe 1995, Erinnerungen H. Brandt.
[50] LVZ Sonderausgabe 1995, Tagebuch M. Seifert. Siehe auch „Alte Soldaten sterben nicht".
[51] „...Wittenberg brennt..." v. G. Herrmann, S. 108.

[52] „...Wittenberg brennt..." v. G. Herrmann, S. 112, 114 u. 124. Auf Seite 12 nennt Herrmann Flakbatterien mit RAD-Angehörigen in der Elbaue und auf S. 114 wird von der Stellung zwischen Pratau und Eutzsch gesprochen. Ob beide identisch sind, ist unklar.

[53] „Die Armee Wenck..." v. G. Gellermann, 3. Auflage 1997, S. 76. Gellermann nennt an dieser Stelle den Sperrverband nicht.

[54] „...Wittenberg brennt..." v. G. Herrmann, S. 95/96 u. 100. Vgl. auch S. 107/108.

[55] LVZ Sonderausgabe 1995, Tagebuch M. Seifert. Siehe auch „Alte Soldaten sterben nicht".

[56] BA-MA, ZA 1/144 A-893, Gen.Maj. Frhr v. Gersdorff. Gersdorff datiert die Ereignisse auf den Zeitraum 17.-20.04.45.

[57] Wikipedia-Eintrag „Kraftwerk Zschornewitz", Stand Mai 2012. Siehe auch „Die Armee Wenck..." v. G. Gellermann, 3. Auflage 1997, S. 51.

[58] „Die amerikanische Besetzung Deutschlands" v. Henke, „Elbe Begegnungen – Link up, Photo Report 25./26./27. April 1945" v. Dr. Niedersen und Webseiten der 69th US InfDiv.

[59] Das 2005 erschienene Buch „Eilenburg April 1945" beschäftigt sich intensiv mit den Kämpfen in und um Eilenburg bis zur amerikanischen Besetzung.

[60] „Der verdammte Krieg" v. Guido Knopp.

[61] „Die Armee Wenck..." v. G. Gellermann, 3. Auflage 1997, S. 79.

[62] „...Wittenberg brennt..." v. G. Herrmann, S. 127.

[63] „...Wittenberg brennt..." v. G. Herrmann, S. 100.

[64] Es heißt hier 1364, was nur eine Verwechselung sein kann, denn diese Nummer gab es nicht. Wahrscheinlich ist 1064, als „Potsdam 3".

[65] „...Wittenberg brennt..." v. G. Herrmann, S. 137.

[66] Ebenda, S. 139/140. Herrmann schreibt, dass die gesamte Gruppe aus drei Panzerspähwagen und einem Jeep zerstört wurde. Über den vierten Spähpanzer und Infanterie berichtet er nichts, so dass die Zerstörung dieses vierten Spähpanzers mit einer Panzerfaust wahrscheinlich erst später erfolgt ist. Horst Zimmermann ordnet das Ereignis in seinem Beitrag im Buch „Soldaten an der Elbe" auf S. 290 dem 27. April zu und spricht von einer 8,8cm Flak. Es muss sich hierbei um ein und dasselbe Ereignis handeln, das auf Grund der amerikanischen Berichte am 26. April stattgefunden hat.

[67] Gellermann schreibt in „Die Armee Wenck...", 3. Auflage 1997, S. 107, das eine Offiziersgruppe bei Oranienbaum gefangengenommen wurde, die im Auftrag des Stabes des XXXXVIII. PzK Teilen des Korps den Befehl zum Abmarsch nach Norden überbringen sollte. Gellermann ordnet in seiner Anmerkung deren Gefangennahme der 83rd US InfDiv zu, die in diesem Abschnitt jedoch keine Patrouillentätigkeit durchführte. Vgl. auch „...Wittenberg brennt..." v. G. Herrmann, S. 140.

[68] „71 Tage im Jahr 1945" v. B. Hübner, S. 37.

[69] Bitterfelder Heimatblätter XXVI. Beitrag v. U. Holz, S. 64.

[70] Im AAR der 104th InfDiv kehrt Lt. Shank um 18.30 Uhr (B) nach Torgau zurück, der Kontakt wurde aber zur gleichen Zeit in Pretzsch hergestellt, so dass wahrscheinlich eine Verwechselung im AAR vorliegt. Pretzsch ist seit 2007 OT von Bad Schmiedeberg.

[71] „Die Rolle der Schulen der Sicherheitspolizei und des SD" in „Fürstenberg-Drögen: Schichten eines verlassenen Ortes", Hrsg. Florian von Butlar, Edition Hentrich, Berlin, 1994, S. 88-96. „Österreicher in den SS-Einsatzgruppen und SS-Brigaden – Die Tötungsak-

tionen in der Sowjetunion 1941-1942" v. Josef Fiala, Diplomica Verlag, Nov. 2012, S. 43-44.

[72] Beitrag von Franz Späth zur Pretzscher Flugschule auf www.pretzsch-Elbe-info, Juli 2012.

[73] Vgl. auch „...Wittenberg brennt..." v. G. Herrmann, S. 141/142.

[74] „Die Armee Wenck..." v. G. Gellermann, 3. Auflage 1997, S. 82/83.

[75] NARA, B-219, Gen.d.Pz.Tr. Maximilian Reichsfreiherr v. Edelsheim.

[76] „...Wittenberg brennt..." v. G. Herrmann, S. 144.

[77] Ebenda, S. 142/143.

[78] Ebenda, S. 150.

[79] Vgl. auch „Brückenkopf Zerbst" v. U. Pfleghar, S. 160ff.

[80] NARA, B-219, Gen.d.Pz.Tr. Maximilian Reichsfreiherr v. Edelsheim. Vgl. auch „Die Armee Wenck..." v. G. Gellermann, 3. Auflage 1997, S. 107/108 und „Die amerikanische Besetzung Deutschlands" v. Henke. Edelsheim geht jedoch davon aus, das der amerikanische Vorstoß in diesen Raum am 27. April erfolgte und Gellermann und Henke beziehen sich auf Edelsheim. Der Vorstoß erfolgte aber erst am 29. April durch die 125th CavRcnSq. In den Unterlagen der 83rd US InfDiv findet sich kein Hinweis für irgendwelche Aktivitäten in diesem Raum am 27. April. Demzufolge kann auch erst am 29. April die Zurücknahme der Frontlinie beantragt worden sein, so dass der Rückzug erst am 30. April begonnen wurde. Eine weitere Unstimmigkeit besteht betreffs des Stabes der K.Gr. Rathke. Edelsheim schreibt, dass der Stab vertrieben wurde, Gellermann schreibt jedoch, dass er vernichtet wurde. Da Gellermann als Quelle Edelsheim nennt, liegt hier eine fehlerhafte Übertragung vor.

[81] Tessin nennt nur die H.Neben.Muna Billroda

[82] Gem. dem offiziellen Untersuchungsbericht zur Altlastensituation im Bereich Lossa v. Dipl.Geol. Dietmar Staude, Dr. Erwin Weßling GmbH, 2006.

[83] „Deutschland im Zweiten Weltkrieg".

[84] „Geschichte des Zweiten Weltkrieges 1939-1945", 10. Band, Kartensammlung. Vgl. „Seelow 1945" v. Richard Lakowski, 2. Auflage 1995, S. 65.

[85] „Die amerikanische Besetzung Deutschlands" v. Henke, S. 680.

[86] Ebenda, S. 680.

[87] Ebenda, S. 681-682.

[88] Ebenda, S. 691-693.

[89] Am 1. April 1946 nach Staßfurt eingemeindet.

[90] „Die Infanterie-Division Scharnhorst" v. H. Ulrich, S. 102.

[91] „Die amerikanische Besetzung Deutschlands" v. Henke, S. 687.

VI. Die alliierte Besatzungszeit zwischen Harz und Mulde

Unmittelbar nach der Einnahme der Städte, Gemeinden und Dörfer Mitteldeutschlands beginnen die amerikanischen Truppen mit der Einrichtung einer provisorischen Militärverwaltung. Sie soll die Grundlage für die Etablierung der späteren Military Government, der amerikanischen Militärregierung, bilden.

Gemäß der „Directive for Military Government of Germany, Prior to Defeat or Surrender", [Weisung für die Militärverwaltung Deutschlands vor der Niederlage oder Kapitulation] herausgegeben von den Combined Chiefs of Staff am 11. November 1944, bestand der Zweck der Errichtung der Military Government in erster Linie in der Unterstützung der militärischen Operationen und der Gewährleistung des Schutzes der Truppe. Auftrag der Military Government ist daher die Schaffung stabiler Verhältnisse im besetzten Gebiet, die gerechte und humanitäre Behandlung der Bevölkerung, die Auflösung der Organisationen der NSDAP, die Aufhebung der NS-Gesetze, die Verhaftung, Internierung oder Entlassung von Nazis aus führenden Organisationen und die Bestrafung der Kriegsverbrecher. Diese Direktive wurde später durch Franklin D. Roosevelt's „Summary of U.S. Initial Post-Defeat Policy Relating to Germany" [Zusammenfassung der amerikanischen Eckpfeiler der Nachkriegspolitik in Deutschland] vom 23. März 1945 ergänzt, welche die „industrielle Entwaffnung Deutschlands", die Entmilitarisierung, Entnazifizierung, Restitutionen, die Verhaftung und Bestrafung der Nazi-Funktionäre und Kriegsverbrecher sowie die Sicherung eines durchschnittlichen Lebensstandards für die deutsche Bevölkerung fordert.[1]

Somit wird in den ersten Stunden der Besatzung die Grundlage für die Herstellung der Sicherheit und Ordnung in der Stadt, die Schaffung von funktionsfähigen Verwaltungsstrukturen sowie die Wiederherstellung der Versorgung für die Zivilbevölkerung gelegt. Dabei ist einer der ersten Schritte die Ernennung von neuen Oberbürgermeistern und Bürgermeistern in den Städten, dem später die Ernennung von neuen Landräten folgt.

An den Litfaßsäulen und Hauswänden erscheint die Bekanntmachung der Militärregierung Deutschlands, Kontrollgebiet des Obersten Befehlshabers, welche das Verhalten der Bevölkerung in den besetzten Gebieten regelt.[2] Neben der Festlegung von nächtlichen Sperrstunden wird die Bevölkerung aufgefordert, alle Radios, Feldstecher, Fotoapparate, Waffen und militärischen Dinge, wie Uniformen, Degen, Seitengewehre, Orden, Hakenkreuz-Fahnen usw. abzugeben.

Wachen übernehmen den Schutz der lebenswichtigen kommunalen und überregionalen Versorgungseinrichtungen, Produktions- und Forschungsstätten, Lebensmittel- und Materiallager sowie der medizinische Einrichtungen vor vorsätzlicher Zerstörung, Diebstahl und Plünderung. Militärisches Gerät wird sichergestellt. Waffen und Munition, die allerorts herumliegen, werden unter Einsatz von deutschen Kriegsgefangenen eingesammelt und ein Großteil davon bedenkenlos in den Gewässern entsorgt. Mitarbeiter der Zivilverwaltung werden zur Rückkehr an ihren Arbeitsplatz aufgefordert und zur Arbeitsleistung verpflichtet, um einen Zusammenbruch der Versorgung zu vermeiden.

Eine lange Schlange von Zivilisten wartet in Delitzsch vor einer Bäckerei auf die Ausgabe von Brot Foto: National Archives

All diese Aufgaben werden zuerst durch die Kampfdivisionen, und hier im wesentlichem durch deren Military Government Sections, wahrgenommen. Ihnen werden zur Durchführung der Maßnahmen Einheiten der jeweiligen Division zur Verfügung gestellt, deren Kommandeure auch die ersten Stadtkommandanten stellen. Erst danach treffen die Provisional Military Government Detachment [Provisorisches Militärregierungskommando] ein und übernehmen mit Hilfe der deutschen Zivilverwaltung und der Kampfeinheiten die Arbeit als oberste alliierte Instanz in den Landkreisen. Mit dem Weiterrücken der Kampftruppen geht die Aufgabe der Besatzungstruppe an nicht mehr benötigten Corpstruppen, Artillerie-, Flak- und Pioniereinheiten.

Die Provisional Military Government Detachment waren auf Weisung des SHAEF „als Notlösung“ für die, vorübergehend besetzten, Gebiete Mitteldeutschlands geschaffen worden, da bereits beim Erreichen der hessisch-thüringischen Landesgrenze das gesamte Personal der Military Government-Einheiten im Einsatz war. So erfolgt ab dem 12. April 1945 auf Grundlage des Planes „Eclipse“ zur Desintegration der Wehrmacht das Herausziehen von Personal aus den Kampfverbänden und dessen Ausbildung und Gliederung in 130 Prov. MG Detachment.[3]

Als öffentliches Zahlungsmittel wird neben der Reichsmark die, im September 1944 für die besetzten deutschen Gebiete geschaffene, „Alliierte Militär-Marknote“ eingeführt. Sie diente ursprünglich als Besoldung für die Besatzungstruppen und zur Abwicklung des Zahlungsverkehrs zwischen den alliierten Besatzungsbehörden und den deutschen Stellen. Erst nach dem Wechsel der Besatzung verschwindet sie wieder aus dem Zahlungsverkehr.[4]

Militärpolizei und militärische Abwehr beginnt sofort nach der Besetzung mit der Suche nach untergetauchten Parteiführern, Angehörigen der diversen Parteiinstitutionen, versteckten Angehörigen der Wehrmacht und SS in Zivilkleidung sowie nach Personen, die in Verdacht stehen, sich Verbrechen gegen die Menschlichkeit schuldig gemacht zu haben.[5] Besonderes Augenmerk liegt auf vermeintlichen Angehörigen des „Werwolfs“, jener geheimnisvollen nationalsozialistischen Untergrundbewegung, vor der die Amerikaner aus Angst vor Anschlägen und Sabotageakten höchsten Respekt haben. Im Abschnitt der 104th US InfDiv beginnt daher nach der vollständigen Besetzung von Halle am 20. April das 104th CIC Det. mit der Suche. Dabei nutzen sie die Unterstützung der deutschen Untergrundorganisation unter Leitung von Prof. Dr. Theodor Lieser und dessen Assistent, Dr. Braude von der Chemischen Abteilung der Universität Halle. Durch Befragungen erfahren sie so, dass Gauleiter Eggeling und der NSDAP-Kreisleiter Dohmgoergen am 15. April 1945 in der Moritzburg in Halle Selbstmord mit Zyankali begangen haben. Für eine „Werwolf“-Organisation finden sich jedoch keine näheren Hinweise. Insgesamt werden in Halle 444 deutsche Soldaten in Zivil und 55 Verdächtige verhaftet, 865 Personen werden verhört. Unter den Verhafteten befinden sich auch der Oberbürgermeister und der Polizeipräsident der Stadt. Am 22. April setzt das 207th CIC Det. die weitere Suche in der Stadt fort.

Das 104th CIC Det. geht nach Delitzsch, wo insgesamt 357 deutsche Militärangehörige verhaftet werden, die sich versteckt hatten. Mit Hilfe einer Gruppe Antifaschisten unter Führung des Mediziners Dr. Dressler[6], der zum Chef der MG Police gemacht wird, werden 91 Verdächtige verhaftet. In Bitterfeld werden 223 deutsche Militärangehörige und 58 Verdächtige verhaftet. Unter ihnen befindet sich eine Dolmetscherin, die in Berlin für den RFSS Himmler gearbeitet hatte.[7] Sie werden zuerst in den Gefängnissen der Stadt und später in gesonderten Lagern untergebracht, bevor sie mit Masse nach Naumburg/Saale weitergeleitet werden.

Eine Gruppe deutscher Soldaten marschiert durch Delitzsch in Kriegsgefangenschaft
Foto: National Archives

Für Nordhausen entsteht so am Kohnstein bei Niedersachswerfen ein Internierungslager für belastete Nazis, nachdem das Siechhaus in der Stadt nicht mehr ausreicht. Neben den Verhören zu ihrer Vergangenheit erfolgt hier auch der Einsatz dieser Internierten zu Arbeitseinsätzen in der zerstörten Stadt.

Einen weiteren Schwerpunkt der Arbeit der Military Government bildet die große Anzahl an befreiten ausländischen Kriegsgefangenen, Militärinternierten, KZ-Häftlingen und Zwangsarbeitern, die nach ihrer Befreiung versorgt werden müssen. Hinzu kommen die Flüchtlinge und Vertriebenen aus den besetzten Ostgebieten und die Bombenflüchtlinge aus den Großstädten und Industriegebieten. Um dies in den Griff zu bekommen, erfolgt unmittelbar nach der Besetzung in den größeren Städten die Einrichtung von Sammellagern. So erfolgt durch die Military Government Section und die G-5 Abteilung der 104th US InfDiv ab dem 17. April nördlich von Halle die Einrichtung von Sammelpunkten für DP's, um die Ströme in die Sammellager weiterzuleiten. Allein in Halle gehen die Planungen zu diesem Zeitpunkt von 30 000 aus. In Bitterfeld und Delitzsch erfolgt am 23. April die Einrichtung von Sammellagern, die sich innerhalb kürzester Zeit füllen.

Die Situation in Nordhausen ist für diese Lager symptomatisch. Im Mai 1945 befinden sich 27 000 DP's in den verschiedenen Lagern der Stadt, so im Lager „Montania" gegenüber der Kasseler Straße, wo Franzosen und Holländer untergebracht sind. Im Lager „Mabag" in der Rothenburgstraße campieren Franzosen und Ostarbeiter, im Lager Schmidt, Kranz & Co. am van-der-Foer-Damm Russen und im Hanewackerlager weibliche Zwangsarbeiterinnen der Tabakindustrie. Weitere Ausländerlager gibt es an der Alten Leipziger Straße in Niedersachswerfen und im Lager Ilfeld. Das Lager Ilfeld beherbergt insgesamt 2000 Zwangsarbeiter, darunter 500 Belgier und 120 Russen aus dem „Nordwerk"-Motorenbau.[8] Dadurch liegt in einigen Städten und Regionen die Anzahl der DP's und Flüchtlinge weit über der Anzahl der einheimischen Bevölkerung.[9] Dies belegen die Zahlen Ende April im Stationierungsbereich der 104th US InfDiv. Im Stadtkreis Halle werden neben den 180 000 Bewohner zirka 30 000 DP's registriert. Im Saalkreis, der normalerweise über 99 726 Bewohner verfügte, werden 123 000 registriert, davon 11 072 DP's. Im Landkreis Bitterfeld mit normalerweise über 76 000 bisherigen Bewohnern, werden 100 000 registriert, davon 27 650 DP's. Alleine in Wolfen meldet die Military Government am 26. April 5000 DP's. Im Landkreis Delitzsch, der normalerweise 89 195 Bewohner hat, befinden sich 118 000, davon 6 903 DP's. Zu den registrierten DP's kommen weitere Tausende, die auf dem Weg in ihre Heimatländer kreuz und quer durch die Besatzungszonen ziehen, wobei es immer wieder zu Plünderungen, Zerstörungen und Überfällen kommt.[10].

Diesem facettenreichen Teil der Geschichte des 2. Weltkrieges, der die amerikanische Besatzungszeit in Mitteldeutschland betrifft, ist bisher nur wenig Aufmerksamkeit gewidmet worden. Für die reine Militärliteratur gibt es mit dem Ende der Kämpfe nichts mehr zu berichten und für die Literatur der Aufbaujahre ist es noch zu früh. Außerdem behandelt er die „falschen Befreier", denn das Gebiet der sowjetischen Besatzungszone wurde über Jahrzehnte nur unter dem Gesichtspunkt der sowjetischen Befreiung betrachtet. Das aufzuarbeiten ist sicher eine überaus spannende und vor allem notwendige Aufgabe, doch dies ist nicht das Ziel dieser Dokumentation. Dennoch soll die nachfolgende chronologische Übersicht an Hand ausgesuchter Beispiele aufzeigen, was in diesem Zeitraum geschah und in welcher Wechselwirkung insbesondere die Maßnahmen der Military Government mit dem Voranschreiten der alliierten Offensive bis zur Haltelinie und der anschließenden Besatzungsphase standen. Das Hauptaugenmerk liegt dabei auf der 104th US InfDiv, aber auch die anderen, im Buch behandelten, Einheiten und ihre Stationierungsräume sollen so weit wie möglich aufgezeigt werden.

Nach dem Erreichen von Nordhausen am **12. April 1945** hatte die MG Sect. der 104th US InfDiv sofort im Zusammenwirken mit der 3rd US AD die wichtigsten Verwaltungsaufgaben in der Stadt übernommen, und somit die Voraussetzung für die Übergabe der Military Government an das nachfolgende Prov. MG Detachment

No. 3 am **14. April 1945** geschaffen. Sofort danach war die MG Sect. den vorrückenden Truppen der 104th US InfDiv nach Sangerhausen gefolgt, um auch dort erste Strukturen einer Verwaltung einzurichten. Schnell erhalten sie Unterstützung durch Militärpolizeikräfte, die man aus nicht mehr benötigten Truppen aufgestellt hatte. So übernimmt am **15. April 1945** die Btry B, 699th FA Bn als VII. US Corps Military Government Police die Polizeiaufgaben der Military Government in Eisleben.

Im Rahmen der Wiederherstellung der zivilen Verwaltungsstrukturen erfolgt am **16. April 1945** in Nordhausen die Ernennung von Otto Flagmeyer zum Bürgermeister.[11] Die MG Sect. der 104th US InfDiv verlegt von Sangerhausen nach Morl, nördlich von Halle und in Dölau übernimmt das Prov. MG Detachment No. 17 die Verantwortung über den Saalkreis. Aushänge der MG Sect. erfolgen in Allstedt, Wallhausen, Martinrieth, Nietleben, Wansleben, Nehlitz, Niemberg, Oberröblingen, Mittelhausen, Wolferstedt, Zöberitz, Gutenberg und Mötzlich. Eine Munitionsfabrik, ein riesiges Getreidesilo mit fünf Million Pfund Getreide, eine Malzfabrik und zwei Metallfabriken werden in Allstedt gesichert, eine Zuckerfabrik in Oberröblingen, eine Flugzeugteilefabrik, eine chemische Fabrik, eine Lack- und Zelluloidfabrik in Nietleben, eine Fabrik für Kohlenebenprodukte und eine Flugzeugteilefabrik in Wansleben und ein Nachschublager der Wehrmacht in Niemberg. In Niemberg werden 500 DP's und in Mötlitz 1900 DP's angetroffen.

Die Männer mit dem „Timberwolf" auf dem Helm und am linken Oberarm bestimmen in vielen Bereichen der Besatzungszone für wenige Wochen das tägliche Bild
Fotos: National Archives

Am nächsten Tag, dem **18. April 1945**, beginnt die MG Sect. trotz der anhaltenden Kämpfe in Halle mit der Organisation des öffentlichen Lebens in den besetzten Stadtteilen. Die örtliche Stadtverwaltung wird aufgefordert, ihre Arbeit wieder aufzunehmen und ein Polizeichef und eine provisorische Zivilpolizei werden eingesetzt. Das 329th Engr C Bn Halle übernimmt die Bewachung des Gefängnisses „Roter Ochse" in der Stadt, wo man die zirka 400 politischen Häftlinge am 10. April in Richtung Sudetengebiet abtransportiert hatte und jetzt deutsche Kriegsgefangene und Angehörige der Partei in Verwahrung genommen werden.[12] Die 104th US InfDiv verzeichnet auf dem Div.CP in Morl an diesem Tag immerhin über 1400 Kriegsgefangene. Nördlich von Halle wird ein riesiges Lebensmittellager der Wehrmacht gesichert. Man braucht die Lebensmittel dringend zur Versorgung der Bevölkerung von Halle, aber auch für die vielen DP's in der Stadt. Durch neu eingerichtete Sammelpunkte für DP's gehen im Tagesverlauf zirka 5000 Personen.

Am **19. April 1945** folgt die MG Sect. den vorrückenden Truppen von Morl nach Landsberg, während das Prov. MG Detachment No. 21 in Vorbereitung der Übernahme der Military Government in Bitterfeld nach Zörbig geht. Neben einem Lebensmittellager nördlich von Halle findet man in Schwerz 27 000 Kilo Fleisch in Konserven und ein Lager mit 450 Radios. In Oppin wird elektronische Ausrüstung der Marine sichergestellt. Aushänge der Military Government werden in Quetzdölsdorf, Reideburg, Hohenthurm, Spören, Prussendorf, Zörbig und Trotha angebracht.

Am **20. April 1945** stellt die MG Sect. eine Zuckerfabrik in Roitzsch und Landsberg und ein Silo mit Weizen in Brehna und Landsberg sicher. Außerdem finden sie in Landsberg eine Flugzeugteilefabrik. Zur Sicherung wichtiger Objekte von militärischem Interesse in Nietleben werden auf Antrag der MG Sect. Wachen durch das 415th InfRgt gestellt. In Halle meldet sich Col. Bernstien von SHAEF, um mit dem SMGO (Senior Military Government Officer) über den Abtransport des Goldes und Geldes der Reichsbank in Halle zu verhandeln. Doch das Ansinnen wird abgelehnt, bis die Sache zwischen dem VII. US Corps und der Division geklärt ist. Aushänge erfolgen in Brehna, Roitzsch, Peißen, Zwebendorf, Landsberg, Kyhna, Wiedemar, Zwochau, Sennewitz und Zschernitz.

Am **21. April 1945** geht das Prov. MG Detachment No. 21 von Zörbig nach Bitterfeld. In der Agfa Filmfabrik Wolfen, die am Vortag von der Military Government übernommen wurde, beginnen Teams der US Army mit der Sicherung des Bestandes der Patentabteilung und der dort lagernden Chemikalien.[13]

Mit dem Erreichen der alliierten Haltelinie übernimmt ab dem **22. April 1945** die 1st US Army mit dem V. US Corp, dem VII. US Corps und dem VIII. US Corps die Besatzungsaufgaben für den Großteil des mitteldeutschen Raumes. Im Bereich der 9th US Army beginnen Teile des XIX. US Corps mit ihrer Besatzungsaufgabe.

Das CCA der 8th US AD bezieht seinen Besatzungsbereich mit dem HQ in Bad Lauterberg, dem 7th AIB in Herzberg, dem 18th Tk Bn in Bad Harzburg und dem 809th TD Bn in Ilsenburg. Das 49th AIB, CCB geht mit dem CP nach Elbingerode und am 24. April nach Rübeland, die Kompanien übernehmen die Verantwortung für Rübeland, Trautenstein, Wernigerode, Benzingerode, Heimburg und Michaelstein. Das 36th Tk Bn, CCB geht nach Hasselfelde. Das CCR übernimmt seinen neuen Zuständigkeitsbereich mit dem CP in Clausthal-Zellerfeld, dem 58th AIB in

Schild an der RAB 9 im Bereich der 3rd US AD
Foto: National Archives

Seesen und dem 80th Tk Bn im Raum Goslar-Astfeld-Langelsheim-Wolfshagen-Lautenthal-Hahnenklee-Bockswiese-Oker.

Die 88th CavRcnSq übernimmt die Besatzung für Northeim, Nörten-Hardenberg, Duderstadt, Bartolfelde und Osterode.

Weitere Stationierungen erfolgen ab dem 25. April 1945 durch Truppenteile und Verbände, die von ihrem Auftrag entlang der Haltelinie entbunden wurden.

Die MG Sect. der 104th US InfDiv erreicht Delitzsch. In Gollma bei Landsberg wird eine Fabrik für Handfeuerwaffen und eine Flugzeugteilefabrik gefunden. Aushänge erfolgen in Seeben, Delitzsch, Sietzsch, Bageritz, Gollma, Badrina, Reibitz, Gollmenz, Hohenrode, Brinnis. Lindenau, Selben und Glesien. An diesem Tag verlässt der erste Güterzug mit V-2-Teilen Nordhausen und fährt nach Antwerpen. Insgesamt 100 V-2-Raketen verlassen auf diesem Weg Deutschland.[14]

Am **24. April 1945** werden unter Leitung des G-5-Offiziers des VII. US Corps Devisen und des Prov. MG Detachment No. 18 im Wert von etwa fünf Millionen Dollar aus dem Bestand der Reichsbank in Halle zur Reichsbank in Frankfurt/Main transportiert. Am **26. April** übernimmt die Military Government die Aufsicht über die Filmfabrik der I.G. Farben Agfa Wolfen. Am **27. April 1945** beginnt für die gesamte Harzregion endgültig die Phase der amerikanischen Besatzungszeit. Die MG Sect. der 104th US InfDiv sichert in Werbelin ein Lager mit Flugzeugkameras sowie Textilien und Plexiglas. Am **28. April** 1945 greift in Halle der 1st Plat. Co. A. 817th TD Bn ein, als es um 12.00 Uhr (B) zu einer Aufruhr in einem Reichsbahninstandsetzungswerk der Stadt kommt. Als die Soldaten eintreffen, sind bereits zwei Deutsche getötet. Sie beschlagnahmen zwei Gewehre.

In Delitzsch wird am **1. Mai 1945** der ehemalige Sekretär der Sozialdemokratischen Partei von Delitzsch zum stellvertretenden Landrat ernannt.[15] Am **2. Mai 1945** werden im Abschnitt der 104th US InfDiv in Eilenburg und Taucha eine Fabrik für Flugzeugteile unter Aufsicht der Military Government gestellt und in Ammendorf ein Lager mit giftigen Gasen. Am **3. Mai 1945** meldet das Prov. MG Detachment

No. 20 in Delitzsch, dass die Kreisgendarmerie unter Leitung des Landrates aufgestellt wurde und 33 von 40 ehemaligen Gendarmen durch das CIC Det. überprüft wurden.

Im Rahmen der Umgliederung der Kommandostrukturen der US Army in Europa, im Hinblick auf die Fortführung der Kampfhandlungen im pazifischen Raum, wird am **6. Mai 1945** der Stab der 1st US Army herausgelöst und die 9th US Army unter Lt.Gen. Simpson übernimmt das Kommando über die amerikanischen Truppen in Mitteldeutschland. Damit verbunden, erfolgen umfangreiche Umgliederungen der Besatzungstruppen.

Die 5th US AD unter Maj.Gen. Oliver des XIII. US Corps der 9th US Army wird dem VII. US Corps unterstellt und übernimmt den Raum Nordhausen-Worbis-Heiligenstadt-Mühlhausen-Langensalza. Das Div.HQ geht mit der HQ Co., der DivArty, dem 505th CIC Det., dem MP Plat., den Div.Trains und der 145th Armd Sign Co. nach Mühlhausen. Das 10th Tk Bn geht nach Benneckenstein, das 34th Tk Bn nach Sömmerda, das 81st Tk Bn nach Bleicherode, das 15th AIB nach Bad Sachsa, das 46th AIB nach Erfurt, das 47th AIB nach Kleinwerther bei Nordhausen, das 47th AFA Bn nach Diedorf, das 71st AFA Bn nach Ernshausen, das 95th AFA Bn nach Uder, die 85th CavRcnSq nach Langensalza, das 75th Armd Med Bn nach Pfaffenrode, das 127th Maint Bn auf den Flugplatz Langensalza, das 22nd Armd Engr Bn nach Bad Tennstedt. Die 3rd Armored Gp des V. US Corps geht nach Ellrich,

In Eilenburg erfolgt die Einsetzung des ehemaligen Führers der Demokratischen Partei Friedrich Tschanter als zeitweiligen Bürgermeister und Robert Kibian, ehemaliger Vorsitzender der Sozialdemokratischen Partei als stellvertretenden Bürgermeister. Die, im Landkreis Weißenfels stationierte, 142nd FA Gp unter Col. Jerome F. Thompson, der das 195th FA Bn, 660th FA Bn, 980th und 981st FA Bn untersteht, erhält den Befehl zur Unterstellung unter das Kommando der 9th US Army ab dem 11. Mai und beginnt mit der Vorbereitung zur Verlegung in den neuen Verantwortungsbereich Sondershausen-Bad Frankenhausen-Schlotheim-Langensalza.

Am **7. Mai 1945**, werden die Verbände der amerikanischen Streitkräfte mit einem streng geheimen TWX-Telegramm von General Eisenhower unterrichtet, dass die Kapitulation der Deutschen Wehrmacht am 9. Mai 1945 um 00.01 Uhr erfolgt. Am Mittwoch, dem 9. Mai 1945 um 00.01 Uhr enden mit Wirksamwerden der Kapitulation offiziell alle Feindseligkeiten auf dem europäischen Kriegsschauplatz.

Am **9. Mai 1945** übernimmt das 386th FA Bn das Lager für befreite alliierte Militärangehörige Nr. 2 auf dem Flugplatz Halle mit 2666 Briten und 50 Amerikanern. Im Lager Nr. 1 auf dem Flugplatz Halle, das weiterhin vom 387th FA Bn bewacht wird, befinden sich an diesem Tag 2600 Amerikaner, 650 Briten, 617 Inder und acht Chinesen. Das 929th FA Bn in Polenz meldet 7500 Franzosen.

In Eilenburg wird an der Muldebrücke ein Austauschpunkt für befreite Kriegsgefangene und DP's eingerichtet, über den in den nächsten Tagen tausende Franzosen und Belgier von Ost nach West und Russen von West nach Ost wandern. Über die Brücke in Raguhn erfolgt der Austausch von DP's. Polen und Bewohner der Baltischen Republiken, die nicht in ihre Heimat zurückkehren wollen, werden angewiesen, weiter in der Landwirtschaft zu helfen.

Siegesparade der amerikanischen Truppen in Bitterfeld Foto: National Archives

Folgende bekannten Prov. MG Detachment übernehmen die Verwaltung im besetzten Gebiet:

Lkr. Grafschaft Hohenstein	MG Detachment No. 7 Nordhausen, Maj. Philipsborn
Nordhausen Stadt	MG Detachment No. 8 , Nordhausen Capt. Mc Elroy
Mansfelder Seekreis	MG Detachment No. 15 Eisleben
Halle Stadt	MG Detachment No. 17 Halle, Capt. Murphy
Saalkreis	MG Detachment No. 18 Halle, Maj. Doyle
Lkr. Delitzsch	MG Detachment No. 20 Delitzsch, Maj. Moreman
Lkr. Bitterfeld	MG Detachment No. 21 Bitterfeld; Maj. Lewis
Lkr. Köthen	MG Detachment No. 31 Köthen
Lkr. Bernburg	MG Detachment No. 32 Bernburg
Eisleben Stadt	MG Detachment No. 34 Eisleben
Lkr. Dessau	MG Detachment No. 39 Dessau

Am **10. Mai 1945** werden der 104th US InfDiv die 1106th und 1120th Engr Gp für die Wahrnehmung der Besatzungsaufgaben und Military Government unterstellt. Das 413th InfRgt löst mit dem 329th Engr C Bn und der Btry. D, 555th AAA (AW) Bn die 9th US InfDiv ab und übernimmt einen neuen Abschnitt. Der Regtl.CP verbleibt in Reibitz. Das 1./413 ist mit dem CP in Wellaune, der Co. A in Hohenprießnitz, Co. B südlich Wellaune, Co. C bei Oberglaucha, Co. D in Niederglaucha, das 2./413 mit dem CP in Löbnitz, Co. E und G in Bitterfeld, Co. F in Tiefensee und Schnaditz und das 3./413 in Spröda. Das 329th Engr C Bn ist mit dem CP in Delitzsch und die Btry. D, 555th AAA (AW) Bn in Brehna. Das 414th InfRgt verbleibt in seinem Abschnitt. Das 415th InfRgt löst mit dem unterstellten 750th Tk Bn Teile der 9th US InfDiv ab und geht mit dem Regtl.CP nach Köthen. Das 1./415 geht in den Raum Hinsdorf, das 2./415 mit dem CP nach Dessau und das Bataillon geht nach Kochstedt, das 3./415 mit dem CP nach Köthen und dem Bataillon in Raum Elsnigk, die Cn Co. nach Wörbzig-Drosa und das 750th Tk Bn mit dem CP, der HQ Co. und der Svc Co. nach Bernburg. Das Bataillon besetzt den Raum Nienburg-Güsten-Giersleben-Mehringen-Sandersleben-Peißen-Bernburg mit der Co. A in Plotzkau, der Co. B in Güsten, der Co. C in Schackstedt und der Co. D in Nienburg. Das 555th AAA (AW) Bn geht in einen Raum zwischen Zwintschöna und Dieskau und der Btry. B in Plößnitz. Das 385th FA Bn unter Lt.Col. Edward C. Shinkle geht nach Könnern und das 929th FA Bn unter Lt.Col. Vernon G. Gilbert geht nach Ablösung bei der Bewachung des Lagers für befreite alliierte Kriegsgefangene in Polenz durch die 69th US InfDiv nach Dölau. Das 386th FA Bn unter Lt.Col. Urey W. Alexander und 387th FA Bn unter Lt.Col. Joseph H. Stangle bewachen weiter die Lager auf dem Flugplatz Halle. Die 1106th Engr Gp geht nach Gerbstedt und die 1120th Engr Gp nach Eisleben

Das 415th InfRgt der 104th US InfDiv findet eine Lastwagenladung mit Gemälden, die aus Polen und Holland stammen. In einem Kalistollen bei Bernburg stoßen sie auf weitere Gemälde. Im I.G. Farben Werk in Bitterfeld werden zwei Lastwagenladungen mit Unterlagen zur technischen Auswertung sichergestellt.

Am **11. Mai 1945** beginnt um 08.00 Uhr (B) die Verlegung der Bataillone der 142nd FA Gp aus dem Landkreis Weißenfels nach Sondershausen, um dort ab dem 12. Mai 1945 die Aufgaben der Militärregierung wahrzunehmen. Am Nachmittag des 11. Mai 1945 treffen die Bataillone in ihren neuen Räumen ein. Das 195th FA Bn geht nach Großenehrich bei Langensalza, das 660th FA Bn nach Schlotheim, das 980th FA Bn unter Maj. Robert W. Olirchugh nach Sondershausen, wo der CP im Jagdschloss Possen eingerichtet wird, und das 981st FA Bn nach Bad Frankenhausen. Der Stab der 142nd FA Gp, der für den gesamten Landkreis Sondershausen zuständig ist, bezieht in Sondershausen Quartier. Ab dem 31. Mai 1945 wird der 142nd FA Gp noch das 809th TD Bn unterstellt.

Die 4th CavGp bezieht ihren CP in Rammelburg, die 4th CavRcnSq geht nach Helbra und die 24th CavRcnSq nach Ballenstedt.

Weitere bisher bekannte Stationierungen von selbstständigen Corpstruppen sind:

991st FA Bn	Allstedt
188th FA Bn	Bachra
18th FA Bn	Beichlingen
750th Tk Bn	Bernburg
552nd FA Bn	Bottendorf bei Artern
390th AAA (AW) Bn	Dingelstädt
49th Engr C Bn	Eisleben
238th Engr C Bn	Eisleben
759th Light Tk Bn	Ermsleben
957th FA Bn	Gorsleben
237th Engr C Bn	Helmsdorf bei Hettstedt
294th Engr C Bn	Oberröblingen
297th Engr C Bn	Schochwitz bei Halle
254th Engr C Bn	Stödten bei Sömmerda.

Die Prov. MG Detachment No. 17, 20, 31, 34, 15, 21, 32 und 39 kommen unter die Kontrolle der 104th US InfDiv. Das Prov. MG Detachment 31 Köthen erhält vom 415th InfRgt Wachen für das Kraftwerk der Junkers Flugzeug- und Motorenwerke, das Lebensmittellager, die täglichen Bahntransporte mit DP's und zum Schutz für den Oberbürgermeister.

Der 1st Plat. Co. A, 750th Tk Bn patrouilliert auf den Straßen westlich und östlich von Plötzkau, der 2nd Plat. bei Ilberstedt, wo er ein Lager mit Alkohol und zehn Waggons mit Flugzeugteilen sowie zwei Lager mit russischen und polnischen DP's bewacht und der 3rd Plat. im Raum Oberpeißen. Der 1st Plat. Co. B, 750th Tk Bn patrouilliert im Raum Neundorf, der 2nd Plat. in Rathmannsdorf und der 3rd Plat. in Hecklingen. In Güsten werden 60 Waggons mit Munition, 2cm Flakgeschützen, Pionierbooten und 8,8cm Geschützrohren sowie eine große Anzahl an Handfeuerwaffen bewacht. Der 1st Plat. Co. C, 750th Tk Bn patrouilliert in Giesleben und sichert eine kleine Fabrik für Flugzeugteile sowie Waggons mit Munition, der 2nd Plat. in Mehringen und der 3rd Plat. in Sandersleben. Dort werden 30 Waggons mit Funkgeräteteilen, Geländewagen, Munition, Panzerfäusten, Schweißausrüstung und Flugzeugteilen bewacht. Der 1st und 2nd Plat. Co. D, 750th Tk Bn sichert ein Lager für 2150 russische DP's südlich von Neugattersleben, der 3rd Plat. patrouilliert im Raum Nienburg. Die HQ Co. 750th Tk Bn bewacht ein Archiv in einem Kalistollen in Friedenhall, südlich von Bernburg. Der Mortar Plat. bewacht Flugzeugteile und eine Untertageanlage in einem Kalistollen südöstlich von Wolmirsleben, bei Unseburg. Der Rcn Plat. patrouilliert im Raum Bernburg und sichert zehn Lazarette mit Gefangenen und sechs Wagenladungen mit Waffen. Der MP Plat., der aus dem Bataillon gebildet wurde, patrouilliert in den Straßen von Bernburg.

Aus dem Lager für befreite alliierte Kriegsgefangene Nr. 1 in Halle werden in der Woche vom **13. bis 19. Mai** 3582 Amerikaner und Briten über den Flugplatz Merseburg evakuiert. Das 555th AAA (AW) Bn geht nach Reideburg. Am **15. Mai 1945** verlegt die Co. E, 2./414 von Möckerwitz nach Hohenroda. Am **17. Mai 1945** wird der 104th US InfDiv die Co. C, 518th MP Bn unterstellt und dem 415th InfRgt zugeteilt. Die Kompanie errichtet Posten in Köthen, Dessau und Bernburg.

Am **20. Mai 1945** übernehmen die Briten den Landkreis Blankenburg im Nordharz, der aus dem Braunschweiger Harzgebiet und der Grafschaft Blankenburg entstanden war und gemäß dem Londoner Protokoll von 1944 zur britischen Besatzungszone gehört.[16]

Maj.Gen. Allen
Fotos: National Archives

Am **21. Mai 1945** erfolgt die Ablösung von Maj.Gen. Allen's 104th US InfDiv durch die 7th US AD. Die 7th US AD übernimmt die Verantwortung für den Raum Dessau-Hecklingen bei Staßfurt-Wolferode bei Eisleben-Kößen südlich von Eilenburg einschließlich der Stadt Halle. Das CCB und Teile des CCA lösen das 413th InfRgt ab und das Regiment versammelt sich im Raum östlich von Halle. Der CP geht in den heutigen Südteil von Halle. Das 414th InfRgt wird vom CCA abgelöst und geht in den Raum westlich von Halle mit dem CP in Teutschenthal. Der Div.CP geht auf den Flugplatz Halle. Das 385th FA Bn wird vom 489th AFA Bn der 7th US AD abgelöst und der Bn.CP geht auf dem Flugplatz Halle. Das 386th FA Bn versorgt bis zum 22. Mai eine Kommission der Russen und von SHAEF für die Repatriierung der befreiten Kriegsgefangenen. Das 929th FA Bn wird durch das 203rd AAA (AW) Bn und das 414th InfRgt abgelöst und geht mit dem CP auf den Flugplatz Halle. Das 387th FA Bn setzt die Bewachung des Lagers für befreite alliierte Kriegsgefangene bis zum 28. Mai fort. Das 329th Engr C Bn, das aus der Unterstellung unter das 413th InfRgt herausgelöst wurde, geht nach Diemitz und der CP nach Giebichenstein

Die 7th US AD bezieht ihren Div.CP in Delitzsch, wohin auch der MP Plat. und die HQ Co. der Division geht. Das 17th Tk Bn geht nach Krostitz, das 31st Tk Bn nach Bitterfeld, das 23rd AIB nach Eilenburg, das 38th AIB nach Dessau, das 48th AIB nach Roitzsch, das 434th und 440th AFA Bn nach Halle, das 489th AFA Bn nach Buschdorf, die 87th CavRcnSq nach Osternienburg, das 33rd Armd Engr Bn nach Gollma.[17]

Am **22. Mai 1945** wird das 750th Tk Bn, die 1106th und 1120th Engr Gp und die Co. C, 518th MP Bn aus der Unterstellung unter die 104th US InfDiv abgelöst und der 7th US AD unterstellt. Sie bleiben in ihren Räumen. Das 415th InfRgt wird vom CCR 7th US AD abgelöst und geht in den Raum nordöstlich von Halle mit dem CP in Trotha. Seit dem 9. Mai bis zu diesem Tag wurden 65 000 Russen über die Mulde evakuiert. Am **23. Mai 1945** gehen die Prov. MG Detachment No. 34, 15, 32, 39, 20 und 21 zur 7th US AD, die Detachments No. 17, 18 verbleiben unter Kontrolle der 104th US InfDiv in Halle.

Am **24. Mai 1945** wird das 555th AAA (AW) Bn aus der Unterstellung unter die 104th US InfDiv abgelöst. Am **26. Mai 1945** löst das 750th Tk Bn, das jetzt dem CCR der 7th US AD unterstellt ist, das 440th und 434th AFA Bn ab und übernimmt die Bewachung wichtiger Objekte in diesem Bereich. Der Bn.CP befindet sich Bernburg, die Co. A in Güsten, Co. B in Leopoldshall, Co. C in Giersleben, Co. D in Nienburg und die Svc Co. in Bernburg. Ab dem **30. Mai** übernehmen abwechselnd die Kompanien des 87th Cml Mort Bn des VII. US Corps die Bewachung des Kriegsgefangenenlagers Naumburg, bis das Bataillon am 19. Juni Naumburg verlässt und nach Gießen/Hessen verlegt.

Ab **Ende Mai 1945** erfolgt parallel zur beginnenden Entlassung deutscher Kriegsgefangener aus amerikanischer Gefangenschaft die Rückführung der befreiten Kriegsgefangenen und Zwangsarbeiter in ihre Heimatländer. Für die ehemaligen russischen Kriegsgefangenen werden hierfür spezielle Übergabepunkte entlang der Demarkationslinie genutzt. Doch hier beginnt für viele von ihnen nicht der Weg in die lang ersehnte Freiheit, sondern auf Befehl von Stalin werden sie direkt in die Arbeitslager am Polarkreis und in Sibirien verbracht. Stalin hatte während der Schlacht um Stalingrad am 28. Juli 1942 den „Befehl Nr. 227 zur Aufrechterhaltung von Ordnung und Disziplin mit allen Mitteln" erlassen, der unter der Losung „Kein Schritt zurück" jeden mit Strafe bedroht, der ohne Befehl zurückweicht oder sich ergibt. Verschärfend heißt es hierzu im Befehl Nr. 270: *„Ergeben an den Feind ist Bruch des Fahneneides und durch den Tod durch Erschießen zu ahnden."*[18]

Am **1. Juni 1945** erfolgt die Unterstellung der 5th US AD und der selbstständigen Einheiten im Nordthüringer Raum unter das XXI. US Corps von Maj.Gen. Milburn und am 15. Juni wechselt ein letztes Mal die Zuständigkeit für den mitteldeutschen Raum von der 9th US Army an die 7th US Army unter Lt.Gen. Patch. In der Zwischenzeit erfolgt in mehreren Bereichen die Zusammenlegung der Prov. MG Detachment der Kreise und Städte. Am 9. Juni geschieht dies in Nordhausen, wo das Detachment H 2 B 9, Co. B, 9th US Army Government Unit Nordhausen unter Capt. Albert E. Didier diesen Auftrag übernimmt.[19]

Am **1. Juli 1945** beginnen die amerikanischen Truppen mit dem Abzug aus Mitteldeutschland. Trotz aufkeimender Gerüchte über einen bevorstehenden Abzug der amerikanischen Truppen hatte die alliierte Militärführung die Abzugspläne bis in die zweite Hälfte des Junis sowohl vor den eigenen Truppen, als auch vor der Bevölkerung verheimlicht.[20] Der Nordhäuser Dr. Johannes Rathje, der *„doch dem Stadtrat angehörte, versicherte, von der bevorstehenden Besetzung durch die Rote Armee nichts gewusst zu haben. Auch seinen Bekanntenkreis traf der Einzug der Russen völlig unvorbereitet.“*[21]

Die Entscheidung über den Rückzug aus Mitteldeutschland war allerdings bereits im Mai 1945 auf Grundlage der Konferenz von Quebec zur Festlegung der Zonengrenzen vom September 1944 gefallen. Am 21. Juni 1945 erteilt Eisenhower, nachdem er selber den Befehl der Combined Chiefs of Staff erhalten hat, allen Kommandeuren den Befehl, sich auf den Wechsel am 1. Juli 1945 einzustellen. Der Befehl lautet: *„Beginnend am 1. Juli werden sie die US-Streitkräfte und die britischen Streitkräfte aus der sowjetischen Zone in Deutschland abziehen und die Zone in Österreich entsprechend regulieren.“* [22]

Mit den amerikanischen Truppen verlassen viele Deutsche aus Angst vor den Russen ihre Heimat und gehen nach Westdeutschland oder nach Übersee. Wissenschaftler und Experten, welche von Interesse für die Amerikaner waren, hatte man bereits im Juni in einer Großaktion nach Westdeutschland zwangsevakuiert.[23]

Das sichergestellte wirtschaftliche und wissenschaftliche Know-how und große Teile der Wertbestände der Reichsbank befinden sich neben dem Großteil der sichergestellten Akten und Archive der verschiedensten Behörden, Ämter und Einrichtungen sowie diverser Kunstsammlungen zu diesem Zeitpunkt längst auf dem Weg in die Vereinigten Staaten.

Zwischen dem 1. und 4. Juli 1945 erfolgt der Einmarsch der sowjetischen Truppen. Damit endet die kurze Phase der amerikanischen Besatzungszeit für Mitteldeutschland. Die zeitweise amerikanisch besetzten Teile Thüringens, Sachsens und Sachsen-Anhalts werden gemäß den alliierten Verträgen sowjetische Besatzungszone. Im Harz kommt es nach Verhandlungen von britischen und sowjetischen Vertretern am 12. Juli 1945 zu einem größeren Gebietsaustausch, durch den der Ostteil des Landkreises Blankenburg mit der Kreisstadt zur sowjetischen Besatzungszone kommt und als Gegenleistung die Stadt Braunlage und die Orte Hohegeiß, Neuhof, Walkenried, Wieda und Zorge der britischen Besatzungszone zugeschlagen werden.

* * *

[1] Gem. Henke.

[2] Archiv Möller.

[3] Gem. Henke.

[4] "Seventy five days" S. 92.

[5] Besondere Aufmerksamkeit wurde dabei auf Personen gelegt, die mit Zwangsarbeitern und Häftlingen zu tun hatten. Häufig wurden dabei Personen durch die befreiten Zwangsarbeiter und Häftlinge benannt. Viele wurden auch durch Dritte denunziert.

[6] Dressler soll nach Angaben des 104th CIC Det. die letzten 8 Jahre in einem KZ verbracht haben, weil er Juden geholfen hatte. Die meisten Angehörigen seiner Gruppe hatten einen „kommunistischen Hintergrund".

[7] Alle Angaben sind dem AAR der 104th US InfDiv, Anhang 1, G-2 Bericht, entnommen.

[8] Ebenda. S. 39/40.

[9] Gem. U. Koch, Berlin, basierend auf den amtlichen Angaben der Stadt Jena.

[10] Gem. Henke.

[11] „Nordhausen unter dem Sternenbanner", S. 32. Flagmeyer tritt am 14. Juni 1945 zurück, sein Nachfolger wird Dr. Richard Senger.

[12] „Das Zuchthaus Halle/Saale als Richtstätte der nationalsozialistischen Justiz 1942 bis 1945", Viebig, Michael, Magdeburg 1998, S. 188.

[13] „Bitterfelder Heimatblätter XXVI", 2005, Beitrag v. U. Holz, S. 68.

[14] „Nordhausen unter dem Sternenbanner", S. 58.

[15] AAR 104th InfDiv Mai 1945, Anlage 4, Military Government.

[16] „Thale zur Zeit des Nationalsozialismus", S. 61.

[17] "Order of Battle – US Army World War II" by Stanton.

[18] Diese Angaben wurden im Rahmen der „Politik der Offenheit" des damaligen sowjetischen Präsidenten Gorbatschow in den Jahren 1989-1990 in der sowjetischen Presse veröffentlicht und erstmals thematisiert.

[19] Ebenda, S. 22/23.

[20] Gem. Henke.

[21] „Nordhausen unter dem Sternenbanner", S. 57.

[22] Gem. Henke.

[23] Ebenda.

Epilog

Mit dem Erreichen der alliierten Haltelinie an der Mulde und dem Herstellen des Kontaktes zu den sowjetischen Truppen enden für das VII. US Corps monatelange harte Kämpfe auf dem europäischen Kriegsschauplatz. Nur wenig später besiegelt die Kapitulation das Schicksal des Dritten Reiches und beendet jenen Krieg, der so vielen Menschen Leid zugefügt hat. Dieses und das vorhergehende Buch haben sich dabei nur mit einem kleinen Abschnitt dieser Kämpfe zwischen Ende März und Anfang Mai 1945 beschäftigt, die sich im mitteldeutschen Raum ereignet haben. Doch wie bereits bei den Büchern zum Weg des V. US Corps durch Mitteldeutschland behandeln auch sie einen Abschnitt unserer Geschichte der nur wenig oder kaum militärhistorisch erforscht ist.

Wer sich also nach mühevollen Stunden des Durcharbeitens dieser zweibändigen Dokumentation, die wie die Bücher zuvor keine leichte Geschichtsliteratur ist, fragt, ob es wirklich notwendig ist, Seite für Seite in hunderten von Abkürzungen detailliert aufzuführen, wer wann was gemacht hat, dem sei gesagt: „Ja, denn es gibt es so bisher noch nicht." Erst wer weiß, wer wann was gemacht hat, der ist in der Lage Geschichten, Erzählungen und manchmal auch Legenden richtig einzuordnen und Zusammenhänge zu verstehen. Und sie soll anregen, weiter zu forschen, Fragen zu stellen und angeblich bekanntes in Frage zu stellen.

Hinter jeder dieser, für den Laien schwer verständlichen, Einheitsbezeichnung stehen Menschen, die in den endlosen Aufzählungen zwar scheinbar untergehen, aber erst durch diese eine Identität erhalten können. Denn zu fast jeder der Einheiten gibt es Personallisten, Listen von Auszeichnungen, Kranken- und Verlustlisten. Und wer die Einheit hat, der weiß, wo er beim Suchen ansetzen kann. Dass es möglich ist, sieht man an ausgewählten Beispielen, die exemplarisch in die Dokumentation eingeflossen sind.

Insbesondere zum Zeitraum der amerikanischen und britischen Besatzungszeit in Mitteldeutschland gibt es viele unbeantwortete Fragen und sicher ist der eine oder andere enttäuscht, hier nicht alle Antworten gefunden zu haben, doch dies ist im Rahmen einer solchen Dokumentation nur schwer möglich. Die aufgeführten Ereignisse sollen lediglich einen Überblick geben und Strukturen offen legen, um sich so regionalspezifisch dem Thema zu nähern. Die Stationierungsorte, die erstmals in diesem Umfang aufgezeigt werden, sollen dazu dienen, dieses Bild zu vervollständigen. Vielleicht gelingt es so, manches offene Geheimnis unserer Vergangenheit doch noch zu enthüllen und Geschehenes dem Vergessen zu entreißen.

* * *

Abkürzungen

AAA (AW) Bn	*Anti Aircraft Artillery (Automatic Weapons) Battalion* (amerik.) - Flakartillerie-Maschinenkanonen-Bataillon
AAR	*After Action Report* (amerik.) - Einsatzbericht
Abt.	Abteilung
a.D.	außer Dienst
AD	*Armored Division* (amerik.) - Panzerdivision
AFA Bn/Gp	*Armored Field Artillery Battalion/Group* (amerik.) - Gepanzertes Feldartilleriebataillon/Regiment
AGr	*Army Group* (engl./amerik.) - Armeegruppe
A.Gr.	Armeegruppe, deutsch
AIB/AIR	*Armored Infantry Battalion/Regiment* (amerik.) – Panzerinfanteriebataillon/Panzerinfanterieregiment der *US Army*
AG Plat.	*Assault Gun Platoon* (amerik.) - Sturmgeschützzug
AK	Armeekorps, deutsch
AOK	Armeeoberkommando
AR	*Armored Regiment* (amerik.) - Panzerregiment der Panzerdivisionen der *US Army*
Armd Engr Bn	*Armored Engineer Battalion* (amerik.) - Gepanzertes Pionierbataillon der *US Armored Division*
Armd Maint Bn	*Armored Maintenance Battalion* (amerik.) - Gepanzertes Instandsetzungsbataillon der *US Armored Division*
Armed Med Bn	*Armored Medical Battalion* (amerik.) - Gepanzertes Sanitätsbataillon der *US Armored Division*
Armd Rcn Bn	*Armored Reconnaissance Battalion* (amerik.) - Aufklärungsbataillon der *US Armored Division*
Art.Rgt.	Artillerieregiment
ArtyCdr	*Artillery Commander* (amerik.) - Kommandeur der Divisinsartillerie
AT Co.	*Anti-Tank Company* (amerik.) - Panzerabwehrkompanie
(B)	*Bravo* – Zeit – Zeitangabe bei US Army - beginnt am 2. April und entspricht unserer Sommerzeit.
BA-MA	Bundesarchiv – Militärarchiv Freiburg i. Br.
BG	*Bomber Group* (engl./amerik.) - Bombergruppe
BG	*Battle Group* (amerik.) - Kampfgruppe
Bgm.	Bürgermeister
Bn	*Battalion* (engl./amerik.) - Bataillon
Bn.CP	*Battalion Command Post* (engl./amerik.) - Bataillonsgefechtsstand
Bn.HQ	*Battalion Headquarters* (engl./amerik.) - Bataillonshauptquartier
brit.	britisch
Brig.	Brigade

Brig.Gen.	*Brigadier General* (engl./amerik.) - Brigadegeneral, Rang in der brit. Armee und der *US Army* ohne Äquivalent zur Wehrmacht
Bttr.	Batterie – Einheitsbezeichnung bei der Artillerie, auch Flak
Btry	*Battery* (engl./amerik.) - Abkürzung für Batterie
Capt.	*Captain* (engl./amerik.) Hauptmann
CavGp	*Cavalry Group* (engl./amerik.) - Aufklärungsregiment bzw. motorisierte Aufklärungseinheit, die direkt dem Kommando der *Corps* untersteht
CavRcnSq	*Cavalry Reconnaissance Squadron* (engl./amerik.) - Aufklärungsbataillon/Aufklärungseinheit der US AD bzw. der CavGp in der Tradition der US-Kavallerie
CC A / CC B / CC R	*Combat Command A, B, R* (Reserve) - Kampfverband der US AD, gebildet in der Regel aus einem Tk Bn, einem AIB sowie Unterstützungselementen, der sich für den Einsatz in sogenannte *Task Forces* untergliedert
CG	*Commanding General* (engl./amerik.) - Kommandierender General
CIC	*Counter Intelligence Corps* (amerik.) - Militärabwehr
Cml Mort Bn	*Chemical Mortar Battalion* (engl./amerik.) - selbstständiges Chemisches Bataillon, ausgerüstet mit schweren Granatwerfern
Cpl.	*Corporal* (engl./amerik.) - Unteroffizier
Co. A, B (etc.)	Company (engl./amerik.) - Kompanie der *US Army* mit Buchstabennummerierung als Angabe der Bataillonszugehörigkeit
Col.	*Colonel* (engl./amerik.) - Oberst
Cn Co.	*Cannon Company* (amerik.) - Geschützkompanie der InfRgt'er der US InfDiv
CO	*Commanding Officer* (engl./amerik.) - Befehlshabender Offizier, ab KpChef aufwärts, Offiziere im Rang bis Col.
CorpsArty	*Corps Artillery* (engl./amerik.) Corpsartillerie der *US Army*
CorpsRes	*Corps Reserve* (engl./amerik.) Bezeichnung für Reserve des Armeekorps
CP	*Command Post* (engl./amerik.) - Gefechtsstand
CT	*Combat Team* (engl./amerik.) - Kampfgruppe der US AD, in der Regel bestehend aus einem Bataillon und Verstärkungskräften
Det.	*Detachment* (amerik,) – selbstständige Einheit, Kommando
DFS 230	Lastensegler, Konstruktion der Deutschen Forschungsanstalt für Segelflug
DivArty	*Division Artillery* (amerik.) – Divisionsartillerie der *US Army*
Div.Füs.Btl.	Division-Füsilier-Bataillon
Div.Kdr.	Divisionskommandeur
Div. Nr.	Division Nummer – Bezeichnung, welche bei den Divisionen des Ersatzheeres der Wehrmacht verwendet wurde
DivRes	*Divisional Reserve* (engl./amerik.) - Divisionsreserve

Div. z.b.V.	Division zur besonderen Verfügung
DP	*Displaced person* (engl./amerik.) - Bezeichnung für die befreiten ausländischen Zwangsarbeiter, KZ-Häftlinge und aus deutscher Kriegsgefangenschaft befreiten alliierten Soldaten
Dr.	Doktor (akademischer Grad)
d.R.	„der Reserve" – Zusatz zum Dienstgrad für Reserveoffiziere
DRK	Deutsches Rotes Kreuz
DUKW	Amerikanisches Schwimmfahrzeug auf Räderbasis
Eisb.Bau.Btl.	Eisenbahnbaubattailon
Engr C Bn	*Engineer Combat Battalion* (engl./amerik.) – Pionierbataillon der InfDiv der *US Army*
FA Bn	*Field Artillery Battalion* (engl./amerik.) – Feldartilleriebataillon der *US Army*
FA Gp	*Field Artillery Group* (amerik.) - Feldartillerieregiment der *US Army*
Flak.Abt.	Flugabwehrkanonen-[Flak]-Abteilung
Felders.Btl.	Feldersatzbataillon
Flak.Brig.	Flak-Brigade
Flak.Div.	Flak-Division
Flak.Gr.	Flak-Gruppe
Flak.UGr.	Flak-Untergruppe
Flak.Rgt.	Flakregiment
Fla-MG	Flugabwehrmaschinengewehr
Fl.Ers.Btl.	Flieger-Ersatzbataillon
FS	Fernschreiben
FschA	Fallschirmarmee
FschAOK	Fallschirm-Armeeoberkommando
FschJgDiv	Fallschirmjägerdivision
Fsch.Jg.Gen.Btl.	Fallschirmjäger-Genesenen-Bataillon
Fsch.Jg.Rgt.	Fallschirmjägerregiment
Fsch.Pi.Btl.	Fallschirmjäger-Pionierbataillon
Fsch.Pz.K.	Fallschirmpanzerkorps
Fsch.StGesch.Brig.	Fallschirm-Sturmgeschützbrigade
Fsch.Tr.	Fallschirmtruppe
Füs.Btl.	Füslierbataillon
Füs.Rgt.	Füsilier-Regiment
Fü.Stab	Führungsstab
FW 190	Focke Wulf 190 – deutsches Jagdflugzeug
Gd.A.	Gardearmee (sowjetisch)
Gd.Kav.K.	Gardekavalleriekorps (sowjetisch)
Gd.Pz.A.	Gardepanzerarmee (sowjetisch)
Gd.Schtz.Div.	Gardeschützendivision (sowjetisch)
Gd.Schtz.Rgt.	Gardeschützenregiment (sowjetisch)

Gen.d.Inf.	General der Infanterie
Gen.d.Art.	General der Artillerie
Gen.d.Fl.	General der Flieger
Gen.d.Pz.Tr.	General der Panzertruppe
Genes.Kp.	Genesenenkompanie
Gen.Insp.d.Pz.Tr.	Generalinspekteur der Panzertruppe
Gen.Kdo.	Generalkommando
Gen.Lt.	Generalleutnant
Gen.Maj.	Generalmajor
Gen.Obst.	Generaloberst
GFM	Generalfeldmarschall
gKdos.	Geheime Kommandosache
Gren.Btl.	Grenadierbataillon
Gren.Ers.u.Ausb.Btl.	Grenadier-Ersatz-und Ausbildungsbataillon
Gren.Rgt.	Grenadierregiment
HE	*High Explosiv* (engl./amerik.) Bezeichnung für Sprenggranate
H.Na.S.	Heeres-Nachrichtenschule
H.U.S.	Heeres-Unteroffiziersschule
H.Gr.	Heeresgruppe
HJ	Hitlerjugend
H.K.L.	Hauptkampflinie
Hptm.	Hauptmann
HQ	*Headquarters* (engl./amerik.) - Hauptquartier
H.StGesch.Brig.	Heeres-Sturmgeschützbrigade
Hstuf.	Hauptsturmführer der SS, vergleichbar Hauptmann
HVP	Hauptverbandsplatz
H.u.Ln.Schule	Heeres- und Luftnachrichtenschule
InfDiv	Infanteriedivision
Inf.Ers.Btl.	Infanterie-Ersatzbataillon
InfRgt	Infanterieregiment
i.G.	„im Generalstab“ –Zusatz zum Dienstgrad für Offiziere des Generalsstabsdienstes
IPW Report	Arbeitsberichte der *Interrogation Prisoner of War Teams*
IPW Team	*Interrogation Prisoner of War Team* (engl./amerik.) Kriegsgefangenenbefragungsteam
I&R Plat.	*Investigation and Reconnaissance Platoon* (engl./amerik.) - Untersuchungs- und Aufklärungszug
JG	Jagdgeschwader der Deutschen Luftwaffe
Jgd.Pz.Kp.	Jagdpanzerkompanie
K.Kdt.	Kampfkommandant
Kdr.	Kommandeur
Kdr.d.Pz.Tr.	Kommandeur der Panzertruppen im Wehrkreis
Kdtr.	Kommandantur

KG	Kampfgeschwader der Deutschen Luftwaffe
K.Gr.	Kampfgruppe – Bezeichnung für unterschiedlich zusammengesetzte Einheiten, welche häufig nach ihrem Kommandeur benannt wurden
Koflug	Flughafen-Bereichskommando
Komm.Gen.	Kommandierender General
Korps.Gr.	Korpsgruppe
Kp.	Kompanie
KpChef	Kompaniechef
Krs.	Kreis (entspricht dem heutigen Landkreis)
KTB	Kriegstagebuch
KZ	Konzentrationslager
Lds.Schtz.Btl.	Landesschützenbataillon
Ln.Abt.	Luftnachrichten-Abteilung
Ln.Ers.Kp./Abt.	Luftnachrichten-Ersatzkompanie/-abteilung
Ln.Lehr.u.Versuchs. Abt./Rgt	Luftnachrichten-Lehr- und Versuchsabteilung/-regiment
Ln.S.	Luft-Nachrichten-Schule
LS-Bunker	Luftschutz-Bunker
Lt.	*Lieutenant* (engl./amerik.), Leutnant (deutsch) 1st Lt - Oberleutnant; 2nd Lt - Leutnant
Lt.Col.	*Lieutenant Colonel* (engl./amerik.) - Oberstleutnant
Lt.Gen.	*Lieutenant General* (engl./amerik.) - Generalleutnant
Lw	Luftwaffen
Maj.	Major (engl./deutsch)
Maj.Gen.	*Major General* (engl./amerik.) - Generalmajor
Me 109	Messerschmidt 109 – deutsches Jagdflugzeug
Med Bn	*Medical Battalion* (engl./amerik.) - Sanitätsbataillon
Med Det.	*Medical Detachment* (amerik.) - zu einem Bataillon/Regiment zeitweise abgestellte Sanitätseinheit
MG	Maschinengewehr
MGFA	Militärgeschichtliches Forschungsamt
(mot)	motorisiert
Mort Pla.	*Mortar Platoon* (amerik.) - Granatwerferzug in der HQ Co. der Tk Bn, ausgerüstet mit 81mm Granatwerfern
MP	*Military Police* (engl./amerik.) - Militärpolizei
Na.Abt.	Nachrichtenabteilung (Fernmeldeabteilung)
Na.Lehr.Rgt.	Nachrichten-Lehrregiment
NARA	*National Archives* U.S.A. - Nationalarchiv der USA
NJG	Nachtjagdgeschwader
No.	(engl./amerik.) - steht für Nr.
NSDAP	Nationalsozialistische Deutsche Arbeiterpartei
(o)	(ortsfest) - Flakwaffen auf festem Sockel

OB	Offiziersbewerber
Oberst i.G.	Oberst im Generalstab
Oblt.	Oberleutnant
Obstlt.	Oberstleutnant
Obstgruf.	Oberstgruppenführer der SS, vergleichbar Generaloberst
OB West	Oberbefehlshaber West
Offz.	Offizier
OKH	Oberkommando des Heeres
OKW	Oberkommando der Wehrmacht
OQu.-Abt.	Oberquartiermeisterabteilung der Armee
Ostubaf.	Obersturmbahnführer der SS, entspricht Oberstleutnant
OT	Ortsteil
Pak	Panzerabwehrkanone
Pfc.	*Privat First Class* (engl./amerik.) - Gefreiter
Pi.Btl.	Pionierbataillon
Pi.Schule	Pionier-Schule
PKW	Personenkraftwagen
Plat.	*Platoon* (engl./amerik.) - Zug, Teil einer Kompanie
Plat.Sgt.	*Platoon Sergeant* (engl./amerik.) - Zugfeldwebel
Prov. MG Detachment	*Provisional Military Government Detachment* (amerik,) – Provisorisches Militärregierungskommando
Pvt.	*Privat* (engl./amerik.) - einfacher Soldat
PW/POW	*Prisoner of War* (engl./amerik.) - Kriegsgefangener
PWX Camp	Sammellager für befreite alliierte Kriegsgefangene
Pz.Abw.Zg.	Panzerabwehr-Zug
PzArmee	Panzerarmee
Pz.Jgd.Vbd.	Panzerjagdverband
Pz.Kp.	Panzerkompanie
Pz.Vbd.	Panzerverband
PzGrenDiv	Panzergrenadierdivision
Pz.Jg.Abt.	Panzerjägerabteilung
PzK	Panzerkorps
PzKpfw	Panzerkampfwagen
Pz.Tr.	Panzertruppe
QM Co.	*Quartermaster Company* (amerik.) Versorgungskompanie der *US Army*
R	Reichsstraße, heute Bundesstraße
RAB	Reichsautobahn
RAD	Reichsarbeitsdienst
RAW	Reichsbahnausbesserungswerk
Rcn Plat.	*Reconnaissance Platoon* (engl./amerik.) - Aufklärungszug
Rcn Tp.	*Reconnaissance Troop* (engl./amerik.) - Aufklärungskompanie der *CavRcnSq*

Rcn Co.	*Reconnaissance Company* (engl./amerik.) - Aufklärungskompanie der *TD Bn*
RCT	*Regimental Combat Team* (engl./amerik.) - Regimentskampfgruppe (in den US InfDiv) - trägt die Nummer des Regiments, durch welches sie gebildet wird - z. B. *RCT 38*
Regtl.CP	*Regimental Command Post* (engl./amerik.) - Regimentsgefechtsstand
Regtl.Res.	*Regimental Reserve* (engl./amerik.) - Regimentsreserve
Res.Flak.Abt.	Reserve-Flakabteilung
RFSS	Reichsführer SS
Rgt.	Regiment – deutsche Abkürzung
ROB	Reserveoffiziersbewerber
RSHA	Reichssicherheitshauptamt
Schtz.Kp.	Schützenkompanie
SD	Sicherheitsdienst der SS
Sect.	*Section* (engl./amerik.) - Halbzug, Teil eines Platoon der *US Army*
SFL	Selbstfahrlafette
s.Flak.Abt.	Schwere Flakabteilung
Sgt.	*Sergeant* (engl./amerik.) - Unteroffizier
SHAEF	*Supreme Headquarters Allied Expeditionary Force* (engl./amerik.) - Oberstes Hauptquartier der Alliierten Expeditionsstreitkräfte in Europa
s.Hei.Flak.	schwere Heimatflak
sMG	schweres Maschinengewehr
SMGO	*Senior Military Government Officer* (amerik.) Leitender Offizier der Militärregierung
SPW	Schützenpanzerwagen
SS	Schutzstaffel der NSDAP (1925 gegr. als „Stabswache“ zum pers. Schutz Hitlers; bis 1934 Unterorganisation der SA, danach unter Himmler eigenständiges Repressionsorgan der NSDAP im Dritten Reich)
SSgt.	*Staff Sergeant* (engl./amerik.) - Stabsunteroffizier
SS-Gruf.	SS-Gruppenführer, entspricht Generalleutnant
St.Bttr.	Stabsbatterie der Artillerieeinheiten
Stellv. AK	Stellvertretendes Armeekorps - von den Wehrkreisen aufgestellt
Stellv. Gen.Kdo.	Stellvertretendes Generalkommando - Stab des Stellv. AK
StGesch	Sturmgeschütz
St.Gesch.Brig.	Sturmgeschützbrigade
StGesch.Ers.u.Ausb. Abt.	Sturmgeschütz-Ersatz- und Ausbildungsabteilung
StGesch.Schule	Sturmgeschützschule
St.Kp.	Stabskompanie
Stu.Art.Lehr.Brig.	Sturmartillerie-Lehrbrigade

Stubaf.	Sturmbannführer der SS, entspricht Major
Svc Co.	*Service Company* (engl./amerik.) - Versorgungskompanie
Sw.Abt.	Scheinwerferabteilung
TAC	*Tactical Air Command* (engl.(amerik.) - Taktisches Luftkommando der USAAF
TD Bn	*Tank Destroyer Battalion* (amerik.) - Panzerjägerbataillon der *US Army*,
Tec 5	Technician 5th Grade - Corporal (amerik.)
TF	*Task Force* (engl./amerik.) - Kampfgruppe, bestehend aus allen Waffengattungen in US-Divisionen, gebildet für einen bestimmten Auftrag
Tk Bn	*Tank Battalion* (engl./amerik.) - Panzerbataillon der *US Army*
Tp.	*Troop* (engl.) (engl./amerik.) - Kompanie der *CavRcnSq*
Trsp.	Transport
TrÜbPl	Truppenübungsplatz
TWX-Telegramm	Telegramm mit besonderer Vorrangstufe
Uffz.	Unteroffizier
USAAF	*United States Army Air Force* (amerik.) - Luftwaffe der US Army, heute nur noch *United States Air Force* als eigenständige Teilstreitkraft
(v)	(ortsveränderlich) bei Flakeinheiten
Vers.Rgt.	Versorgungsregiment
Vgl.	Vergleiche
Volks.Art.Korps.	Volks-Artillerie-Korps
VolksGrenDiv	Volksgrenadierdivision - Bezeichnung für Divisionen, die nach dem 20. Juli 1944 aufgestellt wurden und als Reaktion auf das Hitler-Attentat direkt dem Reichsführer-SS als Ob.d.E. unterstellt waren.
V-Waffen	Vergeltungswaffen, auch Wunderwaffen - Bezeichnung für die ersten Marschflugkörper und Großraketen der Wehrmacht
Waffen-SS	Entsteht 1933 aus der Allgemeinen SS als „Stabswache Berlin" – später „Leibstandarte Adolf Hitler"; 1935 entsteht daraus die „SS-Verfügungstruppe" mit Standarten im Reich (u. a. eingesetzt beim Betrieb der KZ's), die mit Beginn des 2. Weltkriegs zur Waffen-SS ausgebaut wird; gegen Ende des Krieges rund 900.000 Mann.
WASAG	Westfälisch-Anhaltische Sprengstoff-Actien-Gesellschaft
W.Kr.	Wehrkreis
WFSt	Wehrmachtsführungsstab
z.b.V.	Zur besonderen Verwendung
ZG	Zerstörergeschwader der Deutschen Luftwaffe
.30cal	Amerikanisches MG Kaliber 7,62mm
.50cal	Amerikanisches MG Kaliber 12,7mm

Nummerierungen:

I a	1. Generalstabsoffizier der Division (Wehrmacht), verantwortlich für Einsatz und Führung
I b	2. Generalstabsoffizier der Division (Wehrmacht), Quartiermeister
I c	3. Generalstabsoffizier der Division (Wehrmacht), verantwortlich für Feindlage und Abwehr
G-1/S-1	Personalabteilung bei der *US Army* („G“ bei Army/Div., „S“ bei Regt./Bn)
G-2/S-2	Abteilung für Feindaufklärung bei der *US Army*
G-3/S-3	Abteilung für Operationen und Planungen der *US Army*
G-4/S-4	Abteilung für Logistik der *US Army*
G-5	Abteilung für administrative Aufgaben der *US Army* in besetzten Gebieten (*Civil Affairs/Military Government*); spezielle *G-5 Sections* gab es ab Ebene der Divisionen
1./271	1. Bataillon des 271st InfRgt, hier der 69th US InfDiv der *US Army*
4./662	Kurzform für 4./s.Flak.Abt. 662 (o) - 4. Batterie der schweren Flakabteilung 662 (ortsfest) der Deutschen Wehrmacht

Quellenverzeichnis

Military Studies, Historical Division USAREUR/OCMH, Washington DC im Bestand des Bundesarchiv-Militärarchiv Freiburg i. Br. und National Archives Microfiche Publication, Foreign Military Studies, U.S.A.

ZA 1/144 A-893	Gen.Maj. Frhr. v. Gersdorff, Chef d. Stabes 7. Armee, „Die Endphase des Krieges - Vom Rhein zur tschechoslowak. Grenze" v. 20.03.46
ZA 1/660 B-309	Gen.d.Inf. Hitzfeld, „Kampf in Mitteldeutschland (22.3.-11.5.), dies im Rahmen des LXVII. AK für Zeit 22.3.-19.4. 45" v. 22.08.46
ZA 1/857 B-507	Gen.d.Inf. Petersen, Komm.Gen. Gen.Kdo. XC.AK "Kämpfe vom 20.03.45 bis 6.05.45" v. Nov.46-Mai 47
ZA 1/858 B-507	Skizzen XC. AK - Petersen
ZA 1/935 B-583	Gen.d.Inf. F. Schulz - Mai 1946, Lage (im Großen) H.Gr. G April 1945 (identisch mit Brief)
ZA 1/1056 B-703	Oberst i.G. Horst Wilutzky, Ia der H.Gr. G, „Der Kampf der H.Gr. G im Westen –-Abschlusskämpfe in Mittel- und Süddeutschland bis zur Kapitulation vom 22.03.–06.05.45" v. Sept./Okt. 47
ZA 1/2418- 2420	(T-123), Geschichte des OB West - GFM Kesselring, Band I-IV

NARA B-219	Gen.d.Pz.Tr. Maximilian Reichsfreiherr v. Edelsheim - Bericht über die Tätigkeit des deutschen XXXXVIII. PzK beim amerikanischen Feldzug in Mitteldeutschland vom 11.04.-03.05.45 v. 12.07.1946
NARA B-394	Gen.d.Pz.Tr. Walter Wenck – An beiden Ufern der Elbe, 12. Armee, 11.4. – Mai 1945
NARA B-414	Oberst i.G. Rolf Geyer – Darstellung des Verlauf der Kämpfe auf deutscher Seite bei Heeresgruppe H vom 10.3. bis 9.5.1945
NARA B-581	Oberst Fritz Estor - Kämpfe der 11. Armee April 1945 in Mitteldeutschland
NARA B-606	Oberst Günther Reichhelm – Das letzte Aufgebot (Kämpfe der deutschen 12. Armee im Herzen Deutschland 13.4.-7.5.1945)

Bundesarchiv-Militärarchiv Freiburg i. Br.

RW 4/v.134	Tägliche Wehrmachtsberichte des OKW v. 1.4.-16.4.45
RH 8/1265	Bericht Entwurf u. Einsatz des A4-Gerätes v. Gen.Maj. Dornberger, Insp. d. FR - Truppen 1945, Verzeichnis der Verlagerungsorte März 45
RH 19 XII/ N 318/ 1	Gen.d.Inf. Friedrich Schulz, Oberbefehlshaber der H.Gr. G, „Lage, Auftrag und Maßnahmen der H.Gr. G im April 45", Nachlass handschr. v. 7.5.46, 6 Seiten

Amerikanische Unterlagen, Chroniken, Bücher

- United States Army in World War II - Special Studies, Chronology 1941-1945, compiled by Mary H. Williams, Office of the Chief of Military History, Department of the Army, Washington D.C. 1960
- United States Army in World War II - The E.T.O, The last offensive - Chapter XVII, Sweep to the Elbe by Charles B. Mac Donald, Center of Military History, Washington D.C. 1993
- Order of Battle U.S. Army in World War II, Shelby L. Stanton, Presidio Press, Novato CA 1985
- Central Europe - The U.S. Army Campaigns of World War II - Edward N. Bedessem, U.S. Army Center of Military History CMH-Pub 72-36, (Broschüre, veröffentlicht im Internet 27.10.2000)
- "Normandy to Victory. The War Diary of General Courtney H. Hodges & the First U.S. Army", Maj. William C. Sylvan & Capt. Francis G. Smith Jr., Copyright 2008 by the Association of the U.S. Army
- "Spearhead in the West - The Third Armored Division 1941-1945", reprinted by the Battery Press, Library of Congress Katalog No. 80-65-184
- "Spearheading with the Third Armored Division", written 1945, Übersetzung Jürgen Möller, 2001
- "Death Traps – The Survival of an American Armored Division in World War II", by Balton Y. Cooper, Presidio Press, Copyright 1998. Übersetzung Jürgen Möller, 2001
- "Phantom Nine: The 9th Armored (Remagen) Division 1942–1945" Dr. Walther E. Reichelt, 1987, Übersetzung Jürgen Möller, 2002
- HQ 9th Armored Division - PR-Section, Capt. Cav. PR Officer Charles Gillett 3. Sept. 1945, Übersetzung: Ulrich Koch, Archiv Koch-Berlin
- "Danger Forward – The story of the First Division in World War II", Society of the First Division, Washington D.C.
- "The First! The story of the 1st Infantry Division", "GI Stories" published by the "Star & Stripes" in Paris, 1944-1945
- "Trespass against them, history of the 271st infantry regiment, 15 May 1943-25 May 1945", John F. Higgins, Naumburg, H. Sieling, 1945 Compiled and written by Lt. John F. Higgins - Archiv Joseph Lipsius
- "History of the Battle axe regiment of the Fighting 69", Leipzig, J. J. Weber, 1945/ Editor, E. Cline Fletcher - Archiv Joseph Lipsius
- "273rd infantry history - First to meet Russian Army", Grimma, Friedrich Bode, 1945 Written by Sgt. Elbert H. Duncan, Archiv Joseph Lipsius
- "The Thunderbolt across Europe", Chronik der 83rd Infantry Division
- "Eight Stars to Victory – A history of the veteran Ninth US Infantry Division"
- "The 9th Infantry Division in WW II – As told by the man", Robert Cardinell
- "Timberwolf Tracks: The History of the 104th Infantry Division, 1942-45" by Leo A. Hoegh, and Howard J. Doyle, Washington, D.C.; Infantry Journal Press
- "Unit History of the 87th Chemical Mortar Battalion 22 May 1943 to 6 November 1945" by R. Bruce Elliott

Amerikanische Kriegstagebücher

- After Action Report V. Corps April 1945, NARA 205-0.3
- After Action Report 9th AD, April 1945, NARA 609-0.3
- After Action Report 2nd InfDiv, April 1945, NARA 302-0.3
- After Action Report 69th InfDiv, April 1945, NARA 369- 0.3
- G 3 Journal 69th InfDiv, April, Mai 1945, NARA 369-3
- After Action Report 102nd CavRcnSq, April 45, v. Barbera Berntsen, 1999
- Combat History 102nd CavRcnSq, NARA
- After Action Report VII. Corps, April 1945, NARA 207-0.3
- After Action Report 3rd AD, April 1945, NARA 603-0.3
- G-3 Periodic Report 3rd AD, April 1945, NARA, 603-3.1
- After Action Report CCA 3rd AD, April 1945, NARA 603-CCA-0.3
- After Action Report CCB 3rd AD, April 45, NARA 603-CCB-0.3
- After Action Report 83rd Armd Rcn Bn, April 1945, NARA 603-CAV-0.3
- After Action Report 36th AIR, 3rd US AD, Combined Arms Research Library CARL Fort Leavenworth
- S-3 Unit Journal 36th AIR, April 1945, NARA, 603-Inf.(36)-3.2
- After Action Report 67th AFA Bn, April 1945, CARL Fort Leavenworth
- Operational Report 703rd TD Bn, April 1945, CARL Fort Leavenworth
- Unit History 703rd TD Bn, 1945, NARA
- After Action Report 9th US InfDiv, April 1945, NARA 309-0.3
- After Action Report 746th Tk Bn, CARL Fort Leavenworth
- After Action Report 104th InfDiv, April 1945, NARA, 3104-0-3
- After Action Report 750th Tk Bn, April 1945, NARA ARBN-750-0.3
- After Action Report 817th TD Bn, CARL Fort Leavenworth
- XIX Corps Combat Chronology April 1945
- 8th Armored Division History
- 8th Armored Division After Action Interviews
- After Action Report G-2, 8th Armored Division, April/Mai 1945
- After Action Report CCA, 8th Armored Division, April 1945
- After Action Report 7th AIB, 8th AD, April 1945
- After Action Report CCB, 8th Armored Division, April 1945
- History of the 49th AIB, 8th Armored Division April 1945
- After Action Report CCR, 8th Armored Division, April/Mai 1945
- After Action Report 58th AIB, 8th Armored Division, April 1945
- After Action Report 80th Tk Bn, 8th Armored Division, April 1945
- After Action Report 88th CavRcnSq, 8th Armored Division, April 1945
- Unit Journal 329th IR, 83rd Infantry Division, April 1945
- After Action 329th IR, 83rd Infantry Division, April/Mai 1945
- After Action 330th IR, 83rd Infantry Division, April/Mai 1945
- After Action 331st IR, 83rd Infantry Division, April/Mai 1945
- Unit History 643rd TD Bn, 83rd US InfDiv, CARL Fort Leavenworth
- Brief History 113th CavGp, NARA

Deutsche Unterlagen, Chroniken, Bücher (Auswahl)

- KTB des OKW (WFSt) 1940-1945 geführt v. Helmuth Greiner u. Percy E. Schramm, KTB des OKW (WFSt) 01. 01.1944 - 22.05.1945, Band 4 v. Percy E. Schramm, Bernard & Graefe Verlag GmbH & Co. Kg, Bonn
- „Die Geheimen Tagesberichte der Wehrmachtsführung im Zweiten Weltkrieg 1939–1945“, Bd.12 1.1.45-8.5.45 - Kurt Mehner Biblio Verlag Osnabrück 1984
- „Verbände und Truppen der deutschen Wehrmacht und Waffen-SS 1939–1945“, Georg Tessin; Bd. 1-15, 2. verbesserte Auflage, 1972-79, Biblio Verlag Osnabrück
- „Die Deutsche Wehrmacht 1939 - 1945 - Führung und Truppe“, Kurt Mehner; Militair-Verlag Klaus D. Patzwall - Norderstedt 2. Auflage 1993
- „Heereseinteilung 1939“, Gen.Lt. a.D. Friedrich Stahl, Verlag Hans-Henning Podzun - Bad Nauheim 1954
- „Das Deutsche Heer 1939-1945“, Wolf Keilig; Podzun-Pallas-Verlag Bad Nauheim 1956
- „Das große Buch der Deutschen Heere im 20. Jahrhundert“, Bruce Quarrie, Podzun-Pallas-Verlag 1990
- „Die Generäle des Heeres“, Wolf Keilig, Podzun-Pallas-Verlag GmbH, Friedberg 1983
- „Deutscher Volksturm - Das letzte Aufgebot 1944/1945“ v. Franz W. Zeidler , Bechtermünz-Verlag, für Weltbildverlag GmbH, Augsburg 1999
- „Hitlers Weisungen für die Kriegsführung 1939-1945“, Walter Hubatsch, Bernhard & Gräfe Verlag für Wehrwissen, Frankfurt/Main, 1962
- „Der Zweite Weltkrieg – Kampf ums Reich – Krieg an allen Fronten“, Verlag Pabel-Moewig Rastatt, 1994
- „Die amerikanische Besetzung Deutschlands“, Klaus-Dietmar Henke, R. Oldenbourg Verlag, München, 1996
- „Wehrmacht und Niederlage“, Andreas Kunz, Schriftreihe des MGFA, Band 64, R. Oldenbourg Verlag, München, 2005
- „Deutschland im Zweiten Weltkrieg“, Wolfgang Schumann und Olaf Groehler, Bd. 6, Akademie-Verlag Berlin 1985
- „Deutsche Chronik 1933–1945“, Heinz Bergschicker, Verlag der Nation Berlin, 4. Auflage 1988
- „Der Zweite Weltkrieg - Kampf ums Reich - Krieg an allen Fronten“, Verlagsunion Pabel-Moewig KG Rastatt 1994
- „Der Zweite Weltkrieg“, Heinz Bergschicker, Deutscher Militärverlag, Berlin 1964
- „Geschichte des Zweiten Weltkrieges 1939–1945“, 10. Band, Kartensammlung
- „Die Besatzer und die Deutschen - Amerikanische Zone 1945 – 1948“, Klaus-Jörg Ruhl, Droste Verlag Düsseldorf 1980, Sonderausgabe für Gondrom Verlag GmbH & Co.KG. Bindlach 1989
- „Der verdammte Krieg - Kriegsende 1943-45“, Guido Knopp, C. Bertelsmann Verlag GmbH , München 1991, Sonderausgabe 1998
- „Kriegsende 1945 in Deutschland“, Schriftreihe des MGFA, Band 55, R. Oldenbourg Verlag, München, 2002

- „Die amerikanische Besetzung Deutschlands“ v. Klaus-Dietmar Henke, R. Oldenbourg Verlag, München, 1996
- „Transatlantische Kulturkriege: Shepard Stone, die Ford-Stiftung und der europäische Antiamerikanismus“ v. Volker Rolf Berghahn, 1. Auflage 2004
- „Kampf um die Akten: die Westalliierten und die Rückgabe von deutschem Archivgut nach dem Zweiten Weltkrieg“ v. Astrid M. Eckert, 1. Auflage 2004
- „Goebbels Tagebücher 1945 – Die letzten Aufzeichnungen“, Lizenzausgabe mit Genehmigung des Hoffmann und Campe Verlag Hamburg
- „Soldat bis zum letzten Tag“, Albert Kesselring, Generalfeldmarschall a.D., Verlag S. Bublis Schnellbach 2000, Erstauflage 1953
- „Ein Infanterist in zwei Weltkriegen“, Otto Maximilian Hitzfeld, Biblio Verlag, Osnabrück 1983
- „Die Armee Wenck - Hitlers letzte Hoffnung“, Günther W. Gellermann; Bernard & Graefe Verlag Bonn, 3. Auflage1997
- „Die Armee Wenck – Hitlers letzte Hoffnung“ v. Günther W. Gellermann, Bernard & Graefe in der Mönch Verlagsgesellschaft mbH Bonn, 4. Auflage 2007
- „Die Infanterie-Division Scharnhorst – Ihr Einsatz im April/Mai 1945“ v. Heinz Ulrich, dr. ziethen verlag Oschersleben, 2008
- „Österreicher in den SS-Einsatzgruppen und SS-Brigaden – Die Tötungsaktionen in der Sowjetunion 1941-1942“ v. Josef Fiala, Diplomica Verlag, Nov. 2012
- „Das Ende im Westen 1945“, Werner Haupt, Podzun-Verlag, 1972
- „Das Ende zwischen Ems und Weser 1945“ v. Günter Wegmann, Verlag Wenner, 2. Auflage 2000
- „Seelow 1945“ v. Richard Lakowski, Brandenburgisches Verlagshaus Berlin, 2. Auflage 1995
- „75 Days Only: 75 Tage US-Besatzung in Plauen“ v. Rudolf Laser/Joachim Mensdorf, Vogtland-Verlag. Mai 2000
- „Die letzten Tage in der Festung Harz“, Manfred Bornemann, Piepersche Druckerei und Verlag GmbH Clausthal-Zellerfeld, 5. Auflage 1990
- „Schicksalstage im Harz“, Manfred Bornemann, Piepersche Druckerei und Verlag GmbH Clausthal-Zellerfeld, 6. Auflage 1989
- „Zeitzeugen – Der Harz im April 1945“ v. Robby Zeitfuchs/Volker Schirmer, Selbstverlag
- „Krieg in der Heimat ...bis zum bitteren Ende im Harz“, Ulrich Saft, Militärbuchverlag Saft Walsrode, 2. Auflage 1996
- „Auf Spurensuche - Der Kreis Sangerhausen 1939–1945“, Thilo Ziegler, 1999
- „Die 1st US Infantry Division „The Big Red One“ April 1945 zwischen Weser und Harz” Band 1, Dipl. Museologe Peter Nücherlein, Schmiedemuseum „Krell'sche Schmiede“ Wernigerode, 2001
- „Das Kriegstagebuch der 83rd US Infanterie Division für die Monate April und Mai 1945“ Band 1“, Dipl. Museologe Peter Nüchterlein, Schmiedemuseum „Krell'sche Schmiede“ Wernigerode, 1999

- „Our Way to Halle – Der Marsch der ‚Timberwölfe' nach Halle", Matthias J. Maurer, fliegenkopf verlag Halle 2001
- „Übergabe oder Vernichtung" v. Ernst Ludwig Bock, fliegenkopf verlag Halle, 1993
- „Der Kampf um Berlin 1945" v. Tony Le Tissier, Ullstein-Verlag
- „Kriegsschauplatz Sachsen 1945 - Daten, Fakten, Hintergründe" v. Eberhardt Berndt, Wolfgang Fleischer, DZA Verlag f. Kultur u. Wiss. GmbH Altenburg 1995
- „Grenzfluss Mulde – Kriegsende 1945 in Nordsachsen" herausgegeben von Adolf Böhm, Sax – Verlag Beucha, 1. Auflage 1995
- „Alte Soldaten sterben nicht – Krieg und Kriegsgeschrei im Leipziger Land" v. Dieter Walz, Sachsenbuch Verlagsgesellschaft Leipzig, 1998
- „Das Kriegsende in Sachsen 1945" v. Wolfgang Fleischer, Poszun-Pallas Verlag, 2004
- „Historischer Atlas zum Kriegsende 1945 zwischen Berlin und Erzgebirge" v. Joachim Schiefer, Sax-Verlag Beucha, 1. Auflage 1998
- „Zwischen Leipzig und der Mulde – Flugplatz Brandis 1935–1945" v. Stephen Ransom, Stedinger Verlag Lemwerder, 2. Auflage 1999
- „Flugplätze der Luftwaffe 1934–1945", Bd. 4 Sachsen-Anhalt, v. Jürgen Zapf, VDM
- „Einsatz 1027 – Der Luftangriff auf Dessau" v. Olaf Groehler, Beiträge zur Stadtgeschichte 1986
- „Gruppenfeuer und Salventakt – Schüler und Lehrlinge bei der Flak 1943–1945" v. Hans-Dietrich Nicolaisen, Selbstverlag Dr. Nicolaisen, Büsum, 1993
- „Die Flakhelfer – Luftwaffen- und Marinehelfer im Zweiten Weltkrieg" v. Hans-Dietrich Nicolaisen, Ullstein Verlag, 1985
- „Flak" v. Horst Adalbert Koch, Podzun-Verlag, Bad Nauheim, 2. Auflage 1965
- „200 Jahre Militär in Dessau – Vom Jägerkorps zur Bundeswehr" v. Andreas Bernstein, Funk Verlag Bernhard Hein e. K. Dessau, 2006
- „Eilenburg April 1945" v. Andreas Flegel, Hans Fröhlich, Geiger-Verlag Horb am Neckar, 2004
- „Soldaten an der Elbe", Hrsg. Uwe Niedersen, Sächsische Landeszentrale für Politische Bildung, 2008
- „Elbe Begegnungen – Link up", Photo Report 25./26./27. April 1945, herausgegeben von Dr. Uwe Niedersen, Torgau 2005
- „Nordhausen im Bombervisier – Zum Luftkriegsschicksal einer mitteldeutschen Stadt 1940-1945", Walter Geiger, Verlag Neukirchner, 1. Auflage 2000
- „Konzentrationslager Mittelbau-Dora 1943–1945" v. Jens-Christian Wagner, Göttingen 2007
- „Der Ort des Terrors. Geschichte der nationalsozialistischen Konzentrationslager" Gesamtwerk Bd. 3 Sachsenhausen, Buchenwald v. Wolfgang Benz, Barbara Distel von Bick, Apr. 2006
- „Die Dessauer Chronik – Sonderheft - Der Vorstoß der 3. US-Panzerdivision ‚Spearhead' von der Saale zur Mulde im April 1945 und die Einnahme der Stadt Dessau" v. Horst Kaczmarek, Funk Verlag Bernhard Hein e.K. Dessau, 2. Auflage 2006

- „…Wittenberg brennt" – Das Kriegsende in der Lutherstadt Wittenberg, den Städten und Dörfern des Fläming und der Elbaue v. Gottfried Herrmann, Drei Kastanien Verlag, 1999
- „Brückenkopf Zerbst – Der amerikanische Vorstoß über die Elbe im April 1945" v. Udo Pfleghar, Extrapost – Verlag für Heimatliteratur Zerbst, 2. Auflage 2007
- „Bitterfeld und das untere Muldetal – Eine landeskundliche Bestandsaufnahme im Raum Bitterfeld, Jeßnitz (Sachsen-Anhalt), Raguhn, Gräfenhainichen, Brehna", Hrsg. Günther Schönfelder, Frauke Gränitz u. Haik Thomas Porada, Böhlau-Verlag, 2. Auflage 2009
- „Fürstenberg-Drögen: Schichten eines verlassenen Ortes", Hrsg. Florian von Butlar, Edition Hentrich, Berlin, 1994

Deutsche Zeitzeugenberichte, Veröffentlichungen, private Sammlungen und Archivunterlagen

- „Die Aktion Leuthen - Das Ende des deutschen Ersatzheeres im Frühjahr 1945", Andreas Kunz, MGFA - Zeitschrift für Geschichtswissenschaften, Heft 9, 48. Jahrgang 2000, S. 789 ff.
- „Dokumente zur Panzerlage der faschistischen Wehrmacht im April 1945" v. Heinz Sperling u. Werner Stang in Militärgeschichte 2./72
- „Evakuierungstransporte des KZ Buchenwald und seiner Außenkommandos", Buchenwaldheft 16, Christine Schäfer, NMG Buchenwald 1983
- „Nordhausen unter dem Sternenbanner", Peter Kuhlbrodt, Schriftenreihe heimatgeschichtlicher Forschungen des Stadtarchiv Nordhausen, Nr. 7, 1995
- „Thale zur Zeit des Nationalsozialismus 1933–1945", Heiko Golla, 1. Auflage 2005
- „Elbe-Operationen – Die Kämpfe um die amerikanischen Brückenköpfe im April 1945", Peter Wittig, Sonderheft Dresden 2004, Militärhistorische Schriften des Arbeitskreises Sächsische Militärgeschichte e.V.
- „Das Kriegsende im Stab eines Armeekorps" Sonderheft Dresden 2005. Militärhistorische Schriften des Arbeitskreises Sächsische Militärgeschichte e.V.
- „Die RAD-Infanteriedivision ‚Friedrich Ludwig Jahn' – Aufstellung und Einsatz beim Kampf um Berlin April/Mai 1945", Heeresgeschichtliches Museum Wien, 1993
- „Beiträge zur Militärgeschichte der Stadt Aschersleben" v. Heiko Trentzsch
- „Bitterfelder Heimatblätter XXVI" 2005, Beiträge v. Armin Feldmann und Uwe Holz
- „71 Tage im Jahr 1945" v. Bernhard Hübner, Eigendruck 2010
- Verein Mansfelder Berg- und Hüttenleute e.V. Mitteilung 74, 2/2005, Bericht „Ende des Krieges und Neuanfang 1945"
- „Die Saalebrücke in Alsleben – Dokumentation der Baugeschichte" MR Dipl.Ing. Friedrich Standfuß, TU Dresden
- Untersuchungsbericht zur Altlastensituation im Bereich Lossa v. Dipl.Geol. Dietmar Staude, Dr. Erwin Weßling GmbH, 2006
- „Das Ende des 2. Weltkrieges und der Neubeginn" v. Klaus-Peter Synnatzschke, 14.09. 2007

- Sammlung Ziegler, Sangerhausen (Kopien des Briefverkehrs zwischen den Gemeinden und dem Landratsamt Sangerhausen zur Chronik von Sangerhausen 1947, Originale im Bestand Archiv Sangerhausen)
- Sammlung Rudi Herz, Berlin
- Sammlung Eiermann, Sinsheim - Handakte Maj. Oxenius, OKW/WFSt/Org aus Bestand der MGFA Dokumentenzentrale
- Stadtchronik Aken v. Franz Winkelmann, Bestand Stadtmuseum Aken
- Chronik von Köthen, 1997

Weitere Beiträge aus Zeitschriften und Zeitschriftenreihen

- Akener Nachrichtenblatt Nr. 372 v. 07.04.2005, Beitrag von Bürgermeister Hansjochen Müller
- Akener Nachrichtenblatt Nr. 450, „Meine Nachkriegszeit 1945“ v. Arno Cwiertnia
- „Der Spiegel“ Ausgabe 38/2005 „Das vergessene Geheimnis“ und 19/2006 „Geheimes KZ im Untergrund“
- Leipziger Volkszeitung LVZ, Sonderausgabe 1995, Tagebuch M. Seifert
- Nordsächsischen Rundschau v. 21.04.97
- Mitteldeutsche Zeitung MZ v. 13.05.2005

Webseiten

- „Die Garnison Halle (Saale) zwischen 1919 und 1939“, paper.olaf-freier.de
- „Fliegerhorst Halle und Heeres- und Luftnachrichtenschule Halle“, www.scheer-halle.de
- „Die Bewahrung Halles vor der totalen Vernichtung im April 1945“ v. Prof. Dr. Erwin Könnemann, www.halle.de v. Febr. 2011
- „Speerspitzen befreien die Region“, www.weissandt-goelzau.de
- „Das Ende des Zweiten Weltkrieges in Eisleben und das Kriegsgefangenenlager von Helfta“, www.harz-saale.de
- “The saga of the Red Horse – a short account of the Combat Operations in Europe during 1944-1945 of the 113th Cavalry Group Mechanized”, 2008, www.redhorse.nl
- “Elbe Operations” by Lt. Houcek, Historical Division, US Army, 2010, www.History. army. mil/documents/elbe-fm.htm
- „The Battle of Raguhn“ v. W. E. Brasey, HQ Co. 414 auf www.104infdiv.org
- „Bombenhagel auf das Industriegebiet“ v. Manfred Gill, 20.07.09, www.mz-web.de
- „Die Junkers Flugzeug- und Motorenwerke AG Bernburg“, www.bbglive.de
- „Historische Luftbilder – Fotoschüsse im Tiefstflug“ auf Spiegel online
- „Die Pretzscher Flugschule“ v. Franz Späth, www.pretzsch-Elbe-info
- „Die Flakartillerie in Dessau“, www.militärmuseum-anhalt.de
- „Bombenkrieg und Abwehr in Dessau“, www.lexikon-der-Wehmacht.de
- „Erinnerungen an das Kriegsende 1945“ auf home.arcor.de/kriegsgefangene
- 3rd Armored Division History Foundation, www.3ad.com
- „Jahresarbeit von Jan Matussek im Fach Geschichte 1997/1998“, marvin.sn.schule. de
- www.bernburg.de

- www.gemeinde.edderitz.de
- www.händelstadt-halle.de
- www.kleinzerbst.eu
- www.leipzig-halle-airport.de
- www.siedlung.andat.de
- www.soldiersmuseum.com

Informationen, die dem Internetportal Wikipedia unter dem jeweiligen Schlagwort entnommen wurden, sind als solche gekennzeichnet und haben den Stand August 2012.

Verwendetes Kartenmaterial

- Topographische Karte der US Army, Central Europe, 1:100 000, 1st Edition, published by War Office, 1944
- Messtischblätter 1:25 000 des Landesamtes für Vermessung und Geoinformation Sachsen-Anhalt, Ausgabe 1934-1938/40
- Stadtplan der Stadt Dessau-Roßlau, als Beilage zum Dessauer Adressbuch 1940, C. Dünnhaupt Verlag Dessau, Zerbster Straße 16
- Shell Reisedienst Straßenkarte Nr. 11 Thüringen - Mitteldeutschland (vor 1945)
- Shell Reisedienst Straßenkarte Nr. 12, Sachsen-Mitteldeutschland (vor 1945)
- Wanderkarte 1:100 000 Umgebung von Halle/Saale, Verlag Conrad Hirte & Sohn, Halle/Saale (vor 1945)

Luftaufnahme der USAAF von Halle mit dem Kaiserplatz (Rathenauplatz) und der Pauluskirche sowie Teilen des Güterbahnhofes am 24. März 1945.
Foto: Mit freundlicher Genehmigung der Luftbilddatenbank Dr. Carls

Niedrigflug-Luftaufnahme der USAAF vom Bahnhofsgelände Halle.
Datum nicht hinterlegt.
Foto: National Archives, 342-FH-3A19476-75266AC (fold3.com)

Niedrigflug-Luftaufnahme der USAAF vom Halle. Datum nicht hinterlegt.
Foto: National Archives, 342-FH-3A19475-75265AC (fold3.com)

Deutsche Luftaufnahme des Gebietes von Dessau nach Süden bis Raguhn vom 20. April 1944
Foto: Mit freundlicher Genehmigung der Luftbilddatenbank Dr. Carls

Die Junkerswerke Dessau im Bombenhagel

Luftaufnahme des Angriffs der 8th USAAF auf die Junkerswerke Dessau am 30. April 1944
Foto: National Archives, 342-FH-3A21181-12361AC (fold3.com)

Luftaufnahmen des Angriffs der 8th USAAF auf die Junkerswerke Dessau am 16. August 1944
Fotos: National Archives, 342-FH-3A21156-A54898AC/342-FH-3A21156-A54898AC (fold3.com)

Die Junkerswerke Dessau beim Luftangriffs der 1st Bomber Division der 8th USAAF am 21. September 1944
Fotos: National Archives, 342-FH-3A21158-72521AC (fold3.com)

Niedrigflug-Luftaufnahme der USAAF vom Flugplatz Bernburg. Datum nicht hinterlegt. Im Vordergrund ein zerstörtes deutsches Flugzeug in der Abstellbox
Foto: National Archives, 342-FH-3A19470-75260AC (fold3.com)

Niedrigflug-Luftaufnahme der USAAF von den Zerstörungen im Bereich der Junkerswerke Köthen. Datum nicht hinterlegt. Foto: National Archives, 342-FH-3A19477-75267AC (fold3.com)

Niedrigflug-Luftaufnahme der USAAF von den Zerstörungen im Bereich der Junkerswerke Köthen bei erneutem Anflug. Datum nicht hinterlegt.
Foto: National Archives, 342-FH-3A19478-75268 AC (fold3.com)

Zerstörte deutsche Flugzeuge auf dem Flugplatz Köthen

Oben: Jagdflugzeug Focke Wulf FW 190
Unten: Beschädigter Dornier-Bomber
Fotos: Sgt. Schreck, 3rd US AD. Courtesy Soldiers Museum, Don Wagner

Oben: Ausgebrannter Lastensegler DFS 230
Unten: Zerstörte Messerschmidt Me 410
Fotos: Sgt. Schreck, 3rd US AD. Courtesy Soldiers Museum, Don Wagner

Zweisitziges Schulflugzeug FW 190 auf dem Flugplatz Köthen
Foto: Sgt., 3rd US AD. Courtesy Soldiers Museum, Don Wagner

Brig.Gen. Boudinot, CCB 3rd US AD, besichtigt am 22. April 1945 erbeutete Triebwerke in der Flugzeughalle Köthen
Foto: National Archives, SC 194827

Ehemaliges Kriegsgefangenenlager Zirkelschacht bei Klostermansfeld

In den Gebäuden befand sich von 1940-1945 ein Lager für kriegsgefangene alliierte Soldaten, die im Vitzthumschacht zur Arbeit eingesetzt wurden.
Fotos: Mit freundlicher Genehmigung von Heinz Wick, Camburg, 2007

Oben: Saalebrücke Alsleben.
Fotos: Jürgen Möller, 2012

Unten: Saalefähre Brachwitz bei Halle

Oben die Straßenbrücke und unten die parallel verlaufenden Eisenbahnbrücke über die Taube (früher Landgraben) bei Aken Fotos: Jürgen Möller, 2012

Oben: Elbfähre Aken
Unten: Elbbrücke Dessau-Roßlau
Fotos: Jürgen Möller, 2012

Oben: Saale bei Friedeburg
Fotos: Jürgen Möller, 2012

Unten: Bahnbrücke Nelben

Oben: Saalefähre Rothenburg
Fotos: Jürgen Möller, 2012

Unten: Hallesche Brücke Raguhn

Soldatengräber – Stumme Zeitzeugen

Gräber deutscher Soldaten auf dem
Friedhof Alsleben
Fotos: Jürgen Möller, 2012

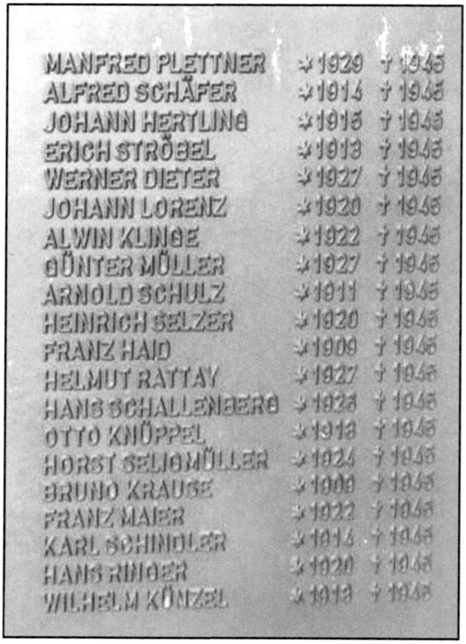
MANFRED PLETTNER ✱1929 † 1945
ALFRED SCHÄFER ✱1914 † 1945
JOHANN HERTLING ✱1916 † 1945
ERICH STRÖBEL ✱1913 † 1945
WERNER DIETER ✱1927 † 1945
JOHANN LORENZ ✱1920 † 1945
ALWIN KLINGE ✱1922 † 1945
GÜNTER MÖLLER ✱1927 † 1945
ARNOLD SCHULZ ✱1911 † 1945
HEINRICH SELZER ✱1920 † 1945
FRANZ HAID ✱1909 † 1945
HELMUT RATTAY ✱1927 † 1945
HANS SCHALLENBERG ✱1928 † 1945
OTTO KNÜPPEL ✱1913 † 1945
HORST SELIGMÜLLER ✱1924 † 1945
BRUNO KRAUSE ✱1909 † 1945
FRANZ MAIER ✱1922 † 1945
KARL SCHINDLER ✱1914 † 1945
HANS RINGER ✱1920 † 1945
WILHELM KÜNZEL ✱1913 † 1945

Kriegsgräberstätte Bernburg
Gletschergarten
Foto: Jürgen Möller, 2012

Ludwig Breitenbach
geb. 28.04.1927 gef. April 1945

Kriegsgräberstätte Bobbau
mit 73 Grabstellen bekannter
und unbekannter deutscher
Soldaten
Fotos: Jürgen Möller, 2012

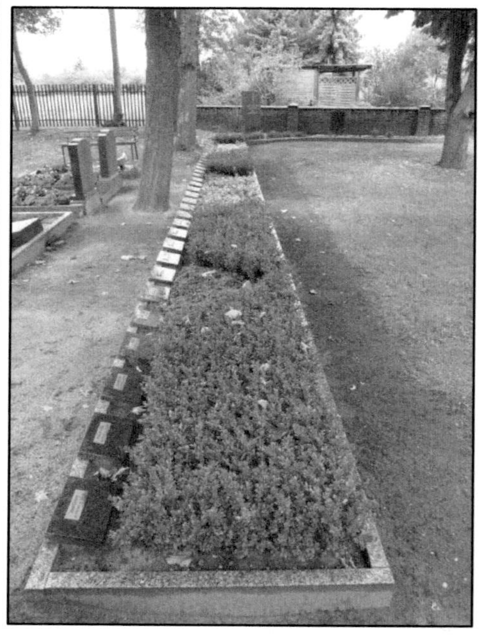

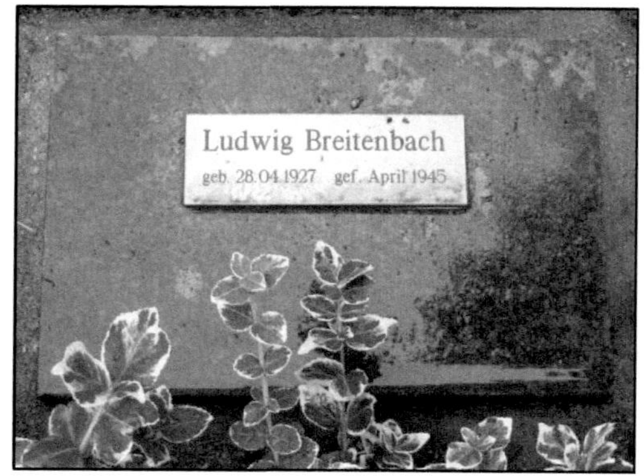

Soldatengräber in Brehna
Foto: Jürgen Möller, 2012

Soldatengrab in Heideloh
Foto: Jürgen Möller, 2012

Grabstätte Großpachleben
Foto: Jürgen Möller, 2012

Sammelgrab für die Gefallenen der Kämpfe um Raguhn auf dem Friedhof Raguhn
Foto: Jürgen Möller, 2012

Der Vorstoß zur Saale und Elbe 11. – 13. April 1945

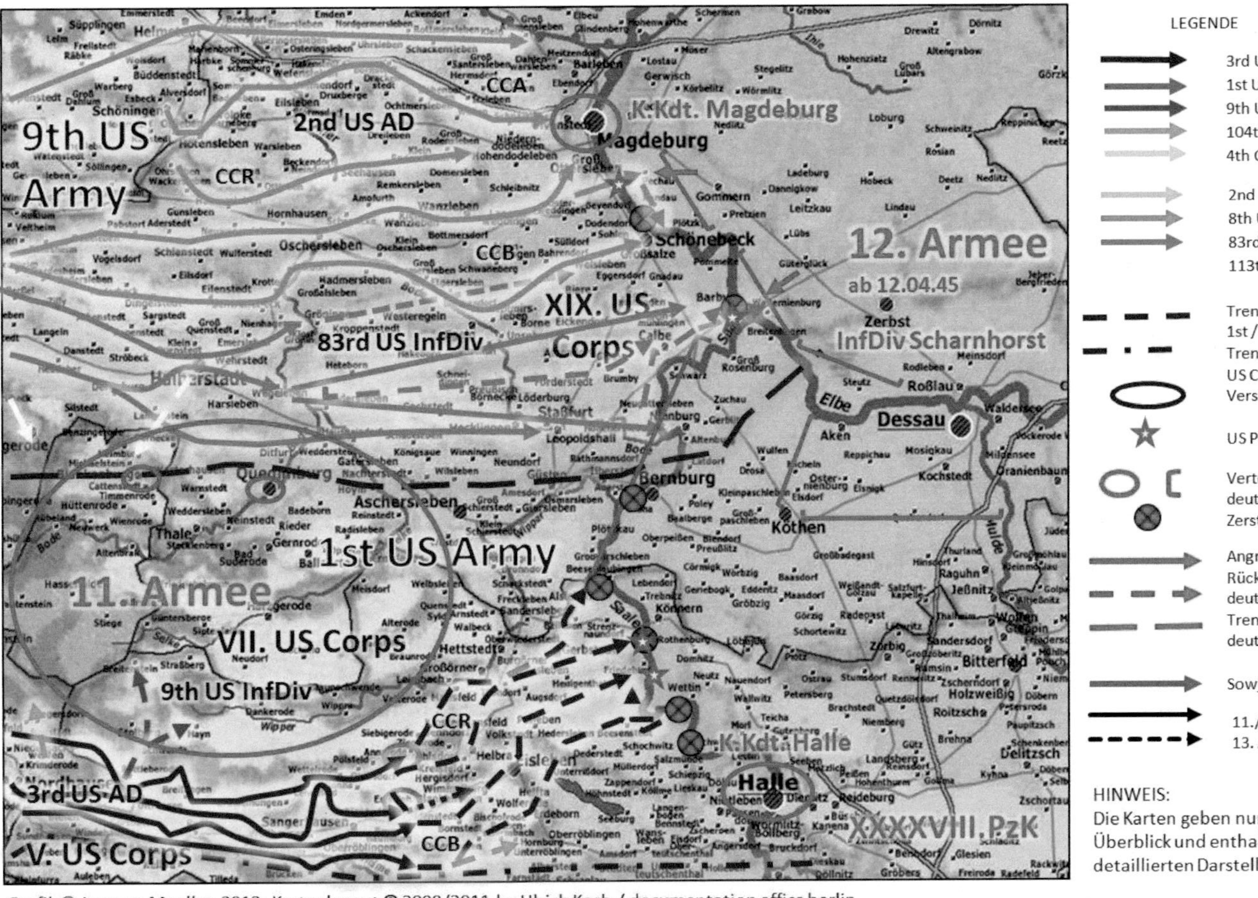

LEGENDE

3rd US AD
1st US InfDiv
9th US InfDiv
104th US InfDiv
4th CavGp

2nd US AD
8th US AD
83rd US InfDiv
113th CavGp

Trennungslinie 1st / 9th US Army
Trennungslinie US Corps
Versammlungsraum
US Pionierbrücke
Verteidigte Stadt/ deutsche Stellungen
Zerstörte Brücke
Angriffshandlungen
Rückzugsrichtung deutscher Truppen
Trennungslinie deutscher Truppen
Sowjet. Truppen
11./12. April 1945
13. April 1945

HINWEIS:
Die Karten geben nur einen Überblick und enthalten keine detaillierten Darstellungen.

Grafik © Juergen Moeller, 2012, Kartenlayout © 2009/2011 by Ulrich Koch / documentation office berlin

Der Kampf um die Elbe- und Mulde-Brückenköpfe und die Besetzung von Halle 14. – 18. April 1945

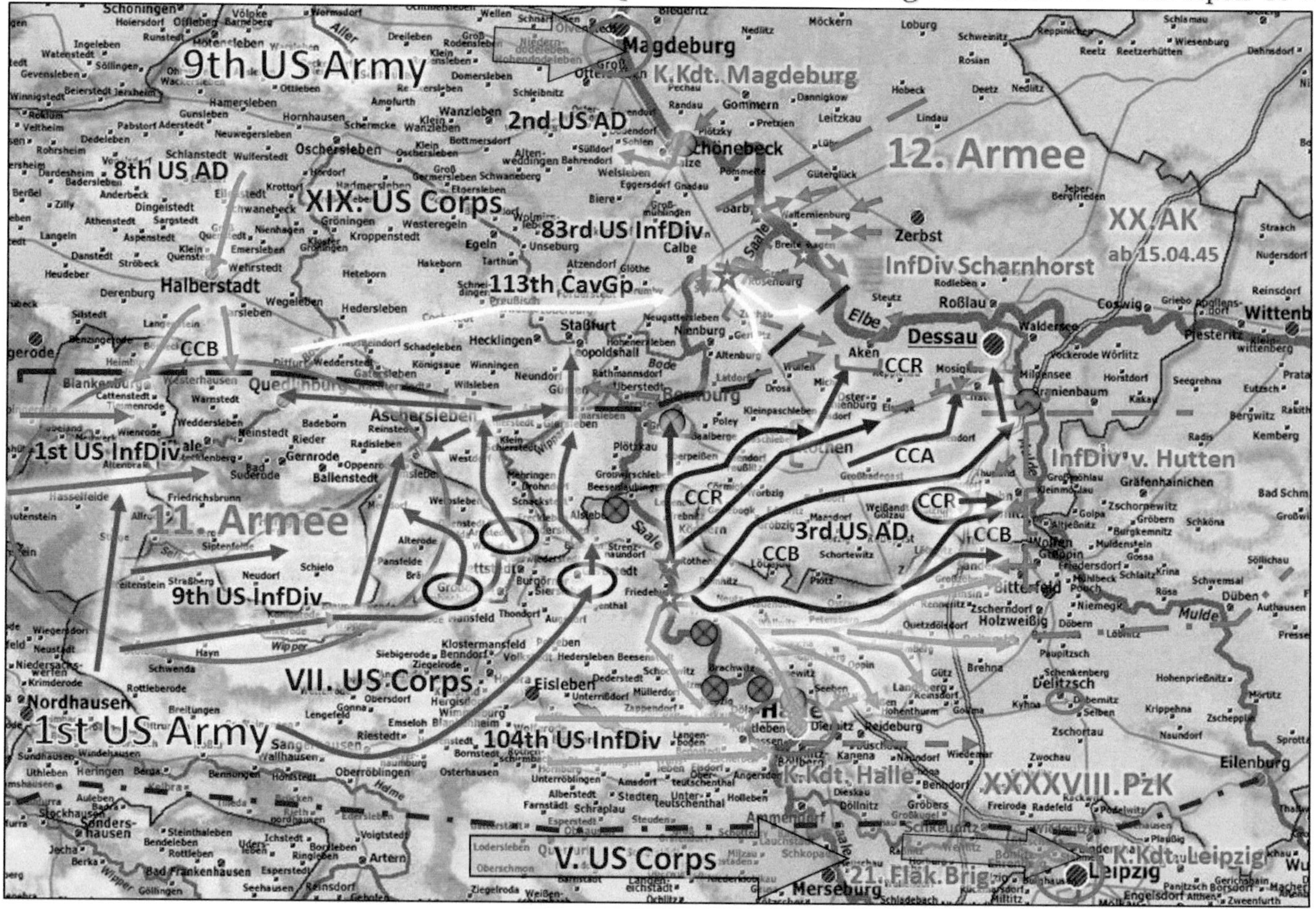

9th US Army
Magdeburg
K.Kdt. Magdeburg
2nd US AD
Schönebeck
12. Armee
8th US AD
XIX. US Corps
83rd US InfDiv
Zerbst
XX. AK
ab 15.04.45
InfDiv Scharnhorst
Halberstadt
113th CavGp
Elbe
Roßlau
Dessau
Wittenberg
CCB
Staßfurt
Aken
CCR
Quedlinburg
Aschersleben
Bernburg
1st US InfDiv
CCA
InfDiv v. Hutten
11. Armee
CCR
3rd US AD
CCB
CCB
9th US InfDiv
Bitterfeld
Mulde
Saale
VII. US Corps
Eisleben
Delitzsch
Nordhausen
1st US Army
104th US InfDiv
Halle
Eilenburg
K.Kdt. Halle
XXXXVIII. PzK
V. US Corps
21. Flak.Brig.
Merseburg
K.Kdt. Leipzig
Leipzig

Die Einnahme von Dessau, der Industrieregion Bitterfeld-Wolfen und das Ende an der Mulde
19. – 30. April 945

Grafik © Juergen Moeller, 2012, Kartenlayout © 2009/2011 by Ulrich Koch / documentation office berlin

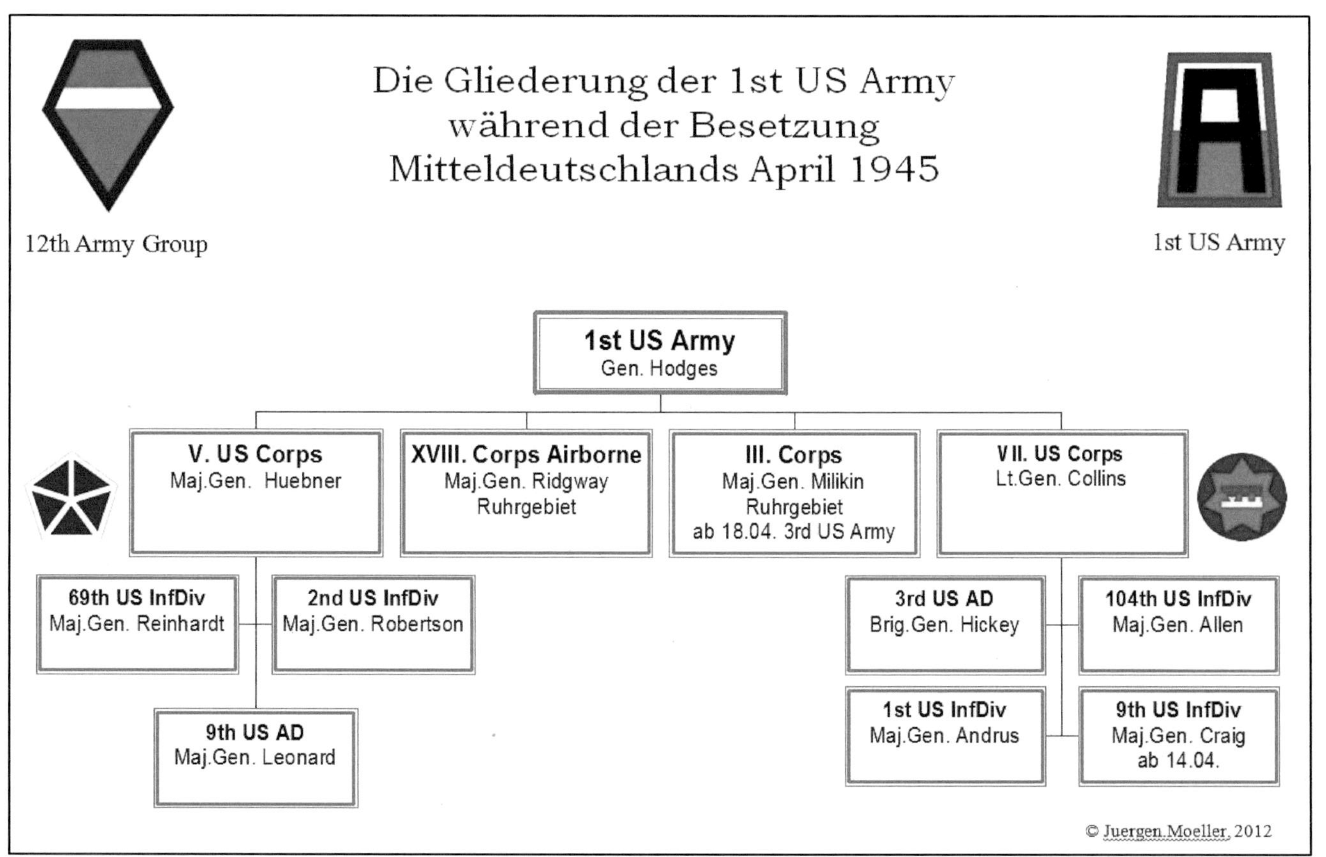
Die Gliederung der 1st US Army
während der Besetzung
Mitteldeutschlands April 1945
12th Army Group
1st US Army
1st US Army
Gen. Hodges
V. US Corps
Maj.Gen. Huebner
XVIII. Corps Airborne
Maj.Gen. Ridgway
Ruhrgebiet
III. Corps
Maj.Gen. Milikin
Ruhrgebiet
ab 18.04. 3rd US Army
VII. US Corps
Lt.Gen. Collins
69th US InfDiv
Maj.Gen. Reinhardt
2nd US InfDiv
Maj.Gen. Robertson
9th US AD
Maj.Gen. Leonard
3rd US AD
Brig.Gen. Hickey
104th US InfDiv
Maj.Gen. Allen
1st US InfDiv
Maj.Gen. Andrus
9th US InfDiv
Maj.Gen. Craig
ab 14.04.
© Juergen Moeller, 2012

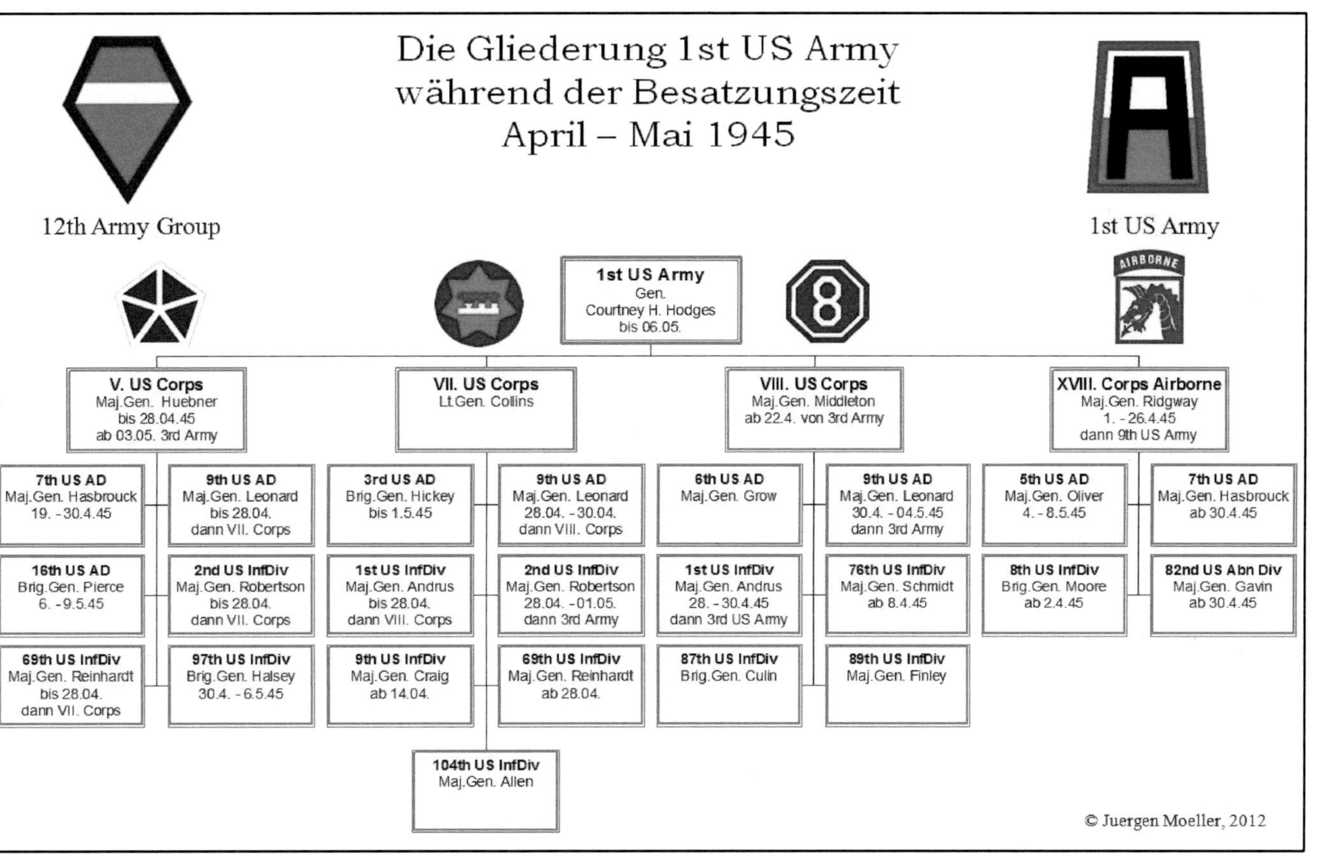

Die Gliederung 1st US Army
während der Besatzungszeit
April – Mai 1945
12th Army Group
1st US Army
AIRBORNE
1st US Army
Gen.
Courtney H. Hodges
bis 06.05.
V. US Corps
Maj.Gen. Huebner
bis 28.04.45
ab 03.05. 3rd Army
VII. US Corps
Lt.Gen. Collins
VIII. US Corps
Maj.Gen. Middleton
ab 22.4. von 3rd Army
XVIII. Corps Airborne
Maj.Gen. Ridgway
1. - 26.4.45
dann 9th US Army
7th US AD
Maj.Gen. Hasbrouck
19. - 30.4.45
9th US AD
Maj.Gen. Leonard
bis 28.04.
dann VII. Corps
16th US AD
Brig.Gen. Pierce
6. - 9.5.45
2nd US InfDiv
Maj.Gen. Robertson
bis 28.04.
dann VII. Corps
69th US InfDiv
Maj.Gen. Reinhardt
bis 28.04.
dann VII. Corps
97th US InfDiv
Brig.Gen. Halsey
30.4. - 6.5.45
3rd US AD
Brig.Gen. Hickey
bis 1.5.45
9th US AD
Maj.Gen. Leonard
28.04. - 30.04.
dann VIII. Corps
1st US InfDiv
Maj.Gen. Andrus
bis 28.04.
dann VIII. Corps
2nd US InfDiv
Maj.Gen. Robertson
28.04. - 01.05.
dann 3rd Army
9th US InfDiv
Maj.Gen. Craig
ab 14.04.
69th US InfDiv
Maj.Gen. Reinhardt
ab 28.04.
104th US InfDiv
Maj.Gen. Allen
6th US AD
Maj.Gen. Grow
9th US AD
Maj.Gen. Leonard
30.4. - 04.5.45
dann 3rd Army
1st US InfDiv
Maj.Gen. Andrus
28. - 30.4.45
dann 3rd US Army
76th US InfDiv
Maj.Gen. Schmidt
ab 8.4.45
87th US InfDiv
Brig.Gen. Culin
89th US InfDiv
Maj.Gen. Finley
5th US AD
Maj.Gen. Oliver
4. - 8.5.45
7th US AD
Maj.Gen. Hasbrouck
ab 30.4.45
8th US InfDiv
Brig.Gen. Moore
ab 2.4.45
82nd US Abn Div
Maj.Gen. Gavin
ab 30.4.45
© Juergen Moeller, 2012

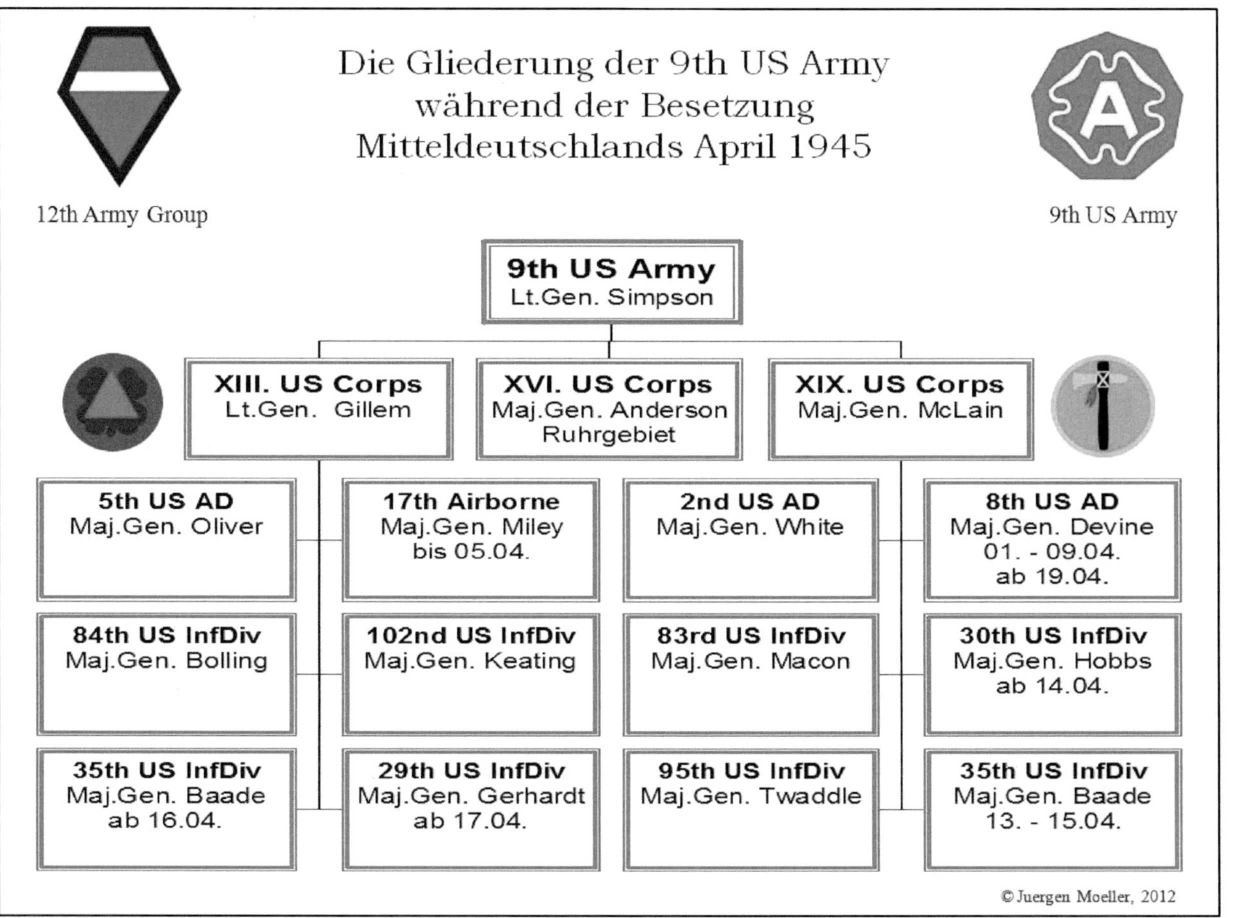
Die Gliederung der 9th US Army
während der Besetzung
Mitteldeutschlands April 1945
12th Army Group
9th US Army
9th US Army
Lt.Gen. Simpson
XIII. US Corps
Lt.Gen. Gillem
XVI. US Corps
Maj.Gen. Anderson
Ruhrgebiet
XIX. US Corps
Maj.Gen. McLain
5th US AD
Maj.Gen. Oliver
17th Airborne
Maj.Gen. Miley
bis 05.04.
2nd US AD
Maj.Gen. White
8th US AD
Maj.Gen. Devine
01. - 09.04.
ab 19.04.
84th US InfDiv
Maj.Gen. Bolling
102nd US InfDiv
Maj.Gen. Keating
83rd US InfDiv
Maj.Gen. Macon
30th US InfDiv
Maj.Gen. Hobbs
ab 14.04.
35th US InfDiv
Maj.Gen. Baade
ab 16.04.
29th US InfDiv
Maj.Gen. Gerhardt
ab 17.04.
95th US InfDiv
Maj.Gen. Twaddle
35th US InfDiv
Maj.Gen. Baade
13. - 15.04.
© Juergen Moeller, 2012

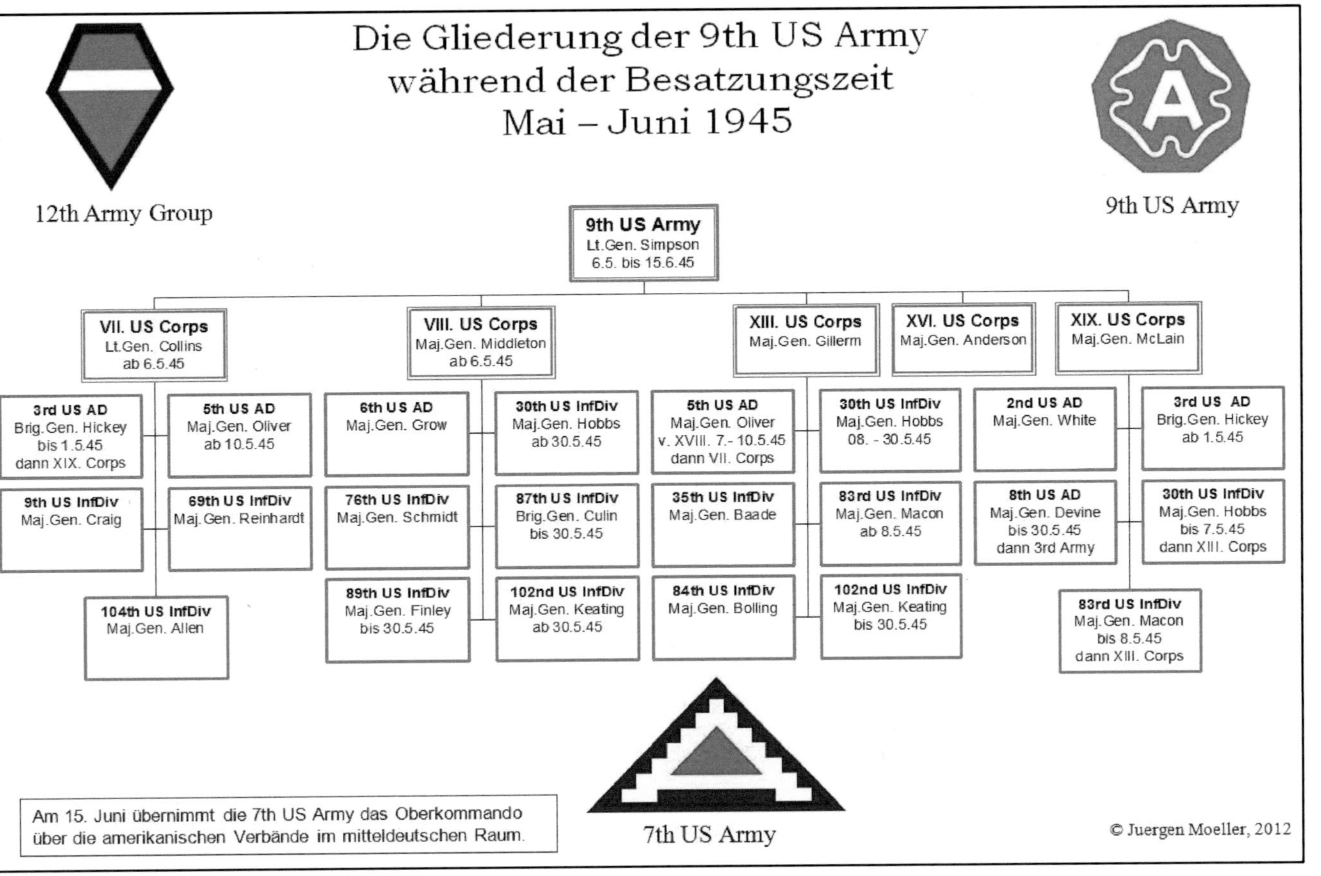

Die Gliederung der 9th US Army
während der Besatzungszeit
Mai – Juni 1945
12th Army Group
9th US Army
9th US Army
Lt.Gen. Simpson
6.5. bis 15.6.45
VII. US Corps
Lt.Gen. Collins
ab 6.5.45
3rd US AD
Brig.Gen. Hickey
bis 1.5.45
dann XIX. Corps
5th US AD
Maj.Gen. Oliver
ab 10.5.45
9th US InfDiv
Maj.Gen. Craig
69th US InfDiv
Maj.Gen. Reinhardt
104th US InfDiv
Maj.Gen. Allen
VIII. US Corps
Maj.Gen. Middleton
ab 6.5.45
6th US AD
Maj.Gen. Grow
30th US InfDiv
Maj.Gen. Hobbs
ab 30.5.45
76th US InfDiv
Maj.Gen. Schmidt
87th US InfDiv
Brig.Gen. Culin
bis 30.5.45
89th US InfDiv
Maj.Gen. Finley
bis 30.5.45
102nd US InfDiv
Maj.Gen. Keating
ab 30.5.45
XIII. US Corps
Maj.Gen. Gillerm
5th US AD
Maj.Gen. Oliver
v. XVIII. 7.- 10.5.45
dann VII. Corps
30th US InfDiv
Maj.Gen. Hobbs
08. - 30.5.45
35th US InfDiv
Maj.Gen. Baade
83rd US InfDiv
Maj.Gen. Macon
ab 8.5.45
84th US InfDiv
Maj.Gen. Bolling
102nd US InfDiv
Maj.Gen. Keating
bis 30.5.45
XVI. US Corps
Maj.Gen. Anderson
XIX. US Corps
Maj.Gen. McLain
2nd US AD
Maj.Gen. White
3rd US AD
Brig.Gen. Hickey
ab 1.5.45
8th US AD
Maj.Gen. Devine
bis 30.5.45
dann 3rd Army
30th US InfDiv
Maj.Gen. Hobbs
bis 7.5.45
dann XIII. Corps
83rd US InfDiv
Maj.Gen. Macon
bis 8.5.45
dann XIII. Corps
Am 15. Juni übernimmt die 7th US Army das Oberkommando
über die amerikanischen Verbände im mitteldeutschen Raum.
7th US Army
© Juergen Moeller, 2012

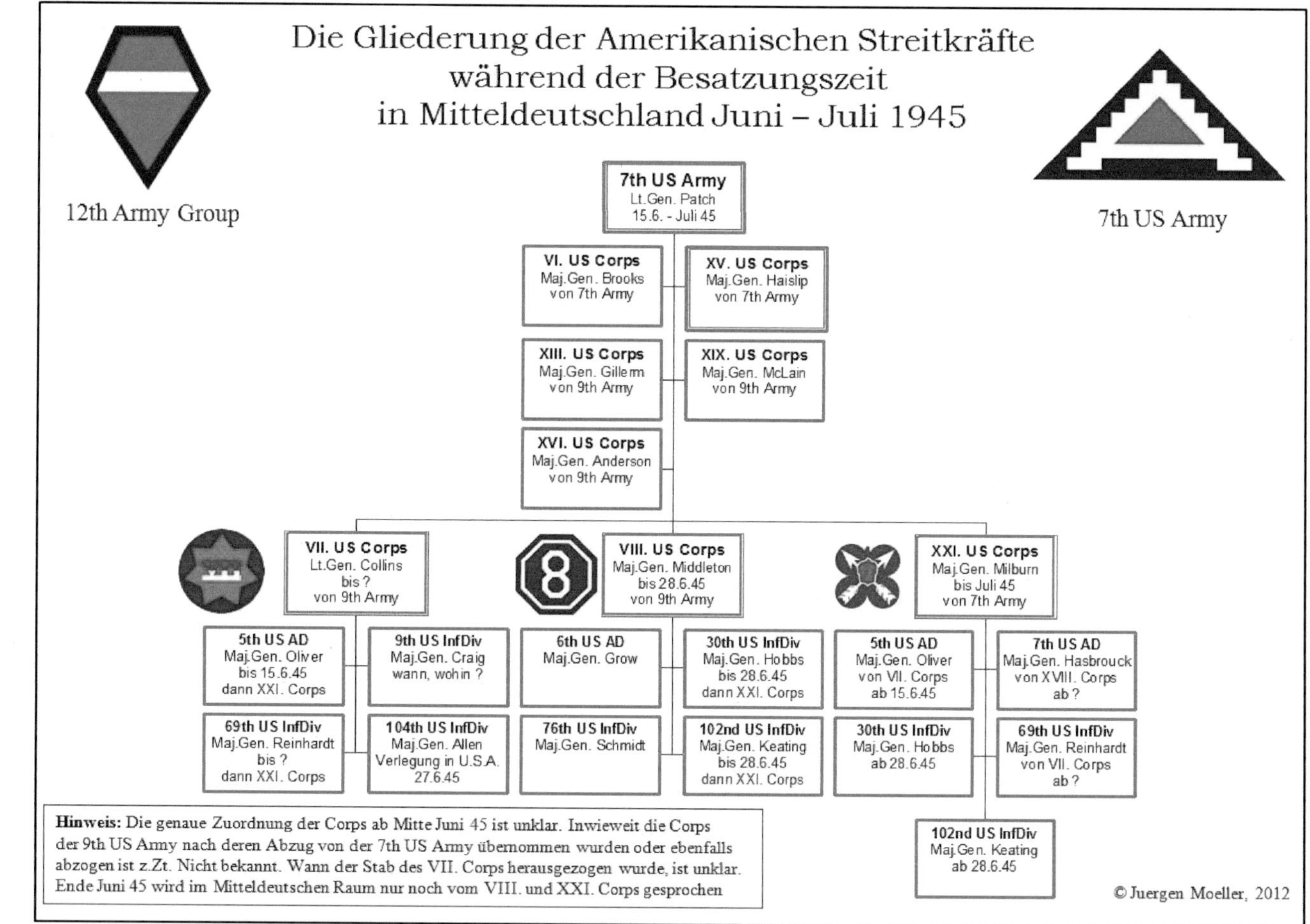
Die Gliederung der Amerikanischen Streitkräfte
während der Besatzungszeit
in Mitteldeutschland Juni – Juli 1945
12th Army Group
7th US Army
7th US Army
Lt.Gen. Patch
15.6. - Juli 45
VI. US Corps
Maj.Gen. Brooks
von 7th Army
XV. US Corps
Maj.Gen. Haislip
von 7th Army
XIII. US Corps
Maj.Gen. Gillem
von 9th Army
XIX. US Corps
Maj.Gen. McLain
von 9th Army
XVI. US Corps
Maj.Gen. Anderson
von 9th Army
VII. US Corps
Lt.Gen. Collins
bis ?
von 9th Army
VIII. US Corps
Maj.Gen. Middleton
bis 28.6.45
von 9th Army
XXI. US Corps
Maj.Gen. Milburn
bis Juli 45
von 7th Army
5th US AD
Maj.Gen. Oliver
bis 15.6.45
dann XXI. Corps
9th US InfDiv
Maj.Gen. Craig
wann, wohin ?
69th US InfDiv
Maj.Gen. Reinhardt
bis ?
dann XXI. Corps
104th US InfDiv
Maj.Gen. Allen
Verlegung in U.S.A.
27.6.45
6th US AD
Maj.Gen. Grow
30th US InfDiv
Maj.Gen. Hobbs
bis 28.6.45
dann XXI. Corps
76th US InfDiv
Maj.Gen. Schmidt
102nd US InfDiv
Maj.Gen. Keating
bis 28.6.45
dann XXI. Corps
5th US AD
Maj.Gen. Oliver
von VII. Corps
ab 15.6.45
7th US AD
Maj.Gen. Hasbrouck
von XVIII. Corps
ab ?
30th US InfDiv
Maj.Gen. Hobbs
ab 28.6.45
69th US InfDiv
Maj.Gen. Reinhardt
von VII. Corps
ab ?
102nd US InfDiv
Maj.Gen. Keating
ab 28.6.45
Hinweis: Die genaue Zuordnung der Corps ab Mitte Juni 45 ist unklar. Inwieweit die Corps der 9th US Army nach deren Abzug von der 7th US Army übernommen wurden oder ebenfalls abzogen ist z.Zt. Nicht bekannt. Wann der Stab des VII. Corps herausgezogen wurde, ist unklar. Ende Juni 45 wird im Mitteldeutschen Raum nur noch vom VIII. und XXI. Corps gesprochen
© Juergen Moeller, 2012

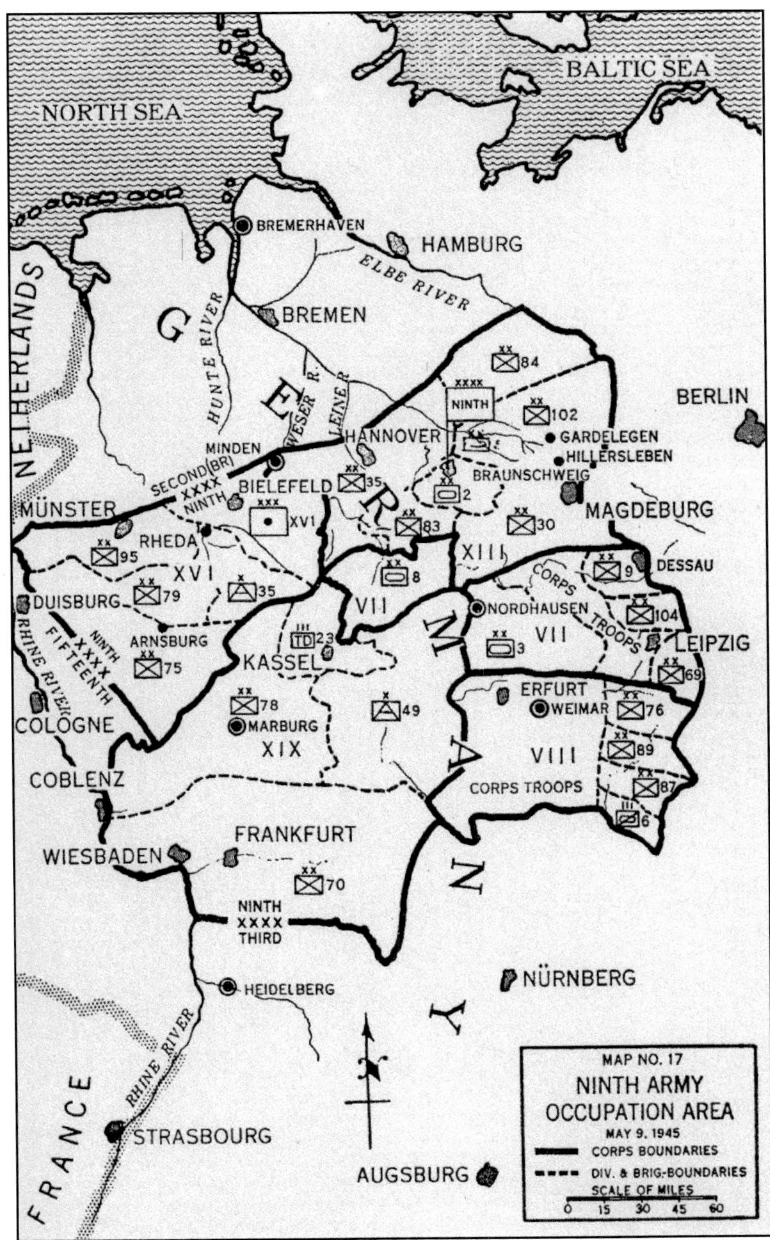

Quelle: U.S. Army Center of Military History CMH-Pub

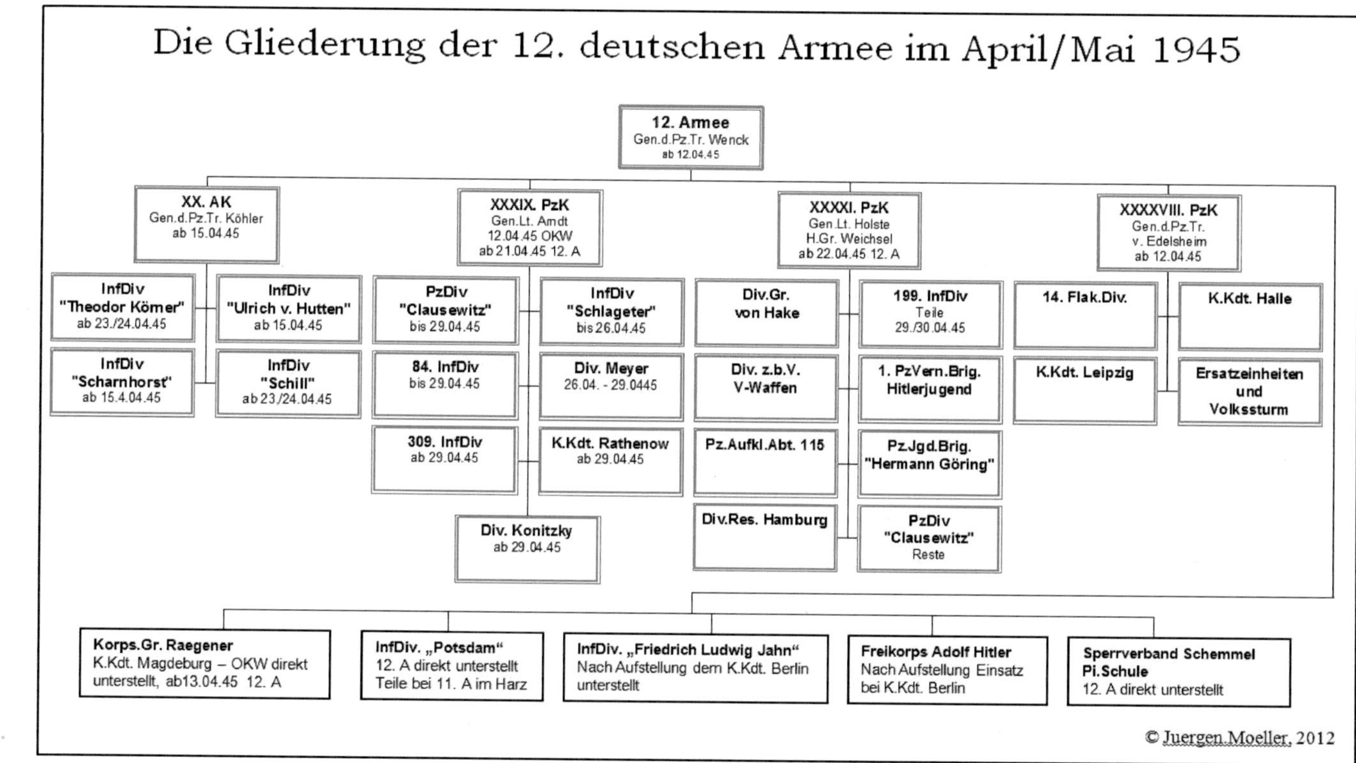
Die Gliederung der 12. deutschen Armee im April/Mai 1945
12. Armee
Gen.d.Pz.Tr. Wenck
ab 12.04.45
XX. AK
Gen.d.Pz.Tr. Köhler
ab 15.04.45
InfDiv "Theodor Körner" ab 23./24.04.45
InfDiv "Ulrich v. Hutten" ab 15.04.45
InfDiv "Scharnhorst" ab 15.4.04.45
InfDiv "Schill" ab 23./24.04.45
XXXIX. PzK
Gen.Lt. Arndt
12.04.45 OKW
ab 21.04.45 12. A
PzDiv "Clausewitz" bis 29.04.45
InfDiv "Schlageter" bis 26.04.45
84. InfDiv bis 29.04.45
Div. Meyer 26.04. - 29.0445
309. InfDiv ab 29.04.45
K.Kdt. Rathenow ab 29.04.45
Div. Konitzky ab 29.04.45
XXXXI. PzK
Gen.Lt. Holste
H.Gr. Weichsel
ab 22.04.45 12. A
Div.Gr. von Hake
199. InfDiv Teile 29./30.04.45
Div. z.b.V. V-Waffen
1. PzVern.Brig. Hitlerjugend
Pz.Aufkl.Abt. 115
Pz.Jgd.Brig. "Hermann Göring"
Div.Res. Hamburg
PzDiv "Clausewitz" Reste
XXXXVIII. PzK
Gen.d.Pz.Tr.
v. Edelsheim
ab 12.04.45
14. Flak.Div.
K.Kdt. Halle
K.Kdt. Leipzig
Ersatzeinheiten und Volkssturm
Korps.Gr. Raegener
K.Kdt. Magdeburg – OKW direkt unterstellt, ab13.04.45 12. A
InfDiv. „Potsdam“
12. A direkt unterstellt
Teile bei 11. A im Harz
InfDiv. „Friedrich Ludwig Jahn“
Nach Aufstellung dem K.Kdt. Berlin unterstellt
Freikorps Adolf Hitler
Nach Aufstellung Einsatz bei K.Kdt. Berlin
Sperrverband Schemmel
Pi.Schule
12. A direkt unterstellt
© Juergen Moeller, 2012

Autor Jürgen Möller

Der Autor, Jürgen Möller, wurde 1959 in Gotha/Thüringen geboren und beschäftigt sich seit mehr als 15 Jahren mit der militärgeschichtlichen Erforschung des Kriegsendes 1945 in Mitteldeutschland.

Im Ergebnisse dieser Forschungen wurde 2010 beim Verlag Rockstuhl in Bad Langensalza die Dokumentationsreihe *„Das Kriegsende in Mitteldeutschland 1945“* ins Leben gerufen, die seitdem in thematisch abgeschlossenen Einzeldokumentationen den Ablauf der amerikanischen Besetzung Mitteldeutschlands im April/ Mai 1945 behandelt.

Bücher von Jürgen Möller im Verlag Rockstuhl

Reihe „Das Kriegsende in Mitteldeutschland 1945"

1. Band [2010]*	- Kampf um Nordthüringen im April 1945	ISBN 978-3-86777-212-9
2. Band [2011]	- Kriegsschauplatz Leipziger Südraum 1945	ISBN 978-3-86777-168-9
3. Band [2014]	- Kampf um Zeitz im April 1945	ISBN 978-3-86777-477-2
4. Band [2021]	- Kampf um den Harz April 1945	ISBN 978-3-86777-257-0
5. Band [2017]	- Endkampf an der Mulde 1945	ISBN 978-3-86777-334-8
6. Band [2013]	- Flak im Endkampf Leuna 1945	ISBN 978-3-86777-457-4
7. Band [2022]	- Kriegsende an Saale und Unstrut 1945	ISBN 978-3-86777-456-7
8. Band [2014]	- Die letzte Schlacht Leipzig 1945	ISBN 978-3-86777-687-5
9. Band [2017]	- Sturmlauf Werra zur Saale April 1945	ISBN 978-3-86777-647-9
10. Band [2017]	- Panzerkeile Thüringer Autobahn 1945	ISBN 978-3-86777-648-6
11. Band [2018]	- Durchbruch zur Zwickauer Mulde April 1945	ISBN 978-3-86777-649-3
12. Band [2019]	- Der Kampf um die Thüringer Pforte April 1945	ISBN 978-3-95966-109-6
13. Band [2020]	- Der Kampf um Weißenfels April 1945	ISBN 978-3-95966-401-1
14. Band [2021]	- Kriegsschauplatz Thüringer Wald April 1945	ISBN 978-3-95966-110-2
15. Band [2022]	- Kampf um die Thüringer Waffenschmiede April 1945	ISBN 978-3-95966-111-9
16. Band [2023]	- Kriegsende im Thüringer Schiefergebirge April 1945	ISBN 978-3-95966-112-6
17. Band [2024]	- Sturm auf die Erzgebirgsstellung April 1945	ISBN 978-3-95966-113-3
18. Band [2025]	- Das Finale im Erzgebirge April 1945	ISBN 978-3-95966-475-2
19. Band [2026]	- Endziel Berlin – Der Stoß zur Elbe 1945	ISBN 978-3-95966-476-9

Spezialausgaben „Das Kriegsende in Mitteldeutschland 1945"

1. Band [2017]	- Konzentrationslager Buchenwald Weimar April 1945	ISBN 978-3-95966-274-1
2. Band [2018]	- Konzentrationslager Mittelbau-Dora 1945	ISBN 978-3-95966-390-8

Handbuch - Kriegsende Mitteldeutschland 1945 ISBN 978-3-86777-588-5

*****) *Erscheinungsjahr*

Stand Oktober 2022